knowledge-power
读行者

METROPOLIS
A HISTORY OF THE CITY, HUMANKIND'S GREATEST INVENTION

大城市的兴衰
人类文明的乌托邦与反乌托邦

[英] 本·威尔逊（BEN WILSON） 著　龚昊 乌媛 译

▲ 世界上第一座城市乌鲁克的现代复原图，2012 年。该图展现了公元前 2100 年的城市景象。（© artefacts-berlin.de; Material: German Archaeological Institute）

▲ 宾夕法尼亚车站内部，纽约，照片，1911 年。现已被拆除的宾夕法尼亚车站，展现了有如它所仿照的罗马卡拉卡拉浴场（216 年）一般的宏伟和宽阔。（Geo. P. Hall & Son / The New York Historical Society / Getty Images）

◤ 跳入东河的孩子们，纽约，照片，1937年。游泳一直是城市里最主要的娱乐形式之一。照片中的孩子们来自纽约最贫穷的移民区，他们从一幢废弃的工业建筑里跳入被污染的东河。不到一年之后，这个地区就被罗伯特·摩西改造成了占地57英亩的东河公园。(*New York Times*)

◂ 赫斯特街，纽约，幻灯片，1903年。在街上购买和品尝食物是城市社交活动的核心，这张在赫斯特街上拍摄的照片，所展示的正是这一永恒的场景。(National Archives and Records Administration)

◂ 日落时分的伊斯兰古城布哈拉，照片。(Adam Jones)

◂ 帖木儿画像，埃米尔·帖木儿博物馆，塔什干，画板。通过丝绸之路传播开来的不只有商品，还有知识。在 9 世纪，巴格达可能是全世界首屈一指的知识宝库，但是它的精神活力和学者大多来自中亚的各个国际大都市。(Eddie Gerald / Alamy Stock Photo)

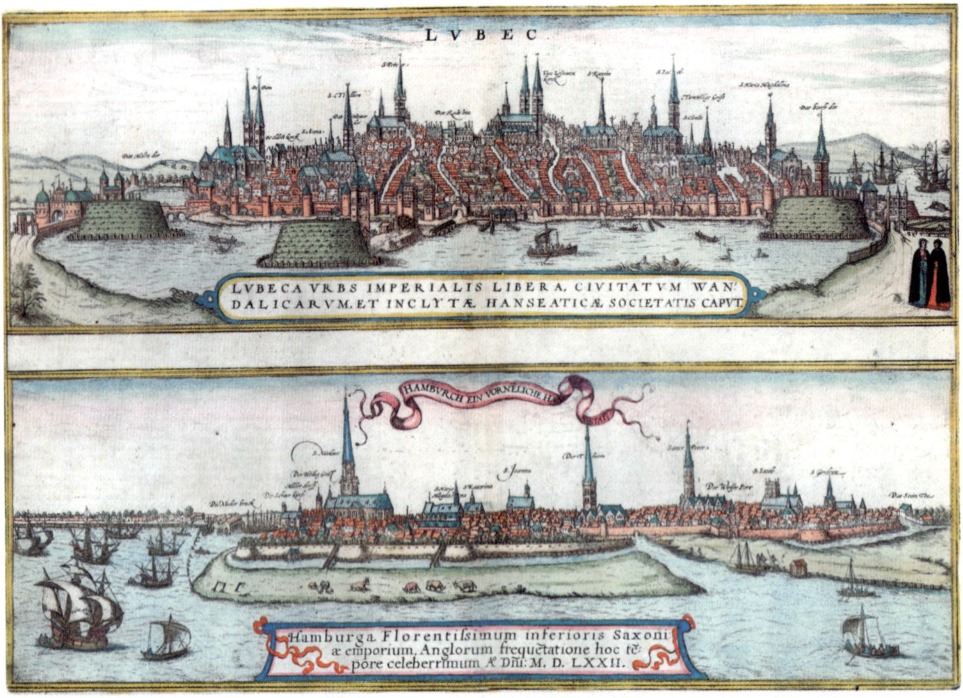

▲ 吕贝克（图上半）和汉堡（图下半），1588 年，出自弗朗茨·霍根伯格和乔治·布劳恩，《寰宇城市》（*Civitates Orbis Terrarum*），纽伦堡，1572—1616 年。高耸的尖塔生动地体现了吕贝克的迅速崛起。和汉堡一样，吕贝克是中世纪欧洲北部最卓越的贸易大都市之一。这些拥挤的城市拥有最先进的军事技术。（akg-images）

◀ 中美洲的大都市特诺奇蒂特兰地图，出自埃尔南·科尔特斯的书信，纽伦堡，1524 年。（Lanmas / Alamy Stock Photo）

◀ 彼得·德·霍赫,《女人在室内的壁橱旁》(Interior with Women Beside a Linen Cupboard),布面油画,1663年。在城市这个地狱之中,家是秩序和美德的堡垒。在彼得·德·霍赫的这幅画中,私人住宅被提升为一个近乎神圣的空间,而城市这个外部世界则被框定在门口。(Bridgeman Images)

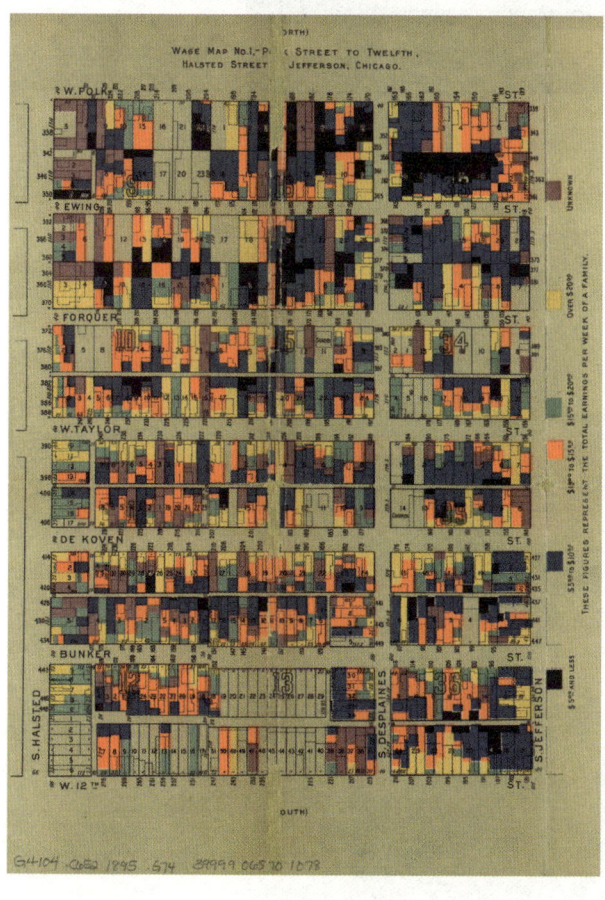

◀ 塞缪尔·S.格雷利,赫尔馆(伊利诺伊州芝加哥市),格雷利-卡尔森公司和托马斯·Y.克罗韦尔公司,"薪酬地图1号—波克街到第12街,霍尔斯特德街到杰斐逊,芝加哥"(Wage map no. 1 – Polk Street to Twelfth, Halsted Street to Jefferson, Chicago),地图,1895年。城市的秘密被揭开了:赫尔馆于1895年制作的这张地图描绘了芝加哥几个街区里的穷人聚居区。简·亚当斯和艾伦·盖茨·斯塔尔(Ellen Gates Starr)于1889年创立了赫尔馆,这是一个致力于教育和社会改革的机构,它率先向这个巨型工业城市的烂摊子发起了挑战。(Norman B. Leventhal Map and Education Center)

◂ 贫民窟、工厂和街道：纽卡斯尔的孩子们，幻灯片，约1900年。（Author's collection）

◂ 维奥莱特·卡森（Violet Carson），曼彻斯特，照片，1966年。女演员维奥莱特·卡森——她在肥皂剧《加冕街》中饰演了埃娜·沙普尔斯（Ena Sharples）——在一座新落成的高层建筑的阳台上俯瞰曼彻斯特的工业城市景观。"当我还是小姑娘的时候，世界只有半打街道以及一些荒地，剩下的部分都是道听途说。"她回忆道。（ITV / Shutterstock）

◢ 文森特·梵高,《巴黎郊外》, 纸板油画, 1887 年。这幅画描绘了被驱赶到位于大都市边缘、令人厌恶的"混账乡下"去的巴黎穷人。(© Christie's Images / Bridgeman Images)

▲ 古斯塔夫·卡耶博特,《雨天的巴黎街道》, 布面油画, 1877 年。在这幅画中, 古斯塔夫·卡耶博特不仅捕捉到了 19 世纪干净整洁的城市景观, 也捕捉到了现代大都市所滋生出的社会疏离感。(Charles H. and Mary F. S. Worcester Collection / Bridgeman Images)

▲ 爱德华·马奈,《女神游乐厅的吧台》,布面油画,1882年。这幅画是对现代城市生活最伟大的艺术评论之一。马奈笔下的城市既喧嚣壮观又变化无常,在这里,人与人的关系变得暧昧不明。酒吧女酒侍那挑衅的表情属于现代的都市人,人们被迫一直与陌生人进行互动,这些陌生人可能是贪婪的掠食者,也可能不是。(Bridgeman Images)

◄ 马奈,《李子白兰地》,布面油画,1878年。这幅画捕捉到了被解放的女性在置身于由男性主导的城市公共空间中时所感到的不安。(Bridgeman Images)

目录 Contents

导　言　**大都市的世纪** ／001

第1章　**城市的黎明** ／013
　　　　乌鲁克（前4000—前1900）

第2章　**伊甸园与罪恶之城** ／039
　　　　哈拉帕和巴比伦（前2000—前539）

第3章　**国际大都市** ／065
　　　　雅典和亚历山大里亚（前507—前30）

第4章　**巍峨帝都** ／089
　　　　罗马（前30—后537）

第5章　**饕餮之都** ／113
　　　　巴格达（537—1258）

第6章　**战争之城** ／137
　　　　吕贝克（1226—1491）

第7章　**世界之城** ／159
　　　　里斯本、马六甲、特诺奇蒂特兰、阿姆斯特丹（1492—1666）

第8章　**社交之都** ／183
　　　　伦敦（1666—1820）

第9章　**地狱之门？** ／207
　　　　曼彻斯特和芝加哥（1830—1914）

第10章	**巴黎综合征**	/233
	巴黎（1830—1914）	
第11章	**摩天大楼之魂**	/259
	纽约（1899—1939）	
第12章	**湮灭**	/281
	华沙（1939—1945）	
第13章	**郊区之声**	/313
	洛杉矶（1945—1999）	
第14章	**特大城市**	/351
	拉各斯（1999—2020）	
致　　谢		/387

导 言

大都市的世纪

今天，全世界的城市人口增加了将近20万。明天还会增加这么多，后天也是，在可预见的未来，城市人口会一直这样增长下去。到2050年，三分之二的人类将居住在城市里。我们正在见证历史上最大规模的移民，一个长达6000年的进程走到了它的顶峰，到本世纪末，人类将成为一个城市化的物种。[1]

我们要如何生活以及生活在哪里，这是我们可以询问自己的最重要的问题之一。我们对历史和我们所处时代的理解大多来自对这一主题的探索。自公元前4000年左右在美索不达米亚出现第一个城市定居点开始，城市就在信息交换上发挥着巨大的作用；在密集、拥挤的大都市里，人们充满活力的互动产生了推动历史发展的思想、技术、革命和创新。到公元1800年时，全世界还只有3%—5%的人口居住在具有一定规模的城市里，但这一小部分人却对世界的发展造成了极大的影响。城市一直是人类的实验室和历史的推动者。城市的磁力吸引着我（就像每个星期被它吸引来的上百万人一样），于是我带着这样一个假设开始研究城市并撰写这本书：我们的过去和未来，无论好坏，都与城市息息相关。

在城市经历壮观的复兴、城市结构面临前所未有的挑战之际，我投身于这一广阔无边、包罗万象、令人费解的课题。20世纪初，传统的城市里充

---

1. UN Habitat, *State of the World's Cities 2008/9: harmonious cities* (London, 2008), p. 11; UN Habitat, *State of the World's Cities 2012/2013: prosperity of cities* (NY, 2013), p. 29.

满了悲观情绪而不是希望；吞噬一切的工业大都市囚禁了它的居民，毒害了他们的身心；它正在导致社会崩溃。20世纪下半叶，人们对工业化的恐惧仍然很强烈：我们似乎处在一个分散而非集中的过程中。全球主要的大都市，如纽约和伦敦，都经历了人口下降。汽车、电话、廉价的航空旅行、资本在全世界畅通无阻的流动，以及后来的互联网，使我们得以打破传统上那种狭窄、拥挤的市中心的束缚，从而向外扩张。当你拥有无限的虚拟社交网络时，谁还需要城市社交网络呢？无论如何都在遭受犯罪浪潮和自然老化侵袭的市中心，正被郊区的商业园区、校园、家庭办公室和市外的购物中心所取代。然而，20世纪的最后几年和21世纪的头几十年推翻了这些预测。

最引人注目的变化发生在中国，30年来，在从农村涌向城市的流动人口的推动下，一系列古老的城市（以及一些新建的城市）蓬勃发展起来，这个过程在无数摩天大楼的兴建中达到了高潮。在世界范围内，城市重新夺回了它们在经济上的中心地位。知识经济和超高速移动通信技术并没有促进人口的分散，反倒鼓励了大公司、小企业、初创企业和自由创意工作者像蜂巢里的蜜蜂一样往城市里挤。当专家们聚集在一起时，技术、艺术和金融上的创新就会出现：当人们在面对面的环境中（尤其是在能够促进信息流动的地方）分享知识、合作和竞争时，人类就会迎来繁荣。过去，城市千方百计地想把大型制造工厂吸引过来或是在世界贸易中占据一席之地，现在它们却在争夺人才。

后工业社会对人力资本的依赖和城市密度带来的经济效益正在重塑现代大都市。成功的城市改变了整个经济——正如中国那令人羡慕的由城市主导的经济增长所显示的那样。一个地区的人口密度每增加一倍，其生产力就会提高2%—5%：城市蕴藏的能量使我们从整体上更具竞争力和创业精神。能够使这种力量增强的不仅有密度，还有规模。[1]

---

1. Jaison R. Abel, Ishita Dey and Todd M. Gabe, "Productivity and the Density of Human Capital," Federal Reserve Bank of New York Staff Reports 440 (Mar. 2010); OECD, *The Metropolitan Century: understanding urbanisation and its consequences* (Paris, 2015), pp. 35ff; Maria P. Roche, "Taking Innovation to the Streets: microgeography, physical structure and innovation," *Review of Economics and Statistics*, August 21, 2019, https://www.mitpressjournals.org/doi/abs/10.1162/rest_a_00866.

在过去30年里，困扰这个星球的一个重大变化是，大城市正以令人吃惊的方式脱离自己的国家。全球经济向少数几个城市和地区倾斜：到2025年，合计拥有6亿人口（占全球总人口的7%）的440座城市的国内生产总值，将占到全球总值的一半。圣保罗、拉各斯、莫斯科和约翰内斯堡等许多来自新兴市场的单个城市，靠自己的力量就能创造出该国三分之一乃至一半的财富。人口仅占尼日利亚总人口10%的拉各斯，其工商业活动却占了全国的60%；如果它宣布独立并成为一个城邦，它将是非洲第五富裕的国家。在中国，仅三个特大城市地区就产生了全国经济总量的40%。这不是一个新现象。实际上，我们所看到的只是历史上一种常见情况的回归——超级明星城市在人类事务中发挥着无与伦比的作用。在古美索不达米亚或哥伦布到来之前的中美洲，在希腊城邦崛起或中世纪城邦的鼎盛时期，一群特定的大都市垄断了贸易，并在竞争中压倒了纯粹的民族国家。

纵观历史，大城市和国家之间的这种分歧不仅仅是经济上的。它们急速地取得成功，意味着它们从不那么受欢迎的城镇和地区吸走了人才和财富；它们主宰着文化；而且，就像历史上那些著名的城市一样，它们所具有的多样性是其他地方无法比拟的，在今天，这一点比以往任何时候都更加明显。在当今一些最具影响力的大都市，出生在国外的居民占人口的35%—50%。与本国人口相比，世界级城市的人口更年轻、受教育程度更高、更富有、有更多元的文化背景，这些城市之间的共同点更多。在许多现代社会中，最大的鸿沟不是年龄、种族、阶级或城市与农村之间的鸿沟，而是大都市与乡村、郊区、城镇和城市之间的鸿沟，后者在全球化的知识经济中被抛在了后面。从某种意义上来说，"大都市"这个词意味着魅力和机遇；但它也是一种精英主义（不论是在政治上、文化上还是社会上）的简称，这种精英主义日益受到人们的憎恨。当然，仇恨大都市并不是什么新鲜事；在很长一段历史当中，我们一直在担心大都市会侵蚀我们的道德和心理健康。

2019—2020年，新型冠状病毒（COVID-19）在全球飞速传播，以一种极其黑暗的形式颂扬了城市在21世纪获得的胜利；病毒通过复杂的社交网络传播（无论是在城市内部还是在城市之间），这使它们瞬间就取得了极大的成功，也给我们带来了莫大的威胁。当城市居民从巴黎或纽约这样的城市逃离，奔向看似安全的乡村时，他们常常被敌视，遭到谩骂，这不仅因为他们可能带来疾病，还因为他们抛弃了自己的同胞。这种强烈的反应提醒了人们，城市地区与非城市地区之间的对抗贯穿整个历史——大都市是特权之地，也是污染之源；人们怀着一攫千金的梦想来到这里，但一旦有危险的迹象，他们马上就会逃走。

自第一批城市诞生以来，瘟疫、大流行病等疾病就常常沿着贸易路线蔓延，无情地蹂躏着人口密集的城市地区。1854年，芝加哥6%的人口死于霍乱。但这并没有阻止人们奔向这座在19世纪取得了奇迹般发展的大都市：它的人口从19世纪50年代初的3万激增到19世纪末的11.2万。[1]因此，在我们这个时代，即使面对大流行病，城市的主宰地位仍丝毫没有显示出被削弱的迹象；哪怕它的开放性、多样性和密度对我们不利，我们也愿意付出高昂的代价来分享它的好处。

只要从太空中看看夜间散布在地球表面的光点，就能看出如今城市化的规模。城市的复兴明显表现在街道上。在20世纪中后期，许多城市日益危险和破旧，但现在它们变得更安全、更受欢迎、更时髦、更昂贵了，高档餐厅、街头小吃、咖啡馆、画廊和音乐场所糅合在一起，使它们迎来了复苏。与此同时，数字革命为我们带来了一系列新技术，这些新技术将消除城市生活的许多弊端，在未来创造出数据驱动的"智能城市"，内置数百万个嵌入式传感器，使人工智能能够管理交通流量、疏导公共交通、消除犯罪和减少污染。城市再次变成了人们进入而不是逃离的地方。当代的城市复兴可以简单地从躁动的城市景观中窥见——破旧地区的绅士化（gentrification）、租金的不断上涨、建筑的翻新，以及几乎随处可见的摩天大楼。

上海从20世纪90年代初烟雾缭绕的"第三世界的落后地区"（这是当地一家报纸对它的描述），变成了21世纪后工业时代大都市革命的象征，拥有闪闪发光的超高层塔楼。自世纪之交以来，就像是在效仿上海和中国其他的大都市一样，全球摩天大楼的建设增长了402%，使150米以上、超过40层的建筑总数在18年内从600多座增加到3251座；到21世纪中叶，将会有4.1万座这样的摩天大楼矗立在全世界的城市中。从伦敦和莫斯科等传统的建筑普遍较矮的城市，到亚的斯亚贝巴和拉各斯等正处于繁荣时期的城市，城市景观突兀的垂直化在全球已成为明显的趋势，所有这些城市都情不自禁地想以天

---

[1] 此数据有误，1890年时芝加哥人口已超过100万。——译者注

际线来展现它们的男性气概。[1]

在城市不断向空中发展的同时，它们也在其他领域开疆拓土。市中心和郊区之间原有的分界线已经被打破了。从20世纪80年代起，大量的郊区不再是死板、单调的乏味之地，而是一步步变得更加城市化，有了工作机会、更丰富的种族多样性、街头生活、猖獗的犯罪和泛滥的毒品——换句话说，它继承了市中心的许多优缺点。历来被郊区住宅包围的紧凑型城市已经摆脱束缚，迅速向四周蔓延。其结果就是大都市占据了整个地区。从经济的角度来说，伦敦和英格兰东南部大部分地区之间的界限是很难看出来的。佐治亚州的亚特兰大市占地近2000平方英里（与之相比，巴黎占地仅40平方英里）[2]。东京作为世界上最大的都市，以之为中心的"首都圈"在5240平方英里的土地上容纳了近4000万人口。即便是这座巨型都市，与中国正在规划中的特大都市圈相比也不免相形见绌，比如京津冀，它由北京、河北和天津组成，占地8.4万平方英里，人口共计1.1亿。当我们谈论21世纪的"大都市"时，我们指的并不是曼哈顿或东京都23区的中央商业区（传统上权力和财富的所在地），而是城市与其他城市相融合的巨大互联区域。

这些新兴的城市充满自信，它们那光彩耀目的景观令人沉醉。对垂直生活方式的狂热已成为富人的特权；这是一种渴望逃离地面上那肮脏、拥挤、混乱的城市街道，到云层中去寻找避难所的症状。联合国认为，缺乏基本娱乐场所和基础设施的贫民窟及非正式定居点，正在成为人类"主要的、独特的定居点"。大多数人类未来的生活方式，更容易在孟买或内罗毕那些极为密集、自建和自发形成的地区看到，而不是在上海或首尔光鲜亮丽的市中心，或是在休斯敦或亚特兰大蔓延无度的郊区看到。今天，有10亿人——每4个城市居民中就有1个——生活在小镇和法维拉（*favela*）、贝里奥（*barrio*）、甘榜（*kampung*）、坎帕门托（*campamento*）、格塞康都（*gecekondu*）、苦难村（*villa miseria*）等贫民窟和棚户区中，以及有着各种其他名称的这类未经规划的、自建的城区里。全球约有61%的劳动力（20亿人）靠在黑市中打工谋生，从事着非正规的经济活动，他们中有许多人在

---

1. Jonathan Auerbach and Phyllis Wan, "Forecasting the Urban Skyline with Extreme Value Theory," October 29, 2018, https://arxiv.org/abs/1808.01514.
2. 平方英里，英制面积单位。1平方英里≈2.59平方千米。——编者注

为不断增加的城市人口提供衣、食、住等服务。城市政府往往无力应对外来人口洪流，这种DIY城市主义填补了这一空白。我们非常关注那些在世界级城市的中心地带大展身手的知识经济创新者。然而还有其他的创新者——那些在城市底层工作的人，他们以其辛勤劳动和创造力维持着城市的运转。[1]

摩天大楼和棚户区的迅猛增加，正是如今这个"城市世纪"到来的先声。不论大都市里的生活有多紧张，市民们和他们在乡下的亲戚相比，总是挣得更多，子女受到的教育更好，获得的物质享受更大。从农村迁移到里约热内卢来的第一代移民生活在法维拉，他们的文盲率为79%；如今，他们的孙辈中有94%的人识字。在撒哈拉以南非洲人口超过100万的城市里，婴儿的死亡率比小的定居点低三分之一。在日收入低于2美元的印度农村家庭，13至18岁的女孩中只有16%能够上学，而在海得拉巴，这一比例为48%。自中国高速城市化以来，中国人的平均预期寿命增加了8岁。如果你住在上海，你有望活到83岁，比住在中国西部农村省份的人多活10年。[2]

在今天迁入城市的20万人里，有一部分人的目的就是摆脱农村地区的贫困。离开土地，进城就成了谋生的唯一选择。城市提供了其他地方无法提供的机会，就像它们一直以来所做的那样。但它们也需要足智多谋和坚韧的精神。在不断发展的城市里，污秽不堪、容易滋生疾病的贫民窟是地球上最具创业精神的地方之一。而且，人们还逐渐构建了完善的互助网络，缓解了大都市生活带来的冲击和压力。作为亚洲最大的贫民窟之一，孟买的达拉维在仅0.8平方英里的土地上塞进了将近100万人。大约1.5万个单间工厂（single-

---

1. A. T. Kearney, *Digital Payments and the Global Informal Economy* (2018), pp. 6, 7.
2. Janice E. Perlman, "The Metamorphosis of Marginality: four generations in the favelas of Rio de Janeiro," *Annals of the American Academy of Political and Social Science* 606 (Jul. 2006), 167; Sanni Yaya et al., "Decomposing the Rural-Urban Gap in the Factors of Under-Five Mortality Rate in Sub-Saharan Africa? Evidence from 35 countries," *BMC Public Health* 19 (May 2019); Abhijit V. Banerjee and Esther Duflo, "The Economic Lives of the Poor," *Journal of Economic Perspectives* 21:1 (Winter 2007), table 9; Maigeng Zhou et al., "Cause-Specific Mortality for 240 Causes in China during 1990–2013: a systematic subnational analysis for the Global Burden of Disease Study 2013," *Lancet* 387 (Jan. 2016): 251–272.

room factory）和数千家微型企业，共同构成了一个价值可达每年10亿美元的内部经济。有许多人从事回收垃圾的工作，2000多万孟买人丢弃的垃圾堆积如山。尽管达拉维的人口密度超高，缺乏警力（或其他基础服务），但和印度其他的大型贫民窟一样，在这里走动显然是安全的。从20世纪90年代末开始，一批自学成才的电脑极客把拉各斯的一条街变成了非洲最大的信息和通信技术市场：奥蒂巴电脑村（Otigba Computer Village），这里有数千名企业家，日营业额超过500万美元。集聚效应并不仅仅让华尔街或上海浦东新区的银行家、伦敦苏豪区的广告创意人士、硅谷和班加罗尔的软件工程师受益，随着城市化的蔓延和加速，它在全世界改变了无数人的生活和生活方式。以DIY为特征的非正规城市经济（无论是在快速发展的拉各斯的街道上，还是在洛杉矶等较为富裕的大都市里），证明了人类有能力从头开始建设城市，还能在明显的混乱当中组织起可以正常运转的社会。这是6000年城市生活经验的精髓。

尽管城市取得了种种成就，但那里的环境是严酷无情的。如果说它向我们提供了获得更高收入和教育的机会，那它也会扭曲我们的灵魂，损害我们的心智，污染我们的肺。我们必须竭尽全力才能在城市里生存下来，勉强度日——那是口大锅，里头满是噪声、污染，还拥挤得令人崩溃。像达拉维这样的地方——连同它那蜿蜒曲折的小巷、从人类活动和交流中产生的巨大复杂性、为了生存而不断进行的斗争、过高的人口密度、显而易见的混乱和自发产生的秩序——会让人联想起整个历史上的城市生活，不论这种生活是发生在美索不达米亚那宛如迷宫的城市里，在古雅典那凶险的无政府状态下，在中世纪欧洲拥挤混乱的城镇上，还是在19世纪工业都市芝加哥的贫民窟中。城市生活势不可挡；它的活力、永无休止的变化以及无数大大小小的不便，把我们逼到了极限。纵观历史，人们一直认为城市从根本上与我们的天性和本能背道而驰，是会滋生恶习、诱发疾病和催生社会病态的地方。巴比伦的神话回荡在每个时代：城市虽然取得了惊人的成功，但却可以摧毁个人。大都市的魅力不可抗拒，但它也有很多丑恶的地方。

我们应对这种恶劣环境并根据我们的需要去改造它的方式是令人着迷的。在这本书中，我不想简单地把城市视为名利场，而想把它视为人的居所，视为会对居住在其中的人产生深远影响的人类居住场所。这不仅仅是一本关于宏伟建筑或城市规划的书；它讲述那些定居在城市里的人，以及他们如何应对城市环境，又是如何在城市生活这口高压锅中生存的。这并不是说建筑不重要：建成环境和人类之间的互动是城市生活以及本书的核心。但与有机体的外观和重要器官相比，我更感兴趣的是把这个有机体结合起来的结缔组织。

城市建立在人类历史的各个层面上，建立在人类生活和经历近乎无限、永不休止的交织中，它们既迷人又深不可测。城市的美丽与丑陋、欢乐与痛苦，以及它们那异乎寻常、令人困惑的复杂性和矛盾性，都是人类境况的鲜活图景，让人既爱又恨。它们是处于不断变化和适应过程中的不稳定地带。无可否认，它们用宏伟的建筑和地标来掩盖它们的不稳定性；但盘旋在这些永恒象征周围的是无情的变化。潮流的力量推动城市不断地破坏与重建，这使城市富于魅力，但又因为趋势难以把握而令人沮丧。在本书中，我从始至终都在试图把握变动中的城市，而不是静态的城市。

为了写这本书，我走访了欧洲、美洲、非洲和亚洲的许多城市，其中包括对比鲜明的孟买和新加坡、上海和墨西哥城、拉各斯和洛杉矶等地。我选择了一系列城市，构建出一个按时间顺序进行的叙事，这些城市所讲述的并不仅仅是它们所处的时代，还有城市的总体状况。选择其中一些城市（如雅典、伦敦或纽约）的原因是显而易见的；但其他一些选择——如乌鲁克、哈拉帕、吕贝克和马六甲——可能就不那么为人理解了。在研究城市的历史时，我会去市场、露天市集（souk）和集市（bazaar）、游泳池、体育馆和公园，街边小吃摊、咖啡屋（coffee houses）和咖啡馆（cafés），商店、购物中心和百货公司寻找材料。我考察了大量的绘画、小说、电影和歌曲，就像查阅官方记录一样，以获取城市的生活体验，了解当地日常生活的繁忙程度。你必须调动你的感官去体验一个城市——去看、去闻、去摸、去走、去读、去想象，才能完整地理解它。在历史上的大部分时间里，城市生活都是围绕着感官（吃、喝、性、购物、嚼舌根和玩乐）展开的。这些构成城市生活戏剧的元素全都是本书的核心内容。

城市之所以成功，很大程度上是因为它们提供了快乐、刺激、魅力和阴谋，就像它们提供了权力、金钱和安全一样。正如我们将要看到的，6000多年来，为了找到适用于城市这个旋涡的生活方式，人类一直在不断尝试。我们擅长生活在城市里，城市很有弹性，是能够抵御战争和灾难的创造物。与此同时，我们并不擅长建设城市；我们以发展的名义规划和建设了众多城镇，然而这些城镇禁锢而不是解放了人们，使人们变得更贫困而不是提升了他们的生活质量。许多不必要的悲剧都是因为专家们梦想建造完美的、经过科学规划的大都市而造成的。或者,换一种不那么激烈的说法,规划往往创造出整洁的环境,却耗尽了使城市生活变得有趣的活力。

在一个不仅有更多大城市,而且人们居住的世界正在大片大片地变成城市的时代,我们该如何在城市中生活呢?这个问题从来没有像现在这么紧迫过。只有理解了来自不同时期和不同文化的丰富的城市经验,我们才能着手应对第三个千纪的最大挑战之一。城市从来就不是完美的,也不可能完美。事实上,城市的许多乐趣和活力来自其空间的杂乱。我的意思是建筑、人和活动的多样性,它们混杂在一起,被迫相互影响。从本质上来说,秩序是反城市的。让一座城市引人注目的是它的渐进式发展——在一代又一代人的努力下,它被从无到有地建造起来,然后又被反复重建,从而形成一个密实、丰富的城市结构。

这种混乱正是城市的核心所在。想象一个像香港或东京这样的城市吧,在那里,高耸在街道上的摩天大楼与行人、市场、小商店、街头食品店、餐馆、洗衣店、酒吧、咖啡馆、轻工业企业和工场挤在一起。或是想想某个喧嚣的大城市里一处像达拉那样的定居点,一个持续不断的、狂热的街头活动场景——一个能就近提供所有基本需求的地方。正如美裔加拿大作家简·雅各布斯在20世纪60年代所说,城市的密度和它的街头生活造就了都市风格,即一种属于市民的艺术。适合步行的街区是城市住宅的关键组成部分之一。再想想世界各地的现代城市,那里的零售店、轻工业、居住区和办公室都被严格分隔开来。在许多情况下,这种按照功能划分不同区域的做法,能起到净化城市的作用,使其整洁有序,但也消耗了城市的活力。规划可以产生这样的效果。汽车也是如此。汽车保有量大幅度攀升(这种现象首先出现在美国,然后是欧洲,最后是拉丁美洲、亚洲和非洲)已经从根本上改变了城市。不但高速公路促进了郊区化和市外零售,而且在整个市区范围内,繁忙的道路和成片的停车场也在扼杀残存的街头生活。

当我们谈到全世界50%以上的人口正在城市化时,我们很可能陷入了一个误区。有很大一部分现代的都市人并没有住在城市里,或是以城市生活方式生活——如果我们所说的城市生活方式是指住在适合步行的街区,稍微走走就能抵达文化、娱乐、休闲、工作等公共场所和市场的话。在这超过50%的人口中,有许多人过的是郊区生活,无论他们是住在被草坪环绕的豪华独栋住宅里,还是住在所谓的"落脚城市"中——这个词指的是紧挨着快速发展的大都市边缘的棚户区。

21世纪的问题不是我们城市化的速度太快，而是我们城市化的程度不够。这一点为什么很重要？如果地球能任我们予取予求，那这就不重要。每天有20万人进入城市（或者说在2010年左右我们大体上成了一个城市化的物种），这一事实非常引人注目。但这并不能说明全部情况。更令人担忧的是，尽管城市人口将在2000年至2030年间增加一倍，但混凝土丛林所占的面积将增加两倍。仅在这30年里，我们扩张城市时新增的土地就将与南非的面积相当。[1]

这种全球性的扩张正把我们的城市推向湿地、荒野、热带雨林、河口、红树林、河漫滩和农田，这给生物多样性和气候带来了毁灭性的影响。连山脉都被移开，为这一史诗般的城市化浪潮让路。这可不是比喻：从2012年起，中国偏远的西北地区形成了一块人造高原，在这块高原上，一座由闪闪发光的摩天大楼构成的新城市正在建设之中，它的名字是兰州新区，新丝绸之路上的一个中转站。

跟过去的美国城市一样，中国城市中心区域的密度也在逐渐降低，因为道路和写字楼的不断扩建迫使人们从拥挤的、多功能的市区迁往郊区。这是世界范围内降低密度、依赖汽车的城市化和扩张趋势的一部分。当人们变得更富有时，他们就会需要更多的生活空间。[2]2020年的新型冠状病毒疫情，以及将来的流行病所造成的威胁，可能会再次逆转人口流入城市的趋势，鼓励人们逃离大都市，因为大都市里长时间的隔离和lockdown[3]令人难以忍受，而且那里的感染风险更大。如果发生这种情况，对生态环境的破坏将会十分严重。

在一个更热、更潮湿、更严酷的气候条件下，城市可能会提供一条解决问题的途径。正如我在这本书中描绘的漫长历史所展示的那样，城市是一个有弹性的实体，适应性很强，能够抵御和应对各种灾难，而我们人类也是一

---

1. Karen C. Seto, Burak Güneralp and Lucy R. Hutyra, "Global Forecasts of Urban Expansion to 2030 and Direct Impacts on Biodiversity and Carbon Pools," *PNAS* 109:40 (Oct. 2012).
2. Edward Glaeser, *The Triumph of the City: how urban space makes us human* (London, 2012), p. 15.
3. 指"对旅行、社交和进入公共场所实施严格的限制"。——编者注

个适应性很强的城市物种，长期以来已经习惯了城市生活的压力和可能性。我们最好继续创新。在本世纪，香港、纽约、上海、雅加达和拉各斯等人口超过500万的大城市中，有三分之二都面临着海平面上升的威胁；随着气温的上升，会有更多的人不得不承受酷热的折磨和极具破坏性的风暴的侵袭。我们的城市处于迫在眉睫的环境灾难的第一线；正因如此，它们才能够率先采取行动减轻气候变化的影响。城市最引人注目的地方之一就是它们蜕变的能力。在历史上，城市曾经适应了气候的变迁、商路的转移、技术的发展、战争、疾病和政治动荡。例如，19世纪的大流行病塑造了现代城市，它们推动了土木工程的发展、城市卫生状况乃至整体规划的改善。21世纪的大流行病将以我们难以想象的方式改变城市。在不得已的情况下，城市也会适应这个面临气候危机的时代。

城市的进化会是什么样子的呢？只要城市存在，其规模就取决于主要的交通方式、外部威胁、物资供应和邻近农业用地的价格。在历史上的大部分时间里，这些因素制约了城市的发展；只有在富裕和安定的社会，它们才能大展身手。在本世纪，威胁我们安全的不是外部军队的入侵，而是不稳定的气候。人口密集的城市拥有公共交通线路、适于步行的街区以及各种商店和服务，与散乱的居民点相比，这样的城市产生的二氧化碳和消耗的资源更少。它们的紧凑性在一定程度上减少了与自然的冲突，因为它们没有犯下无序蔓延之罪。我不是建议人们往市中心挤；显然，那里没有足够的空间。我说的是大都市周边地区（郊区和城市周边的街区）要城市化，使它们具有与市中心相似的形式、密度、多功能和空间上的杂乱。

在2020年的lockdown期间，城市里密集的人口从优势变成了威胁。作为城市生活乐趣之一的社交，成了人们千方百计试图避免的东西，仿佛你的同胞就是你的死敌。数十亿人被命令分开，不许聚集在一起；城市生活发生了颠覆性的变化。但城市人口在疾病面前的脆弱和封锁的影响，不应使我们忽视这样一个事实，即提升人口密度是实现环境可持续的重要途径。

经济学家和城市规划者正确地赞扬了使现代大都市在知识经济中如此成功的"集群效应"。但这种效应在许多领域都适用，并非只对科技初创企业有效。密集的城市区域激发了各种各样的创新和创造力，包括在街区层面——不只是金融界和科技魔法（technological wizardry）层面，还有日常生活层面。历史证明了这一点。换言之，当我们需要有弹性、适应性强的城市来着手应对气候变化和大流行病等新的严峻挑战时，功能性强、资源丰富的社区可以帮助城市更具弹性。达拉维、拉各斯的奥蒂巴电脑村以及众多非正式社区的活力表明,城市的创造力每天都在发挥作用。

这种解决方案需要让人们的生活在很大程度上真的实现城市化。最重要的是,它需要我们提高想象力,接受城市的多样性。回顾历史是一种重要的方法,可以让我们睁开眼睛,全方位地把城市经验看清楚。

第 1 章
城市的黎明

乌鲁克
（前4000—前1900）

恩奇都与自然和谐相处。他强壮如"天上的石头"，拥有神一般的美貌，当他与野生动物一起自由奔跑时，他的内心十分快乐。直到他看到神妓莎玛赫（Shamhat）在池塘中洗澡时赤裸的身影。恩奇都才看了一眼就被她迷住了，他与神妓交欢六天七夜。

对他们放肆、热烈的性结合感到满足之后，恩奇都试图回到荒野中去过自由自在的生活。但他驾驭自然的力量消退了。野兽对他避之不及；他的力气也减弱了。他头一次感受到孤独的痛苦。他带着困惑回到神妓身边。她向爱人说起她的家乡——传奇的乌鲁克城，那里有不朽的建筑、郁郁葱葱的棕榈树林，宏伟的城墙后面有成群的人。在城市里，人们不仅从事体力劳动，还要从事脑力劳动。人们穿着华丽的衣服，每天都在过节，只要"有节奏的鼓点声"响起，庆典就开始了。那里有世界上最美丽的女人，"魅力四射，充满欢乐"。神妓教恩奇都如何吃面包和喝麦芽啤酒。她告诉他，在城市里，他犹如神祇般的潜力将转化为真正的力量。他浓密的体毛被剃掉了，皮肤被涂上油，赤裸的身躯也被昂贵的衣服遮盖起来，恩奇都动身去了乌鲁克。他放弃了来自大自然的自由和本能，被性、美食和奢侈的诱惑吸引到了城市。

从乌鲁克和巴比伦到罗马、特奥蒂瓦坎和拜占庭，从巴格达和威尼斯到巴黎、纽约和上海，这些城市让人心醉神迷，想象中理想化的城市变成了现实，人类的创造力由此走上了顶峰。恩奇都代表着原始自然状态下的人类，他被迫在自由的荒野和人造的城市之间做出选择。神妓象征着复杂精致的城市文化。就像她一样，这些城市吸引和诱惑着我们；它们承诺会激活我们的力量和潜能。[1]

恩奇都的故事出自《吉尔伽美什史诗》的开篇，这是人类现存最古老的文学作品，其形诸文字至少可以追溯到公元前2100年。居住在美索不达米亚（位于今伊拉克）的苏美尔人创作了这部史诗，苏美尔人有读写能力，并且实现了高度的城市化。如果有人像虚构出来的恩奇都一样，在公元前3000年左右第一次来到正处于巅峰时期的乌鲁克，他们的感官将会受到剧烈的冲击。乌鲁克占地3平方英里，人口在5万至8万之间，是当时地球上人口最密集的地方。它就像一座蚁丘，坐落在一个由几代人的劳作创造出来的土堆上，一层层的垃圾和被丢弃的建筑材料构成了一座俯瞰着平原的人造卫城，方圆数英里[2]内都可以看到它。

离这座城市还有很远时，你就会意识到它的存在。乌鲁克开垦了城市周边地区，利用农村来满足自己的需要。几十万公顷的农田，通过沟渠进行人工灌溉，出产的小麦、绵羊和椰枣养活了这座大都市，而这里生产的大麦还可以用来为大众酿造啤酒。

最令人惊叹的是高耸的庙宇，其中供奉着爱与战争女神伊南娜（lnanna）和天空之神安努（Anu），它们被建在城市上空的巨大平台上。就像佛罗伦萨的钟楼和穹顶，或者21世纪上海林立的摩天大楼一样，它们是明确的视觉标志。安努的白色神庙用石灰石建造，表面涂有石膏灰泥，会反射阳光，就像现代的摩天大楼一样令人印象深刻。它是平原上的灯塔，向周围散发出文明和力量的信息。

---

1. Andrew George (ed. and trans.), *The Epic of Gilgamesh* (London, 2013), I:101ff.
2. 英里，英制长度单位。1英里=1.609千米。——编者注

对古代的美索不达米亚人来说，这座城市代表着人类战胜了自然；气势熏灼的人工景观清楚地表明了这一点。它的城墙周长为9千米，高7米，上面散布着城门和突出的塔楼。穿过任何一道城门，你立刻就会看到这座城市的居民是如何战胜自然的。城区周围是整齐的花园，种植着水果、香草和蔬菜。运河交织而成的巨大网络把水从幼发拉底河输送到市中心。在地底下，一个黏土制成的管道系统把成千上万人的排泄物排到城墙外头。花园和椰枣树延伸到内城附近就适时地消失了。狭窄、蜿蜒的街道和小巷有如迷宫，两侧挤满了没有窗户的小房子，看上去局促得可怕，几乎没有开放的空间，但这样的布局是为了在市区中创造一种微气候，利用狭窄的街道和密集的房屋带来的阴凉和微风减轻美索不达米亚强烈的日晒。[1]

喧嚣、拥挤、繁忙的乌鲁克和它在美索不达米亚的姐妹城市一样，在地球上是独一无二的。在一部与《吉尔伽美什史诗》同时代的文学作品中，作者想象女神伊南娜做出保证：

仓库会有充足的存粮；城里会建起住所；它的人民可以吃到美味的食物，喝到美味的饮料；那些沉浸在节日里的人兴高采烈地聚在院子里；人们挤满庆典场地；相识之人将一同进餐；外地人会像空中的珍禽一样结伴出游……猴子、强壮的大象、水牛、从异国来的动物，以及纯种的狗、狮子、野山羊和长毛的alum绵羊会在公共广场上互相推挤。

接着，作者描绘了一座城市，那里有巨大的小麦粮仓和装满金、银、铜、锡，以及青金石的仓库。在这段高度理想化的叙述中，世界上所有美好的事物都流向这座城市，供人们享用。同时，"城内响起提吉（tigi）鼓声；城外奏起笛子和赞赞（zamzam）。停泊着船只的港口充满了欢乐"。[2]

"乌鲁克"的意思就是"城市"。据说，它是世界上第一座城市，而

---

1. Paul Kriwaczek, *Babylon: Mesopotamia and the birth of civilisation*, p. 80; Mary Shepperson, "Planning for the Sun: urban forms as a Mesopotamian response to the sun," *World Archaeology* 41:3 (Sep. 2009): 363–378.
2. Jeremy A. Black et al., *The Literature of Ancient Sumer* (Oxford, 2006), pp. 118ff.

且，在超过1000年的时间里，它也是最具影响力的城市中心。当人们聚集在巨大的共同体里时，有些事情以惊人的速度发生了变化：乌鲁克的居民开创了改变世界的技术，体验了全新的生活、服饰、饮食和思维方式。从这座位于幼发拉底河和底格里斯河岸边的城市里产生的发明，在历史中释放了一股不可阻挡的新力量。

　　大约在11 700年前，最后一次冰期的结束深刻地改变了人类在地球上的生活。得益于全球变暖，世界各地的狩猎采集社会都开始培育和驯化野生作物。但新月沃土——西起尼罗河、东至波斯湾的一个半圆形区域，包括现代的埃及、叙利亚、黎巴嫩、以色列、巴勒斯坦、约旦、伊拉克、土耳其东南部和伊朗西部边缘——为农业的发展提供了最有利的条件。这个相对较小的地区拥有各种各样的地形、气候和海拔，从而提供了非同寻常的生物多样性。对人类社会发展来说最重要的是，这里有多种现代农作物的野生祖先——二粒小麦、单粒小麦、大麦、亚麻、鹰嘴豆、豌豆、小扁豆和苦野豌豆——以及适合驯化的大型哺乳动物：牛、山羊、绵羊和猪。在几千年的时间里，农业的摇篮变成了城市化的摇篮。

　　1994年，在克劳斯·施密特（Klaus Schmidt）的指导下，土耳其哥贝克力石阵（大肚山）的考古工作开始了。在这里，人们发掘出了一个由巨大的T形石柱组成的大型环状仪式性建筑群。这座震撼人心的遗址不是由一个先进的、定居下来的农业共同体建造的。这些重达20吨的巨石是在12 000年前被开采出来，然后被搬运到这座小山上的（不同的是，索尔兹伯里巨石阵的建造始于约5000年前）。这一发现颠覆了传统的看法。这表明狩猎采集时代的人曾聚集在一起，进行了大规模的合作。据估计，必须要有来自不同群体或部落的500人一起劳作，才能完成采石以及将石灰岩巨石运到山上这样的工程。他们的动机是崇拜我们已经无从知晓的某位神祇或多位神祇，并履行神圣的职责。没有证据表明曾有人在哥贝克力石阵居住：这是一个用于巡礼和朝拜的地方。

　　按照传统的解释，只有在粮食过剩使一部分人摆脱日常生活的负担，并允许他们从事专门的、非生产性的工作之后，才能取得这样的成就。也就是说，这样的事只能发生在农业和农村产生之后。但哥贝克力石阵颠覆了这种想法。来到这座小山上的人类最古老的建造者和敬神者是靠丰富的野味和植物维生的。当丰富的野生食物与复杂的宗教体系并存时，智人受到鼓舞，开始对已经存在超过15万年的生活方式和部落结构做出彻底的变革。

寺庙出现在农场之前；它的出现甚至可能就是使农场成为养活定居下来的虔诚的信徒的必要条件。基因图谱显示，第一批被驯化的单粒小麦品种来自距离哥贝克力石阵20英里的地方，时间为神殿的建造开始之后大约500年。在那个时候，更多的T形石柱已经在山顶上竖立起来，附近也建起了村庄。

哥贝克力石阵之所以能够留存下来，并被现代考古学家发现，是因为它在公元前8000年左右出于某种未知的理由被人们故意埋在了地下。在5000年后苏美尔人于美索不达米亚南部建起神庙之前，没有其他人有过这种规模的建筑尝试。在其间的几千年里，生活在新月沃土上的人类尝试了新的生活方式。

新石器革命进行得很快。公元前9000年左右，新月沃土上的大多数人还是以野生食物为生；到公元前6000年，这个地区的农业已经发展起来。花费了好些个世代的时间后，有着不同饮食习惯和流动生活方式的狩猎采集部落让位于定居的农业社会，致力于种植少数几种主要作物和喂养家畜。耶利哥（Jericho）最初是一群兼具狩猎和种植野生谷物两种生活方式的人建造的一个营地；在700年里，这里是数百人的家园，他们种植二粒小麦、大麦和豆类；有一道坚固的围墙和一座塔楼保护着他们。恰塔霍裕克位于现在的土耳其，公元前7000年时人口在5000到7000之间，在史前时期是一个超大型的聚落。

但是耶利哥和恰塔霍裕克都没有踏出转变为城市的那一步。它们仍然是杂草丛生的村庄，缺乏许多我们将之与城市化相联系的特征和用途。由此看来，地理位置得天独厚，有着丰饶多产的田地，而且容易获得建筑材料，并不是产生城市的充分条件。在这样的地方，人们可能生活得太好了。土地提供了这些聚落所需要的一切，而贸易弥补了所有不足。

城市最早出现在美索不达米亚南部，新月沃土的边缘。有一个存在已久的理论可以解释其中的原因：这里的土壤和气候条件不大好。降雨量少，土地干燥平坦。只有利用幼发拉底河和底格里斯河的水资源，这片荒地的潜力才能被释放出来。人们合作建设灌溉工程，从河流中引水，开辟农田。突然间，这片土地就可以生产出大量的剩余粮食了。因此，城市并不是温和、丰饶环境的产物，而是更严酷地区的产物，这样的地区把人的创造力和合作推向了极限。因此，在人类战胜逆境的过程中，美索不达米亚南部诞生了世界上第一批城市。城市的中心矗立着庙宇，还住着一群神职人员和官僚精英，他们协调着对大地景观的改造，并对高度集中的人口进行管理。

这是一个令人信服的理论。但就像我们对早期文明演化的许多看法一样，它最近也发生了革命性的变化。城市在这里扎根与水有着更密切的关系，其过程也更能体现平等。

苏美尔人和后来与他们信奉同一宗教的人都相信，第一座城市是从原始沼泽中诞生的。他们的故事讲的是一个烟波浩渺的世界，那里的人们乘船四处迁移；他们的石板上绘有青蛙、水禽、鱼和芦苇。今天，他们的城市被埋在茫茫荒漠的沙丘之下，远离大海和大河。早期的考古学家根本不相信这些沙漠城市在沼泽中诞生的神话。但是，关于城市两栖起源的传说与最近有关美索不达米亚南部生态变化的发现是一致的。

气候变化推动了城市化进程。在公元前5千纪，由于全新世气候适宜期的到来，全球急剧变暖，海平面也随之上升，波斯湾的海平面比现在高出约2米。海湾的湾顶延伸到了比现在更北200千米的地方，覆盖了伊拉克南部的干旱地区，使那里出现了大片的沼泽。气候变化改变了位于底格里斯河和幼发拉底河入海口的那些三角洲湿地，使它们变成了对移民充满吸引力的地区。这里有各种各样容易获得且营养丰富的食物。咸水里满是鱼和软体动物；三角洲上的小河和溪流两岸茂盛的植被中藏着猎物。这个地方并非只有一种生态系统，而是有着多种生态系统。青翠的冲积漫滩适于种植谷物，而半沙漠地带可以放牧牲畜。这个三角洲容纳了来自新月沃土不同文化的人们；这些移民从北方带来了有关泥砖建筑、灌溉和陶瓷生产的知识。定居者在沼泽地里的沙质龟背岛上建造村庄，通过建造用沥青加固的芦苇地基来使土地变得稳固。[1]

---

1. P. Sanlaville, "Considerations sur l'évolution de la basse Mésoptamie au cours des derniers millénaires," *Paléorient* 15:5 (1989): 5–27; N. Petit-Maire, P. Sanlaville and Z. W. Yan, "Oscillations de la limite nord du domaine des moussons africaine, indienne, et asiatique, au cours du dernier cycle climatique'," *Bulletin de la Societé Géologique de France* 166 (1995), 213–220; Harriet Crawford, *Ur: the city of the Moon God* (London, 2015), pp. 4ff; Guillermo Algaze, *Ancient Mesopotamia at the Dawn of Civilization: the evolution of the urban landscape* (Chicago, 2008), pp. 41ff; Hans J. Nissen, *The Early History of the Ancient Near East, 9000–2000 BC* (Chicago, 1988).

几千年前，在哥贝克力石阵，以觅食为生的部落凭借他们的狩猎天堂建造起了比他们自己更大的东西。公元前5400年以前，类似的事情也发生在一个潟湖旁边的沙洲上，那里是沙漠与美索不达米亚沼泽的交界处。也许从一开始，人们就认为这个地方是神圣的，因为潟湖是生命的源泉。在这个被称为埃利都的沙洲上，最早的人类生活迹象是鱼和野生动物的骨头以及贻贝的壳，这表明这个圣地是用来举行仪式性宴会的地方。后来，人们在这里建造了一座小神龛来供奉淡水之神。

经过几代人的努力，这个原始的神龛被反复重建，每次重建后都会变得更大、更精致；最终，神龛变成了神庙，矗立在一座砖砌平台上，俯瞰着周围的风景。三角洲所提供的丰富的野生和栽培食物支持了这些宏大的建筑工程。埃利都被明确地奉为世界诞生之地。

在苏美尔人的信仰体系中，世界本是一片混沌的水，直到神恩基做了一个芦苇框架并用泥将其填满。众神现在可以在由芦苇和泥土所创造的干燥土地上建造自己的住所了（就像最初在沼泽中定居的人建造他们的村庄一样）。恩基选择在埃利都兴建他的庙宇，在那里，水变成了陆地。为了"让众神安居于他们心中所爱的住所"——换句话说，就是他们的庙宇，恩基创造了人类来侍奉他们。

位于大海和沙漠之间的沼泽代表着秩序与混乱、生与死的交会。这片三角洲有令人惊叹的资源，是恶劣环境中的一片绿洲，这催生了一种信仰：在众神创造的世界中，这里是最为神圣的地方。然而，尽管它提供了丰富的资源，生活在这里仍然是危险的。当春日的阳光融化了遥远的亚美尼亚、托罗斯山脉和扎格罗斯山脉的大量积雪时，三角洲的河流将变得凶险莫测。芦苇屋组成的村庄和所有的田地都可能被奔腾的河流冲走。在其他时候，快速蔓延的沙丘会覆盖整片土地。而庙宇屹立在平台上，不受洪水侵袭，在大自然这个变幻莫测的旋涡中，它一定是一个有力的关于永恒的象征。不仅是埃利都被当作世界诞生的地方，神庙也被视为恩基真正的居所。砖砌的平台需要不断维护，因此来埃利都朝拜的人也被迫协助恩基防止混乱。[1]

这些为神服务的工人需要给养和住所，还需要某种祭司的权威来分配口

---

1. Gwendolyn Leick, *Mesootamia: the invention of the city* (London, 2001), pp. 2-3, 8-9, 19ff.

粮。庙宇周围出现了许多作坊，负责为神的住所制作适合的饰物。埃利都一直未能成为一座城市。苏美尔人的神话解释了原因：恩基没有把文明和城市化的礼物分享出去，而是自私地把它们锁进自己的神庙里。直到伊南娜——众神中的盗贼和掌管爱、性、生育和战争的女神——乘船去了埃利都，把恩基灌醉。当恩基因为狂饮啤酒而陷入沉睡时，伊南娜偷走了神圣的知识，带着它穿越咸水，回到了她自己位于沼泽中的岛屿乌鲁克。回到家后，她把神圣的智慧传播开来。

这个传说把实际发生的事情神话化了。埃利都启发了模仿者；类似的圣地也出现在沼泽中的其他岛丘上。在幼发拉底河岸边的一处人造土丘上，有座为伊南娜建造的神庙。它被称作埃安纳，意为"天堂之家"。不远处有另一座庙宇，坐落在一个叫库拉巴（Kullaba）的土丘上，是天空之神安努的居所。大约在公元前5000年，沼泽地区的人们开始在这里进行祭祀并定居下来。

在接下来的几个世纪里，埃安纳和库拉巴两个神庙区被建造起来并经历了多次重建，每次重建都抱有更大的雄心，建起了更大胆的建筑。这两个相距约800米的土丘融合在一起，形成了一个大的聚居区，即乌鲁克。虽然埃利都的神庙也以同样的方式陆续重建，但乌鲁克人用更大、更宏伟的东西取代了它。这是一个以不断拆毁和充满活力为特征的文化。

驱使人们这样做的动力是一种以创造出宏伟的工程为目标的集体努力。三角洲这种自然环境提供了过剩的食物，使许多人的身体解放出来，可以从事艰苦的建筑工作，也使许多人的头脑解放出来，可以致力于公共工程的规划。这里的多水环境也为船只运输提供了便利。湿地为城市化提供了燃料；但推动城市化发展的是一种强大的意识形态。否则要如何解释这大量的体力劳动和时间投入？埃安纳和库拉巴的神庙建筑群没有任何实用价值。乌鲁克早期的庙宇与埃利都的很相似。但是乌鲁克的建造者在建筑上取得了惊人的飞跃，开发出了全新的技术。他们用夯土来做平台，并用沥青防水。他们用石灰石（开采于离城市50多英里的地方）砌筑地基和墙壁，再浇筑混凝土。外墙的土坯和圆柱上装饰着几何图案的马赛克，这些马赛克是由数以百万计的彩绘锥形陶片制成的。

新的神庙开工建设时，人们会用碎石填满旧的神庙。这就是神庙底下那个平台的核心部分，新一代的神庙将修建在平台之上。这些巨大的卫城真实地体现了乌鲁克人建筑的集体性质，其设计意图是让民众更容易接近神庙，而不是使它们远离民众。可供宗教游行使用的巨型阶梯和坡道将它们与地面连接起来；主要建筑都有一排排的柱子，使它们的内部向世界敞开；它们被庭院、走道、露台、作坊和灌溉花园包围着。这些巨大的建筑是城市的核心，围绕着它们，城市的面积扩大到了4平方千米，狭窄的街道上居住着成千上万的市民。[1]

但是在公元前4千纪的后半段，美索不达米亚南部又经历了一次快速的气候变化。年平均气温迅速上升加上降雨量减少，使两条大河的水位下降。波斯湾的海岸线从全新世中期的顶峰开始后退。给乌鲁克带来生命的沼泽和溪流开始淤塞、干涸。

5000年前这片土地上所发生的变化，在很长一段时间里掩盖了城市化起源于沼泽这一事实。但是从全球范围来看，根据最近的一些发现，美索不达米亚的经历绝非独一无二。能单独产生城市的地方都是处在最佳状态下的湿地。美洲历史上第一个城市中心位于今天墨西哥的圣罗伦索（San Lorenzo），它坐落在一片高地上，俯瞰着蜿蜒穿过三角洲沼泽，最终注入墨西哥湾的河流网络。就像最初建造起埃利都和乌鲁克的人一样，在公元前2千纪时，圣罗伦索的奥尔梅克人也以渔猎和采集为生，是湿热水生环境的受益者；和埃利都一样，圣罗伦索也是一个祭祀场所，以其巨大的石制神明头像而闻名。在与奥尔梅克文明（前1700—前1050）同时代的中国商朝，首批城市出现在黄河下游的沼泽冲积平原上。在古埃及，庞大的首都孟斐斯建在尼罗河三角洲南部。撒哈拉以南非洲地区的情况也与此类似，那里最早的城市化发生在大约公元前250年的杰内古城（Djenné-Djenno），该城位于内尼日尔河三角洲的沼泽地带，也就是今天的马里。[2]

---

1. Leick, *Mesootamia*, pp. 35ff, 50, 54.
2. Thomas W. Killion, "Nonagricultural Cultivation and Social Complexity: the Olmec, their ancestors, and Mexico's Southern Gulf Coast lowlands," *Current Anthropology* 54:5 (Oct. 2013): 569-606; Andrew Lawler, "Beyond the Family Feud," *Archaeology* 60:2 (Mar./Apr. 2007): 20-25; Charles Higham, "East Asian Agriculture and Its Impact," in Christopher Scarre (ed.), *The Human Past: world prehistory and the development of human societies* (London, 2005), pp. 234-263; Roderick J. McIntosh, "Urban Clusters in China and Africa: the arbitration of social ambiguity," *Journal of Field Archaeology* 18:2 (Summer 1991): 199-212.

当然，最初的城市并不完全是从沼泽中冒出来的；它们的形成也离不开与当地其他社会进行的大量互动。更确切地讲，这些诱人的湿地生态位吸引了来自不同文化的人们，他们带来了建筑技术、信仰、工具、农业、手工艺、贸易和思想。不断变化的气候使美索不达米亚南部成为地球上人口最稠密的地方。

　　在这潮湿而变化莫测的环境中，永恒的城市极具吸引力。它们是人类战胜自然的证据。埃利都是信仰和地形碰撞的产物。湿地那过剩的、营养丰富的、能够自我补充的资源不仅促成了城市的诞生，而且为城市提供了能量，使它们变得比其他定居点更大、更复杂。[1]

　　当美索不达米亚南部的环境发生根本性变化时，与湿地相关的生活方式消失了。然而，经过上千年的发展，这个时候的城市文明已经成熟。沼泽的退化使乌鲁克陷入困境。但城市化的历史在很大程度上正是人类适应不断变化的环境，以及人类为满足自身需求而改造环境的过程。

　　由于被剥夺了原有的生活方式，在湿地生活的农民只得前往城市寻求庇护，这导致美索不达米亚南部的城市化率达到90%。这一大批具有悠久建筑工程传统的人能够克服气候变化的挑战，并通过建造能养活大量人口的大型灌溉系统，开发冲积平原的新潜力。诚然，农业产生于城市之先；但如此激烈的农业革命却是城市革命的产物。

　　一座城市绝不只是建筑的集合；它与其他定居点的区别与其说是它的物理特性，不如说是它所孕育的人类活动。在城市里，人们可以从事在乡村或农场里不可能从事的职业。乌鲁克被誉为"众神的锻冶场"，一个以技艺高超的金匠、铜冶炼工、冶金师和珠宝商而闻名的地方。它的人口中有相当一部分是技术娴熟的工匠，可以对各种材料进行加工，包括岩石、金属和宝

---

[1] Jennifer Pournelle and Guillermo Algaze, "Travels in Edin: deltaic resilience and early urbanism in Greater Mesopotamia," in H. Crawford (ed.), *Preludes to Urbanism: studies in the late Chalcolithic of Mesopotamia in honour of Joan Oates* (Oxford, 2010), pp. 7-34.

石。这座大城市所需要的许多奢华的原材料在附近是找不到的。然而,气候变化带来的不仅仅是丰收。曾经蜿蜒流过咸水沼泽的溪流,现在变成了一个城市运河网,把城市和强大的贸易通道幼发拉底河连接起来。[1]

现在被称之为巴林的岛屿为乌鲁克提供了珍珠母等稀有的贝壳。金、银、铅和铜来自安纳托利亚东部、伊朗和阿拉伯。乌鲁克的工匠们渴望得到黑曜石、石英、蛇纹石、皂石、紫水晶、碧玉、雪花石膏、大理石和其他诱人的材料。从1500多英里外的阿富汗和巴基斯坦北部山区运来了非常受欢迎的深蓝色青金石;红宝石和玛瑙来自更远的印度。众神的居所需要这些奢华的材料来装饰。但凡人也可以享用装饰华美的珠宝、武器、酒杯和器皿。他们还可以品尝整船整船运来的酒和油。[2]

古乌鲁克被划分为一个个专门的区域,每个区域都有特定的职业分工。个人和家庭在他们的庭院式住宅或作坊中劳作。住宅的密度和城市的布局,加上阴凉的街道,鼓励了人们的社交——同时也促进了思想交流、试验、合作和激烈的竞争。乌鲁克的强劲活力和快速增长在很大程度上要归功于它作为贸易起源地的角色。

这座城市的现代化令人吃惊,而《吉尔伽美什史诗》对其问道:人们当初是如何做出和恩奇都一样的选择,在城市里定居的?他们为什么这样选?用原始的自由换取城市的舒适,他们付出了什么样的代价?城市较晚才被创造出来,我们体验城市生活的时间只是我们在地球上所生存的时间中极小的一段。为什么要用待在拥挤的建成环境中来取代无拘无束的生活方式?一个物种为了适应一种环境进化了不知多少年,它是如何适应另一种几乎完全不同的环境的?它在心理上付出了什么样的代价?

《吉尔伽美什史诗》的作者以不同形式对他们自己提出了这些问题。像历史上的许多人一样,半人半神的乌鲁克国王吉尔伽美什发现城市生活很沉

---

1. H. Weiss, "The Origins of Tell Leilan and the Conquest of Space in Third Millennium North Mesopotamia," in H. Weiss (ed.), *The Origins of Cities in Dry-Farming Syria and Mesopotamia in the Third Millennium BC* (Guilford, CT, 1986).
2. Guillermo Algaze, "The Uruk Expansion: cross-cultural exchange in early Mesopotamian civilisation," *Current Anthropology* 30:5 (Dec. 1989): 581.

重。他以野牛般的精力驱策这座城市的人民。众神创造了能匹敌吉尔伽美什的野人恩奇都，要用他来驯服吉尔伽美什。在某种程度上，恩奇都和吉尔伽美什形成了二元对立——我们乡村的、自然的本能与我们文明的、城市化的自我处于交战状态。由于两人的优势和力量互补，温文尔雅的吉尔伽美什和野蛮质朴的恩奇都成了坚定的朋友。恩奇都鼓励吉尔伽美什为自己的激情寻找一个发泄的出口，于是他冒险前往数百英里外黎巴嫩山上的雪松林（众神的秘密禁地），与那里可怕的守护巨人洪巴巴（Humbaba）战斗。我们被告知，只有当一个人远离城市中令人神迷意夺的奢侈品，与自然对抗时，他才能真正成为一个人。征服森林将给吉尔伽美什带来不朽的名声和荣誉，这是他渴求之物。

它还会带来别的东西。像乌鲁克这样的美索不达米亚南部城市缺乏建筑材料，而黎巴嫩山的雪松对建筑师和建筑商来说是一种珍贵的商品。例如，乌鲁克众多神庙中任何一座的屋顶都需要3000至6000米的木材。吉尔伽美什和恩奇都代表这座城市向自然宣战。刚开化的恩奇都发誓要砍倒最壮观的雪松，然后把它做成木筏，沿着幼发拉底河漂流数百英里。回到城市世界后，他将把它做成一扇雄伟的寺庙大门。

英雄们成功打败并杀死了巨人，还为城市砍伐了数量惊人的雪松。然而，这对英雄得意忘形，进一步冒犯了众神。吉尔伽美什拒绝了一位女神的求爱，女神为了报复，派了天牛来摧毁乌鲁克并杀死吉尔伽美什。但吉尔伽美什和恩奇都诛杀了天牛。这种狂妄自大的行为最终激怒了众神，他们用疾病击倒了恩奇都。

奄奄一息的恩奇都诅咒神妓，是她诱使自己远离自由和快乐的自然生活。他诅咒他用神圣的雪松木做的门。他用自然生活换取文明生活的决定削弱了他的力量，使他变得虚弱。[1]

城市是致命的杀手。像乌鲁克这样的城市，人类和动物的大量排泄物被排入开放的死水中，这个系统看起来简直像是专门为培养微生物而建造的。在19世纪的工业城市曼彻斯特和芝加哥，有60%的婴儿在5岁之前死亡，人们的预期寿命为26岁，而在农村地区，这些数字分别为32%和40岁。纵观历

---

1. William Blake Tyrrell, "A Note on Enkidu's Enchanted Gate," *Classical Outlook* 54:8 (Apr. 1977): 88.

史，城市一直是人们想要逃离的地方。在20世纪的美国和欧洲，人们慌慌张张地从犯罪猖獗、拥挤不堪的城市逃向绿树成荫的郊区乐土。20世纪90年代，在经历了几十年的城市危机之后，60%的纽约人和70%的伦敦人表示，他们宁愿住在别处。近来有些研究利用核磁共振成像技术来探索与城市生活相关的神经过程，这些研究表明，那些在狂乱的城市环境造成的社会压力中长大的人，右背外侧前额叶皮质和膝前扣带回皮质的灰质减少了。大脑中的这些区域可以调节我们处理情绪和压力的能力，是非常重要的。城市重塑了我们的大脑：因此，城市人比农村人更容易心情不好和患上焦虑症。犯罪，死亡，抑郁、身体衰弱等疾病，贫困和过度拥挤，往往会使城市成为一个必须竭尽全力才能忍受并生存下去的地方。[1]

直到20世纪，城市的医疗和卫生条件才得到改善，在此之前，城市一直依靠源源不断的外来移民来维持人口，并弥补因疾病而流失的人口（主要是婴儿和儿童）。与很多人一样，恩奇都发觉，成为城市的一分子是要付出高昂代价的。他的死令他亲爱的伙伴吉尔伽美什悲伤不已。这位悲痛欲绝的英雄现在认为这座城市代表的不是人类成就的巅峰，而是死亡。他放弃了乌鲁克，在大自然中寻求慰藉，模仿他死去的朋友，穿上兽皮在荒野中漫游。

吉尔伽美什想要寻求与自然合一，借此欺骗死神。为了寻求永生，他前往世界的边缘，寻找乌特那庇什提牟。在遥远的过去，神恩利尔（Enlil）被城市里人们的喧嚣所烦扰；为了获得平静和安宁，他发动了一场大洪水来消灭人类。另一位神恩基反对这个计划，他命乌特那庇什提牟建造一艘大方舟，把他的家人、种子和成对的动物装载在方舟上。当洪水退去后，幸存者被允许重新在这个星球上繁衍，因为众神发现若没有人服侍他们，他们就会挨饿。作为保护生命的回报，乌特那庇什提牟和他的妻子获得了永生；吉尔伽美什想知道他们的秘密。经过许多冒险，他来到了乌特那庇什提牟的住

---

1. Guillermo Algaze, "Entropic Cities: the paradox of urbanism in ancient Mesopotamia," *Current Anthropology* 59:1 (Feb. 2018): 23–54; Florian Lederbogen et al., "City-Living and Urban Upbringing Affect Neural Social Stress Processing in Humans," *Nature* 474 (2011): 498–501; Leila Haddad et al., "Brain Structure Correlates of Urban Upbringing, an Environmental Risk Factor for Schizophrenia," *Schizophrenia Bulletin* 41:1 (Jan. 2015): 115–122.

所。在那里，主人公最终得到了一个痛苦的教训：死亡于人生而言是不可避免的。

史诗以一首歌颂乌鲁克的诗歌为开端。到结束时，吉尔伽美什又回到了起点。经过艰苦的追求和对文明的排斥，他回到自己的城市，并最终领悟了真谛：一个人可能注定要死去，但人类的集体力量可以通过他们建造的建筑和他们在泥版上刻下的知识而永存。吉尔伽美什为乌鲁克建造了宏伟的城墙，并用文字（它最早就是在乌鲁克被发明出来的）向后代讲述他的故事。城墙和史诗都是永恒的纪念碑，这确保他实现了他在荒野中拼命追求的不朽。

即使他走到了世界的尽头，乌鲁克的磁力还是把他给拉了回来：这座城市已经成为影响人类命运的决定性力量。史诗结尾处，吉尔伽美什骄傲地邀请把他从世界尽头带回家的船夫："到乌鲁克的城墙上走一走……有什么人能与乌鲁克人相比呢？上去，继续走；四处走走——看看地基。它们不壮观吗？七贤[1]自己不是把一切都安排好了吗？"[2]

吉尔伽美什从世界边缘归来，是为了提醒乌鲁克的居民，他们的城市是神的馈赠，是世界上最美好的事物：他的探索终究是为了恢复人们对城市生活的信心。

苏美尔人的神并不居住在泉底、林中或云端，而是居住在像乌鲁克这样真实的、有形的城市的中心。苏美尔人被选中，与神一同居住在他们高度发达的城市里，而其余的人类全都得像身披毛皮的游牧民或勉强糊口的农民一样辛勤劳作。尽管有城市生活的种种压力，都市人还是享受到了神的恩赐，拥有了一系列特权，例如掌握文字，享用啤酒、异国风味的食物，拥有技术、奢侈品和华丽的艺术品。

对苏美尔人来说，在世界诞生的那一刻，城市和人类是同时被创造出来的。他们没有伊甸园；城市是乐园而非惩罚，它也是堡垒，可以抵御大自然的变化莫测和其他人类的野蛮行径。这种将城市起源神化的信念赋予了他们的城市文明真正非凡的持久性。[3]

---

1. 七贤，最早出自《吉尔伽美什史诗》，指给七座美索不达米亚城市带来文明的七个人。——编者注
2. George (ed. and trans.), *The Epic of Gilgamesh*, XI:323–326.
3. Leick, *Mesootamia*, pp.1ff, 29.

在最先发生城市化的所有地区，城市的规划都是为了使人类活动与宇宙的基本秩序和能量保持一致。中国早期的城市通常会把方形的城区划分为九个较小的方形区域，从平面图来看，街道都指向各个罗经点，规划得整齐有序，反映了天的几何结构。居住在城市里就像居住在天上一样，神圣的能量（气）从中心向外围流溢。在中国，这种模式从公元前2000年或公元前1000年一直延续到1949年中华人民共和国成立。玛雅人是配合昼夜平分点来规划城市街道的，他们想通过复制恒星的模式来利用宇宙的神圣力量。他们的城市不仅仅是圣地：就像美索不达米亚的大都市一样，它们是凡人与神直接交通的地方。那种想要在地上模拟有序的天堂（一种驯服了原始混沌力量的有组织的结构）的冲动，部分地解释了为什么全世界不同地区的人们会彼此独立地着手建造定居点。

城市很大，没有人情味，会让人们彼此疏远。它们依赖于成千上万（后来达到了数百万）陌生个体之间的合作；它们的密度和规模将我们对陌生人的容忍能力推到了极限。城市的居民易受饥荒、疾病和战争之害。需要用野蛮的手段强迫他们去建造城墙和庙宇，挖掘和维护灌溉系统。他们本不必做这些事。

但他们的的确确这样做了。为什么会这样呢？乌鲁克的历史和第一批城市诞生的原因向我们提供了一个答案。乌鲁克所开创的美索不达米亚城市文明延续了近4000年，经历了战争、环境灾害和经济崩溃；它见证了无数帝国和王国的兴衰，比这些强大的创造物存在得更久远。这样的文明所依赖的与其说是其建筑物的修复能力，不如说是其意识形态的稳固性。在城市里生活是一项艰苦的劳作，而且极不自然。吉尔伽美什的传奇是一代又一代的城市人讲给自己听的故事之一，好让自己别忘掉城市所拥有的力量和权势。城市生活———一种被大多数人否定的生活方式——是一种神圣的特权，而不是诅咒。

一个需求如此之多但资源如此之少的城市需要设法弥补差额。在所谓的"乌鲁克时期"，也就是公元前4千纪期间，乌鲁克的手工艺品在美索不达米亚、安纳托利亚、伊朗、叙利亚，甚至是遥远的巴基斯坦都随处可见。这座城市出售由技艺娴熟的工匠制作的昂贵的奢侈品，不过它也出口实用的物品。由于其人口众多且采用了新技术，乌鲁克能够利用最早的大规模生产技术，以前所未有的规模实现这一目标。

在乌鲁克发现的一些沟渠和坑洞表明，这里有一个大型的铜铸造厂，可能雇用了大约40人。许多女市民使用卧式地织机将羊毛织成优质的纺织品，这种方法使她们能够维持较高的产量。乌鲁克的陶工区进行了两项重要的创新：美索不达米亚蜂窝窑和快轮制陶技术。这种窑炉提供了更高的烧制温度，同时可以保护陶器不受火焰的伤害。早先陶工用的是转盘，这是一个石头圆盘，装在一个较低的枢轴上，需要用手来转动。而在乌鲁克时期，飞轮是用棍子或脚来驱动的；飞轮通过轮轴与上面的工作轮相连接，黏土被扔于其上。这项技术使乌鲁克人能够更快地制作出质量更好的陶器。他们为奢侈品市场生产质地优良、轻便的餐具。但他们也能生产出大量相对粗糙的商品，比如标准化的罐子和大型储物罐，这使得大宗货物的出口成为可能。

只有当人类聚集在一个密集、竞争激烈的环境中时，这一系列快速的发明和改进才得以发生。创新会引发创新。陶窑的高温可以用来试验冶金和化学工艺。美索不达米亚的船夫是最早使用帆的人。与人们的直觉相悖但值得铭记的一个事实是，在车轮发明之前很久，城市就已经被发明出来了。实际上，城市很可能催生了这种需求，并提供了技术和集体智慧，使车轮和车轴被组合在一起成为可能。乌鲁克拥有训练有素的木匠，他们能够用最新的铸铜工具精细地凿出完美的圆孔和车轴。乌鲁克人还需要制造大量的罐子，以便使其交换珍贵的材料和满足出口贸易之需。

信息被传播到了很远的地方：在乌克兰、波兰、斯洛文尼亚、高加索，以及西亚的城市中心地带，都发现了载重车的轮子。毫无疑问，在公元前4千纪里，技术的发展和思想的传播在各大洲出现了一波高潮。延伸到遥远地区的贸易网络是思想观念的载体。来自乌鲁克的商人沿着这些路线旅行，在他们采购材料和销售货物的地区设立贸易站。他们带来的不仅是财富的诱惑，还有关于该如何生活的激进思想。

乌鲁克所取得的突破刺激了许多仿效者，它们也投身于城市化的潮流中。在乌鲁克西北部，已经出现了具有不同人口密度的城镇：耶利哥、恰塔霍裕克和泰尔布拉克（Tell Brak）都是极好的例子，表明这一带有了规模可观的定居点。但乌鲁克的等级完全不同。在现代伊拉克、伊朗、土耳其和叙利亚的许多遗址中，考古学家发现了按照乌鲁克模式建造的庙宇和公共建筑，所使用的建筑材料也是由乌鲁克率先采用的。在美索不达米亚南部肥沃的平原上，几十座新城市从无到有地兴建起来，其中一些随着时间的推移，会成长为能与乌鲁克相匹敌，甚至超过它的城市，如乌尔、基什、尼普尔、乌玛、拉格什和舒鲁帕克。如果乌鲁克是一个关于人类如何共同生活和繁衍生息的实验，那么它被证明是非常有吸引力的。人们接受了乌鲁克的宗教意识形态、饮食习惯和社会结构。乌鲁克就像一个强大的种穗，把它的文化播撒到了很远的地方。它是城市之母，世界上最早的大都市。[1]

这不是一座城市的故事，而是一个相互联系的城市网络的故事，它们享有共同的文化和贸易体系。诸多城市化定居点的涌现增加了交流的机会，也增加了思想和技术相互融合的机会。随着人类的活动日益复杂化，出现了与车轮同样重要的发明。

能够证明乌鲁克文化影响深远的证据主要有两种。一是所谓的斜沿碗（bevel-rim bowl），其粗糙程度表明它是以极快的速度大批量生产出来的，更不用说它用后即被丢弃的特质了。它是硬纸板咖啡杯的史前版本。乌鲁克制造的这种斜沿碗在整个西亚出土数量极大。

这些碗的大小和形状都有一定的标准。它们的用途曾引起激烈的争论。似乎可以肯定，它们最初的功能是宗教性的。其中装满食物或啤酒，每天供奉给神庙。接着，神职人员在根据要进行的工作和提供的服务分配所需的饮食时，又用它们作为度量单位。庙宇位于一个复杂且高度仪式化的食品分发网络的中心，在这个网络中，社会成员可以根据自己的贡献获得补偿。这种不起眼的斜沿碗还有另一个功能。一个标准化碗的容量被称为一斯拉（sila）。"斯拉"成了衡量价值的通用标准，它是一种以大麦为基础的货币，人们以其确定一天的劳动力、一只羊或一罐油的价格。斯拉体系是乌鲁克创造的，并被当作促进贸易的一种方式传播到了整个地区。这个例子说明了另一项重要发明，即货币，是如何从城市的创意热潮中产生的。

---

1. Geoff Emberling and Leah Minc, "Ceramics and Long-Distance Trade in Early Mesopotamian States," *Journal of Archaeological Science*, Reports: 7 (Mar. 2016); Giacomo Benati, "The Construction of Large-Scale Networks in Late Chalcolithic Mesopotamia: emergent political institutions and their strategies," in Davide Domenici and Nicolò Marchetti, *Urbanized Landscapes in Early Syro-Mesopotamia and Prehispanic Mesoamerica* (Wiesbaden, 2018).

第 1 章　城市的黎明　029

携带大量粮食作为支付手段效率低下。这让我们想起在古代城市遗址中被大量发现的第二种乌鲁克文物：圆筒印章。

这些一英寸[1]高的圆柱体由多种材料制成，如石灰石、大理石、天青石、玛瑙等，上面雕刻着微小而复杂的图案，如神祇、日常生活场景、船只、庙宇，以及真实的和想象出来的动物。用它们在湿黏土上滚一滚，就会留下平整的图像。这样制作出来的泥版是身份识别和信息传递的标识。在这个长途贸易兴起的新世界里，这种泥版充当了出口商品的品牌标识、采购收据，以及保护货物和仓库不被动手脚的封条。

在被称作封球（bullae）的小黏土信封上也有这种印章的印痕。这些容器中储存着黏土信物，它们被塑造成某种商品的形状——比如一块布、一罐油或谷物。封球是一种协议，规定未来要交付的商品或履行的劳务，缔约双方要把自己的印章印在湿黏土上以达成协议。在乌鲁克，这些"契约"和借据会被存放在神庙里，这些神庙是金融信托的堡垒，与后来的英格兰银行一样实力雄厚。对神的信仰和对金融体系的信赖是相辅相成的。实际上，人们之所以会被吸引到城市里来住，可能就是为了靠近进行金融交易和存放凭据的地方。交易完成后，人们就会砸开封球，取走账目信物，表明合同履行完毕，协议已经终止。

如果说斜沿碗标志着货币在人类社会中的产生，那么封球就标志着金融业的起源。但是，城市生活变得如此复杂，仅凭信物和印章不足以记录所有的事情。印章和封球开始编码越来越多的信息。首先是形成一种确定时间和货物数量的方法。人们开始用抽象的数字代码在封球和泥版上记录数量，这是历史上第一个数字体系。但光有数字是毫无用处的。用于储存或交易的每一种商品（例如谷物、啤酒、纺织品和金属）都有一个象形符号，以及表示数量、劳动力消耗、支付的口粮、交易距离的数值。在早期，这些符号是有关商品的简单图画（一根玉米穗、一只羊、一个罐子、一条表示液体的波浪线）用削尖的笔画在湿黏土上，并附有一个数字。

但黏土并不是制作精确图像的好媒介，有些"东西"也不能简单地画出来；随着时间的推移，象形符号演变得与它们所代表的物体截然不同。人们根据口语的发音，使用乌鲁克的三角形尖笔，在黏土上刻下楔形的记号。有

---

1. 英寸，英制长度单位。1英寸=2.54厘米。——编者注

了这一飞跃,写字者可以传达比象形符号更多的信息。这些楔形的标记(被称为楔形文字)是人类走向书写的第一步。

乌鲁克不仅仅是一座人类的仓库,它还变成了一个数据处理中心。到此时为止,历史上还没有哪个社会需要管理如此庞大的信息量。黏土上的记号是乌鲁克的会计人员发明的,旨在弥补人类记忆的不足,因为人的记忆是无法保存这么多数据的。1500年后,《吉尔伽美什史诗》的作者赞颂了乌鲁克的城墙和其他不朽的建筑。在给这座实实在在的城市献上赞歌引出故事之后,紧接着的是这样一段话:"寻找铜板盒,解开它的青铜锁,打开它的秘密之门,取出青金石石碑并阅读它,上头有那位吉尔伽美什的故事,他经历了各种苦难。"

所以,乌鲁克赠予世界了两份礼物:城市化和文字。第一项成就催生了第二项成就。这不是一个害怕激进的创新或颠覆既定思维方式的社会。书写和算术作为一种应对复杂性的管理技术诞生在城市的大熔炉里。我们所发现的最古老的泥版中有一块是写在黏土上的收据。上面写着:"29 086单位的大麦。37个月。库辛(Kushim)。"[1]

它记录了商品的数量、交付或预期交付的时间跨度,还有会计的签名。所有这些都是例行公事。此外,请记住库辛这个名字,他是历史上头一个名字为我们所知的人。他既不是国王或祭司,也不是战士或诗人。没有什么荣誉比这更崇高了:我们所知道的最早的人是一个勤奋的乌鲁克会计,他一生都在这座城市里计算账目、书写收据。

库辛和他的同行宛如古代的步兵,他们对传统做事方式发起了激烈的攻击。就像这座不断扩张的城市里的建筑师、冶金师、酿酒师、纺织工和陶工一样,库辛和他的会计同事们也在努力改进他们的工作方法。对库辛来说,这意味着去尝试最早的书面语言和数学形式。库辛也许能够详细记录货物的所有权和流转情况;可以起草合法的合同、支付款项、预测农作物产量、计算利息、管理债务;但他无法记录下他内心深处的想法。这需要有一代又一代的库辛,每一代都不断增加其知识储备,一点点地修改他们的符号,然后

---

1. Hans J. Nissen, Peter Damerow and Robert K. Englund, *Archaic Bookkeeping: early writing and techniques of economic administration in the ancient Near East* (Chicago, 1993), p. 36.

会计们使用的那种不全面的书写文字，才能演变为足以表达吉尔伽美什的情感深度和诗意的完整文字。

城市不断扩张，在一片喧嚣之中，像库辛这样的人对人类事务来说是全新的：他们是职业行政人员和官僚。他们管理着激增的贸易，负责制订和执行合同，并确保支付和公平。他们的印章在贸易路线上随处可见。但他们对社会有更深远的影响。书面记录是转变的标志，一个以口头交流和记忆为基础的熟人社会变成了建立在记录和档案基础上的匿名社会。

一代又一代像库辛这样的行政人员促成了一个运转良好的管理系统。公元前4千纪的乌鲁克是技术发明的温床。这些发明中当然有生产和运输的技术，比如织布机和车轮。但最重要的也许是管理技术。书写、算术和金融都是受到严格保密的技术，是行政和神职精英的专利。拥有这些技术就拥有了权力。

几个世纪以来，随着社会变得越来越复杂，这种权力也发生了变化。库辛这一类的职业官吏掌握高度专业化的技能，这是他们通过毕生的训练习得的。对一个金匠、一个建筑师、一个艺术家或一个陶艺大师，以及更多随着城市的发展和贸易的繁荣而出现的人来说也是如此。在一座以食物分配仪式为基础建立起来的城市里，显然有些人有资格比其他人得到更多的食物。乌鲁克变成了一个等级分明的社会，根据财富、技能和公民权力来划分等级。

这就是城市化在人类历史上的阴暗面。它起初也许是一项自愿的、公共的事业，后来却衍生出了一个高度集中和高度不平等的社会。在这个过程中可能并没有发生突然的变革或夺权：每一代人都在上一代人的工作基础上推进了一步，效率每提升一点，都需要付出微小的自由和平等作为代价。仁慈的神庙分发粮食原本是为了酬谢人们的劳动，但随着时间的推移，这演变成了通过控制口粮而迫使人们努力工作的一种方式。书面记录确立了所有权，创造了债务和强制性义务。如果你是靠你的体力而不是你的大脑工作，你会发现自己比专家和管理者更穷，地位更低。

像乌鲁克这种规模的城市总是需要更多的人来做脏活累活，而自然繁殖所能提供的劳动力远远不够。除了库辛之外，一块会计的泥版还告诉了我们三个人的名字：伽尔萨尔（Gal Sal）、恩帕普X（En-pap X）和苏卡吉尔（Sukkalgir）。和库辛一样，他们告诉了我们人类社会在城市这口坩埚里变化得有多快。恩帕普X和苏卡吉尔是伽尔萨尔的奴隶。随着城市需要越来越多的劳动力来修建寺庙、挖掘灌溉渠、耕种田地，以及单纯地维持城市这台复杂的机器运转，强制劳工成了一种重要的商品。到公元前4千纪将要结束时，乌鲁克印章上的图案开始展现城市生活可怖的一面：蜷缩着的囚犯双手被绑起来，受到武装警卫的严密监视。

这些悲惨的奴隶证明城市创造了另一种副产品：有组织的战争。乌鲁克的城墙建于公元前3千纪初期。它们是新时代的标志：此时，乌鲁克拥有无上权力的时期业已结束。它的贸易体系和以神庙为基础的官僚主义在一个更加严酷的世界里已经无法再维持下去了。乌鲁克播撒出去的种子已经发芽，这座城市正在收获苦果；新崛起的竞争对手在美索不达米亚平原上蓬勃发展。它们的诞生标志着不同城市凭借其军队、军事技术、军阀相互竞争的新时代到来了。

在乌鲁克神庙的废墟中，考古学家发现了狼牙棒、弹弓和箭头。不知是在战争中还是在民众的叛乱中，宏伟的埃安纳神庙被摧毁了。在公元前3千纪，最能代表美索不达米亚情势的是大约12个高度组织化的城邦之间的纵横捭阖。它们为了有争议的土地和水域而争斗，频繁地打破和平。战争促进了城市的发展：越来越多的人投入它的怀抱以寻求庇护。这是一个城市互相征伐和来自山区和草原的游牧民侵袭城市的时代，巨大的城墙正是这个时代的特征。王权也是如此。

在古苏美尔语中，"卢"（lu）的意思是"人"，"伽尔"（gal）的意思是"大"。卢伽尔，或者说大人，作为一群半职业战士的领袖出现了，他们致力于保护城市和它的土地免受掠夺者的侵害，向犯下暴行的敌对城市复仇，并通过抢劫获取战利品。权力从神庙里转移到宫殿中，从祭司和官僚身上转移到军阀手中。随着时间的推移，"卢伽尔"逐渐有了世袭国王的意思。

现藏于卢浮宫的雕塑残片展现了公元前3千纪时的腥风血雨。"鹫碑"纪念的是乌玛和拉格什两座城市为争夺它们势力范围之间一块有争议的农业用地而发生的一场战争。这块石碑是一块近两米高的石灰岩板，圆顶，两侧有浮雕。浮雕描绘了拉格什国王驾着战车，手持长矛，带领着一个方阵的武装人员投入战斗的场景。士兵们踩着倒下的敌人的尸体进军；秃鹫在空中盘旋，嘴里叼着拉格什敌人的头颅。从石碑上我们可以看到公元前3千纪时城市取得的成就：作为一种军事设备投入使用的轮子；军队和有组织的战斗；

服务于国家宣传的文字和艺术。[1]

❁

在国家、帝国或国王出现之前很久，城市就已经存在了。作为政治组织的基本组成部分，城市孕育了宗教和官僚主义，将人们组织成一个政治实体，并催生了用来捍卫城市和行使权力的国王和军队。对城市的热爱、对城市所取得成就的自豪和对外来者的恐惧，培养了一种集体认同感，这种认同感逐渐向各个领地和帝国扩散。经过几个世纪的发展，文字从一种记录交易的符号系统演变成了一种书面语言。最早的文学作品产生于公元前3千纪的美索不达米亚，是歌颂国王、城市和神祇的史诗。《吉尔伽美什史诗》一再把英雄居住的城市称为"羊圈乌鲁克"，在一个充满敌意的世界里，它是一个安全的避难所、一个归属之地，乌鲁克人好似在牧羊人不间断的监视下团结在一起的羊群。如果说人类脱胎于部落的本能仍然渴望着小型亲属团体来保护和团结他们，那么城市（受到战争的威胁，但也由战争锻造而成）复制了部落的一些特征。这座城市以一个扩大了的家庭和家族、一个庇护所和一种新的亲属群体来标榜自己。《吉尔伽美什史诗》是一首献给一座城市的颂歌，这座城市住着强大的国王和神祇，以及富有凝聚力的公民。城市，就像从城市中诞生出来的国家一样，需要这些神话来把它们的人民凝聚成一个超级部落。

在无休无止的争权夺利中，谁都无法长期掌握至高的权力；已经屈服的城市会再次反叛，而其他城邦一旦崛起，也会要求继承前任霸主的衣钵。公元前2296年，乌玛国王卢伽尔扎吉西征服了基什、乌尔和乌鲁克，还有其他许多城邦。考虑到乌鲁克的神圣性和源远流长的历史，卢伽尔扎吉西选择以此城作为他的首都，再度恢复了它业已丧失的大都市地位。在那里，他统治着由一个美索不达米亚大部分地区构成的王国。但后来，一座名叫阿卡德的新城市和它魅力超凡、白手起家的统治者萨尔贡向卢伽尔扎吉西发起了挑战。挑战者包围了乌鲁克，摧毁了它的城墙，俘虏了卢伽尔扎吉西。萨尔贡接着打败了乌尔、拉伽什和乌玛。

---

1. Leick, *Mesootamia*, pp. 89ff.

萨尔贡的阿卡德帝国（历史上第一个帝国）是从成熟的古代苏美尔城市文明中诞生出来的；它是城墙背后孕育了近两千年的力量向外扩张的结果。帝国的城市网络以光彩夺目的阿卡德（第一座专门营造的都城）为中心，从波斯湾一直延伸到地中海。和历史上众多帝国的大都市一样，阿卡德被描绘为一座拥有不朽的建筑和惊人财富的国际化城市。综观古代美索不达米亚的历史，阿卡德在神话中被援引，就像英国传说中的亚瑟王宫卡米洛特，而萨尔贡则被当作强大和公正的统治者的典型。阿卡德帝国在萨尔贡及其继承者的统治下繁荣了近两个世纪。

关于这个伟大的帝国为什么会灭亡，人们争论不休。看起来另一次全球性的气候变化至少要负部分责任，这次气候变化被称为4.2Ka（千年）冷事件。山区降雨量的减少导致幼发拉底河和底格里斯河的流量变小，给作为城市生活基础的灌溉农业带来了灾难。被称为古提人的部落战士从扎格罗斯山蜂拥而来，就像饥饿的狼嗅到虚弱而肥美的猎物一样。

"谁是王？谁不是王？"当时的记录凄凉地问道。古提人带来了一段混乱的时期；贸易逐渐消失；城市机器轰然倒塌。"自从城市建立以来，这是第一次，广袤的土地不再长粮食，灌满水的池塘里没有鱼，经过灌溉的果园既不产糖浆也不产葡萄酒。"在被占领和摧毁后，伟大的阿卡德的所有痕迹都被从大地上抹去了。[1]

城市是极其顽强的创造物。阿卡德帝国的崩溃对一些人来说是一场灾难，但对另一些人来说却是一个极好的机会。古提人没有像以前的城市居民那样统治美索不达米亚。相反，他们在乡村里肆虐了几十年之久。文明的余烬在少数几座城市的城墙后留存下来，这些城市虽然衰落了，但仍保持着形式上的独立。最终，乌尔成了一个地区性王国的首领。由于乌尔控制着与印度等地进行海外长途贸易的路线，所以它很富有。乌尔以其巨大的塔庙来展现自己的力量，这是一座高耸的多层庙宇，它后来成了苏美尔文明的标志。

但就在乌尔登上权力和辉煌的顶峰时，它遭遇了与阿卡德一样的命运。这次的罪魁祸首是阿摩利人。他们属于游牧民族，从现今位于叙利亚的地方而来，由于气候变化造成的长期干旱，他们在公元前3千纪的最后一个世纪开始大规模迁徙。在苏美尔人眼中，这是"一个残暴的民族，有着野兽般的

---

1. Leick, *Mesootamia*, p. 106.

本能","他们不熟悉房子和城镇……还吃生肉",他们开始蚕食乌尔王国。由于受到这些入侵者的干扰,乌尔无力对抗另一个掠夺成性的民族——从伊朗迁徙而来的埃兰人。[1]

公元前1940年,野蛮的埃兰人攻破了这个地球上最富裕、最大的城市。寺庙被洗劫和摧毁;居民区被烧成灰烬。幸存者要么被掳走,要么被丢在这个遭受重创的城市那有如月球地貌一般的废墟里等待饿死。"曾举办庆典的大街上人头散落。所有曾有人漫步的街道上尸骸枕藉。此城举办盛宴之所尸山血海。"连狗都逃离了废墟。[2]

城市崛起、衰落、毁灭和复兴的现实深深地交织在美索不达米亚人的心灵中。首先,泥砖瓦解的速度相当快,这意味着即使是巨大的纪念性建筑也维持不了多久。其次,生态环境常常影响城市的兴衰。幼发拉底河或底格里斯河的河道总是会突然改变,从而导致某座城市被遗弃。若干年,甚至是几个世纪之后,河流又会改道回来,人们于是重新在这座城市里定居,它的残骸也得以复活。[3]

在公元前1940年,乌鲁克和乌尔已经有了2000年的发展史,不论以什么标准衡量,它们都是古老的城市(其历史与今天的伦敦和巴黎一样长,甚至更长)。面对历史的洪流、战争带来的动荡和冲突、伟大帝国的兴衰、野蛮人的入侵、大规模的移民和气候变化,这些城市始终屹立不倒。它们仍然有生命。它们没有被游牧民族踩踏和毁灭,而是吸纳并教化了"野蛮人"。阿摩利人在古老的城市里定居下来,还接受了被征服者的城市生活方式、宗教、神话和学问。所谓未开化的胜利者们却重建了乌尔,新建了9座寺庙和无数的纪念碑;其他城邦也被昔日的游牧民族首领所统治。由乌鲁克的苏美尔人开创的城市文明在美索不达米亚幸存下来,并传播给了新的民族:阿摩利人、亚述人和赫梯人。伟大的新城市,如尼尼微和巴比伦,把乌鲁克和乌尔创造的城市建设技术、神话和宗教保存了下来。

乌鲁克本身也进入了漫长的衰退期,尽管如此,在一段长得令人惊讶的时间里,它仍然是一座正常运转的、神圣的城市。临近耶稣诞生之时,幼发

---

1. Paul Kriwaczek, *Babylon: Mesopotamia and the birth of civilisation*, p. 162.
2. Ibid., pp. 161–162.
3. Leick, *Mesootamia*, pp. 139, 146, 268.

拉底河再次改道，它遭受了环境灾害。到此时，使乌鲁克和其他一些城市获得尊贵地位的宗教已不复存在；这座城市失去了继续存在下去的理由，到公元300年，它已几近消失。阳光、风、雨和沙子一起，把巨大的砖砌建筑碾为尘土；到公元700年，这片神秘的遗迹被彻底抛弃，而这距离乌鲁克从沼泽当中崛起并步入辉煌的时期已经过去将近5000年。

由于缺乏灌溉，大片的麦田被沙漠吞噬。当这座城市在1849年被重新发现时，它已经是被掩埋在沙丘下的废墟了。它的发现者很难相信，一个伟大的城市文明能在《圣经》时代之前那么久、在如此恶劣的环境中繁荣发展。从那时起，尽管暴力和战争一直困扰着伊拉克，但伊拉克境内这些失落的城市向我们展示了更多的秘密，告诉我们一个被遗忘已久的文明曾有何等气象，以及我们的城市化之路源自何方。

乌鲁克以及美索不达米亚的其他城市对我们有着强烈的吸引力。曾经宏伟的中心城市因气候变化和经济衰退而沦为废墟，它们的幽灵萦绕在人们心头，提醒着我们所有城市的最终命运。它们悠久的历史是令人眼花缭乱的发现之一，其中充斥着人类所取得的成就、对权力的渴望和复杂社会的复原力。它们是之后将要发生的一切事情的序曲。

第 2 章

伊甸园与罪恶之城

哈拉帕和巴比伦

（前2000—前539）

在《希伯来圣经》中，先知那鸿怒斥道："祸哉，这流人血的城，充满谎诈和强暴，抢夺的事总不止息。鞭声响亮，车轮轰轰，马匹踢跳，车辆奔腾。"《圣经》中的伊甸园是一座花园。根据《希伯来圣经》，城市是从罪恶和反叛之中诞生的。据说，该隐因谋杀了他的兄弟而被赶出他生活的土地并被扔在荒野中后，他建造了第一座城市，以此作为摆脱上帝诅咒的避难所，并以他儿子以诺的名字为它命名。叛乱和城市在《希伯来圣经》中紧密地交织在一起。宁录（Nimrod）把自己变成了青铜时代的暴君，因为他成功地用城市引诱人们远离神。据称宁录是在美索不达米亚建造这些渎神的东西的，他建造的城市包括以力（Erech，即乌鲁克）、亚甲（Akkad，即阿卡德）和巴别（Babel，即巴比伦）。

在《创世记》中，城市是人类傲慢的终极象征。上帝命令人们出去，生息繁衍，遍布大地。但人们直接违背这一诫命，开始成群结队地进入城市，用自负的象征填满了那里。巴别的居民说："来吧，我们要建造一座城和一座塔，塔顶通天，为要传扬我们的名，免得我们分散在全地上。"上帝摧毁了这座城市，这不是他最后一次这样做。反叛的巴别人被分隔开来，上帝赋予他们不同的语言，使他们分散到各地去。这座城市代表着腐败、混乱和分裂。

所以说，《希伯来圣经》提供了一个很好的例子，表明这样的想法是存在的：公元前第2和第1千纪时的城市是暴力和欲望的根源，与田园牧歌式的美好生活互不相容。一直到今天，这种思想还在影响着我们对城市的看法。西方文化中有一种强烈的反城市主义倾向。让-雅克·卢梭写道，臃肿的大城市里"满是诡计多端、无所事事的人，他们既没有宗教信仰，也没有原则，他们的想象力因懒散、怠惰、贪图享乐和贪婪而败坏，只会产生怪物和激发犯罪"。[1] 听起来简直就像《旧约全书》中的某位先知正以憎恶的眼光看着一座城市。

由于城市发展和人类活动层层叠加所导致的拥挤，它们被视为臃肿、过时和缺乏秩序的。19世纪30年代，一位作家在观察巴黎时，看到了"一场巨大的恶魔舞会，无论怎样挣扎，男人和女人都会被硬凑在一起，像蚂蚁一样挤作一团，脚踩在泥泞中，呼吸着致病的空气，试图穿过拥挤不堪的街道和公共场所"。城市的肮脏制造了污秽的人，他们的精神和身体都是畸形的。[2]

20世纪50年代，美国民族学家和行为研究者约翰·B.卡尔霍恩（John B. Calhoun）建造了设计精巧的"老鼠城"，啮齿动物被迫生活在与人口密集的城市相似的环境中。随着时间的推移，"啮齿动物的乌托邦"变成了"地狱"。雌性老鼠虐待和忽视它们的孩子。幼鼠要么变成邪恶的"少年犯"，要么离群索居，变成缺乏活力的"社会不适应者"和"辍学者"。利用社会混乱，占统治地位的生物成了"地头蛇"。紧张的城市生活使许多老鼠纵情、滥交或变成了同性恋。

老鼠和人类一样，在城市里生活得很好；但它们被城市扭曲了，因为它们的进化史没有让它们准备好应对挤在一起生活和混乱的建成环境造成的冲

---

1. Jean-Jacques Rousseau, *Politics and the Arts: letter to M. d'Alembert on the theatre*, trans. A. Bloom (Ithaca, 1968), pp. 58–59.
2. Victoria E. Thompson, "Telling 'Spatial Stories': urban space and bourgeois identity in nineteenth-century Paris," *Journal of Modern History* 75:3 (Sep. 2003): 542.

击和压力。或者说,这就是许多建筑师和城市规划者从卡尔霍恩的研究成果中得到的启示。他们认为,现代城市在人类和老鼠身上诱发了同样的疾病。这些实验预示着一个城市社会彻底崩溃的时代即将到来。

老鼠是城市生活的象征。居住在城市黑暗的角落里、充满危险的人群经常被比作老鼠:被困在拥挤的大都市里,与自然隔绝,他们变成了次等人,威胁着整个社会秩序。[1]然而,每个时代都相信,如果按照科学或哲学的原则拆除和重建无序的、无规划的、自发形成的城市,这些城市就能变得完美:妥善地规划城市,它们就可以使我们成为更好的人。尽管文学和电影中充斥着对反乌托邦城市的噩梦般的想象,但我们对完美的想象也是基于城市的,在那样的想象里,技术和建筑使我们摆脱了所有阻碍我们前进的混乱。这种二元论贯穿了整个历史。

《圣经》对真实存在的城市充满敌意,却又想象出了一座完美的城市——新耶路撒冷,它净化了人类的罪恶,人们全都虔心敬神。如果说《圣经》始于一座花园,那么它就终结于一座天堂般的城市。柏拉图和托马斯·莫尔以哲学理性凭空构想出了完美的城市。列奥纳多·达·芬奇设计了一座实用、卫生的城市,以应对15世纪米兰遭受的毁灭性瘟疫。卡纳莱托笔下奢华的威尼斯展现了城市文明的盛况,对一座城市理想中的面貌做了乌托邦式的描绘:其建筑令人肃然起敬,然而又引人注目地充满活力,看不到丝毫尘垢和肮脏。

科学地规划城市,你就能使人类变得更好。克里斯托弗·雷恩爵士想把伦敦那些建于中世纪的杂乱的街道都拆掉,打造一座拥有宽阔的林荫大道和笔直道路的城市,以便出行和开展商业活动,并体现现代理性。瑞士建筑师勒·柯布西耶则梦想着彻底清除历史遗留下来的包裹和扼杀城市的混乱,以规划合理、几何化的现代城市环境取代它们。他说:"我们的世界就像一间停尸房,到处都是死去时代的残骸。"英国社会改革家埃比尼泽·霍华德爵士想要摧毁污染严重、工业发达、令人精神崩溃的大都市,建造一座位于郊区的田园城市,人口不超过3万,拥有规划良好的工业、舒适的农舍和丰富

---

1. Jon Adams and Edmund Ramsden, "Rat Cities and Beehive Worlds: density and design in the modern city," *Comparative Studies in Society and History* 53:4 (Oct. 2011): 722–756.

的绿地。"城市和乡村必须成婚，"他宣称，"这种愉快的结合将迸发新的希望、新的生活、新的文明。"[1]

这种乌托邦式的计划在历史上比比皆是，它们要拆毁混乱的城市，用经过科学规划的方案取代它。勒·柯布西耶从未获得摧毁巴黎或纽约，然后重新开始的机会。但现代主义建筑的实验（被公园环绕的高层塔楼）改变了世界各地城市的面貌，也改变了二战后城市居民的生活。

通过乌托邦式的城市生活来完善人性的设想被称为"砖的救赎"。尽管形式不同，但自上而下的城市规划在每个时代都令人着迷。它很少能完全成功。在许多情况下，善意的规划本身就对城市生活造成了严重的破坏。从历史来看，对此不要抱什么希望。然而，如果有一个城市文明从一开始就没有其他城市社会的恶习和弊端呢？考古学家们一直在（现在仍在）寻找这样一种文化的遗迹。

在今天的巴基斯坦、阿富汗和印度，人们在100万平方千米的土地上发现了超过1500个定居点。这些高度发达的城镇都是在贸易路线上的战略要地（海边或水系旁）建起来的；它们为500万人提供了住所，并以5座大都市为中心，即哈拉帕、摩亨佐-达罗、拉齐噶里（Rakhigarhi）、朵拉维拉（Dholavira）和甘维瓦拉（Ganweriwala），它们的人口都有数万之多（这个文明被称为哈拉帕文明，以其中一座城市的名字命名）。直到20世纪20年代，我们才发现其中部分城市的规模有多大；从那以后，虽然我们找到了更多城市，但我们对这个社会的了解仍然处于初级阶段。[2]

哈拉帕人从印度次大陆和中亚各地采购金、银、珍珠、贝壳、锡、铜、玛瑙、象牙、青金石和其他许多令人艳羡的物品。他们用精密的工具对这些进口商品进行加工，生产出精细而美丽的珠宝和金属制品，这些产品远近驰名。哈拉帕商人前往美索不达米亚的中心城市开店。阿卡德、乌鲁克、乌尔和拉格什等城市的国王、大臣、神祇和精英们，都渴望得到在印度河流域的

---

1. Le Corbusier, *The City of Tomorrow and Its Planning* (NY, 1987), p. 244; Ebenezer Howard, *Garden Cities of Tomorrow* (London, 1902), p. 18.
2. Jonathan M. Kenoyer, *Ancient Cities of the Indus Valley Civilization* (Oxford, 1998); R. K. Pruthi, *Indus Civilisation* (New Delhi, 2004); Andrew Robinson, *The Indus: lost civilisations* (London, 2015).

作坊里生产的奢侈品，还有那里的珍奇动物、纺织品和精美的陶器。自公元前2600年起，印度河流域的城市建设进入了一个快速发展的时期，这与美索不达米亚城邦的繁荣时期相吻合。来自印度河流域的商人肯定会把那些散布在底格里斯河和幼发拉底河流域的传奇城市的故事带回家乡。美索不达米亚的城市化在其他地方也引发了类似的进程。哈拉帕和摩亨佐–达罗等城市的形成，就是为了满足美索不达米亚和波斯湾地区对豪华工艺品的强烈需求。[1]

但是，各式各样的商业冒险家们远渡重洋，走过乌鲁克或乌尔的街道，所带回的只是一个概念，而不是一份蓝图。哈拉帕人住在永久性的定居点里，拥有坚固的房屋，享用着各种野生和栽培的食物。印度河水系与底格里斯河、幼发拉底河、黄河、尼日尔河和尼罗河一样，生产了大量过剩的粮食。这里的居民拥有先进的技术、书写系统和高度专业化的工匠。最重要的是，这个分布甚广的社会为一套复杂的信仰体系所束缚，这个信仰体系维系着社会关系。就算当地人从美索不达米亚传来的故事中借用了城市的粗略概念，他们所创造的城市也完全是自己文化和智慧的产物。在许多方面，他们都超过了中国、美索不达米亚和埃及的城市居民。考古学家逐渐认为，摩亨佐–达罗的人口多达10万，是青铜时代最大的城市，也许还是当时世界上最具科技创新力的地方。[2]

但与其他青铜时代的主要文明形成鲜明对比的是，哈拉帕文明的城市里没有宫殿或神庙，也没有令人惊叹的塔庙或金字塔；实际上，我们根本没有找到祭司或国王存在的证据。大型的公共建筑都很简朴，并不具有纪念意义。不论在功能还是在宗旨上，它们都是服务于城市居民的：粮仓、货栈、集会大厅、澡堂、市场、花园和码头。这里的人似乎没有奴隶，也没有明显的社会等级分化：城里的房屋在大小和拥有的手工艺品方面没有太大差别。

美索不达米亚的城邦迅速堕落，陷入无休止的自相残杀之中，大量城市

---

1. Asko Parpola, *Deciphering the Indus Script* (Cambridge, 1994), p. 21; cf. Dilip K. Chakrabarti (ed.), *Indus Civilisation Sites in India: new discoveries* (Mumbai, 2004), p. 11 and Hans J. Nissen, "Early Civilisations in the Near and Middle East," in Michael Jansen, Máire Mulloy and Günter Urban (eds.), *Forgotten Cities in the Indus: early civilisation in Pakistan from the 8th to the 2nd millennium BC* (Mainz, 1991), p. 33.
2. Robinson, *The Indus*, p. 47.

被破坏，与此同时，帝国开始出现。而印度河流域的城邦里除了狩猎用具外找不到其他武器；没有发现任何关于战争的文字描述，考古遗址上也没有战争的痕迹。同样，也没有直接证据表明这里有统治者或官僚机构。

哈拉帕的城市居民在基础设施和土木工程方面遥遥领先于他们的时代。重要的城市被建在巨大的砖砌平台上，高于印度河流域的洪水水位；摩亨佐-达罗的平台估计需要400万个工时才能建成。主干道垂直交错，指向各个罗经点，状若棋盘。这些主要街道将城市划分为一个个居民区，居民区内街道较窄，还有多层住宅。从街道布局到房屋的大小和外观，再到砖块的尺寸，都是统一的。甚至连公共垃圾桶都有。而最引人注目的是它的城市排水系统，这是印度河流域城市规划的最高成就。

忘掉那些高耸入云的公共建筑吧。摩亨佐-达罗最重要的一面藏在街道底下。一座城市如此认真地处理每天都要产生的大量人类排泄物，再没有什么比这更能体现市民的集体努力了。印度河流域城市的建设者首先考虑的就是这一点。在公元前3千纪，家家户户都有抽水马桶，就算是在4000多年以后，现代巴基斯坦人也做不到这一点。实际上，与它相比，19世纪欧洲的工业城市简直不值一提：19世纪50年代，曼彻斯特的贫民窟居民不得不100多人共用一个公共厕所。直到19世纪中叶，伦敦和巴黎这两个世界上最有影响力的城市才大规模地开始致力于改善卫生条件。在摩亨佐-达罗和哈拉帕，家庭厕所中的排泄物通过陶土管排到小巷子的排水沟里，然后流入主干道底下的大型地下下水道系统。这些大排水沟利用重力把污物冲到城外。它们还能把每家每户浴室里的脏水排走。

洁净并不是次于虔敬的事；它就是虔敬。水净化灵魂的能力是这个信仰体系的核心。摩亨佐-达罗和其他城市的居民都喜欢在自己家里经过专门设计的防水盥洗室里洗浴。这座大都市的中心是一个做过防渗漏处理的巨型水池，长12米，宽7米，深2.4米，这是历史上第一个被用作公共浴室的防漏水池。这些城市没有神庙。但也许城市本身——或者说，至少是它的排水沟、水井、蓄水池和浴室等基础设施——就构成了一座水神庙。

新的证据表明，哈拉帕的城市化根源于人们对气候变化做出的一系列适应。公元前2500年至公元前1900年左右，当这些城市处于鼎盛期时，河流改道和季节性降雨强度的变化使环境变得越来越难以预测。因此，寻找新的方法来获取和储存水，并增加农作物的品种，成为印度河流域城市化的一个关键特征。城市的规划是为了适应日益炎热和干燥的环境。[1]

朵拉维拉城处于险恶的沙漠环境中，它设计出了一套先进的水利系统。一系列大坝把每年季风带来的洪水引向16个巨大的矩形石砌水库。它们被储存在那里，等到漫长的旱季到来，会有引水渠把水输送到城市或田地里。雨季的降水还被储存在一个高垒顶部的蓄水池里，有需要时可以利用重力把水送往地势较低的市区。在摩亨佐-达罗，至少有700口水井在开采地下水。这些井挖得很深，砌得很好，以至于近年来它们被发掘出来时全都高高地耸立着，像是瞭望塔一样。[2]

水资源管理的复杂性决定了它必须以生命和死亡为代价来维持。从物理层面上来说，这些城市是建在预先规划好的液压系统上面的；但就意识形态而言，它们是建立在对水的崇敬和对污染的憎恶基础上的。商业上的成功加上先进的土木工程，无疑有助于建立一个平等、和平的社会。

美索不达米亚的城市（尽管它们令人印象深刻）没有如此复杂的城市规划，更不用说管道和统一的污水处理系统了。只有罗马人（在这些城市的兴盛期结束之后2000年）才在水利工程和城市规划上超过了这些生活在印度河流域的人。最早的考古学家认为这些城市里有许多儿童，因为他们发现了大量的玩具和游戏。哈拉帕人使用各种各样的食物和调味品，包括姜黄、生姜和大蒜。对骨骼的研究表明，当时社会上并没有部分人比其他人吃得更好的现象；实际上，在哈拉帕文明的各个城市里，人们的预期寿命很高。那里的

---

1. Liviu Giosan et al., "Fluvial Landscapes of the Harappan Civilization," *Proceedings of the National Academy of Sciences*, 109:26 (2012), E1688–E1694; Peter D. Clift and Liviu Giosan, "Holocene Evolution of Rivers, Climate and Human Societies in the Indus Basin," in Yijie Zhuang and Mark Altaweel (eds.), *Water Societies and Technologies from Past and Present* (London, 2018); Liviu Giosan et al., "Neoglacial Climate Anomalies and the Harappan Metamorphosis," *Climate of the Past* 14 (2018): 1669–1686.
2. Cameron A. Petrie et al., "Adaptation to Variable Environments, Resilience to Climate Change: investigating land, water and settlement in Indus Northwest India," *Current Anthropology 58:1* (Feb. 2017): 1–30.

人穿得也很好：目前所发现的最古老的棉线就来自这些城市。[1]

摩亨佐-达罗和哈拉帕的生活水准高得令人难以置信，不仅在它们所属的时代是这样，就是纵观整个历史也鲜有比它们更高的。谁能不被这样一个秩序井然、干净整洁的社会所吸引呢？也许这个文明真的是一个被遗忘的乌托邦，一个我们在城市化的旅程中错过的转折点。也许伊甸园实际上是一座城市，在那里，我们的需求得到了满足，我们的安全得到了保障，而无须付出高昂的代价。

从大约公元前1900年起，这些城市被遗弃了。没有灾难性事件、外敌入侵或人口大规模死亡的迹象。人们自愿离开了城市，这使他们的去城市化听起来就像他们的城市化一样和平，充满乌托邦色彩。东移的季风开始减弱。在这种新的气候条件下，巨大的都市因其对粮食和清洁水的渴求而无法维系。大城市的人口并没有为了日益减少的资源一决高下，而是向较小的农业社区分散，并开始向恒河平原迁移。失去了城市生活的土壤，印度河流域的文字也就失传了。城市本身也带着它们的秘密消失在了不断侵蚀过来的沙漠里。

神秘的哈拉帕文明仍在刺激我们的好奇心。全世界广泛报道了城市废墟中的新发现。它似乎证明了存在着一个技术先进而又和平的社会。人们对这个似幻似真的乌托邦重燃兴趣是有充分理由的。在我们这个时代，人们急于设计一座我们自己的新耶路撒冷：一座理想的城市，能够解决我们所面临的问题。最近我读到这样一个新闻标题——《不再是科幻小说：完美的城市正在建设中》。哈拉帕文明的城市化带来了这样的希望：如果你能从一开始就科学地进行规划，你的城市就会引出人类最好的一面，让它的人民繁荣发展。印度河流域的人们似乎破解了这个就连列奥纳多、霍华德和柯布西耶都没能解决的难题。但有一种看法认为，我们的现代科技可以重现摩亨佐-达罗的精神。如果说哈拉帕人把他们的城市建立在对水的崇敬上，那么我们将

---

1. Arunima Kashyap and Steve Weber, "Starch Grain Analysis and Experiments Provide Insights into Harappan Cooking Practices, " in Shinu Anna Abraham, Praveena Gullapalli, Teresa P. Raczek and Uzma Z. Rizvi (eds.), *Connections and Complexity: new approaches to the archaeology of South Asia* (Walnut Creek, 2013); Andrew Lawler, "The Mystery of Curry, " Slate.com, January 29, 2013, https://slate.com/human-interest/2013/01/indus-civilization-food-how-scientists-are-figuring-out-what-curry-was-like-4500-years-ago.html.

会把我们的城市建立在对数字未来的信心上。[1]

想象一下,假如有这样一座城市,它拥有曼哈顿那种惊人的天际线和人口密度,但又像波士顿市中心那样温馨、适宜步行。在这座城市里,威尼斯式的运河纵横交错,绿色的公园点缀其间。巴黎风格的林荫大道上没有汽车,但是有街头生活和苏豪区的创意气息。你不需要汽车,因为你可以步行或骑自行车去城里的任何地方,去上班或上学。也不需要垃圾车或送货车;垃圾会被吸进气动管道并分类回收,而无人机和船会为你带来所需的一切。人类的排泄物会被转化成生物质能,为城市提供能源。

数以百万计的传感器和监控摄像头被嵌入到这个绿意葱茏的科技仙境之中(从私人住宅、办公室到街道和水管,无处不在),将有关城市运行情况的实时数据反馈给一个统一平台的城市计算机。某座摩天大楼上的一个高科技控制室里有巨大的数据屏幕,永不停歇地监视着这座城市。在你的智能手机上下载一款方便的城市应用程序,当你在城市中移动时,你就会变成电脑屏幕上一个闪烁的点,你的漫游会被测量并记录下来,为城市的发展提供数据。这被称作"无所不在的城市";传感器是神经末梢,而计算机是大都市的大脑。操作系统能够监控能源和水的使用情况,通过关闭电灯、空调等电器自动减少浪费。任何不能再利用的水都会被用来灌溉遍布城市的绿色植物。哪怕是有一个水龙头漏水,主计算机都会接到报告。当探测到犯罪或火灾等事故时,无须人类的干预,紧急服务人员就会被派往现场。与其说这座城市是智能的,还不如说它是有知觉的。

迄今为止,这一切看起来就像科幻小说一样。但这座乌托邦式(或反乌托邦式,视你的口味而定)的城市业已出现,或者说,根据它的宣传材料和鼓吹者的说法,它已经在一个以经济高速增长和拥有大量呆板乏味、由一排排一模一样的高楼大厦组成的城市而闻名的国家里出现了。韩国的松岛就是按照这些规格,在填埋黄海得来的土地上从零开始建设的,该城市的建设共耗资350亿美元。它在21世纪被冠以"高科技乌托邦"之名,是一座充满活力的城市,被吹捧为亚洲大都市过度拥挤的紧急解决方案。松岛的人口预计将达到60万(在撰写本书时略高于10万);民众被可以在这里过上高品质生

---

[1]. Will Doig, "Science Fiction No More: the perfect City is under construction," Salon.com, April 28, 2012.

活的承诺吸引而来。但更重要的是，它既是一个实验室，也是一个城市展示厅，向全世界展现了一个清洁、可持续、安全、环保的未来，而这种模式可以被推广到世界的其他地方去。松岛的设计可以在任何地方复制。许多新城市的规划者和致力于拯救老城市的人都前往松岛，观察各种最新式的城市小发明是否经受住考验。你可以用将近100亿美元的价格买到整套现成的城市操作系统。[1]

"城市乌托邦"这个词确实是自相矛盾的。像哈拉帕或松岛这种超然的城市可能满足我们的一些需求，但会忽略我们更多其他的要求。的确，我们并不总能指望城市让我们变得更好。现实往往与我们的所想相反；有些人可能会说，城市的全部意义就在于提供匿名性和一种迷宫般的神秘感——也就是说，一种独特的自由。16世纪的威尼斯是座人口超过10万的城市，一位来访的游客指出："那里没有人窥视别人的行为或是……干涉他人的生活……没有人会问你为什么不来教堂……你结婚或者不结婚，没有人会问你为什么……以及其他所有事情，所以你不会冒犯任何人的隐私，其他人也不会来冒犯你的隐私。"[2]

城市还提供了一些东西来刺激人类更本能的欲望，如物质主义、享乐主义和性。这是它们的吸引力和它们对我们影响力的一部分。纽约的格林尼治村，巴黎的蒙马特，旧金山的田德隆区，两次世界大战之间浮华的上海和柏林，当代的阿姆斯特丹、曼谷，以及活生生的罪恶之城——拉斯维加斯，这些城市曾经提供了或如今仍然提供着释放内心欲望和逃脱传统习俗约束的机会，这就是我们想从城市中获得的东西。

在18世纪早期的伦敦（当时这座城市与色情行业有着密切的联系），人们实际上已经意识到匿名性的城市生活与非法活动之间的关联。商业化的假面舞会和狂欢节非常流行。当成千上万的人穿着奇装异服混杂在一起时，社会等级、阶级差别、传统道德和约束被打破了。有谁知道谁是谁呢？一位记

---

1. "An Asian Hub in the Making," *New York Times*, December 30, 2007.
2. William Thomas, *The History of Italy* (1549) (New York, 1963), p. 83.

者写道:"我发现大自然颠倒过来了,女人变成了男人,男人变成了女人,孩子们牵着7英尺[1]高的牵绳,大臣变成了小丑,风尘女子变成了圣人,上等人变成了兽、鸟、男神或女神。"[2]

对那些担心城市扭曲人性、颠覆道德的人来说,假面舞会是一个生动的比喻和一种可怕的幻觉,象征着变动不居的身份和伪装,正是它们定义了城市生活。最能体现混乱、物质主义、无节制和邪恶的城市是巴比伦,它是古代世界的荣耀和最初的罪恶之城。巴别(巴比伦的希伯来语名称)就是人们企图修建通天之塔,从而遭到神的处罚,人类的语言由此变得混乱之处,它变成了一座不可思议的以国际化为特征的大城市,它那炫目的建筑风格象征着原始的帝国权力以及渎神的感官享受。"有何城能比这大城呢?"《圣经》中的《启示录》卷发出了这样的赞叹,还列出了这里售卖的商品:金、银、宝石、珍珠、细麻布、绸子、象牙、大理石、香水、酒、油、面粉、牲畜、战车和奴隶。还有,"人的灵魂"也是可以出售的。

巴比伦罪恶滔天。其中最主要的是淫乱和"不敬虔的私欲",就跟其他可憎的肉欲横流之地如尼尼微、所多玛、蛾摩拉一样。巴比伦众神中有一位名叫伊什塔尔,是放荡的爱之女神,常与"她的人民、舞姬歌女、庙妓、交际花"混在一起。希罗多德记述了寺庙卖淫的粗俗故事。据他所说,年轻的巴比伦妇女是因在街上卖淫而失去贞操的。女孩不得不坐在伊什塔尔神庙外,直到有男人把一枚银币扔到她的膝盖上,以获得和她交媾的权利。完成这件事后,她才可以自由回家。"高挑、漂亮的女人很快就回到了家,但丑陋的女人要在这里待上很长时间……有些甚至长达三四年。"《巴录书》(Book of Baruch)中记载了发生在巴比伦神庙外的一幕。全职妓女(而不是希罗多德笔下那些一次性献祭的受害者)腰间系着绳子在街上等候:"若其中一个被一过路男人带去,与她同睡,她就笑骂自己的同伴不如自己有身价,因为她的带子还没有扯断。"[3]

---

1. 英尺,英制长度单位。1英尺=0.3048米。——编者注
2. Terry Castle, "Eros and Liberty at the English Masquerade," *Eighteenth-Century Studies* 17:2 (Winter 1983–1984): 159; Stephanie Dalley, *Myths from Mesopotamia: Creation, The Flood, Gilgamesh, and others* (Oxford, 1989), p. 305.
3. 《巴路克》(又名《巴录书》)是《次经》中的一篇,此处引文引自思高本《圣经》。——译者注

巴比伦始终摆脱不了它的坏名声。《启示录》把这座城市人格化为大淫妇巴比伦："大巴比伦，作世上的淫妇和一切可憎之物的母。"如果说哈拉帕人所居住的城市被认为是乌托邦的话，那么巴比伦从它自己的时代到我们的时代就一直是反乌托邦城市的代表。

历史对公元前1千纪那些大城市的看法是以《希伯来圣经》的记载为依据的，这些记载与古希腊著作相吻合。公元前586年，巴比伦帝国占领耶路撒冷，摧毁了所罗门神殿。犹太精英沦为战俘，被掳至巴比伦。这场灾难性事件决定性地塑造了犹太人的世界观，尤其是城市观。《希伯来圣经》有很大一部分是在巴比伦的影响下产生的。犹太人作为人质，在敌国的首都（一座拥有25万人口的大都市）生活，难怪他们把巴比伦视为所有世俗邪恶和腐败的缩影。耶利米写道："万民饮了她的酒，万民才如此狂乱。"圣约翰在这句话里添上了一层性的色彩："万民都喝了她荒淫的烈酒。"[1]

性与古代城市相伴相随。巴比伦的辉煌时期差不多正好处于本书时间跨度的中间位置。换句话说，从埃利都奠基到巴比伦时代，与从巴比伦时代到现在的时间长度差不多。尽管如此，巴比伦人仍然对他们的历史以及城市的传统和实践了如指掌，这些知识把他们与最初的城市埃利都和乌鲁克联系在了一起。请记住，在《吉尔伽美什史诗》（它最受欢迎的一个版本即古巴比伦文本）中，正是放纵的性爱诱惑了狂野的恩奇都放弃大自然的纯真，投进乌鲁克的欢愉中。

也许在《吉尔伽美什史诗》中，恩奇都的故事背后所隐藏的真相不止一重。性事的乐趣有着强大的吸引力，足以弥补城市生活的缺点。不论城市对我们做了什么，它们都提供了寻找快乐的新方式。把不同背景的人聚集在人口稠密的城市地区有利于人类的发明创造；这也为我们见识（或接受）闻所未闻的性行为和找到志趣相投的伴侣带来了便利。

城市容纳了多样化的人口，可以让适合的人找到彼此；它们还为非法的

---

[1]. 为了更准确地体现本书作者的意思，此处引文引自思高本《圣经》，但人名参照的仍是流传较广的和合本《圣经》。——译者注

邂逅提供了隐私和匿名性。举个例子，现代统计学家发现，在18世纪70年代英国的切斯特，35岁以下的人口中有8%患有某种性传播疾病，而在附近的农村，这一比例只有1%。切斯特不是一座堕落的城市，因为城里通常都有大量的妓女。感染梅毒的男性和女性数量相当，这表明非婚性行为很常见。同样，2019年的一项研究显示，在19世纪的比利时和荷兰，农村地区的私生率为0.5%，而工业城市的私生率为6%。城里人是否比他们的乡下亲戚更容易犯罪，这点仍值得怀疑；他们只是有更多的机会（和更多的藏身之处）来进行非法邂逅。[1]

乌鲁克的守护神——以及后来巴比伦万神殿中的关键人物——是伊南娜。伊南娜性感、迷人、才华横溢，是位独一无二的女神。她给乌鲁克带来了性自由和旺盛的精力。没有人能抗拒她的魅力，连其他的神也不行。当太阳落山时，可以看到她衣着暴露地在城市的街道上徘徊，从酒馆里带走中意的男人。她经常光顾那些小酒馆，那里是凡间的年轻男女为了随机的性邂逅而出没的地方。当然，实际上并没有这样一位女神在夜色掩护下猎艳，但乌鲁克的性开放，以及当地"鬓发浓密而又美丽性感的女人和通常情况下很容易到手的女人"确实闻名遐迩。[2]

夜间的城市是性爱的游乐场，对它们来说，恐怕找不到比18世纪的詹姆斯·博斯韦尔（James Boswell）更好或更坦率的编年史作家了。博斯韦尔遇上的女人大多数都很穷，他只要花上几个钱甚至买杯酒就能打发了。但情况并非总是如此。一天晚上，当他在斯特兰德大街散步时，一个"韶颜稚齿的姑娘"（一位军官的女儿）拍了拍他的肩膀。"我忍不住沉浸在她带来的欢愉之中。" 博斯韦尔写道，记下了他们一起回家享受一夜情的过程。[3]

从乌鲁克开始，像博斯韦尔这样的随意勾搭就成了城市生活的一大特

---

1. Simon Szreter, "Treatment Rates for the Pox in Early Modern England: a comparative estimate of the prevalence of syphilis in the city of Chester and its rural vicinity in the 1770s," *Continuity and Change* 32:2 (2017): 183-223; Maarten H. D. Larmuseau et al., "A Historical-Genetic Reconstruction of Human Extra-Pair Paternity," *Current Biology* 29:23 (Dec. 2019): 4102-4107.
2. Leick, *Mesootamia*, pp. 59-60.
3. James Boswell, *Boswell's London Journal* (1952), pp. 249-250, 257, 320.

色。博斯韦尔只是最早把这些事记下来的人之一。大多数城市地区都有这样那样的红灯区，在这些地方，城市其他地方的约束和礼仪并不适用。在博斯韦尔晚上出去冶游之前的几个世纪，伦敦就有了萨瑟克，那是位于泰晤士河南岸的一个区，伦敦城的法外之地。人们常常去那里看戏和逗熊[1]表演，以及到低矮的小酒馆和妓院找乐子。妓院区又叫烟花巷，是从温彻斯特主教那里租来的（他们从罪恶的报酬中狠狠地捞了一笔），并且受亨利二世1161年颁布的《对在萨瑟克开设妓院者的管理条例》约束。中世纪的萨瑟克有不少街道有"荡妇巢穴""绿帽馆""遮阴布巷""妓女窝"一类的名称。伦敦其他地方也有几条街道被称作"摸阴巷"，就像在英国其他许多城市和集镇的中心地区一样。

在历史上的大部分时间里，城市都是由男性主导的。人们往往认为，体面的女性在没有男人陪伴的情况下不应该上街。言下之意就是，独自上街的女人会被男人认为不检点；她们会受到带有侵略性的求爱和攻击。下班后的城市总是充斥着性危险——或者至少是无处不在的危机感。由于城市中充斥着穷人和移民，富人可以随心所欲地租用女性和年轻男性的身体。在处于性压抑社会中的城市里，这一点尤为明显，在这样的时代，男人和女人连在平等的条件下相遇都做不到，更不用说在不受责难的情况下随意交合了。性在城市里的短暂性和它的商业化，使得情爱在大都市里更像是种用后即抛的商品，这与乡村那种所谓的纯真形成了鲜明的对比。

商业化的性和享乐主义是一些城市（或城市的某些部分）经济的核心。在19世纪，伦敦苏豪区还是个乌烟瘴气、破败不堪的地方，人口主要由波希米亚人和其他移民组成，有着剧场、酒吧、咖啡馆和饭店，它继承了萨瑟克的衣钵，成为夜间猎艳和享受的场所，传统的家庭和商业生活规则被暂时地搁在一边。后来它成了色情产业的中心以及市民和游客的首选目的地，是座城中之城。今天，人们会因顽皮而出门远游，跑到阿姆斯特丹的红灯区，或是拉斯维加斯、曼谷之类的地方去，那里的性冒险可以产生经济效益。洛杉矶的圣费尔南多谷以其低廉的租金、充足的阳光和靠近好莱坞的优势，成了"圣色情南多谷"或"硅胶谷"，是一个成人娱乐产业蒸蒸日上的郊区首

---

1. 逗熊指的是观赏猎犬与拴在柱子上的熊互相厮杀，这种血腥的娱乐直到19世纪才被禁止。——译者注

府，其经济价值有数十亿美元。

在城市里获取性满足的便利性很可能是促使人们搬到那里去的一个因素。当人们把乌鲁克称为"妓女、交际花和应召女郎的城市"时，并不是在指责它，而是在赞美它的性自由。这些妓女都是激情似火的蛇蝎美人伊南娜的侍从，她们摆脱了婚姻的束缚。其他侍奉她的人包括"面首和庆典上的表演者，他们化阳刚为阴柔，以使人们……崇敬她"。交际花、男女娼妓、同性恋者和异装癖者组成了喧闹的随从队伍，诱使武装卫兵在节日期间"做出令人憎恶的行为"来取悦他们的女神。乌鲁克的伊南娜变成了巴比伦的伊什塔尔和希腊的阿芙洛狄忒。[1]

这并不是说乌鲁克和巴比伦是实行自由恋爱的社会，也不是在说它们的居民对性或妇女权利持特别开明的态度。我想说的是，性欲带来的快感是早期城市生活的一个关键组成部分，尤其是在公共和宗教领域。城市和感官是分不开的：这里并不只是一个方便肉体交合的地方，它还是一个充满奇观、庆典和多样性的地方，所有这些都丰富了人们的情感，激发了他们的欲望。然而，这种欲望究竟是如何得到满足的，还很难确定。重现古代乌鲁克人和巴比伦人的性生活几乎是不可能的。但我们的确知道，他们对性的态度是开放的，没有后世人那么敏感，在某些情况下相对宽容。神庙里有男性和女性性器官的泥塑模型，还有男女之间以及男人之间交媾的图像。肛交被当作避孕的一种方式。美索不达米亚人生活中最重要的前100件事中包括了众神、宗教活动、智慧、艺术和王权。而性排在第24位，卖淫排在第25位。值得注意的是，历史上第一部成文法典——由巴比伦国王汉谟拉比（前1792年—前1750年在位）颁布——没有把同性恋列为犯罪，尽管我们知道这种行为在美索不达米亚的大都市里已经很普遍了。[2]

我们从法典中得知，已婚妇女不仅会因通奸被判处死刑，还会因任何在公共场合使丈夫蒙羞的行为而被处死。童贞是一种商品，属于女孩的父亲；它会在结婚时被卖出去，如果有人非法盗走了它，犯罪者必须支付巨额赔偿。这座城市具有很高的隐秘性，还有许多角落和缝隙可供人非法邂逅，为

---

1. Leick, *Mesootamia*, p. 59.
2. Vern L. Bullough, "Attitudes towards Deviant Sex in Ancient Mesopotamia," *Journal of Sex Research* 7:3 (Aug. 1971): 184–203.

了保护人们的妻女，严厉的制裁是必要的。城市在解放的同时也创造了全新的禁忌和限制。它们把人挤压到不得不进行近距离身体接触的地步，点燃了他们的欲望，这种欲望似乎很容易得到缓解，但却很难消除。

美索不达米亚对女性贞洁以及性欲的高度重视，使得卖淫成为一种司空见惯的做法。不同时代的城市存在着同样的矛盾。城市不吸引人就无法存在。在20世纪的性革命之前，这里通常是大量性欲得不到满足的年轻男性和被严密保护起来的女性生活的家园。在乌鲁克、巴比伦和其他大城市，神庙里的卖身之人（无论男女）都是最昂贵、最令人垂涎、技巧最高的。

虽然神妓为神庙带来了可观的收入，但这一行业所服务的灵性目的是什么尚不清楚，特别是对那些性工作者而言。在一个众神都是性犯罪者，性行为被视为城市生活核心组成部分的社会里，这一行业可能自有其特殊的意义。大多数男人通过更廉价的手段来获得性满足——奴隶女孩和男孩，还有贫穷和流离失所的人，他们构成了社会的最底层，经常在后街的小酒馆和酒店里讨生活。巴比伦有大量来自农村的移民和来自远方的定居者。在这些年轻的男人和女人、男孩和女孩中，有许多人不得不出卖自己的身体以求生存。几乎没有迹象表明美索不达米亚的男人会因为婚外和异性或同性通奸而受到责难。

难怪人们厌恶城市。《圣经》带着酣畅的快意提起它们在硫黄与火中被毁灭的情景："又如所多玛、蛾摩拉和周围城邑的人，也照他们一味的行淫，随从逆性的情欲，就受永火的刑罚，作为鉴戒。"

对"逆性的情欲"的追求包括同性恋，但还包括追求陌生人的肉体，不论其性别和性取向是什么。把城市从地表抹去是一种享受。它们是灵性之敌，使人们无法过虔敬的宗教生活。毫无疑问，巴比伦正是罪恶之城的缩影。被尼布甲尼撒二世所掳的犹太人走进了这座前所未见的伟大城市。他们相信自己被囚禁在巴比伦是神对他们罪行的公正惩罚。难怪他们如此强烈地反对这座囚禁了他们的城市，这里有数百座拜偶像的神庙，庞大而多样的人群，以及只有大都市才有的各种景象和声音。他们不得不竭尽全力以抵抗巴比伦丰富的世俗诱惑。

拥有大量网格状街道的巴比伦横跨幼发拉底河，东岸是旧城，西岸是新城。希罗多德告诉我们，环绕着它的巨大城墙上每隔65英尺就有一座塔楼，城墙极为厚实，一辆驷马战车可以在上面掉头。在九道宏伟且坚固的城门中，令人惊叹的伊什塔尔门是迄今为止最为壮丽的。如今，在柏林的帕加马博物馆，人们用原来的砖块重建了这座城门。它的辉煌是美索不达米亚文明的象征。它像青金石一样光芒四射，这要归功于它那惊人的藏青色釉面和金色浅浮雕的龙、公牛和狮子。穿过这道门，你就踏上了游行大道，这是一条半英里长的街道，举行重要的仪式时，游行队伍都要从这里走过，道路两旁有狮子的浮雕，那是伊什塔尔/伊南娜的象征。

沿着气派的游行大道往前走，访客会经过象征古代城市化的伟大的丰碑，这些建筑是始于埃利都的3000年城市建设的最高杰作。巨大的皇宫就在你的右边，把你和幼发拉底河隔开。皇宫旁边是埃特曼安吉塔庙，高耸入云，体形庞大，俯瞰着这座伟大的城市。它名字的意思是"天地之基的殿"，"巴别塔"的故事也是因它而来，这是城市的傲慢和混乱最好的象征。这座古老的摩天大楼由1700万块砖砌成；它的底座有91米长，91米宽，据推测它的高和长、宽是一样的。它的顶点是天堂与城市相接之处。

巴比伦的中心被称为埃利都，就好像那座产生于沼泽中的城市，世界起源之地，被移到了新都城里一样。城里有许多大型庙宇，其中最大、最神圣的是埃萨基拉（意为"屋顶很高的殿"），这是巴比伦的守护神和美索不达米亚众神之首马尔杜克的神庙。如果说像乌鲁克和乌尔这样的早期的大城市是某一位神的家园，那么巴比伦则容纳了所有定居于此的神。巴比伦有着动人心魄的宫殿、宏伟的庙宇、壮观的城门、巨型的塔庙和宽阔的仪仗大道，它被设计成了无上神权和世俗权力的化身。

在地图上，巴比伦被放在宇宙的中心位置。这个时代的一段碑文这样赞颂这座大都市所取得的非凡成就：

巴比伦，丰饶之城，
巴比伦，市民被财富淹没之城，
巴比伦，庆典、欢乐和舞蹈之城，
巴比伦，市民庆贺不断之城，
巴比伦，解放被掳之人的恩典之城，

第 2 章　伊甸园与罪恶之城

巴比伦，纯洁之城。[1]

这座城市的名字是堕落的代名词。但就这座城市的历史而言，这种评价并不比一个只去过德瓦伦红灯区而没有参观过荷兰国立博物馆的游客对阿姆斯特丹所做的评判更准确。在它的全盛时期，巴比伦被视为圣城，一座无与伦比的智慧和艺术之都。古希腊医学之父希波克拉底很信赖巴比伦的资料，此外，这座城市的数学家和天文学家所掌握的知识也非常先进。巴比伦人对历史有着浓厚的兴趣：就像19世纪的考古学家一样，巴比伦的专家对美索不达米亚进行了考察，以帮助了解其长达3000年的历史，许多博物馆、图书馆和档案馆随之建立起来。考察活动取得的另一项成果是美索不达米亚文学的繁荣，其基础是专家在研究中收集到的神话和传说。

不幸的是，在巴比伦掳获的众多人口当中，有一个能让它遗臭万年的民族，这个民族把它看成是神为惩罚他们的罪恶而设计的灾祸，而他们的著作成了世界三个主要宗教的基础。这座城市的丑恶形象被传递给了基督教。巴比伦因此成为罪恶、堕落和暴政的代名词，尽管它在耶稣的时代已经失去了影响力。影响最大的是《启示录》，它以生动、魔幻的语言描述了天启、罪恶和救赎，在基督教的集体记忆和由此产生的文化中把巴比伦的形象永远地固定了下来。从那时到现在，它的敌人和受害者对这座城市的描述深刻地影响了我们对大城市的看法。

※

攻陷耶路撒冷后，巴比伦无与伦比的辉煌只持续了不到一个人一生的时间。公元前539年，波斯的居鲁士大帝占领了这座城市，放走了犹太人。然而，在这座城市的诱惑下，许多人留在了巴比伦，享受它的文化和财富。而那些尽责后返回圣城耶路撒冷的人则对那个曾经囚禁了他们的地方恶语相向，心里盼望它被彻底毁灭。耶利米满心欢喜地想象着即将降临在巴比伦头上的灭亡——"'所以旷野的走兽和豺狼必住在那里，鸵鸟也住在其中，永无人烟，世世代代无人居住。'耶和华说：'必无人住在那里，也

---

1. Leick, *Mesootamia*, p. 264.

无人在其中寄居，要像我倾覆所多玛、蛾摩拉和邻近的城邑一样。'"

作为对其傲慢野心的惩罚，自负的巴比伦覆灭了，这成了文学和艺术中常用的一种比喻。但现实情况却有些不同。新巴比伦王国被波斯帝国攻灭后，巴比伦仍然是一座伟大的城市。居鲁士大帝没有劫掠或摧毁这座大都市。公元前331年，亚历山大大帝打败波斯人，计划以巴比伦作为他帝国的首都，他想修建更大的建筑和一座巨大的新塔庙，以复兴这座城市。但计划尚未启动，他就在这座城市里去世了。

在公元后1千纪，巴比伦仍然存在。它的消亡是经济环境变化的结果。底格里斯河畔的新城市塞琉西亚取代巴比伦，成了该地区的商业中心。巴比伦则延续了它学术中心的地位，它是可以追溯到埃利都时期的城市文化和传统的最后守护者，也是最后一个还拥有少数专家能破译楔形文字的地方。然而，这个城市巨人的身体正在逐渐瓦解；它的砖石被一块块搬走，拿到别处去盖农场、村庄和新的城市，昔日的世界之都被蚕食殆尽。公元10世纪时，它的规模已经只有一个村庄那么大，此时的两个世纪里，它终于消失了。巴比伦不是轰然倒下的，它临终前的呜咽持续了1500年之久。

但神话战胜了现实。希腊人对东方的一切都持怀疑态度，他们急于使美索不达米亚的城市尽可能显得专制、奢侈和颓废，以此来放大他们自己城市文明的辉煌，掩盖他们对东方邻居的亏欠。他们的宣传对西方艺术传统产生了巨大的影响，在西方艺术传统中，巴比伦被描绘成一座荒淫堕落的城市，由嗜虐成性的女人和纵欲的暴君统治着。欧仁·德拉克洛瓦的《萨达纳巴尔之死》（1827）和埃德温·朗的《巴比伦婚姻市场》（1875）就是19世纪的画家借巴比伦之名描绘情色场景的经典例子。

《希伯来圣经》中的巴比伦成了西方人心中大都市的原型。最重要的是，它提供了一个最有力的例子，说明大城市必定会出问题。在基督教著作中，巴比伦与罗马帝国甚至是所有的大城市混为一谈，象征着世间全部的罪恶和软弱。不论是在字面意义还是在象征意义上，巴比伦都成了耶路撒冷的对立面。公元5世纪，作为对西哥特人洗劫罗马一事的回应，希波的奥古斯丁设想出了两座城市。其中之一是"选择肉体生活之人所居的城市"，一座轻视上帝的世俗之城。"人的城市"是巴比伦和罗马，即新巴比伦；在后世的历史中，巴比伦的衣钵在一座又一座大城市之间流传。与之相对的是"上帝之城"或"天堂之城"，在那里人们摒弃世俗的事物,和睦相处。巴比伦是典型的"人的城市",以物质主义、欲望和喧嚣为特征。

当然,巴别/巴比伦、所多玛和蛾摩拉的形象给城市的敌人提供了强有力的武器。大城市与小城镇或村庄之间的鸿沟一直是人类历史的一个特征。据说美德存在于后者之中,而不道德的大都市——人们说着混杂的语言,不同文化交流碰撞,多民族杂居,充斥着放荡和邪恶——则是灵魂和政治的腐蚀者。17世纪末发展迅速的伦敦被卫道士们视为罪恶的渊薮和宗教怀疑论的滋生地;一位本国的游客震惊地发现,"在这座城市熙熙攘攘的人群中,竟有这么多无神论者……和对宗教漠不关心的人"。无论是在他之前还是之后,只要是人们有兴趣提及的城市,这样的感受都被表达过无数次了。[1]

托马斯·杰斐逊有句关于美国的名言:"当我们像欧洲一样,在大城市里挤在一起时,我们将变得和欧洲一样腐败。"杰斐逊认为共和国健康与否取决于农业是否在国民经济中处于主导地位,这一观点贯穿了美国的历史和文化,塑造了一个极度反城市的社会。很久以后,甘地把自给自足的村庄视为唯一能够真正彰显印度精神和道德价值的地方。他对农村的理想化将给独立后的印度带来可怕的后果,因为城市的发展被忽视了。对许多人来说,一个国家的灵魂——它的传统、价值观、宗教、道德、种族和文化——属于农村,而不是洛杉矶或伦敦这样多元化的大都市。

在中世纪和文艺复兴时期的许多绘画作品中,巴比伦被描绘成一座从建筑学角度来看非常完美的城市,有着无比壮丽的建筑,反常的是,它看上去就像一座西方城市。然而,画家着力体现这座城市的辉煌,只不过是为了放大它所滋生的堕落。通常来说,以巴比伦为主题的作品反映的是艺术家个人当前的关注点。老彼得·勃鲁盖尔那幅以巴别塔废墟为主题的名作描绘了一座具有古典风格的宏伟建筑,但它的阴影遮盖着的是16世纪60年代的安特卫普。在宗教改革运动中,巴比伦代表的是教宗所在的罗马,一个腐败、毫无灵性的地方。

巴别塔是人类最具影响力的隐喻之一。18世纪末,伦敦人口突破百万

---

1. Brian Cowan, "What Was Masculine about the Public Sphere? Gender and the coffee house milieu in post-Restoration England," *History Workshop Journal* 51 (Spring 2001): 140.

大关,成为自罗马帝国以来第一个取得这一成就的欧洲大都市。在商业实力和极度不平等方面,从来没有哪座城市能与它相比。在许多见识过该时期这座繁华的国际大都市的人看来,伦敦就是重生的巴比伦。一切似乎都不成比例,比其他任何地方都更大、更夸张。它拥有壮观的建筑、富丽堂皇的住宅、时尚的广场、豪华的商店和来自世界各地的商品;它肮脏污秽,黑暗而又危险,是乞丐、妓女、小偷和骗子出没的地方。在乔治王朝时期的伦敦,性交易随处可见。据18世纪90年代的估计,在100万人口中,全职和兼职妓女的数量为5万人。这里就像传说中的巴比伦一样,一切都可以出售,包括男人和女人的身体与灵魂。

托马斯·德·昆西是一个离家出走的男孩,他与街头流浪者和其他边缘人为伴,还吸食鸦片。1803年,他在夜幕笼罩下的伦敦游荡,一头扎进了无边黑暗的中心。在鸦片烟云形成的幻觉地狱中飘荡了一夜之后,德·昆西试图找到回家的路,但他"突然遇上了如此棘手的问题,小巷,没有声音的小巷,这般神秘的入口,有如斯芬克斯的谜题一样难解的街道,没有明显的出口或通道",他甚至觉得自己踏上了一片除了本地居民之外从未有人进入过的土地,它不曾出现在任何地图上。在后来的生活中,当德·昆西被鸦片麻醉的时候,他会梦见他曾见过的可怕之物和他所遇到的人的脸,仿佛这个疯狂的城市迷宫给他的神经网络重新接了线。他把整件事情称作"巴比伦式的混乱"。

德·昆西记述了他与一个心地善良、总是半饥半饱、无家可归的雏妓安之间的友谊,这个故事把一种阴暗的孤寂表现得淋漓尽致。他们情同兄妹,会用小小的善举来纾解残酷的生活给彼此带来的痛苦。德·昆西被家人暂时召离伦敦,他和安约定,他回来以后,每晚都会在固定时间去一个特定的地方等她,直到两人再度相聚为止。但是他再也没有见过安,尽管他每晚都去等她,还疯狂地到处寻找她。这突如其来的失落令他的余生饱受折磨:"毫无疑问,有些时候我们一定是在同一时刻穿越伦敦的庞大迷宫寻找彼此;也许我们就在相距不过几英尺的地方——在伦敦的街道上,这道屏障并不宽,最后却往往带来永远的分离!"

城市的象征变成了迷惘的男孩和雏妓,一对迷失在巴比伦的可怜灵魂。巴比伦压垮了它的居民,在一片广袤的荒原中把个人压成扁平的一片。德·昆西写道:"你一到伦敦,就会意识到不再有人注意你了:没有人看你;没有人听你说话;没有人关心你;甚至连你都不再重视你自己。"城市人只不过是"生命总体中一个可怜的、哆哆嗦嗦的单位"。在19世纪的巴比伦（这个巨大的人类商场），每个人都是一种商品：这座城市充斥着无数的诱惑，包括乱人心智的毒品；德·昆西夜间遇到的穷苦人家都沦落到了毫无价值的地步，他们没有安全感，只能可怜巴巴地依赖别人；和成千上万的其他人一样，安可以出售的只有她那未成熟的瘦弱的身躯。[1]

※

巴比伦（或者至少是犹太教和基督教对巴比伦的看法）成了我们用来观察大城市的棱镜。希波的奥古斯丁写道："世界之城，一座以统治为目的的城市，它自身却被那种统治的欲望所支配。"换句话说，城市变成了一股超出人类控制的可怕力量，吞噬着它的孩子。巴比伦是大压迫者和罪恶之城，这一观点总是在布道坛上被大力宣扬。但最有趣的是，以世俗形式使用巴比伦这一隐喻的做法一直都很流行。不仅是德·昆西，威廉·布莱克、威廉·华兹华斯和查尔斯·狄更斯也认为伦敦有如《圣经》中的巴比伦，是一个充斥着罪恶、不公和腐败的地方。

从浪漫主义运动到好莱坞的崛起（其间欧洲和美国经历了疯狂的城市化），西方文化中一直存在着一种强烈的反城市偏见，这种观点认为城市是一种将人类原子化、扰乱社会和扭曲人性"自然"成分的力量。在20世纪，社会学家也紧随其后，着手探究城市生活所引起的病态。西欧人和美国人继承了对城市生活的反感，这种反感在其他许多文化中是不存在的，那些文化更容易接受城市生活。在美索不达米亚社会中，在中美洲、中国和东南亚，城市一直被视为是神圣的，是神赐予人类的礼物。而在犹太教和基督教的世界观中，城市反抗上帝，它必然是邪恶的。这种区别贯穿于历史之中。

在巴比伦到底发生了什么？1831年，在德·昆西的《一个英国瘾君子的自白》出版之后几年，当时最受欢迎的艺术家约翰·马丁根据他1819年的早期画作创作了一幅著名的铜版画《巴比伦的陷落》。在这幅画中，面对上帝对他们城市的报复，巴比伦人恐惧地缩成一团，他们与宏伟的建筑和塔庙相比显得极为渺小。这启示录式的场景令公众倾倒；他还以夸张的笔触描绘了

---

1. *The Collected Writings of Thomas De Quincey*, Vol. I, p. 181.

推罗、所多玛、尼尼微和庞贝等城市遭到毁灭的情景，有力地反映了一个正在经历高速城市化的时代所感受到的焦虑。城市命中注定要被它那吞噬一切的"统治欲"、大量的罪恶和堕落行为以及它所造成的混乱所摧毁。

19世纪，尼尼微和巴比伦的废墟被找到，进一步刺激了这些末日想象。来自巴比伦的故事（以及巴比伦的隐喻）继续吸引着世界各地的公众，影响着他们对自己城市的理解。这里曾经是非凡的大都市，每一处都像《圣经》和希腊人所说的一样辉煌，正如勃鲁盖尔和马丁所描绘的那样，但现在也不过是断壁残垣。没有什么是永恒的。离伦敦步它们后尘，在罪恶的重压和混乱的矛盾之下崩溃还有多久？

《圣经》经久不衰的力量影响了科幻小说的伟大先驱。赫伯特·乔治·威尔斯1908年创作的小说《空中战争》（*The War in the Air*）中到处都可以看到《圣经》预言般的文字。这在他对大都市的态度上体现得尤其明显。在小说中，纽约遭受了毁灭性的空袭。他对大都市的描述继承自《希伯来圣经》，只是经历了许多个世纪的艺术修饰。在威尔斯看来，纽约已经取代伦敦成了"现代巴比伦"，是世界贸易、金融和娱乐的中心。纽约——

> 端坐着"畅饮"一个大洲的财富，就像罗马"畅饮"地中海的财富、巴比伦"畅饮"东方的财富一样。在她的街道上，人们可以看到富丽和悲惨、文明和混乱的极端对比。城市这一角是大理石的宫殿，灯光、火焰和鲜花装点并陪衬着它们；而在那一角，黑人和操着各种语言的人在狭窄的街区和挖出来的洞中严丝合缝地挤作一团，汗流浃背，政府对他们不理不睬，甚至都不知道他们的存在。她的邪恶、她的罪行、她的法律，似乎都是由一种凶猛可怕的力量激发出来的。

这里有一个有趣的问题，即威尔斯是如何透过有近3000年历史的《圣经》意象所构建出来的棱镜来观察现代城市的；它既吸引人又令人憎恶。但巴比伦定会陷落。威尔斯津津有味地描述了来自空中的袭击是如何毁灭骄傲、荒淫、多元化的纽约的，就像所多玛和蛾摩拉被硫黄与火所毁灭一样。就像多民族的、语言混杂的巴别塔一样，纽约这个"种族漩涡"也注定要在暴力中瓦解。

当然，这都是虚构的。但在20世纪20年代崭露头角的纽约更具巴比伦风格。它独特的多层摩天大楼简直就像复活的美索不达米亚阶梯形塔庙。纽约的生活方式、富裕程度和它的摩天大楼一样，都被冠以巴比伦之名，正如一个世纪前的伦敦。自从威尔斯的《空中战争》诞生以后，至少有数十部电影再现了威尔斯幻想中纽约被夷平的场景，其中包括《当世界毁灭时》（*When Worlds Collide*，1951）、《独立日》（*Independence Day*，1996）和《复仇者联盟》（*The Avengers*，2012）。

在威尔斯的末日想象发表之后几年，另一位游客也做了个把纽约夷为平地的梦。但他是有目的的。勒·柯布西耶并没有将纽约视为闪闪发亮的未来超现代大都市。他看到的是数不清的杂乱、迷惘和无意义。这座城市简直一塌糊涂，众多摩天大楼未经理性规划就乱七八糟地竖立起来。它也许是"势不可挡、令人惊叹、激动人心、充满活力"的，但就各方面而言，这座城市都是混乱和拥挤的。在柯布西耶看来，纽约人"像老鼠一样藏身"于"险恶的""杂乱的街道"中。他想把这座老旧的城市完全推倒重来，因为留下它只会把"孕育未来的现在弄乱"。纽约不是未来，但它指明了方向。像《圣经》中的先知一样，柯布西耶认为，在建造新耶路撒冷之前，必须先摧毁巴比伦。毁灭乃乌托邦之母。[1]

在纽约，"玻璃摩天大楼将像水晶一样耸立在树丛中，干净透明"。对柯布西耶来说，这将是一座"奇妙而近乎神秘的城市……一座垂直的城市，处于新时代的标志之下"。一旦过去被清除，一座理性的全新大都市就会出现——在这座"光明城市"中，建于高架桥之上的高速公路纵横交错，连接着位于青翠公园里的高楼大厦。这些新的"公园中的塔楼"将真正成为生活、工作、购物和娱乐的机器；这座高楼林立的"光明城市"意味着一个新城市乌托邦的诞生，它会把数百万人从巴比伦的混乱中解放出来。

自发形成的纽约并没有被预先规划好的"光明城市"取代。但柯布西耶的思想影响了一代又一代的城市规划者。第二次世界大战后，推土机在世界各地的城市中被发动起来，不仅是在被战争破坏的地方，就连在没有落过一颗炸弹的大都市里也是如此，例如美国那些大都市。城市里经济发展相对落后的地区往往是"贫民窟清理"和"城市复兴"的目标。已经固定下来

---

1. H. Brock, "Le Corbusier Scans Gotham's Towers," *New York Times*, November 3, 1935; Le Corbusier, *The Radiant City: elements of a doctrine of urbanism to be used as the basis of our Machine Age Civilization* (London, 1967), p. 230.

的、自我组织的工人阶级社区被撕成了碎片，因为以高层建筑和高速公路为城市生活基础的柯布西耶式实验要在这些地方进行。这些地方看起来凌乱且丑陋。城市是狂野而又危险之地的观念贯穿于宗教、政治和文化之中，从德·昆西把城市描绘成邪恶的和狄更斯对城市堕落的描述，到把城市描绘成腐败无孔不入之处的好莱坞黑色电影和约翰·B.卡尔霍恩的老鼠城实验，我们在哪里都可以看到它的身影。摧毁巴比伦再重新开始的冲动是具有传染性的。

在中国最近的大规模城市化进程中，北京和上海等人口密集、交通拥堵的城市核心区域被推土机推平，居民被重新安置到郊区的高楼中。这样做是为了创建闪闪发光、整洁有序的城市，让城市在观感上变得现代化和井然有序。在孟买和拉各斯等城市，非正式的定居点被列为拆除目标，目的是让这些城市焕发出国际大都市的光彩。经过科学设计的建成环境可以将我们从非理性的、过度的城市发展所造成的混乱中解放出来，这种观点仍然很有说服力。

但是，除了杂乱和迷惘之外，还有什么能赋予城市"无政府主义的企业精神"和"狂暴而可怕的能量"（用赫伯特·乔治·威尔斯的话来说）呢？卡尔霍恩的实验里城市化的老鼠在居住环境过度拥挤的压力下可能会陷入暴力和邪恶之中，但人类的适应能力要强得多。伟大的大都市是建立在历史的层层积淀和无数的内部矛盾之上的。即使所有的推理都已进行了数千年之久，但还是没有人知道这些城市到底是如何运作的。它们看起来如此脆弱，不受控制，违背逻辑，还处于无政府状态和崩溃的边缘。它们的动力既来自我们理性的头脑和良好的意图，也来自我们的欲望、罪恶和自私，两者难分高下。它们是可怕和深不可测的，也是令人振奋和鼓舞人心的。它们是宏大而又邪恶的无情之地，但也是成功而又极具影响力的所在。那里有情趣用品商店和歌剧院，有大教堂和赌场，有脱衣舞表演和画廊。我们当然需要更好的下水道和更少的妓女，但一座纯净的城市会失去它的电火花。城市的粗糙、反差和冲突赋予了它强烈的感官刺激和洋溢的活力。它既需要卫生设施，也需要污垢。它有道德低下甚至是低俗的娱乐场所，也有充满魅力和财富的地方，正是这种不和谐和令人不安的特质给了大城市活力。城市既是乌托邦又是反乌托邦。

第 3 章

国际大都市

雅典和亚历山大里亚

（前507—前30）

新加坡、纽约、洛杉矶、阿姆斯特丹、伦敦、多伦多、温哥华、奥克兰和悉尼有个共同点：它们的居民中有35%到51%是在国外出生的。但在布鲁塞尔（62%的居民出生在国外）和迪拜（83%的居民出生在国外）面前，这些闻名全球的城市仍然相形见绌。

仅凭这些数字并不能说明城市人口结构多样性的全部情况。例如，它们体现不出移民的子女或孙辈在一座城市的人口中所占的比例，也说明不了移民的国籍范围或他们在城市中的地位。在迪拜的外来移民中，有一小部分是来自世界各地的高技能人才和富人；但绝大多数是来自巴基斯坦、印度、孟加拉国、斯里兰卡和菲律宾的低收入工人。相比之下，多伦多的移民人口（占居民总数的51%）来自230个国家，没有一个群体占主导地位。此外，还有29%的多伦多居民，其父母中至少有一方出生在加拿大以外。

城市的活力在很大程度上是思想、商品和人员不断涌入的结果。历史上那些成功的城市，其特点都是有移民大军敲响它们的城门。外来移民不仅带来新的思想和做事方法,还把城市与他们的家乡联系了起来。港口城市之所以具有创新性,是因为它们即使没有大量常住的外籍人口,也与其他地方相连,是全球各地流通的人和物的临时集散地。雅典在公元前5世纪取得了惊人的成功,这在很大程度上要归功于它对来自外界的影响持开放的态度,它有超过三分之一的自由民是在国外出生的。据说,雅典人强迫性的折中主义是这样的:"每听到一种方言,他们都要学上几句;其他希腊人倾向于使用自己的方言、生活方式和服饰类型,而雅典人则把所有希腊人和野蛮人的语言混在一起使用。"[1]

当有人问希腊哲学家第欧根尼是哪里人时,他回答说,他是一个kosmopolites,即世界公民。当时是公元前4世纪,一个城邦极度排外的时代,在这样的时代里,他的话听起来非常激进。在柏拉图《理想国》的开头,有关人物来到雅典比雷埃夫斯港的一位异邦人(metic,即住在雅典的外国人)家里,如此一来,哲学探究就与移民、贸易、商业和城市之外的更广阔的世界联系了起来。[2]

希腊国际化程度最高的大都市中最具国际化的地区城市化的环境,指出了希腊城市文明,尤其是雅典,如此富有创新精神的原因。这是一种新型的城市化:海员的城市化。地中海沿岸复杂多变的地理环境(以及这里多元的文化、纵横交错的贸易路线和思想的循环系统),造就了与花费数千年时间发展起来的内陆城市截然不同的城市。希腊人继承了起源于西亚的城市建设进程。在希腊神话中,欧罗巴公主被宙斯从黎凡特海岸绑架到了克里特岛。这个故事把现实神话化了:将西亚和埃及的城市化进程传到克里特岛的不是好色的宙斯,而是来自黎凡特的港口城市比布鲁斯的海员们。

比布鲁斯位于连接埃及、美索不达米亚和地中海的十字路口上,是古代世界最重要的门户城市之一。这座城市以出口纸莎草纸而闻名,它的名字给希腊人带来了"书"(biblios)这个词,"圣经"(bible)一词也是由此而来。比布鲁斯的迦南商人向美索不达米亚和埃及这两大文明提供了其他商品,包括令人垂涎的黎巴嫩雪松。他们是不安分的航海民族。公元前2千纪

---

1. "Old Oligarch," *The Constitution of the Athenians*, 2.7–8.
2. Demetra Kasimis, *The Perpetual Immigrant and the Limits of Athenian Democracy* (Cambridge, 2018), p. 22.

之初，比布鲁斯的海员们向西挺进地中海，到达了克里特岛。公元前2700年左右，一个新的城市文明在那里扎根，这是这块后来被冠以欧罗巴公主之名的大陆上的第一个城市文明，它的居民被我们称作米诺斯人。接着，米诺斯人又把城市的概念输出到欧洲大陆，传给了希腊的迈锡尼人。

海洋使货物和思想得以流通。但海浪也带来了危险。大约从公元前1200年起，神秘的海上民族摧毁了地中海文明。迈锡尼文明被这个漂泊不定的海盗联盟洗劫一空，只留下宫殿的废墟。后世的希腊人将他们的祖先尊奉为特洛伊战争的英雄。希腊进入了所谓的"黑暗时代"，这是一个四分五裂、只有一些小型部落存在的时期。

城市的破坏和崩溃引发了新一轮的城市化浪潮。黎凡特的港口城市占据了地中海与今天的土耳其、叙利亚、黎巴嫩及以色列山脉之间的狭长地带。居住在这些城市里的人被称作腓尼基人，但腓尼基并不是一个王国或单一的政治实体，而是一个由语言、文化、宗教和残酷无情的商业意识联系起来的闪米特人的城邦联盟。比布鲁斯、推罗和西顿是三个主要的中心。先知以赛亚写道，"推罗本是赐冠冕的，他的商家是王子，他的买卖人是世上的尊贵人"。像推罗这样的城市，面积小，人口也少（大约4万），但它们的影响力却远超那些比它们的规模大很多倍的国家。

腓尼基人是杰出的航海家、海员和商人，他们深入地中海西部，走得比谁都远。通过远航，他们把产自西亚的未来城市的种子散播了出去。随着腓尼基贸易据点和殖民地的激增，城市世界在欧洲和非洲海岸迅速扩展。这些城市中最有名的是"新城"，它位于今天的突尼斯，是模仿推罗建起来的，居民也是从推罗移居至此。新城有个更广为人知的名字：迦太基。它是腓尼基人的特许殖民地，几个世纪后，它甚至发展到了有实力与罗马争夺地中海控制权的程度。腓尼基人在亚平宁半岛、西西里岛和伊比利亚半岛建立了贸易据点；他们穿过赫拉克勒斯之柱进入大西洋，沿着摩洛哥海岸进行贸易。未来的城市加的斯和里斯本最初都是腓尼基人的商业中心。他们以橄榄油、香水、香油、纺织品和珠宝来交换其他贵重物品，如银、金、锡、铜、铅、象牙、咸鱼、鲸鱼制品，以及骨螺，将其运到遥远的尼尼微和巴比伦市场上出售。

骨螺是极为贵重的商品，它吸引着商人们前往浩瀚的大西洋这一未知海域冒险。骨螺的黏液可以提炼出一种被称为"推罗紫"的染料，用它染成的布料价值连城，只有身份尊贵的人才用得起，巴比伦和其他大城市的统治者

第 3 章　国际大都市　067

和高级神职人员对之垂涎欲滴。就算只把衣服的饰边染成这种紫色,也要煞费苦心地提取12 000只骨螺的分泌物;难怪一盎司推罗紫的价值至少是一盎司黄金的20倍。美索不达米亚大都市的购买力促使腓尼基人为了寻找骨螺而驶向大西洋,他们航行2000英里,还留下了一长串的城市定居点。

希腊人不太喜欢腓尼基人。在荷马讲述的故事中,奥德修斯差点被一个无耻的腓尼基商人骗去财产和生命。希腊人把推罗、比布鲁斯和西顿的远洋航海的居民视为竞争对手,要不惜一切代价与之竞争。腓尼基人却送给了希腊人两件无与伦比的礼物。

精明的腓尼基商人没有使用笨拙而费时的象形文字和楔形文字,他们发明了字母。腓尼基字母(欧洲最早的字母)是四处游走的商人所使用的精简、高效的文字;后来,它成了希腊语、拉丁语和几乎所有字母文字的基础。随着腓尼基商业帝国的触角沿着北非海岸伸向大西洋,并延伸到爱琴海地区,腓尼基字母也传播开来。在公元前800年到公元前750年之间的某个时候,希腊人通过商业往来掌握了这种字母。

希腊人采用自己的文字对城市化产生了深远的影响。来自希腊本土的移民迁往爱琴海群岛和小亚细亚海岸,建立了新的城市,如佛斯亚(Phocaea)、米利都和以弗所。他们随身带着自己的神话、历史、歌曲、戏剧、体育和习俗——即使相距遥远,这些东西也在束缚着他们,使他们保留了希腊人的身份。他们还带来了一种激烈的竞争精神——特别是在面对贸易对手腓尼基人时。像腓尼基人一样,从克里米亚到加的斯,希腊人着手建造了数百座像复制品一样的城市,它们具有与母邦(希腊人的大都市)相同的民族气质和自治模式,还与其母邦共同形成了一个城市网络。[1]

有个故事可以说明这一进程。来自佛斯亚(位于现代土耳其海岸的一座大城市)的希腊人在寻找适合贸易的场所时,偶然发现了一个有条小淡水河流入的小海湾,这个海湾位于今天的法国南部。他们到达时,当地利古里亚(Ligurian)部落的首领正在举行宴会,想为他的女儿物色丈夫。毫无疑问,外来的访客给这位女孩留下了深刻的印象,她将仪式上用的酒杯献给希腊人的首领,以此表明她选择了谁做丈夫。他们结合的成果就是现在被称作

---

1. Edith Hall, *The Ancient Greeks: Ten Ways They Shaped the Modern World* (London, 2016), introduction, chapter 3.

马赛的城市。[1]

公元前7世纪，在意大利南部，伊特鲁里亚商人遇上了希腊殖民者。结果，伊特鲁里亚部落开始在波河流域和后来的托斯卡纳地区建立自己的城邦。再往南一点，在台伯河沿岸，说拉丁语的人在帕拉蒂尼山上修建茅屋，定居下来，他们把山谷沼泽里的水排干，往里面填上成吨的泥土。拉丁人受到了伊特鲁里亚邻居和希腊商人的影响，当时这些邻居可能已经在帕拉蒂尼山下建起了一个小殖民地。拉丁人的城市（被他们命名为罗马）并不是从村庄到城镇再到城市缓慢演变的结果：它是从地中海另一头乘船而来的思想结出的果实。

希腊文明是从上千座希腊城市组成的集群中发展出来的，这些城市遍布地中海的海岸和岛屿，正如柏拉图那令人难忘的比喻所说，就像池塘周围的青蛙。希腊人和许多不同民族融合（马赛和罗马的例子说明了这一点），并广泛地接纳地中海的各种文化。他们在安纳托利亚借鉴了亚洲的思想和技术；他们接受了腓尼基人、美索不达米亚人、波斯人和埃及人，以及他们定居于其中的许多民族之传统的影响。希腊的宇宙研究热产生于安纳托利亚西部爱奥尼亚的城市并不是偶然，这些与亚洲有联系的大都市具有像海绵一样的吸收力。赫卡泰厄斯和希罗多德的著作表现出对其他文化的强烈好奇心，它们出自这样一种文明：创造它的先民与其他许多民族共同生活在犬牙交错的地中海沿岸，借鉴并改进了后者的航海、天文学、医学和哲学理论。因提出原子论而闻名的德谟克利特出生在色雷斯，一生都在流浪中度过，在定居雅典之前，他曾在希腊各城市之间旅行，还到过亚洲和埃及。

希腊社会的核心是城邦（polis）。它是"大城市"（metropolis）、"大城市的"（metropolitan）和"国际化"（cosmopolitan）等与城市有关的词语的词根，同时也是一些与人类社会自身组织有关的词语的词根，如"政体"（polity）、"政治"（politics）和"政治的"（political）。政治哲学的根源在于探寻合乎理性的城市。polis可以简单地理解为"城市"或"城邦"；但希腊人无法将这个词的完整定义翻译得如此简洁。简单地说，polis是一个在城市环境中由（男性）自由民组织而成的政治、宗教、军事和经济

---

1. Hall, *The Ancient Greeks*, chapter 3.

共同体。[1]

  政治意义上的城邦并不存在于公元前8世纪至公元前7世纪创作的《荷马史诗》中，但它在公元前6世纪时已得到广泛理解。换句话说，城邦被赋予政治意义始于希腊扩张时期。很有可能，远离家乡的希腊殖民者齐心协力在敌对的土地上建立城市时，发展出了公民自治团体的概念，并将其反向输出到希腊本土。抑或，这可能是希腊本土和海外经历快速城市化的结果，是为了解决眼前的问题而找到的答案。城邦的创建被称为村镇联合（synoecism）——"把家庭聚集在一起"。[2]

  当亚里士多德说"人是天生的政治动物"时，他所指的应该不是我们有喜欢戏剧性政治事件的天性。更好的解释可能是，我们天生就是"城市动物"：我们倾向于为了满足自己的需求而聚集在一起，并形成文化。对希腊人来说，城市是人类的自然状态，它本身就是神圣的事物。实际上，它是无限优越于自然的，因为只有它才能为美好的生活和正义提供条件。在希腊人看来，城邦主要不是一个物质实体，而是一个社会团体。希腊人在谈论"雅典"时，他们所用的词是"雅典人"。这是有明显区别的。

  深深植根于希腊人自我认同中的不仅有对城市生活的热爱，还有个体独立的观念和对受权威支配的憎恨。大多数希腊城邦都在公元前9世纪到公元前8世纪时推翻了其国王。参与城邦政治让希腊人觉得自己比野蛮人更自由、更完整。希腊人告诉自己，他们不仅有共同的语言和文化，而且有一种独特的居住于城市中的生活方式，这使他们无论住在黑海海岸还是住在西班牙，都能团结在一起；"只有一个希腊，"诗人波塞狄波斯（Poseidippos）说，"但有许多城邦。"[3]

  希腊世界不是一个由中央政府控制的帝国；它是一个由数百个自治的城邦组成的文明——其公民人数从1000到50 000不等。它们是人们应如何在城市中生活这一命题的实验室。它们的政体有寡头制、君主制、独裁制、贵族

---

1. Mogens Herman Hansen, "The Hellenic Polis," in Hansen (ed.), *A Comparative Study of Thirty City-State Cultures: An Investigation Conducted by the Copenhagen Polis Centre* (Copenhagen, 2000), pp. 141ff.
2. Ibid., pp. 146ff.
3. Ibid., p. 145.

制和民主制等多种形式，会随着新的需求和威胁的出现而改变。这一时期在众多城市实验室中进行的密集实验为政治思想的诞生奠定了基础。就连物理性的城市也受到了持久的影响。

※

由于一名15岁的男孩亚历山德罗斯·格里戈罗普洛斯（Alexandros Grigoropoulos）被警察杀害，数千人走上雅典街头抗议。2008年12月，该市因此而经受了暴力骚乱和抢劫。骚乱过后，在希腊金融危机爆发之际，一群激进分子和平占领了雅典市中心埃克萨契亚区中央地带的一个旧停车场，就在亚历山德罗斯被枪杀的地方附近。

这一地块于1990年被改造为公共空间。但市政府未能在2009年之前将其买下并对其进行开发。占领者迅速地铲掉停车场的柏油路面，种上花草树木；他们组织了一场公共庆祝活动，还有一些人留下来守卫纳瓦里诺公园（Navarinou Park），对抗当局。在接下来很长一段时间里，附近的居民聚集在一起，决定公园应该是什么样子的。它已成为雅典市中心的一颗绿宝石，是娱乐、休闲、放松、进行公共讨论和举办各种公共活动的场所。[1]

纳瓦里诺公园的故事是一场更广泛的全球运动的一部分，抗议者在世界各地的城市里对公共空间和公共建筑进行回收和再利用。2011年，他们占领了开罗的解放广场和马德里的太阳门广场。"占领华尔街"运动中，示威者在纽约祖科蒂公园设立宿营地，世界各地的城市都爆发了类似的"占领"抗议活动。2013年，示威者在伊斯坦布尔的加济公园里扎营数月。

这些对当局的愤怒全都有不同的原因，但它们也有很多共同点。关于城市在近几十年发生的变化，它们告知了我们很多。在许多方面，社会变得更

---

1. Stavros Stavrides, "The December 2008 Youth Uprising in Athens: Spatial Justice in an Emergent 'City of Thresholds'," *Spatial Justice* 2 (Oct. 2010); Ursula Dmitriou, "Commons as Public: Re-inventing Public Spaces in the Centre of Athens," in Melanie Dodd (ed.), *Spatial Practices: Modes of Action and Engagement with the City* (Abingdon, 2020); Helena Smith, "Athens' Unofficial Community Initiatives Offer Hope after Government Failures," *Guardian*, September 21, 2016.

加内向，私人空间要比公共的市民空间更受重视。后"9·11"时代使安全和监控成为城市中心的一个重要特征，在各公共场所，人们的行为和活动都被监视着。在全球范围内，公共区域在许多情况下都遭到了私有化、审查和监管。商场、金融区和商业街既不是完全的公共场所，也不是完全私有的，而是介乎两者之间。纳瓦里诺公园——以及雅典的其他停车场和建筑——被占领和改造是在城市的公共空间遭到长期侵蚀之后发生的。2013年，土耳其之所以爆发了抗议活动，是因为时任总理雷杰普·塔伊普·埃尔多安的政府想要铲平伊斯坦布尔仅存的一个绿色公园，并用购物中心取代它。塔利尔广场（意思是"解放广场"）多年来一直是众多抗议活动的焦点。但在埃及前总统胡斯尼·穆巴拉克的统治下，"公共空间"和"政府空间"画上了等号：这些地方受到严格约束，任何带有政治色彩的东西都被禁止。

信奉不同宗教、政治观点相异、背景和收入不同的人聚集在解放广场上。"广场逐渐转变为城中之城。三天之内，露营区、媒体室、医疗设施、大门、舞台、卫生间、餐饮车、报摊和艺术展览区就被搭建起来了。"每天，抗议者都会以"音乐会、比赛、讨论和重要媒体人物的演讲"自娱。世界各地占领广场和公园的运动是对当代大都市的自觉批判，当城市公共生活似乎已经屈从于安全、汽车和商业的需要时，这是在现有的城市中重建一座理想的乌托邦城市的尝试——在被"占领"之处，政治异议、讨论、表演、讽刺、食物、娱乐、市场和社交活动并行不悖。[1]

暂时占领靠近金融中心的地方（如祖科蒂公园），或靠近政治权力中心的地方（如解放广场），并将它们转变为民主抗议场所，这是为了追求意识形态上的目的。而在加济公园，人们强调的是，伊斯坦布尔进行的大范围改造违背了市民的意愿。在许多地方，城市地区已经被居民改造过了，因为他们想让公共生活重新回到大都市的中心。在马德里，拉丁区（La Latina）部分街区的居民接管了临近的一个建筑工地，并自行决定如何使用它。在夏

---

1. Hussam Hussein Salama, "Tahrir Square: A Narrative of Public Space," *International Journal of Architectural Research* 7:1 (Mar. 2013): 128–138; Joshua E. Keating, "From Tahrir Square to Wall Street," *Foreign Policy*, October 5, 2011, https://foreignpolicy.com/2011/10/05/from-tahrir-square-to-wall-street/.

季,坎波德塞巴达(El Campo de Cebada,意为"大麦田")正如它被重新命名的那样,到处都是充气泳池;这里有街区会议、每周两次的辩论、市民早餐俱乐部、戏剧演出和露天电影放映;居民们还建起了篮球场和花园。几十年来,在中国香港,数以千计的菲佣每周日都会拥上街头,在城市的银行、品牌商店和五星级酒店附近野餐、跳舞,进行社交和抗议。当城市中最贫穷、生活最不稳定的人们暂时占据光彩夺目的金融中心,并为自己的目的改造它时,一座类型完全不同的城市会在几个小时内出现在公众眼前。

公共空间是有争议的地方。在专制政权下——从美索不达米亚的大都市到中世纪的君主制国家——城市中心的开放区域主要或专门用于展示国家权力和军事力量,是举行盛大典礼的场所,不容市民参与。在受儒家思想影响的城市里,公共空间是神圣的,受某些法定的仪式支配,几乎没有给日常社交留出任何空间。朝鲜王朝时期(1392—1897),在汉城[1]的主干道钟路(Jong-ro)上,普通民众必须不断向骑马的贵族鞠躬,他们不堪其扰,于是退回到与主干道平行的狭窄小巷里。这些被称为"避马街"的狭窄通道连同其间的食肆和商铺逐渐成为人们聚集、交谈和互动的场所——一个非正式的公共空间,摆脱了支配着大都市官方区域的规则。[2]

街头活动是城市公共性的必要组成部分。然而,街道的不同用途之间一直存在着紧张的关系。它是用来进行社区交际、商务活动、休憩、散步和玩耍的地方吗?还是用来控制交通流量和进行社会管制的所在呢?这种紧张关系贯穿了城市的历史。对简·雅各布斯来说,多用途、以步行为主要交通方式的街区是城市的核心。正如她那有力的阐述所言,城市中自然形成的秩序是以无数发生于街道上的日常活动和互动为基础的。她是在20世纪五六十年代写下这些话的,当时曼哈顿街头生活的活力正受到城市快速路的威胁。没有什么比汽车的出现更能扼杀街头社交的活力了。然而,对这种侵占城市公共空间现象的反击,是范围更广的21世纪城市灵魂争夺战的一部分。

---

1. 汉城,朝鲜李氏王朝首都。2005年1月,"汉城"的汉字书写确认为"首尔"。——编者注
2. Jeffrey Hou, "(Not) Your Everyday Public Space," in Hou (ed.), *Insurgent Public Space: Guerrilla Urbanism and the Remaking of Contemporary Cities* (London, 2010), pp. 3-5.

公共空间是所有人都能使用的场所，是公民社会形成的地方。城市一直是政治实验的场地，偶尔还会发生激进的变革；这就是为什么进入城市的权利会受到如此激烈的争夺。古希腊城邦与之前城市的不同之处在于，城邦的政治发展塑造了城市的物理布局（正是这一不同之处使它们在城市化的历史中显得如此重要）。希腊语中的"我购物"（agorázō）和"我在公共场合发言"（agoreúō）都来自"城市广场"（agora）一词。城市广场是城邦跳动的心脏，是城邦的集体能量——商业、娱乐、八卦、法律诉讼和政治——在闲聊中融为一体的地方。在广场的一角，你可以看到人们载歌载舞；而在另一角，你会看到一个表演吞剑者正与一个变戏法的人争着招揽观众。在阳光下摆开的一排排桌子上，城里的银行家正在处理日常事务，他们扯着嗓子想盖过鱼贩子和水果商的叫卖声。商店和流动摊贩提供了一个文明人想要的一切。相较之下，在古代中国、埃及、中美洲、巴比伦，甚至是在美索不达米亚，城市的中心是展现神圣权威的地方，并不属于民众。

诗人欧布洛斯（Eubulos）抓住了雅典城市广场集公共生活、私人生活、政治生活与商业生活于一体的整饬而又杂乱的本质："在雅典，你会发现所有东西都在同一个地方出售：无花果、被传唤的证人、成串的葡萄、萝卜、梨、苹果、举证人、玫瑰、欧楂、粥、蜂巢、鹰嘴豆、诉讼服务、牛初乳、布丁、桃金娘、抽签机、鸢尾花、羔羊、滴漏、法律、起诉书。"在喜剧《云》中，阿里斯托芬戏谑地说，雅典人去广场，是为了"拿别人的性生活开粗俗的玩笑"。人们还会讨论城市里的新闻和政治事件。交谈以及在公共场合分享信息（从通奸到行政管理）是城市生活不可分割的一部分。[1]

民粹派僭主庇西特拉图和他的儿子希庇亚斯于公元前561年至公元前510年的大部分时间里统治着雅典，他们清理了占地37英亩[2]的城市广场，打算建造为自己歌功颂德的建筑，以粉饰他们的独裁政权。公元前507年，激进的贵族克利斯提尼夺取了政权，在他执政期间，城市广场尽管有些混乱，但变得更加民主了。在民主政治的影响下，小摊贩和商店被邀请进入神圣的管辖区。被称为斯多亚（stoa）的柱廊为他们提供了避暑防寒的去处。新的市政建筑出现了，其中包括议会厅和法院。市政管理与社会日常的嘈杂和混乱

---

1. R. E. Wycherley, *The Stones of Athens* (Princeton, 1978), pp. 91–92.
2. 英亩，英制面积单位。1英亩合4046.86平方米。——编者注

融为一体。[1]

大多数希腊城邦都是小规模的熟人社会,人们互相认识。而雅典(其人口总数为25万,有4万到5万成年男性公民)的规模则不同。在克利斯提尼激进的改革下,古老的阿提卡氏族社会被强行撕裂,取而代之的是10个人为划分的公民部落——此举清除了氏族和地方意识的影响力。这个实行民主制的城邦是一个陌生人的城市,他们被要求在管理国家时通力合作。一个如此复杂的系统是通过改变城市的结构而运转起来的。

每年从全体公民中抽签选出的五百名议事会成员坐在广场上他们自己的建筑里。他们在这幢建筑的高墙后管理着这座城市。然而法院却完全不同。法院没有屋顶,只有一道矮墙。每个公民都有权担任陪审员,他们通过抽签来决定参加日常案件审理工作的人选。普通审判的陪审团至少要由201名公民组成,而国家审判最少需要501名陪审员,最高可达建筑的容量,即1500人。法院故意向混乱、喧哗的广场敞开大门,人们可以在这幢建筑里进进出出,这里在打些什么官司无疑会为广场上无休止的讨论提供话题。交谈、法庭、商业在城市中碰撞和共存,偶发之事无缝衔接进公务之中;结果,公民的公共生活和私人生活交织在一起,几乎无法区分。人们常说,一个人要是没有公事,就没有资格待在城里。

在大多数城邦,公民大会是在广场上举行的。但雅典民主实验的规模之大,必然造成城市政治地形的变革。从广场步行10分钟,就到了一座碗状的山的山脚下,工人们在岩石上凿出台阶,通往一个新搭建的平台。这座小山丘变成了一个礼堂,可以容纳6000名市民左右;每个人都有权站在演讲台上向他的同胞们讲话。这是雅典公民大会议事的场所,被称为普尼克斯,它始建于公元前507年,克利斯提尼改革开始时,它以物质形式确立了人民主权和大众政治的现实。[2]

在这些会议上,公民对立法有最终决定权;可以选举城市行政官和将军,或追究他们的责任;议会就常规事务做出决定需要参会者达到6000人的

---

1. Judith L. Shear, *Polis and Revolution: Responding to Oligarchy in Classical Athens* (Cambridge, 2011), pp. 113ff; Gabriel Herman, *Morality and Behaviour in Democratic Athens: A Social History* (Cambridge, 2006), pp. 59ff.
2. Ibid, *Polis and Revolution*, pp. 178ff.

法定人数，因此山坡上每周都要坐满一次，来讨论和批准公共事务。这个政治舞台的名字"普尼克斯"，意为"紧紧挤在一起"。在这样一个由陌生人分担公共责任的大城邦里，个人和公众的可见性和透明度有多重要怎么强调都不为过。普尼克斯让人们可以看到同胞对演讲的反应，他们是如何投票的，他们是如何行事的。

雅典的将军和政治家伯里克利在公元前431年做了一场著名的演讲，敦促他的同胞爱他们的城市。但他所说的并不是一般意义上的"爱"，甚至也不是一种爱国热情。确切地说，他口中的"爱"指的是erastai，即恋人之间的爱欲激情。[1]

所有希腊人都对他们的城市有着强烈的依恋。男性公民被期望为他们的城邦战斗和牺牲。奥运会的参赛者代表了他们的城邦；对城市的依恋是个人身份的基石，就像伯里克利暗示的那样，这是一种深沉的情感。除此以外，城邦还能怎样运转？在一个长期由暴君、祭司和贵族战士统治的世界里，自治是人类事务中的一种新观念；雅典的民主甚至较此还要激进。公共空间的创造有助于培养运转城市所需的集体能量。这里有市政共和制度；还有室内体育馆、剧院和露天的运动场，人们可以在那里聚会和交流。但伯里克利所说的激情是通过其他方式产生的。一位民主的批评者抱怨说，雅典的公共事务经常陷入停顿，因为"他们必须比其他希腊城市举办更多的节日"。根据雅典的历法，每三天就有一天会举办街头聚会、游行、体育赛事或宗教仪式。

泛雅典娜节被称为"所有雅典人的节日"，它是历法中最奢华、最神圣的节日，能使整座城市进入欢乐的团结状态之中。同样令人兴奋的——或许更令人兴奋的——是春天举行的"酒神节"。雅典社会的各个阶层都会参加，许多人为了之后的宴会，会带上食物、超大的面包和巨大的酒囊。男性公民举着以木头、黄金和青铜做成的阳具，或是用马车拉着巨大的勃起的阴茎。游行结束后，市民中大批歌手会进行激烈的合唱比赛。会有多场纪念狄俄尼索斯的狂野歌舞，每场都有500人参加。接下来是盛宴和被称为科莫斯（komos）的夜间游行——人们戴着面具，盛装打扮，在被火炬照亮的街道上狂欢，直到凌晨。

---

1. Shear, *Polis and Revolution*, p. 50.

就在人们宿醉初始之时，酒神节的重头戏开始了。从公元前440年起，它都是在伯里克利建造的奥迪翁（odeon，意为"音乐厅"）中拉开帷幕的。在那里，高级行政官会宣布三位被选中在未来几天进行比赛的剧作家。每位剧作家都必须上演三部严肃的悲剧和一部掺杂下流成分、百无禁忌、充满戏谑的讽刺剧。接下来几天，这些戏剧在狄俄尼索斯剧场里接连上演。几十年来，观众们目睹了埃斯库罗斯、欧里庇得斯、阿里斯托芬和索福克勒斯等人的重要剧作在此进行首演。

"通往雅典的道路令人愉快，"哲学家狄凯阿科斯在谈到他前往这座传说中拥有大量哲学家、诗人和政治家的城市时写道，"一路穿行于耕地之间。"但城市本身的供水状况却很糟糕。街道都是"破败的老巷子"，房子大多简陋寒酸，即使是有钱人家也不例外。大为震惊的狄凯阿科斯说，任何第一次来的游客"都不会相信这就是大名鼎鼎的雅典"。考古学证明了他的说法：当时的房屋建得很简陋，又小又脏。它们挤在一起，像贫民窟一样，周边有非常狭窄的街道和死胡同。那里没有排水系统，所以雨水会顺着坑坑洼洼的街道流淌。

雅典非常狭小，人们非常亲密。私人生活的重要性远低于公共生活。混乱的街道和喧闹的城市广场使各式各样的人挤在一起。雅典的自然发展虽然不合理且杂乱无章，但却可能是这座城市最大的优势之一。希罗多德告诉我们，雅典人在僭主统治下"推诿而懈怠"。他接着说，但在克利斯提尼改革和民主制度出现之后，他们成了一股强大的力量："不只是在某一个领域，而且是在他们下定决心要做的每一件事上，他们清晰地证明了平等和言论自由可以做些什么。"为了使其发挥作用，民主及其运作必须具备公信力。对人类社会来说，自由表达和对生命意义的无限探索是极具挑战性的，因为它们既危险又不稳定。但它被接受了，因为它有效。雅典于公元前5世纪进入鼎盛时期，成为一个经济、军事和帝国主义强国。在一个不断发展、充满创意、敢于进行大胆实验的城市里，哲学带来了实实在在的好处。

很久以后，西塞罗注意到，苏格拉底通过"探究美德和恶习"把哲学应用于"日常生活"。关于人类状况的普遍真相可以从"普通"人混乱纠结的生活中被发现。恰恰是街道和市场提供了这种洞察力——特别是在雅典狭窄拥挤的街区里，那里有着露天交往的文化。苏格拉底经常去雅典的凯拉米克斯街区，那里是陶工和妓女生活的底层区域。因为年轻男子是不被允许进入城市广场的，他就在广场边的作坊周围徘徊，工匠们在那里忙着做自己的事，鞋匠在给皮革凉鞋钉鞋钉。他在城墙外档次较低的快犬（Cynosarges）体育馆锻炼身体，那里准许"私生公民"、男孩和双亲中有一方出生于外邦的男子进入。苏格拉底在城市里四处走动，向他所遇到的人提问并与之进行讨论，这些人身份有高有低，自由人、妇女和奴隶都包括在内；当他年纪足够大的时候，他就跑到广场上当着众人的面与人交谈。

年轻的苏格拉底在破旧的凯拉米克斯街区遇见了哲学家巴门尼德和他的同伴芝诺。这些思想家来自今天的意大利南部。雅典并不以其文学成就、哲学家或科学家而闻名：希腊的大部分智力和艺术活力来自小亚细亚和其他殖民地。新兴的雅典——以其实验性的民主制度、军事上的成功和迅速增长的财富——吸引了来自希腊各处的人。历史之父希罗多德和医学之父希波克拉底都是被吸引到雅典来的异邦人，科学家阿那克萨戈拉、政治理论家普罗泰戈拉、数学家西奥多罗斯、修辞学家高尔吉亚、诗人西摩尼得斯和哲学家亚里士多德也是如此。还有更多出生于外邦的雕刻家、艺术家、工匠、工程师和商人带来了他们的技能。"我们的城市向世界敞开了大门，"伯里克利夸口说，"我们的城市如此伟大，所以整个大地的出产都向我们拥来；这样我们就可以自由地享用别国的商品，就像享用自己的商品一样。"

公元前5世纪上半叶，雅典具有这样的活力在很大程度上要归功于其公民人口从公元前480年的3万左右激增到了公元前450年的5万，这是移民和新思想突然涌入的结果。苏格拉底在这座城市中游历时所感受到的国际化氛围之所以能够产生，是因为雅典允许人们通过公共空间和开放的机构与大批新生的公民接触。拥挤而亲密的城市环境促进了思想的传播和交流；政治、哲学、艺术被调制成一杯杯鸡尾酒，在街道上零售或批发，这给这座城市带来了非凡的活力。

到公元前5世纪中叶，情况发生了变化。公元前451年至公元前450年，伯里克利制定的公民法创造了一种新的身份类别，即自由的异邦人，或称客籍民。作为对移民拥入的回应，该法律规定只有父母均为雅典公民的人才能取得公民权。移民仍然受到欢迎（他们能为城市发展提供动力），但是新来者及其后代无法再参与政治进程或享受财产权；他们现在不能与"土著"通婚了。雅典的公民只占总人口的15%。即使是在这些神圣的精英中，也有相当一部分人是贫穷和被边缘化的。（公元前5世纪的雅典和今天的迪拜有很多相似之处。在这座位于波斯湾南岸的城市里，只有15%的人是土生土长的。它有自己版本的客籍民——享有赚钱和消费权利的特权外籍人士。此外，还有大量贫穷、生活没有保障的移民，就是他们在建设这座城市，满足富裕居民的多方面需求。和迪拜一样，雅典其实也是由两座城市组成的：公民之城和边缘人群之城。[1]）

雅典的妇女没有受过教育，她们如果富有、体面，就要被隔离在社会之外。妇女可以参与到城市广场上的喧闹当中去，但她们必须是奴隶、客籍民和下等人，从事买卖和跑腿工作。节庆活动和私人会饮上也有妇女，不过她们都是舞娘和受男人摆布的妓女。这是一座男性的城市，一座男性积极压制女性的城市。

雅典的黄金岁月并不长久。它对国内外外国人的态度越来越专横，这使其树敌不断。公元前430年，瘟疫席卷了整座城市。疫情通过繁忙的比雷埃夫斯港进入古代地中海的十字路口雅典，在城市中四处肆虐，恶劣的卫生条件、过度拥挤和社交活动不断的生活习惯加速了疫情的发展。三分之一到三分之二的人口死亡。接踵而至的是长达数十年的战争。公元前404年，也就是克里斯提尼改革将雅典推向伟大一个世纪之后，雅典的力量消退了，它的宪法也遭到废除。

柏拉图写道："无须有个真的传令官来宣战，每座城市与其他各城市之间，都处在自然战争状态，而且永无休止。"城邦之间的长期竞争造就了历史上最伟大的一批城市。但是，不断的冲突也赋予了这些分散的城邦巨大的弱点。城邦之间的战争是地方性的。作为一个统治单元，独立的城邦为其公民提供了大量的福利。但它终究无法保护其子民不受人口稠密的领土大国的侵犯。

马其顿国王腓力二世横扫希腊，在公元前338年摧毁了最后几个独立的城邦。在他儿子领导下，希腊的思想和城市继续推进——这次深入到了亚

---

1. James Watson, "The Origin of Metic Status at Athens," *Cambridge Classical Journal* 56 (2010): 259–278.

洲。亚历山大大帝征服了波斯帝国。他占领了巴比伦。他向印度进军。一路上，从巴尔干半岛到旁遮普，希腊殖民者和退伍军人建立了几十座新城市，不论是在意识形态上还是在物理结构上，这些城市都烙上了古代城邦的印记。水陆两栖的城邦正在向内陆爬行。

希腊人在巴比伦和波斯城市苏萨等地掌握了古代的知识。也许希腊文化与其他文化融合最有趣的例子发生在亚历山大大帝死后很久才出现的希腊-巴克特里亚王国。它从里海一直延伸到今天的伊朗、土库曼斯坦、乌兹别克斯坦、阿富汗、塔吉克斯坦和巴基斯坦的大部分地区，在公元前2世纪和公元前1世纪达到鼎盛，当时它被认为是世界上最富裕的地区之一，是"千城帝国"。在今天阿富汗北部的阿伊哈努姆，有一座融合了波斯和希腊建筑风格的宫殿，以及按照拜火教模式建造的宙斯神庙。这个距离雅典2500英里远的地方是个城市广场，有古代世界最大的体育馆之一，还有一个能容纳6000人的剧院。希腊的建筑和艺术风格影响了印度，对中国也有所影响，但程度较轻。最早的佛像受到了希腊阿波罗雕像的启发。索福克勒斯和欧里庇得斯的戏剧曾在波斯和印度河流域上演，而《伊利亚特》则助力了早期梵语史诗的形成；亚里士多德的作品在中亚地区得到了广泛的阅读和讨论。

亚历山大留下的记忆被铭刻在他的征服之路上。位于现代巴基斯坦的亚历山大里亚·布西发拉（Alexandria Bucephala），是由亚历山大亲自命名的，这个名字来自他的爱马；亚历山大里亚·普洛夫达西亚（Alexandria Prophthasia，位于赫拉特与坎大哈之间）翻译过来就是"亚历山大的预感"（意为"先发制人"），因为正是在那里，大帝发现了一个针对他的暗杀阴谋。印度河上的亚历山大里亚原本是要被建成世界上最大的港口城市之一的。一群退伍军人在现在塔吉克斯坦的费尔干纳河谷定居，建起了极东亚历山大城（Alexandria Eschate），这个名字意为"最遥远的亚历山大"，它标志着城邦入侵中亚的最终范围。旁遮普的亚历山大里亚·尼西亚（Alexandria Nicaea）意思是"亚历山大的胜利"，是最东边的亚历山大里亚。

最为持久的亚历山大里亚在埃及。公元前332年，亚历山大征服了这个古老的王国，之后他做了一个梦，梦见荷马来拜访他，并朗诵了《奥德赛》的一部分。这些诗句提到了地中海沿岸的法罗斯岛。于是梦醒后，亚历山大来到了岛上偏僻的多岩地带，在那里，他的脑海中浮现出了一座最美丽的城市。罗德岛的狄诺克拉底是亚历山大的城市规划师，他用谷子撒成的线条描画出了街道的网格状布局。当鸟儿从空中扑下来啄食谷子时，有人说这是一种恶兆。但亚历山大的占卜师有不同的看法，他认为这表示总有一天，这座城市会养活整个地球。[1]

错综复杂的古旧小巷和胡同是雅典街道规划的特色，正是该特色使它充满了活力，这与最终摧毁了它的无政府状态下的民主制有关。柏拉图生活在雅典伟大荣耀的阴影之下，此时伯里克利时代的辉煌已成过去。他想以对人性的哲学理解和城市空间划分的数学原理为基础，从零开始创建理想的城市。柏拉图所设想的符合人类需求的城市是一种具有严格秩序的城市——法律的秩序，强大的政府的秩序，以及存在于其初始设计中的完美的几何秩序。

死板单调的网格系统看起来似乎很现代，但对几何秩序的渴望和第一批城市一样古老。在古代中国，城市是根据风水原理建造的，这一原理规定建成环境应与自然保持和谐。城市的设计是为了尽可能地使弥漫在宇宙中的自然能量（气）或生命力洪流增大。风水大师决定了一座城市应该建在哪里，并规范了它的布局。为了捕捉气，街道沿着主要方向排列，形成了有城墙且对称的方格状城市。城内最重要的地点——城墙环绕的寺庙、宫殿、钟鼓楼、官僚机构和档案馆——都在城市的正中心和北部，气在向外流溢之前是聚集在那里的。这种由一个个正方形组成的细胞状城市布局，创造了一种基于严格的等级制度组织起来的城市地形，从神圣的中心向外围扩散。就像中美洲、埃及和美索不达米亚那些高度组织化的专制社会一样，中国古代的城市用砖块精确地再现了国家权力的结构。

从公元前5世纪起，棋盘式的城市格局就在希腊世界中占据了主导地位。但与玛雅和儒家城市形成鲜明对比的是，希腊城市的网格结构旨在回应人类的政治和社会问题，而不是上应天象。我们目前已知的第一个城市技术官僚是米利都的希波达摩斯，他规划了雅典的港口地区比雷埃夫斯，还有地中海沿岸的许多新城市。对希波达摩斯来说，城市的物质形态和政府的性质是密不可分的：设计一座好的城市，你就能解决人类的问题并释放他们的潜力。

直到今天，像曼哈顿这样街道相互垂直的大都市仍会被人们说成是按照

---

1. Justin Pollard and Howard Reid, *The Rise and Fall of Alexandria, Birthplace of the Modern World* (London, 2006), pp. 1ff, 24-26.

"希波达摩斯网格"建造的。然而网格结构并不是希波达摩斯发明的。他所做的是彻底改变了城市空间的组织方式。他认为，一座网格结构的城市体现了平等主义，因为它产生的单元大小相同，可以被城邦公民共享。与雅典那种杂乱无章、自然发展的城市不同，网格状布局让城市可以按功能分区，给城市地区带来了合理的秩序。希波达摩斯和他的追随者认为，一座城市应该被划分为公共区、私人区、商业区、手工业区、宗教活动区和住宅区。而位于城市中心的应该是一个集政治、法律和商业于一体的广场。

希波达摩斯式城市的灵感不仅来自民主政体，还来自希腊数学和其分支几何学中的和谐概念。在喜剧《鸟》中，阿里斯托芬讥笑这些新式的城市建设者，他们拿着尺子和指南针，想要追求对称的完美："用这把直尺，我要着手在这个圆里画一个正方形；它的中心是集市，所有笔直的街道都将通向这里，就像一颗颗星星汇聚到这个中心，而这些星星……从四面八方放射出笔直的光线。"[1]

在亚历山大里亚，这种对形式的追求——对优雅的追求就更不用说了——达到了高潮。道路互成直角，以便让海风吹遍整座城市。笔直的街道全都是19英尺宽，这不仅有助于进口货物的流通，还能把不同种族的人口隔开。毕竟，亚历山大里亚是世界上最繁忙的港口；货物的运输必须畅通无阻，而且不同的社群都要有各自的住所。他们将会分别居住在5个被明确分开的区域里，按照设想，这5个区域的名称分别是阿尔法、贝塔、伽马、德尔塔和埃普西隆。

亚历山大还没有见到这座梦想之城在岩层上破土动工，就在巴比伦尼布甲尼撒二世的宫殿里去世了。亚历山大麾下的将军托勒密一世趁他被送往马其顿安葬时，半路劫走了他的遗体。随着亚历山大安息在以他名字命名的城市中一座华丽的坟墓里，亚历山大里亚充满了神圣的气息。这时它已经被建得很好了。这座城市那先进的港口（拥有巨大的灯塔）使埃及向更广阔的世界敞开了大门。它成了中国、印度次大陆、阿拉伯半岛、尼罗河、非洲之角和地中海之间利润丰厚的贸易的支点。亚历山大里亚逐渐成长为世界的中心

---

1. Abraham Akkerman, "Urban Planning and Design as an Aesthetic Dilemma: Void Versus Volume in City-Form," in Sharon M. Meagher, Samantha Noll and Joseph S. Biehl (eds.), *The Routledge Handbook of Philosophy of the City* (NY, 2019).

和最大的城市,自亚历山大决定建造这座城市起,只过了70年,就已经有30万人居住在城里了。

这座城市的布局整齐有序,体现了专制主义的建筑风格。宽阔的长街是为某种东西预备的理想舞台,这种东西就是日后将成为罗马重要特征之一的凯旋式。在"菲拉得尔福斯"[1]托勒密二世统治期间,也就是公元前3世纪70年代,亚历山大里亚见证了一个非同寻常的节日。180名男子用一辆大车拉着巨大的狄俄尼索斯雕像穿过鲜花遍地的街道。后面跟着祭司、穿着奇装异服的年轻男女、金色战车、音乐家和一系列展示神话场景的花车。这些花车由大象、骆驼和水牛拉着;在异国动物的行列中还有豹子、狮子、熊、鸵鸟、犀牛、长颈鹿和斑马。跟在这支车队背后的是托勒密王朝力量的象征:50 000名士兵和23 000名骑兵。在这里,希腊传统被用来为一位像法老一样君临埃及的马其顿神王服务。游行队伍是为了纪念狄俄尼索斯。但与强调公民参与的雅典酒神节不同,这是由国家组织的一场经过精心安排的皇家盛会。

即使是在平时,亚历山大里亚那把各种文化融为一体的感觉、外观和氛围也令人陶醉。一条长8000码[2]、宽100英尺的笔直大路从月亮门一直延伸到太阳门,自东向西把城市一分为二。它的两侧是高大的建筑立面、庙宇、雕像、体育馆和大理石柱,混合了各种建筑式样和风格:宫殿、林荫大道、剧院、体育馆、宙斯神庙、埃及神灵(如伊希斯和奥西里斯)的神庙、犹太会堂、希腊雕像、狮身人面像和埃及文物。在城市神圣的中心,坐落着安放亚历山大遗体的陵墓。它位于坎诺帕斯大道(Canopic Way)和索马街(Street of the Soma)两条大道的交叉口,这两条大道构成了城市的轴线。

雅典可能是"向世界开放"的,是一个汇聚了世界各地的思想和商品的市集。但在亚历山大里亚面前,它也只能算小巫见大巫。在这座伟大的贸易城市那喧嚣的集市上,来自四面八方的人挤作一团,好不热闹:希腊人、犹太人、埃及人、波斯人、美索不达米亚人、巴比伦人、安纳托利亚人、叙利

---

1. 意为"爱兄弟姐妹者"。托勒密二世娶了同父同母的姐姐阿尔西诺伊二世(Arsinoe II)为妻,此举震惊了整个希腊世界,故姐弟二人一同得此绰号。——译者注
2. 码,英制长度单位。1码等于3英尺,合0.9144米。——编者注

亚人、意大利人、伊比利亚人、迦太基人、腓尼基人、高卢人、埃塞俄比亚人，可能还有印度人和撒哈拉以南的非洲人。根据希腊历史学家金嘴狄翁的说法，亚历山大里亚成了"一个市场，把各种各样的人聚集到一个地方，互相展示，并尽可能地使他们成为一个有血缘关系的民族"。欢迎来到商业大都市。[1]

亚历山大里亚人口多样化的风潮还给它带来了当时最伟大的学者，其中最著名的是欧几里得和阿基米德。他们在亚历山大里亚的学者同行中还有另外两位伟大的思想家：来自萨摩斯岛的数学家和天文学家科农，以及来自昔兰尼的埃拉托色尼。来自卡尔西顿的赫罗菲拉斯改变了人类对自己身体的理解方式。在他之前，心脏被认为是控制身体的器官，就连亚里士多德也这样说；但赫罗菲拉斯认为有此功能的是大脑，他追踪到了它与脊髓和神经系统的联系。同样地，数百年来天文学和地理学的研究以克罗狄斯·托勒密于1世纪在亚历山大里亚所取得的突破而达到巅峰。就像欧几里得在数学领域的不朽地位一样，托勒密的学说在超过1500年的时间里主导着人们对宇宙的理解。

他们之所以来到亚历山大里亚，是因为这里是唯一一个保存着所有文字著作的地方。托勒密一世和他的继任者们有意识地想把亚历山大里亚建成世界上最伟大的城市。实现这一抱负的关键是把它打造成一个无与伦比的知识和研究中心。托勒密的代理人拥有无尽的现金储备，他们从已知的世界里找来了所有能找到的卷轴。在法勒鲁姆的德米特里乌斯（被放逐的雅典政治家、亚里士多德的学生）指导下，亚历山大里亚图书馆开始第一次系统地把全世界的知识整合起来。来自以弗所的语法学家泽诺多托斯负责编辑存世的荷马文本。多产的诗人和作家卡利马科斯被从昔兰尼召来，负责对希腊文学进行整理和编目。那些本来有可能失传的诗歌、科学和哲学杰作被保存在宏伟的博物馆里，供后人欣赏。

雅典和亚历山大里亚为两种截然不同的城市提供了最好的例子。雅典城市景观的不规则轮廓及其开放的文化鼓励了街头的讨论和辩论。据柏拉图说，苏格拉底没有写下任何著作，因为他认为哲学是要通过在城市的公共场所与公民对话才能表现的东西。相比之下，有着合理且笔直的街道规划的亚

---

1. Dio Chrysostom, *Discourses*, 32:36.

历山大里亚被描绘成一个被严格管制的城市，在这里，思想被禁锢在远离城市生活的机构中。如果说雅典是自发的、实验性的，那亚历山大里亚就有着百科全书式的、循规蹈矩的倾向。雅典在哲学、政治和戏剧方面取得了辉煌成就；而亚历山大里亚则在数学（包括几何学）、力学和医学等自然科学领域立下了不朽功勋。

然而，如果说亚历山大里亚的规划明显以控制民众和展现至高权力为目的，那么它不可能永远这样做。随着时间的推移，亚历山大里亚的民众变得越来越不听话，越来越吵闹，越来越敢于直言了。这座埃及大都市并没有被它的网格结构所束缚；它作为一个严肃的学术场所，以及一个因享乐主义泛滥与城市骚动不安而恶名昭彰之地，有了自己的生命。这座帝国大都市的国际化赋予了它鲜明的知识分子特征。雅典之所以能团结在一起，是因为它把自己变成了一个超级部落，通过对城市的热爱、好战的爱国主义、民主参与和种族排他性而把人们联合起来。亚历山大里亚的广大和多样性则更像是世界的缩影。对创新思维的宽容——只要它不陷入危险的哲学或政治投机——会让来自已知世界各地的思想互相联系起来。亚历山大里亚图书馆里的编纂者、整理者和编辑，并没有被本土主义者关于什么是文化和知识、什么不是的观点所束缚。他们大肆搜集巴比伦、腓尼基、埃及和希伯来文本（以及其他许多种文本），就像搜集希腊文本一样。

亚历山大里亚充满了人类的生活气息；它是一座真正的国际大都市，有50万人口，是个由专制统治维系在一起的不同种族和传统的混合体。它允许并鼓励不同文化和文明的碰撞，这种碰撞的规模之大在其他任何地方都前所未闻，在一个对外来者持怀疑态度的参与式民主制度下，这是不可能出现的。它那令人陶醉的异国情调成了这个正在崛起的世界超级大国不可抗拒的诱惑。

随着罗马的势力在地中海无情地扩张，托勒密王朝走向了衰落。反过来，亚历山大里亚将在笼罩罗马的政治危机中扮演关键角色。这座城市那令人沉醉的力量就像麻醉剂一样，影响了一系列罗马政治家的心智。当尤利乌斯·恺撒介入托勒密王朝的内战时，他不仅遇上了一种神秘的文化和一座世上最富有的城市，还坠入了爱河。克娄巴特拉七世也许不是什么绝世美人，但她无疑是亚历山大里亚真正的女儿。她诙谐机智，受过良好的教育，精通希腊语、拉丁语、希伯来语、埃塞俄比亚语、阿拉米语和埃及语，正如普鲁塔克所写的那样，她的舌头仿佛是"一件有许多琴弦的乐器"。

后来，当罗马人回顾历史时，他们认为是克娄巴特拉和亚历山大里亚蛊惑了他们的伟人，加速了罗马共和国的灭亡。恺撒不仅爱上了克娄巴特拉，还被他在亚历山大里亚发现的融合的希腊文化和埃及文化所吸引。尤其使他感兴趣的是神圣君主的概念。公元前44年，恺撒遇刺，内战接踵而至，克娄巴特拉站在了马克·安东尼一方，他是曾帮助恺撒统治罗马的后三头之一。公元前41年到公元前40年的冬天，克娄巴特拉和安东尼在亚历山大里亚成为情人，那是一个聚会、宴饮和狂欢不停的季节。"把安东尼在亚历山大里亚的诸多愚行逐一记录下来是很乏味的，"普鲁塔克厌恶地叹息道。就像之前的恺撒一样，安东尼也被这座伟大的城市那难以置信的奢华折服了。他在亚历山大里亚统治着罗马共和国的东部；与此同时，共和国的西部由恺撒的养子屋大维控制。安东尼沉浸在亚历山大里亚的政治世界中，并准备创建一个新的亚洲帝国，罗马对此感到恐惧和厌恶。完全亚历山大里亚化后，安东尼被奉为酒神狄俄尼索斯；克娄巴特拉则被当成阿芙洛狄忒和埃及女神伊希斯的转世来崇拜。压倒她的最后一根稻草是"亚历山大里亚奉献"（Donations of Alexandria），安东尼当时宣布要把罗马共和国东部的一部分赠给克娄巴特拉和她的孩子们：她与尤利乌斯·恺撒的儿子，以及她与安东尼所生的3个孩子。

罗马元老院拒绝批准这一荒唐的计划。屋大维则不赞成让恺撒和克娄巴特拉的儿子合法化，因为这会使亚历山大里亚的小法老成为罗马世界的继承人。看看安东尼吧，他的敌人们说，他自诩为东方神明，对亚历山大里亚的热爱胜过他对罗马的热爱。罗马陷入内战，亚历山大里亚在其中起了关键作用。公元前31年，屋大维在亚克兴战役中打败了安东尼，安东尼和克娄巴特拉逃往他们最后的避难所——托勒密王朝的伟大都市。公元前30年，随着屋大维的军队进占这座城市，他们在那里自杀了。埃及失去了独立主权，成为罗马帝国的一部分；亚历山大里亚也从托勒密王朝的首都降为罗马势力范围内的几座大城市之一。

在亚历山大里亚取得的胜利以及竞争对手的死亡，使屋大维成了罗马的最高统治者。最终他变成了恺撒·奥古斯都，古罗马帝国的第一任皇帝。和他之前的罗马人一样，屋大维/奥古斯都对亚历山大里亚的规模、美丽和宏伟艳羡不已。毋庸置疑，他在埃及的见闻启发了他，使他把罗马从一座砖砌的城市变成了一座大理石筑就的城市，此举名留青史。

在此后很长一段时间里，亚历山大里亚仍然是一处智慧的源泉。但亚历山大里亚图书馆逐渐变得支离破碎，它的以纸莎草纸构建起来的知识宝库被大火、战争、贪婪的皇帝、焚书的主教以及潮湿的环境蚕食殆尽。公元365年，托勒密王朝的国际都市仅存的一抹辉煌也被海底地震引发的海啸吞噬了。

正如曾经的亚历山大里亚一样，罗马变成了世界上最具国际化的城市。近年来，考古学家对这座城市中出土的古尸的DNA进行了检测，检测结果表明，在公元前27年以前的发展期里，罗马这座城市的人口混合了意大利人和来自地中海东部和北非的人。而在帝国的全盛时期，它是"欧洲和地中海的基因十字路口"，其人口构成中从北欧到中亚的民族应有尽有。据希腊演说家埃利乌斯·阿里斯蒂德（Aelius Aristides）所说，它是"一座城堡，全世界的民族都是它的居民"。

第 4 章

巍峨帝都

罗　马
（前30—后537）

　　对罗马人来说，东西总是越大越好：城市要大；公共建筑要大；野心要大；领土、奢侈品、权力以及其他任何东西莫不如此。见识到大都市的规模和庞大的城市帝国会让人心潮澎湃。

　　如果你想最大限度地体验罗马的荣耀，那么有一种体现了罗马无尽欲望的建筑能够满足你的需求。"辛劳和忧愁，离开吧！"诗人斯塔提乌斯赞美道，"我歌颂大理石熠熠生辉的浴场！"[1]

　　到3世纪时，罗马人有11座巨大的皇家公共浴场可供选择，还有约900个较小的私人澡堂。其中最令人惊叹的是由精神错乱、曾残杀兄弟的皇帝卡拉卡拉在公元212年至216年建造的公共浴场。该浴场的表面铺有6300立方米总

---

1. Fikret K. Yegül, *Baths and Bathing in Classical Antiquity* (Cambridge, MA, 1995), p. 31.

重达170 000吨的大理石。整个建筑群位于一个花园内；它的中心建筑有个巨大的圆顶——几乎和万神殿的圆顶一样大。

罗马人入浴时要遵循固定的程序。脱下衣服后，沐浴者可以选择在下水前先运动一会儿。开始沐浴后，先要进入冷水浴室（frigidarium）。接着去温水浴室（tepidarium）泡一泡，让身体暖和起来，而热水浴室（calidarium）的水温明显更高一些。按照从冷到热的顺序洗完澡后，沐浴者身上会被涂上油和香喷喷的软膏，接受按摩。"我涂油，我锻炼，我洗澡"，小普林尼简洁地总结了整个过程。这是所有罗马人沐浴的基本模式，无论他是在帝国首都、小亚细亚、北非，还是在英格兰北部寒冷的荒野上。

然而，在卡拉卡拉浴场，这种体验达到了极致。当你走进冷水浴室的凉水中时，你所在之处是建筑物的中心，你头顶就是40米高的巨大筒形屋顶和有3组穹棱的拱形天花板。巨大的天花板由庞大的灰白色多利克式石柱支撑着，这些石柱重达50吨，高11米，全都是用埃及花岗岩制成的，装饰复杂的柱顶则是用白色大理石做的。这个巨大的拱形天花板上刷有灰泥，还涂上了鲜艳的颜色，再以壁画和闪闪发光的玻璃马赛克作为装饰。抛光的大理石墙壁反射着从大拱形窗户射进来的阳光。在高耸的柱子之间的壁龛里，众神和皇帝的雕像正俯瞰着下方。冷水浴室的地面上也陈列着许多雄伟的雕像，其中包括高达3米的法尔内塞赫拉克勒斯像。马赛克、壁画和雕像以令人叹为观止的细节，刻画了神祇、皇帝、神话中的英雄、运动巨星、摔跤手和角斗士。

卡拉卡拉修建的浴场与后来戴克里先修建的浴场一道，给未来宏伟的建筑项目提供了灵感，比如中世纪伟大的哥特式大教堂。纽约的宾夕法尼亚车站被设计为通往地球上最伟大城市的大门，它于1910年启用，又莫名其妙地于1963年被拆除，它是20世纪建筑的一大成就，不仅是城市荣耀的象征，也是现代交通理念的体现。它的立面仿照的是罗马斗兽场，但其宽敞的大厅仿照的是卡拉卡拉浴场。巨大的拱形窗户保证了大厅的采光，这是纽约最大、最壮观的室内空间。建筑史家理查德·盖伊·威尔逊（Richard Guy Wilson）回忆道："在宾夕法尼亚车站搭乘或等候火车时，人们成了一场盛会的一部分——当穿过如此宏伟的空间时，一举一动都会获得意义。"[1]

在欣赏浴场的壮丽景观时，罗马人也参加了这样的一场盛会。卡拉卡

---

1. Richard Guy Wilson, *McKim, Mead and White Architects* (NY, 1983), pp. 211-212.

拉浴场是罗马几个宫殿式建筑群之一。它的荣耀终年无休地与所有罗马人共享——贵族和平民，富人和穷人，外国出生的人和本地人，公民和自由民。到公元4世纪，估计有超过6万罗马人可以随时享受沐浴的快乐。阿格里帕（Agrippa，公元前25年）和皇帝尼禄（公元62年）、提图斯（公元81年）、图拉真（公元109年）、康茂德（公元183年）给这座城市留下了巨大的公共浴场；而在随后的几个世纪里，塞维鲁·亚历山大、德西乌斯（Decius）、戴克里先和君士坦丁大帝修建了更大、更豪华的浴场。最重要的是，华丽的澡堂是权力的表现——皇帝的权力，罗马对世界的权力，以及城市对自然的权力。无论贫富贵贱，人们都可以在同一个地方分享罗马的宏伟和富足带来的荣耀，这个地方就是浴场。城市文明的全部精髓都在这里的大理石和马赛克中得到了体现。

水只是浴场可以提供的东西之一。这里还有桑拿房、按摩室、香水室、梳妆室和美容室（塞涅卡描述了顾客拔腋毛时所发出的令人不安的尖叫声）。剧烈的运动——举重、摔跤、拳击和击剑——在两座大型体育馆中举行，那里有更多的古代雕塑杰作；这些杰作中唯一幸存下来的是一组巨大的群像，被称为法尔内塞公牛，它是用一整块大理石雕刻而成的。在花园里，想锻炼的人可以参加体育运动和比赛。如果沐浴者需要沉思，他们可以去专门的大厅里听讲座，或是到浴场附带的两个图书馆里取一本拉丁文或希腊文的书带到阅览室去。浴场有小吃店和出售香水及其他奢侈饰品的商店。人们脚下有一个管道网，它既是排水系统，又连接着每天消耗10吨木材来加热游泳池和桑拿房的火炉。

仅仅对卡拉卡拉浴场的各种设施进行描述，就会让它听起来像是一个温泉浴场或疗养院。但事实绝非如此。"我正置身于喧闹的巴别塔中。我的住处就在浴场边上！"塞涅卡悲叹道。大人物们盛气凌人地走进浴场，身后跟着一群裸体的随从，以提醒人们他们的地位和财富。人们在这里做生意、讨论政治、闲聊和诚邀他人赴宴。他们来这里看热闹，同时也作为热闹的一部分被人所看。他们在这里吃、喝、争论、调情，偶尔躲在壁龛里做爱；他们还会在大理石上潦草涂鸦。之后准备一起进餐的人会来这里集合，在饭前泡个澡。葡萄酒很容易买到。宽敞的皇家浴场里回荡着嘈杂的声音，成千上万的人在交谈，有时候还会争吵，销售人员也在大声吆喝，叫卖蛋糕、糖果、饮料和美味的小吃。举重运动员呼哧呼哧喘着气；球赛的最新比分被喊出来；按摩师的手拍打肉体的声音在拱顶大厅里回响。有些讨厌的人喜欢边洗澡边唱歌。人们聚集在杂耍演员、小丑、魔术师和体操运动员周围。

奥维德写道，在奥古斯都时期的罗马，浴场是年轻情侣见面的绝佳地点："无数的浴场里隐藏着偷偷摸摸的运动。"同样，马提雅尔也把浴场看作男人和女人可以轻易发生性关系的地方。[1]

浴场提供了一种独特且全方位的城市和城市化的体验。最重要的是，这是一种集体活动。富人和穷人有了密切的接触；友谊得以建立和维系；买卖被撮合；谈话滔滔不绝。这种在城市中社交的机会，无论以什么形式出现，都可能是罗马人的主要乐趣所在，他们花费大量时间泡在浴场里是非常划算的。"我得去洗个澡，"一个激动的罗马学生做完功课后写道，"是的，是时候了。我拿了几条毛巾，和我的仆人一起动身。我跑着追上其他要去洗澡的人，对他们每个人都说：'你好吗？好好洗个澡！晚餐愉快！'"[2]

※

罗马人对洗澡的热爱总是无法摆脱质疑之声：这是一种致命的恶习吗？时间越久，人们对洗澡及其相关活动的愤怒就越强烈。花费在洗澡上的时间越来越多。所有这些放纵、沉溺和打扮自己的行为是否确实与使罗马成为地中海和西欧之主的朴素而坚韧的精神格格不入呢？

宽敞的宫殿式浴场与帝都的其他许多公共建筑形成了令人不安的对比。罗马的公共空间讲述了这个城邦从一堆坐落在帕拉蒂尼山上的简陋小屋发展成为一个世界霸主的故事。像所有重要的国际大都市一样，罗马从神话和历史中汲取能量。位于卡比托利欧山上的巨型朱庇特神庙，由罗马王政时代最后一位国王卢修斯·塔克文·苏佩布修建，但是，根据传说，在它竣工并被奉献给神的那一年，即公元前509年，罗马人推翻了王政，建立了共和国。在与被废黜的国王作战的过程中，有人看见双子神卡斯托尔和波吕克斯与共和派并肩战斗。供奉他们的神庙至今仍是古罗马广场上最具标志性的建筑之一，是罗马人为争取自由（libertas）而斗争的纪念碑，也是神圣的罗马宪法

---

1. Garret G. Fagan, *Bathing in Public in the Roman World* (Ann Arbor, 1999), pp. 34-35.
2. Yegül, *Baths and Bathing in Classical Antiquity*, p. 30.

形成的见证。

这座城市里到处都是历史。漫步在市中心，会让人想起罗马的成就，尤其是它在公元前4世纪到公元前1世纪之间接连取得的那些成就。罗马人习惯于回首过去，还总拿自己和传说中粗犷、坚强的祖先相比，担心他们会变得软弱无力。在缔造一个庞大的帝国后，这种焦虑更加明显了。在罗马从一个不起眼但雄心勃勃的乡村小镇发展成为一座成熟的帝国大都市的过程中，各种各样的奢侈品源源不断地流回罗马。从外国进口的商品包括充满异域风味的食物、剧院、奴隶、艺术品、移民、珠宝（包括贵重金属），以及新征服的土地所能提供的一切。其中也有洗澡。

在洗澡风靡罗马的同时，这座城市本身也变得越来越宏伟了。在争夺霸权的时期，罗马在城市景观的辉煌程度上远远落后于当时的其他大城市。安条克、亚历山大里亚、迦太基城和科林斯给人留下的印象无疑更深刻。实际上，见多识广的马其顿人贬低了罗马的落后，当一位大使掉进未封闭的下水道时，这一看法得到了证实。公元前2世纪后半叶，一切都发生了变化，在此期间，罗马进行了大规模的改造，以使它配得上庞大帝国首都的地位。公元前1世纪的伟人们——苏拉、克拉苏、庞培和恺撒——慷慨解囊，出资修建了许多神庙、广场、巴西利卡（basilicas）、凯旋门、祭坛、剧院、花园和其他市政和宗教建筑。但是修建浴场有失他们的体面。如果你想要个浴室，那还是自掏腰包吧。

安东尼和克娄巴特拉死后，持续了数十年的内战终于告一段落，屋大维成了罗马唯一的统治者，是唯一一个能够维系罗马上下的铁腕人物。公元前27年，他被授予"奥古斯都"和"元首"的头衔；共和国至此已名存实亡。奥古斯都的得力助手是政治家和将军马库斯·维普撒尼乌斯·阿格里帕。像这个世纪早期的诸多伟人一样，奥古斯都和阿格里帕用不朽的建筑来体现他们的权势。阿格里帕委托建造了万神殿和尼普顿巴西利卡，以及其他宏伟的大理石建筑。但在公元前25年，他也着手修建了一座浴场，每天从阿格里帕个人专用的渡槽（即至今仍在为特莱维喷泉供水的维尔戈水道）中获得10万立方米的淡水。以此为标志，浴场的建设从罗马共和国末期以朴素的私人澡堂为主，突然转向了以豪华的公共浴场为主。

当阿格里帕在公元前12年去世时，他的浴场被遗赠给了罗马人民。此举将浴场提升为合法的公共建筑，并使之符合罗马人那种求大的建筑野心。接下来的一个大型公共设施是由尼禄在1世纪60年代建造的。罗马独特的政治动态一直在发挥作用，这在很大程度上是因为精英和大众通过竞争的方式来享受城邦积累的利益。随着共和时代让位给帝国时代，国家提供的大型新式娱乐场所逐渐成为罗马人公共生活的中心。[1]

1世纪初，塞涅卡拜访了大西庇阿的宅邸，大西庇阿是在公元前202年打败了汉尼拔的英雄。这位将军的浴室又小又暗。塞涅卡写道，在那些日子里，罗马人只是偶尔洗个澡，而且他们洗澡是为了满足需要，"并非纯粹为了取乐"。

几个世纪以来，俭朴、富于男子气概的罗马人的性格发生了多么大的变化啊：

> （今天）如果我们的墙壁上没有挂着豪华的大镜子；如果我们从亚历山大里亚运来的大理石没有用努米底亚石头做的马赛克装饰……如果我们的拱形天花板没有覆盖一层玻璃（马赛克）；如果我们的游泳池没有用萨索斯岛出产的大理石做内衬——在以往，这样的石头对任何神庙来说都是罕见和昂贵的……还有，最后，如果水不是从银制的龙头里流出来的话，我们就会觉得自己是贫穷卑贱的……为数众多的雕像，还有大量没有任何支撑作用的柱子，全都是一种装饰，它们仅仅是为了花钱而存在的！那么多的瀑布从这一层落向那一层！我们变得如此奢侈，以致除了那些被我们踩在脚下的珍贵石头之外我们一无所有。

塞涅卡那代人可能会这样评价他们共和时代的祖先："是的，他们显然是相当肮脏的家伙！他们的气味多么刺鼻啊！"但塞涅卡这样反驳他挑剔的同胞们："他们身上散发着兵营、田地和英雄主义的味道。"简而言之，他们日常的肮脏代表着真诚自然的共和主义和英勇。塞涅卡从清洁问题中得到了一个深刻的道德教训。他总结道："一尘不染的沐浴场所现在已经被建起来，但人们事实上比往日更肮脏了。"[2]

反对洗澡是因为人们认为它助长了堕落和颓废，这种观点影响了好几代历史学家，他们从中看到了罗马衰亡的种子。据说，历代皇帝都用面包和马

---

1. Yegül, *Baths and Bathing in Classical Antiquity*, p. 32.
2. Seneca, *Moral Letters to Lucilius*, 86:4–12.

戏来安抚罗马人，让他们变得麻木、顺从，而豪华的公共浴场也属此类。但我们可以用罗马大众的方式来看待公共浴场，将其视为城市文明的顶峰。爱干净使罗马人有别于粗俗的、邋遢的野蛮人。最重要的是，在罗马人看来，洗澡意味着城市化、精致和现代。[1]

但是还可以用另一种方式来看待罗马人爱洗澡的现象。塞涅卡时代的罗马与大西庇阿时代的罗马大不相同。这已是一座人口超过一百万的城市，这种大小和规模在历史上还是首次出现。与其把洗澡看作堕落，甚至是极端城市化的证据，倒不如将其视为都市人的基本需求。这更有意义。为了讲述故事的这一方面，我们必须走出罗马世界，来讲一讲水和城市之间更为常见的故事。

洗澡是一种与大自然的原始接触，日复一日，我们在步履匆匆的人群中穿过逼仄的城市空间，被迫与陌生人的气味和身体密切接触，由此而生的身体扭曲和礼仪标准几乎无处不在，而洗澡就是一种能让我们从中解脱出来的美好体验。当我们把表明社会地位的衣饰暂时脱掉，变得赤裸或近乎赤裸时，这堪称一种难得的平等体验。1936年，当露天游泳池在全世界的发达国家里勃然而兴时，经济学家兼银行家约西亚·斯坦普爵士（Sir Josiah Stamp）写道："洗澡不分贫富贵贱，能让所有人共享同一个娱乐和健康的标准。当我们开始游泳时，我们就开始实行民主了。"[2]

科帕卡巴纳海滩为750万里约热内卢居民提供了一个绝佳的发泄途径。这片沙滩和里约热内卢的其他海滩不仅提供了戏水和从城市生活的严酷现实中得到喘息的机会，而且它们本身就形成了一种完整的城市文化——一个拥有足球和排球比赛、偶然的邂逅、家庭聚会和节日的丰饶之角。与其说海滩是个方便的公共空间，不如说它是一处永不消逝的景观。当地人会说"Tenha uma boa praia"——祝你在海滩玩得愉快——而不是"祝你有美好的

---

1. Fagan, *Bathing in Public in the Roman World*, p. 317.
2. Janet Smith, *Liquid Assets: The Lidos and Open-Air Swimming Pools of Britain* (London, 2005), p. 19.

一天"。在一座极度不平等的城市里，海滩剥去了外在的等级标志。海滩在洛杉矶这座缺乏包容性公共空间的大都市里引起了深刻的共鸣。进入和享受从马里布（Malibu）到帕洛斯弗迪斯（Palos Verdes）的40英里海岸线的权利被强力地捍卫着，绝不容许豪华住宅侵蚀它。[1]

其他的一些大城市也有近在咫尺的海滩（比如纽约的康尼岛），但在城市里却很少有便于全体市民使用的海滩。为什么不把海滩带到城里来呢？自2003年起，巴黎开始建立城市海滩，这样饱受酷暑之苦的人就可以凉快和放松一下了。乔治·蓬皮杜快速车道位于塞纳河旁的一段会在夏季关闭，上面铺满沙子，种上棕榈树，再摆上吊床和日光浴躺椅。"巴黎海滨"的构想是由该市的社会党市长提出的，旨在让巴黎人"拥有公共空间，以不同方式体验城市生活"，尤其是那些住在荒凉的郊区、没钱度假的巴黎人。它的建设是一种政治行为。据当时的市长说："巴黎海滨将是一个很好的社交场所，持不同意见的人可以在这里互相交流。它是属于这座城市的哲学，人们乐于分享并享受友爱的诗意时光。"[2]

这一举措中蕴藏着想要重建某种东西的企图，这种东西曾经是城市生活一个本质的——同时也是被长期遗忘的——方面。纵观伦敦的历史，泰晤士河以及伊斯灵顿（Islington）、佩卡姆（Peckham）和坎伯韦尔（Camberwell）等郊区的半乡村溪流，在周日都是男人们洗澡的去处。17世纪的一首诗歌颂了成千上万的伦敦人在"夏日甜美的夜晚"到泰晤士河清凉的水里嬉戏的场景。乔纳森·斯威夫特在一封信中记录了他在切尔西附近裸泳的事："天气这么热，我渴得要命，我这会儿正准备去游泳。"15年后，本杰明·富兰克林从切尔西游到了黑衣修士桥（全程3.5英里），展示了自由泳、蛙泳和仰泳的技巧。一个世纪以后，一位维多利亚时代的作家轻蔑地说："有种堕落文明的可悲替代品，叫作洗澡（bath）。"据他所说，真正的游泳必须裸体，"在活水或流动的水中……否则根本就不是游泳

---

1. Ronald A. Davidson and J. Nicholas Entrikin, "The Los Angeles Coast as a Public Place," *Geographical Review* 95:4 (Oct. 2005): 578–593.
2. Michèle de la Pradelle and Emmanuelle Lallement, "Paris Plage: 'the city is ours'," *Annals of the American Academy of Political and Social Sciences* 595 (Sep. 2005): 135.

（bathe）"。[1]

但到19世纪中期，在城市里游泳被认为是不合礼仪的。住宅和裸泳者显然有了冲突。一家报纸的撰稿人一本正经地抱怨说，他不得不让妻女远离能够看到泰晤士河的窗户，因为游泳者在进行"恶心的表演"，"毫无节制地做出各种动作"（他们只不过是游向一艘汽船，然后又游回来）。另一名男子抱怨说，在海德公园的蛇形湖中，有"数百名裸体的男子和男孩"一边游泳，一边发出"叫喊和刺耳的噪声"。城市里的游泳者反驳说，这项休闲活动自古以来就是被允许的，但他们的反驳徒劳无功。[2]

在工业革命把在城市的河流里裸泳变成一件危险的事情之前，道学先生就已经开始对它横加干涉了。而到了19世纪50年代，由于300万人的粪便通过厕所直接排入泰晤士河，它变成了一个臭气熏天的污水池。在19世纪城市化进程大幅加速之前，许多城市居民都能方便地利用乡村以及那里的溪流和池塘。当生活在城市中心的人变得难以接触自然时，公共游泳池适时地被引入到了城市之中。由于人们担心裸露的肉体和男女（尤其是不同社会阶层的男女）之间的不当接触，在城市里游泳不得不在受控和隔离的环境下进行。现代第一个由市政府营建的澡堂于1829年在利物浦启用，其设计与博物馆或市政厅一样宏伟壮观。公共澡堂象征着城市在公共卫生和娱乐事业上做出的努力，这在英国各城市之间引发了一场竞争，伴随着城市的扩张，它们争相建造更大、更漂亮、更好的澡堂和美观的大厦。德国从19世纪60年代开始效法英国，美国则是从19世纪90年代加入了这一行列。

19世纪末到20世纪初纽约贫民窟的情况揭示了人们为满足浸在水里的需求而付出的高昂代价。一位贫民窟居民回忆说，在没有公园的情况下，"唯一的娱乐活动就是跳进有驳船的东河里去。人们会在河里游泳，但他们也会在河里排便"。19世纪七八十年代，纽约在哈得孙河和东河上为该市最贫穷、最肮脏的居民装设了23个漂浮浴池。为了"把垃圾推开"，必须采取蛙泳的姿势。尽管如此，在河里游泳仍然广受欢迎，尤其是对世界各地城市里的穷人来说。市政当局试图禁止在公共场所游泳，但这遭到了工薪阶层的强

---

1. Peter Ackroyd, *Thames: Sacred River* (London, 2007), p. 339; *The Works of the Rev. Jonathan Swift* (London, 1801), Vol. XV, p. 62; *The Times*, June 24, 1865.
2. *Pall Mall Gazette*, July 13, 1869.

烈抵制，他们决心捍卫自己为数不多的锻炼和玩耍机会。[1]

这也是1935年轰动一时的百老汇舞台剧《死角》（Dead End）的精髓所在。该剧开场时，来自纽约下东区廉租公寓的街头少年半裸着身子，在东河码头的尽头嬉戏。在20世纪大萧条时期，街头混混可能没什么前途，但他们有柔韧、健壮的身体，有机会在凉爽的水中逃离城市这个禁闭室。这些男孩唯一的休闲活动将会向蜂拥而来观赏《死角》的观众传达一条强有力的信息。在该剧公演的前一年，有450人在这条河里淹死（几乎与维多利亚时代末期伦敦每年在泰晤士河游泳时死亡的人数完全相同）。如果你没有被淹死，细菌也会找上你：游泳者浸泡在未经处理的污水、浮油和工业废水中，在这种环境里极易染上小儿麻痹症和伤寒。无论如何，游泳的机会都因被我们称作"绅士化"的现象而减少。在《死角》中，男孩们简陋的河畔游乐区受到了豪华新公寓的威胁。这些公寓为了寻找好风景和供私人游艇使用的码头，侵占了滨河地区。[2]

1936年，也就是《死角》于百老汇上演一年之后，夏天的高温创下了纪录，作为新政的一部分，在纽约市人口最稠密和最贫困的地区，11个大型室外游泳池向公众开放了，每个场馆造价都达到了100万美元。在那个闷热的夏天，游泳池、跳水池和浅水池接待的游客超过了179万人。与此同时，在英国，伦敦郡议会领袖赫伯特·莫里森希望把伦敦变成一座"泳池之城"，让每个市民只需步行即可抵达户外游泳池。[3]

---

1. Andrea Renner, "A Nation that Bathes Together: New York City's Progressive Era Public Baths," *Journal of the Society of Architectural Historians* 67:4 (Dec. 2008): 505.
2. Jeffrey Turner, "On Boyhood and Public Swimming: Sidney Kingsley's Dead End and Representations of Underclass Street Kids in American Cultural Production," in Caroline F. Levander and Carol J. Singley (eds.), *The American Child: A Cultural Studies Reader* (New Brunswick, 2003); Marta Gutman, "Race, Place, and Play: Robert Moses and the WPA Swimming Pools in New York City," *Journal of the Society of Architectural Historians* 67:4 (Dec. 2008): 536.
3. Marta Gutman, "Equipping the Public Realm: Rethinking Robert Moses and Recreation," in Hilary Ballon and Kenneth T. Jackson (eds.), *Robert Moses and the Modern City: The Transformation of New York* (NY, 2007).

住在狭小、闷热的公寓里的美国工薪阶层家庭可以沐浴在阳光下，喝着干净的水，和附近的人一起野餐。在纽约，曼哈顿东哈林区的托马斯·杰斐逊公园里的游泳池可以容纳1450人；哈林区中部的殖民地公园里的游泳池可容纳4500人；布鲁克林区贝齐·海德娱乐中心（Betsy Head Recreation Center）可容纳5500人。它们是玩耍的地方，男孩和女孩聚在一起，收获友谊和爱情。新的游泳池是公园的中心设施，这些公园经过改造，还有了游乐设备、棒球场、跑道、露天乐队演奏台和体育馆。[1]

19世纪欧洲那些巨大的澡堂也是社交场所，而不仅仅是清洗身体的地方；它们有意被设计得优雅而振奋人心，是公民自豪感最好的象征。纽约在新政时期修建的露天游泳池和公园——以及大致于同一时间在欧洲城市里启用的装饰华丽的泳池——述说了一些别的事情。它们把游乐场地设在了城市中心。最根本的是，他们首次给了青少年一个属于他们自己的空间，一个暂时逃离市中心钢筋水泥丛林的喘息之地。当纽约市市长菲奥雷洛·拉瓜迪亚宣布东哈林区的托马斯·杰斐逊公园游泳池正式投入使用时，他向一大群急切的孩子喊道："好了，孩子们，这都是你们的了！"在这座很多贫穷之人连足够的居住空间都没有的城市里，泳池迅速成了社区生活的核心，对20世纪三四十年代兴起的青年文化来说更是如此。在东哈林区等社会风气保守的移民聚居区，露天泳池打破了性别界限，让男孩和女孩不仅可以平等地交往，还可以不用穿太多衣服，以及远离父母的监视。[2]

泳池并没有被正式隔离。但它们处于城市种族问题的前沿和中心。刚开放时，托马斯·杰斐逊公园游泳池是白人工人阶级——特别是意大利裔美国人——的保留地。哈林区的非裔美国家庭经常去的是殖民地公园的游泳池。从很久以前开始，洗澡区域就已经按照性别做了区分。但随着20世纪30年代混浴的出现，以及非常暴露的泳衣的流行（得益于电影的宣传），人们对非裔美国男性与白人女性在游泳池里混浴的焦虑变得严重起来。但并不是在所有泳池人们都抱有这种态度，尤其是布鲁克林区的贝齐·海德，使用那个泳池的主要是工人阶级中的犹太人，20世纪30年代，非裔美国人也加入了

---

1. Gutman, "Race, Place, and Play," 540; Smith, *Liquid Assets*, p. 30.
2. Jeff Wiltse, *Contested Waters: A Social History of Swimming Pools in America* (Chapel Hill, 2007), p. 94.

进来。

20世纪50年代,黑人和白人青少年曾因泳池的使用权而发生争斗。在东哈林区,意大利裔美国男性青少年反感新来的波多黎各移民,因为这些人想进入他们位于托马斯·杰斐逊公园里的游泳池,跟他们的女孩调情。在埃德温·托雷斯1975年的小说《情枭的黎明》中,波多黎各裔的主人公与西班牙哈林区(Spanish Harlem)的居民回忆起游泳池引发的领土之争:

> 让我来告诉你他们是怎么干起来的。意大利佬说西班牙人不能往公园大道以东走。但这里只有一个游泳池,那就是在112街和东河交汇处的杰斐逊游泳池。就像,伙计,你得穿过公园大道、列克星敦大道、第三大道、第二大道、第一大道、普莱森特大道。遍地黄金啊。那些老家伙站在门廊和商店前,恶狠狠地盯着我们,人人都穿着汗衫;孩子们拿着垃圾桶站在屋顶上,或是拿着球棒和自行车链躲在地下室里……我们挨了顿好揍——他们的地盘,人太多了……我们快被热化了,可他们连泳池都不让我们进。混蛋![1]

游泳池成了工人阶级在城市生活中的重要场所,是受(小圈子)捍卫的和受(新来者)围攻的地方。很久以后,波多黎各人还记得这个游泳池的象征意义和他们不受威胁的决心。更重要的是,他们想要享用游泳池,想要像其他人一样参与发生在这里的社交生活。尽管在街头受到恐吓,他们中的许多人还是成功了;渐渐地,泳池里有了与意大利裔美国人一样多的拉丁裔美国人。他们的故事证明了泡在水里对城市居民永恒的重要性。游泳池(以及河流和海滩)不是城市的补充或附属物:它是所有城市公共空间中最珍贵的一种,也是无价的流动资产。

※

Lavari est vivere是罗马的一段涂鸦,意思是:"洗澡——那就是活着!"清洁的温水、升腾的蒸汽、优雅的大理石、芬芳四溢的空气和奢华的享受,这些体验使人的身心极度愉悦,罗马人将这种感受称为voluptas。罗

---

1. Edwin Torres, *Carlito's Way: Rise to Power* (NY, 1975), pp. 4–6.

马的一段墓志铭写道:"洗澡、饮酒和做爱会毁了我们的身体,但洗澡、饮酒和做爱才是生命的本质。"[1]

在罗马的人口超过百万的过程中,皇家公共浴场出现了,这也许并非巧合。城市里杂乱的街道上从早到晚挤满了人和车辆,喧闹而拥挤。从炉灶、快餐店、面包店、铸造厂和加热浴池的火焰中冒出的烟雾弥漫在空气中。台伯河被工业废水、人们排放的洗澡水等污水污染。许多穷人住在河边,那里很潮湿,容易滋生蚊子,疟疾每隔几年就会流行一次。城市化的规模之大意味着不再有可供城市穷人使用的小溪或河流了。

贺拉斯在1世纪时曾问道,一个人怎么能在城市里写诗呢?疾驰的货车、把大梁吊到空中的大型起重机、四处乱窜的狗和满身泥泞挡在路上的猪,人的思绪总是会被这些东西打断。广场和街头巷尾永远挤满了为鸡毛蒜皮激烈争吵的人,还有没完没了的谈话。尤维纳利斯在110年前后曾这样描述罗马的街道:"马车隆隆驶过狭窄而曲折的街道,车夫们因为堵车而发出一片叫骂之声。"人流的情况更糟:"前面一波人挡住我,后面一大群人猛推我。有人用胳膊肘撞我;另一个人用硬棍子打了我。这个人的木梁撞了我的头,那个人的酒壶砸在我头上。我的腿上满是泥。还有数不清的脚从四面八方踢过来,一个士兵的鞋钉正好落在我脚趾头上。"[2]

罗马的大多数人口都挤在被称为"因苏拉"(insulae)的公寓楼里,这个词在拉丁语中意为"岛屿"。4世纪时,罗马的人口数量已经越过顶峰,开始减少,这个时候的罗马估计有46 000幢因苏拉,而独户住宅只有1790户。和当今国际金融中心的许多居民一样,罗马人为狭小的居住空间支付了高昂的租金。罗马的因苏拉有时高达8层、9层甚至10层,其建筑质量低劣、维护不善,还很容易着火。难怪尤维纳利斯说,房屋"每刮一阵风都会摇晃"。如果发生火灾,"最后一个被烧死的将是只有瓦片可以为他遮风挡雨的人,那是温顺的鸽子下蛋的地方"。[3]

法律规定,因苏拉周围的人行道只要有70厘米宽即可,因此它们在城市

---

1. Fagan, *Bathing in Public in the Roman World*, p. 32.
2. Jeremy Hartnett, *The Roman Street: Urban Life and Society in Pompeii, Herculaneum, and Rome* (Cambridge, 2017), p. 1.
3. Juvenal, *Satire*, III:190-204.

街区中密密匝匝挤作一团。商店和开放式店铺（tabernae）占据了一层临街的那一面，公寓则在上面各层；第二层最宽敞，租金也最贵，越往高处去房间越小、越便宜（也越危险）。这些出租屋没有过多的厨房和厕所。居民们用夜壶大小便，然后把排泄物倒在一楼楼梯间的桶里，会有人定期来清空它们。遍布城市街道的众多酒吧和快餐店可以就餐。[1]

有将近一百万汗流浃背的人居住在近乎贫民窟的环境中，难怪他们为了生活要走出家门，到商场、市场、街角和公园去。罗马的一天从天刚亮时开始，人们离开住所去拜访他们的庇护人，这是一种惯例，旨在表达对权贵的尊重，耗时约两小时。第三、第四和第五个小时是用来在午餐前和第六个小时午睡前谈生意的。接下来就该voluptas，享受享受了。

据马提雅尔所说，入浴的最佳时间是在第八个小时，此时水温最合适，既不太热也不太冷。到这个时候，也就是大约下午两点，罗马人开始成群拥入大浴场中。

奢华的浴场与日常生活的现实形成了鲜明的对比。在一个拥有百万人口的大都市里，把一个更简单、更小的城市团结起来的纽带和参与机会已不复存在了。在浴场里，市民可以感受到自己作为罗马人的与众不同，感受到自己是整个社会的一部分，而不会在人群中迷失自己。社会的富丽堂皇抵消了个人的肮脏。

罗马短语teatrum mundi被威廉·莎士比亚翻译为"整个世界是一座舞台"。浴场为城市里的生活戏剧提供了关键的布景，它是一种把享受和娱乐放在舞台中心的文化的一部分。在1世纪，每年有93天的时间被用来举办盛大的公共赛会；到了4世纪，这一数字上升到每年175天。节日虽然频繁，但每次全城的居民都能在为数众多的竞技场中放松和娱乐。由图拉真（他也建造了一座浴场）重建的马克西穆斯竞技场（Circus Maximus）可以容纳15万到20万人；罗马斗兽场则可以容纳超过5万名观众。这座城市的三大剧院加起来也可以容纳5万人。

在一种关于如何展示罗马的全新观念中，卡拉卡拉修建的浴场处于核

---

1. Cicero, *Ad Attica*, 14.9; Strabo, V:III, 235; Mary Beard, *SPQR: A History of Ancient Rome* (London, 2015), pp. 455ff; Jerry Toner, *Popular Culture in Ancient Rome* (Cambridge, 2009), pp. 109ff.

心地位。它们被安排在一条美丽的新街道上，如此一来，首次游览罗马的访客就能从罗马最壮观、最令人惊叹的建筑旁边经过：浴场本身、马克西穆斯竞技场、帕拉蒂尼山和罗马斗兽场。注意这些建筑的目的：休闲。赛马、赛车、角斗竞技、海战重演、屠杀野生动物、戏剧表演、举行凯旋式：这是一个盛大场景和娱乐活动不断上演的地方，其中大部分场面都很血腥和残忍。

　　罗马人知道，休闲和狂欢并不是奢侈品或毫无意义的举动；它们是任何一个成功的大城市的关键要素，也许与法庭和公共纪念碑一样不可或缺。无论是在2世纪的罗马斗兽场，还是在21世纪的法兰西大球场，置身于兴高采烈、大呼小叫的人群中，都是一种令人陶醉的经历。你可以融入人群，体会成为城市一分子的感受。在现代世界，足球赋予了数以百万计有着同一爱好的人一种部落成员般的身份。一座城市举办奥运会、大型流行音乐会或马拉松比赛的能力，以及以体育、戏剧、博物馆、公园和夜总会等形式提供几乎连续不断的娱乐活动的能力，既是其用途的核心，也是其伟大的标志。大城市提供财富和机遇，也让你有机会成为比你自己更大的东西的一部分。因此，你可以忍受生活在辉煌背后的肮脏里，或为你狭窄的生活空间支付高昂的租金。可以提供这种服务的城市总是能从大批优秀的移民，以及具有高消费能力的游客那里获得回报。

　　公共浴场成了一种标志，一种古罗马人的城市扩张到世界上一些以前从未了解、见识或体验过城市的地区去的标志。从本质上说，洗澡是日耳曼人、高卢人或不列颠人摆脱野蛮的一种方式，通过洗澡，他们不仅成了罗马人，还成了城市人。

　　在被罗马人占领之前，不列颠群岛的人类居住史已经有一万年之久了，但那里还是没能形成任何类似于城市的东西。在不列颠，最接近城市的东西是奥皮杜姆（oppidum），或称设防城镇。自公元前1世纪早期起，不列颠人就开始从山丘上的堡垒向下迁移到低地，建造奥皮达（oppida）[1]，即有土木工事保护的定居点。它们往往位于河流交叉口和河口附近，或坐落

---

1. oppidum是oppida的单数形式。——译者注

第 4 章　巍峨帝都　103

在内陆贸易路线上；有些奥皮达已经开始铸造自己的钱币。对它们最恰当的描述应该是"原始城市"，而不是城市。不列颠的奥皮达中最大的一个位于今天的埃塞克斯郡科尔恩（Colne）河畔。这个奥皮达名叫"卡姆洛杜诺"（Camulodunon），意为"卡姆洛斯（Camulus）的堡垒"（卡姆洛斯是不列颠人的战神），科尔恩河保护着它，并为其提供了通往海上贸易路线的通道。

公元43年，世界上最凶残、组织最严密的军事力量前来攻击这个繁荣的定居点，敌人的军队中有战象、炮兵和亲征的罗马皇帝。面对如此全能的敌手，卡图维劳尼（Catuvellauni）部落的王卡拉塔库斯（Caratacus）逃跑了；皇帝克劳狄乌斯就在卡拉塔库斯的前首都卡姆洛杜诺接受了其他几位不列颠王的投降。

克劳狄乌斯刚离开，不列颠的头一座城市（今科尔切斯特）的建设工作就开始了。它最初是罗马人的一个军事要塞，建在原有的奥皮杜姆上，有防御墙和网格状的街道系统。它的大部分建筑都是长方形的营房，它们是按照军事需求进行布局的，目的在于安置第20军团、一个色雷斯骑兵团和"汪琼内斯人"（Vangiones）的第1步兵队。

6年之内，堡垒就被拆除，一个新的网格系统被建造起来。作为罗马帝国新设的不列颠尼亚行省的首府，它的规模扩大了一倍，其人口主要由城市化的退伍军人、他们的随从以及正在罗马化的当地精英构成。在城市的中心矗立着一座由地中海大理石装饰的罗马神庙。这里还有一座广场、几栋市政建筑、一个剧院和一道巨大的双拱门。公共浴场的遗迹还没有找到。它们一定被埋在了现代城市的下面。在1世纪至2世纪，不论在帝国的哪个地方，都很难想象会有一座罗马城镇或城市没有一个精心修建的浴场，不管这个浴场是由商人修建的私人设施，还是巨大的市政设施，比如位于突尼斯大莱普提斯遗址的哈德良浴场，位于葡萄牙科尼布里加（Conimbriga）的浴场，还有巴黎的克吕尼浴场（Thermes de Cluny），这些浴场与罗马城的相比也毫不逊色。

作为服役的最低条件，罗马士兵希望能洗澡和娱乐，就像他们在罗马时一样，或者至少要像在他们位于意大利、法国南部或帝国其他地区的家乡时一样。在寒冷潮湿的北方，澡堂为晒不到地中海阳光的士兵提供了急需的温暖。因此，在埃克塞特或约克等罗马军队驻扎地，首先被建起来的石头建筑就是澡堂和用于游戏与表演的圆形剧场。和科尔切斯特一样，这些军事要塞很快变成了殖民地，也就是退伍军人居住的城镇。2世纪时，罗马帝国的大军有10%驻扎在不列颠，因此这里的城市建设项目并不缺乏人手。[1]

在被罗马占领后的最初几十年里不列颠所经历的这些事情，在其他尚未经历城市化的地方重演，比如在伊比利亚半岛、高卢、日耳曼尼亚、潘诺尼亚（今匈牙利和奥地利等地）和达基亚（罗马尼亚和摩尔多瓦）。首先是可怕的暴力入侵和占领狂潮，这夺去了许多人的生命，令多种生活方式消亡。紧随其后的就是城市化进程。

罗马帝国是一个网络化的城市帝国，它以道路和桥梁连接起了成千上万按照地中海模式建造的城镇。不列颠的例子表明，城市化不仅为新征服的土地提供了军事管理中心，还为退役士兵提供了住所，在当地发生骚乱时这些士兵可以被用作辅助部队。它们还发挥着另一个功能。城镇为被征服的人们，尤其是精英阶层，提供了接受罗马统治和罗马生活方式的强大诱因。"文明"这个词来源于拉丁文civis，意思是"城镇"，"温文尔雅"源于urbanitas，这个词有让你的说话方式变得诙谐、含蓄、文雅的意思，只有通过在城市中与形形色色的人一起生活，人们才能掌握这种技巧。我们的"文化"一词来自拉丁词语cultus，意为"优雅和成熟"，它的反义词是rusticitas，意为"乡村的粗野"。

急速发展起来的城镇朗蒂尼亚姆是外来影响涌入不列颠的门户，来自罗马世界各个地方的异国商品和民族都聚集于此。它诞生于帝国的鼎盛时期。我们从地中海发现的沉船残骸和对格陵兰冰盖污染的研究中得知，在18世纪末到19世纪工业革命发生之前的欧洲，1世纪至2世纪的贸易和金属生产水平是最高的。

浴场是"文明"的物质象征，在蛮荒的欧洲西部，浴场在最早的城市形态中占据着主导地位。朗蒂尼亚姆的一座浴场可以追溯到1世纪的最后几十年，当时这座城市还处在形成的过程中，这座浴场现在被称作哈金山浴场（Huggin Hill Baths，在圣保罗大教堂东南方几码处），是一个相对较小的城区内的一个大型建筑群，其顾客主要是罗马商人和醉心于罗马性（Roman-

---

1. Louise Revell, "Military Bathhouses in Britain: A Comment," *Britannia* 38 (2007): 230-237.

ness）的不列颠贵族。[1]

洗澡并不能使人变干净。罗马帝国皇帝马可·奥勒留曾评论道："当你想到洗澡时，你会想到什么？——油、汗、污秽、油腻的水，一切令人作呕的东西……"没人知道皇家公共浴场里的水多久更换一次。每天有成千上万的人来这里泡澡，他们留下的洗澡水可能比马可·奥勒留所说的还要脏：他们流连于一锅由肉眼看不见的致病菌（包括细菌）和寄生虫卵组成的温热炖菜中。在帝国各地发现的梳子、衣服甚至粪便表明，尽管罗马人拥有先进的液压设施和厕所，但他们的肠道寄生虫、跳蚤、虱子与生活在不爱洗澡的社会里的居民一样多，说不定更多。管道水会导致铅中毒，削弱人体的免疫系统，共用的水会传播痢疾和其他疾病。这座城市也许有数百座闪闪发亮的浴场，但它并不能阻止罗马频繁遭受瘟疫的侵袭。在温水中泡得过久甚至可能减少精子数量，进而降低出生率。如果这是真的，那么它就给洗澡和罗马帝国的衰落之间的联系增加了一个完全不同的维度。[2]

当然，多年以来，人们提出了数百种关于帝国衰落的理论。到了3世纪，帝国陷入了严重的危机：敌人越过了莱茵河、多瑙河和幼发拉底河；内战不断；恶性流行病肆虐；贸易网络遭到无法弥补的破坏。尽管罗马恢复了元气，但在罗马世界最广泛的画布（它的城市景观）上，长期衰落的迹象是显而易见的。3世纪的危机之后，罗马城市的理念在西方遭到了破坏。在巴黎，巨大的圆形剧场被拆除，它的石料被用来建造城墙，以保护城市免受野蛮人的袭击。这种对纪念性建筑的掠夺在高卢和其他地方的一座又一座城市中发生。在它们幸存下来的地方，广场、露天剧院和宽阔的主干道逐渐被临

---

1. Ian Blair et al., "Wells and Bucket-Chains: Unforeseen Elements of Water Supply in Early Roman London," *Britannia* 37 (2006).
2. Fagan, *Bathing in Public in the Roman World*, p. 188; Piers D. Mitchell, "Human Parasites in the Roman World: health consequences of conquering an empire," Parasitology 144:1 (Jan. 2017): 48–58; A. M. Devine, "The Low Birth-Rate in Ancient Rome: A Possible Contributing Factor," *Rheinisches Museum für Philologie* (1985): 313ff.

时搭建的小商店占据。在不列颠,城市里的一层"黑土"表明,从4世纪开始商品蔬菜种植业就侵入到了城市中。

曾经让城市焕发生机的贸易再也没有恢复。皮克特人、哥特人(包括后来的西哥特人)、撒克逊人、匈人在边境上徘徊。城市失去了华丽的便利设施,沦为拥挤的城堡,无法再提供任何像文明的全套装备一样的东西。维持浴场所需的投资已经没有了。西欧最宏伟的两座浴场(位于巴黎和特里尔)在3世纪时沦为废墟。西欧各行省的精英们想方设法在其他地方寻求罗马的复兴——在有喷泉、雕像、圆柱、马赛克和温泉浴场的豪华私人别墅里。在这个不论从字面意义还是比喻意义上来说,城市都在被拆除的时代,别墅成了罗马性最后的堡垒,一种可以让少数幸运儿回忆起旧日美好时光的私人幻想之地。[1]

城市是脆弱的。如果没有持续的投资、重建和公民意识,它们会异常迅速地分崩离析。教士吉尔达斯(Gildas)在他的《哀诉不列颠的毁灭》中记载,当最后一支罗马军队于407年撤离后,罗马人建起的28座城市很快全都毁灭了。但到那时,这些"城市"在经历两个世纪的逐步去城市化之后,本来就只剩下了一个空壳。朗蒂尼亚姆在该世纪末被彻底抛弃。很久以后,一个名叫伦敦威克(Lundenwic)的撒克逊人村庄在离这座幽灵般的大都市遗址一英里远的地方建立起来,现在这里是科文特花园。在高卢和日耳曼尼亚,罗马城市缩小为杂草丛生的村庄。特里尔曾经是一个拥有10万人口的省会城市,后来分裂成几个村庄,聚集在一座大教堂周围;到1300年时它的人口也只恢复到8000人。欧坦(Autun)是奥古斯都在高卢建立的古城,它从一座占地2500英亩、有数万人口的城市,变成了一个占地25英亩的村庄。在尼姆和阿尔勒,人们躲在圆形剧场巨大的防护墙内避难,在那里建造了城镇。城市现在对掠夺者和袭击者有着莫大的吸引力;道路不再是贸易的载体,而是入侵的高速公路。在希腊、巴尔干半岛和意大利,人们抛弃了建在低处、路边的城市,转而选择在便于防御的山顶建起村庄,这些村庄与他们的祖先在罗马人到来之前居住过的村庄很相似。同样,在北欧,类似于奥皮

---

1. David Frye, "Aristocratic Responses to Late Roman Urban Change: The Examples of Ausonius and Sidonius in Gaul," *Classical World* 96:2 (Winter 2003): 185–196.

杜姆的、有着土木工事和小木屋的定居点重新出现了。

人们不再用石头建房子。识字率急剧下降。根据对格陵兰冰盖污染程度的测量可知，金属加工技术退化到了史前水平。没有长途贸易的支撑，大城市的经济是无法维持的。权力和财富从城市转移到了修道院、庄园和城堡。至少在1300年内，欧洲的城市化程度都无法再恢复到罗马帝国的水平——在基础设施、科学技术、卫生设施、供水系统、人口、公民文化、生活水平和精致程度上都无法与罗马相比。从罗马帝国灭亡一直到1800年，欧洲没有一座城市的人口超过100万。作为城市文明象征的浴场一旦消失，就得等到1829年利物浦的码头顶浴场开放后，才能再次得到大规模的应用。

"曾在基督里面受过洗的人，就不必再洗第二次了。"圣哲罗姆如是说。这个时期不仅缺乏建造公共浴场的技能和技术，也缺乏公共沐浴的文化。基督徒不赞成裸体；他们对罗马人热衷于各种奢华之物和打扮自己深感憎恶，觉得那只是爱慕虚荣和浪费时间；他们把轻浮的澡堂视为放荡和罪恶的温床。唯一留存下来的是一种宗教传统：朝圣时的沐浴。在城市里，重视洗澡的社会文化和公共文化已经消亡，更不用说它带来的乐趣了。[1]

然而，在罗马，巨大的渡槽还在为皇家浴场的热水池供水。公元408年，罗马的居民仍像他们之前的几代人一样，成群结队地前往阿格里帕、卡拉卡拉或戴克里先修建的浴场。在5世纪初，当欧洲的城市结构土崩瓦解时，罗马依然是座灯塔，让所有人知道一座伟大的大都市能够并且应该是什么样子的。西西里岛和北非的谷物，橄榄油，中国的丝绸，印尼的香料以及其他物资源源不断地运送至此。随着帝国一分为二，西罗马帝国的皇帝又连续多年不在罗马，罗马城失去了它昔日的影响力。它的元老院曾是世上最强帝国的裁决机构，现在的地位已经和一个市议会差不多了；它的广场曾经上演过许多惊天动地的政治戏剧，现在也不过是些光秃秃的空地罢了；它那些异教庙宇都被基督教会关闭了。尽管如此，它依然是地球上最伟大的城市，它那些华丽的基础设施大部分都还在运转。人口虽然降到了80万，但他们仍是一个种族多元、衣食无忧、娱乐生活丰富的群体。一份城市基础设施的详细目录上列有2个主要市场、2座圆形剧场、2座竞技场、3个剧院、4所角斗士学校、5个用来进行模拟海战的湖泊、6座方尖碑、7座教堂、8座桥、10座

---

1. Yegül, *Baths and Bathing in Classical Antiquity*, p. 314.

巴西利卡、11个广场、11座皇家浴场、19条渡槽、28个图书馆、29条大道、36道大理石拱门、37座大门、46个妓院、144个公共厕所、254个面包店、290个仓库、423个街区、500个喷泉、856个私营澡堂、1790幢房屋、10 000座雕像和46 602幢公寓楼。[1]

408年，罗马被阿拉里克（Alaric）率领的西哥特大军包围。两年后，也就是距这座城市的城防上一次被蛮族军队攻破8个世纪后，阿拉里克洗劫了罗马。西哥特人在罗马只待了3天，因此对这座城市和它的人民造成的伤害相对较轻。然而，心理上的伤害是无法弥补的。圣哲罗姆惊诧地说："曾经占领全世界的城市如今也被占领了。"当汪达尔人入侵并在西西里岛、撒丁岛和非洲行省（利比亚）建立王国时，情况变得更糟了。这些地方是罗马的粮仓。没有了输送粮食的船队，罗马无法养活庞大的人口。汪达尔人于455年攻克罗马，在此进行了长达14天的掠夺，劫走了罗马的许多宝藏。罗马的人口不断流失，数量从这个世纪中叶的65万人下降到这个世纪末的10万人，罗马只能靠自己的遗产过活了。当然，这是一笔丰厚的遗产。这座城市开始吞噬自己。

那些依然生活在废旧公寓楼和标志着早已逝去的荣耀的破败纪念碑当中的人，开始从高贵的皇家建筑里拆下石头（包括大理石）、青铜和铅。在奥古斯都广场，人们建起石灰窑，在里面焚烧大理石雕像、基座和柱子来制造灰泥。被拆下来的建筑构件要么被卖掉，要么被用来建造教堂。此后的几个世纪里，罗马人以出售文物和艺术品为生。人们没有用偷来的石头拼命修补的地方就陷入了衰败，破旧的巨大门廊、柱子的残桩、雕像的碎块和成堆的铺路石被随意丢弃；城市杂草丛生，就连马克西穆斯竞技场也是如此。然而，就算它正在没落，但正如卡西奥多罗斯所写的，"整个罗马是一个奇迹"。这是一片"奇妙的建筑森林"，其中有"巨大的斗兽场，它的顶部几乎目不可及；万神殿有着高耸美丽的穹顶，面积几乎与一座城市一样大"。同样仍在使用的还有"像行省一样大的浴场"。[2]

罗马人继续享受着他们所珍爱的沐浴。直到537年决定性的那一天，最后一滴水流进了卡拉卡拉浴场和其他公共浴场。包围罗马的东哥特军队切断

---

1. Matthew Kneale, *Rome: A History in Seven Sackings* (London, 2017), p. 40.
2. Kneale, *Rome*, pp. 94–95.

了渡槽。水再也流不进来了；但是属于人民的宫殿在几个世纪里基本保存完好，它们的结构和巨大的拱形天花板为已经灭亡的罗马文明提供了惊人的视觉证据。直到16世纪和17世纪，艺术家们仍然留下了许多关于它们的记录。卡拉卡拉浴场因为位于城外，已经退化成为壮观的废墟。戴克里先修建的浴场则被并入新的建筑中。米开朗琪罗把这座浴场的冷水浴室——包括巨大的十字拱顶大厅和幸存下来的红色花岗岩柱子——改造成了天使与殉教者圣母大殿（Santa Maria degli Angeli e dei Martiri）的中殿。后来，这座宏伟建筑的其他部分被用作粮仓，再后来又成为罗马国家博物馆的一部分。它那巨大的半圆形壁龛的外形被保留下来，成了共和国广场的轮廓。

　　罗马早已不再是世界强国了。537年浴场停止使用是其历史上的一个重要日子。古罗马城市文化的源泉已经枯竭。没有这些渡槽，罗马只能养活大约3万人口。如果你想在罗马洗浴，你可以去台伯河。罗马是教宗的居所，是基督徒朝圣的重要场所，也是拥有众多壮观遗迹、引人遐思（或令劫掠者觊觎）的一个处所，残存的罗马迷住了后世之人。西欧失去了它的最后一座大都市。在东罗马帝国的城市中（它们位于北非和西亚），市政当局维持着水的流动；沐浴仍然是城市体验的核心。在数以百计的伊斯兰城市中，在公共浴场中洗热水澡的传统及有关设施得到了继承和改造。公共浴场——被称为哈玛姆（hammams）——是礼拜前洁净身体所必需的。它们也是男性和女性进行社交的重要场所。在伊斯兰城市中，哈玛姆、清真寺和露天市集是构成城市生活基础的三驾马车。哈玛姆在西亚、北非和伊比利亚的城市里迅速增多；以大马士革为例，城内有85座哈玛姆，郊区有127座。同样，在日本，发端于寺庙之中的沐浴起初也是一种以水清洗身体的仪式。到了13世纪，钱汤这种带有大浴池和蒸汽房的男女混合商业公共浴池已经成为城市的特色，而来这里沐浴则成了日本人日常生活的一部分。它们是社区互动的场所，提供了一种社交和增强邻里关系的形式，被称作"裸の付き合い"，或"赤裸的交际"，这在日本社会中极为重要。在20世纪，这种亲密接触的形式被重新命名为"スキンシップ"（skinship，即通过肌肤接触来增进亲密关系）。在18世纪，人口接近100万的江户（今东京）有大约600座钱汤；1968年，该市的钱汤数量达到峰值——2687座。从众多澡堂中伸出的烟囱构成了东京天际线的一大特征，这是洗澡在城市社会生活中占据中心地位最醒目的视觉证据。

洗澡是衡量城市活力的一个标准。在欧洲的大部分地区，浴场和渡槽的废墟标志着城市生活的崩溃。而它们在伊斯兰大都市和全亚洲城市中的广泛存在则象征着城市生活的繁荣。当欧亚大陆的西端逐渐衰落，变得无足轻重时，世界其他大部分地区却正在经历一个以惊人的活力进行城市化的时期。

第 5 章

饕餮之都

巴格达

(537—1258)

    他们潜到海底寻找海参,却挖出了一块嵌有古代陶瓷的珊瑚。1998年,印度尼西亚渔民这一无心之举成了史上最轰动的沉船发现事件之一。在1100多年的时间里,这艘船和船上的货物都被埋在爪哇海底的沉积物中,这些沉积物使它们得以免受海生蠕虫的破坏;从沉船中找到了6万件文物。其中一小部分是为巨富们制作的精美且价值高昂的青铜、金、银和陶瓷饰品。还有18块银锭。

    不过,大部分货物在826年前后被制造出来时并不是珍宝——98%的货物都是中国制造的廉价日用品,面向的是普通顾客。但对考古学家和历史学家来说,它们是无价之宝,因为它们揭示了中世纪的日常生活。其中一些瓷器被陈列在新加坡的亚洲文明博物馆。许多批量生产的碗产自湖南的长沙窑,其迷人且明亮的釉面和抽象的设计看起来就像崭新的一样,会让你产生一种走进博物馆礼品店的错觉。它们只是从沉船中找到的55 000个这样的碗中的一小部分样本。如今,它们被放置在博物馆的中央展台上,有种睥睨一切的气势；它们是中世纪贸易体系和繁荣了几个世纪的城市文明的见证。

这艘单桅帆船很可能还装载着香料、林产品和丝绸等纺织品，这些东西在水下保存不了这么长时间（尽管已经发现了相当数量的八角茴香）。还有其他批量生产的产品：763个完全相同的墨水瓶、915个香料罐和1635个水壶。它们在中国各地的窑炉中烧制，设计时充分考虑了全球市场的需求，然后通过由河流和运河组成的网络运到港口。有的产品上有莲花符号，这是为东南亚的佛教徒生产的，另外一些产品上则有适合波斯和中亚家庭的图案。大多数碗上都有几何形状（包括菱形）的图案，还有《古兰经》经文和阿拉伯文字，以迎合巨大的伊斯兰市场。居住在广州的大约1万名外国商人根据他们对巴格达、撒马尔罕或科尔多瓦等地时尚的了解，委托制作了这些产品。白瓷和白釉绿彩碗在波斯很流行，而我们耳熟能详的迷人的中国青花瓷，则完全是根据巴格达人的喜好制作的。

勿里洞沉船[1]（以它被发现处附近的岛屿命名）所装载的大量货物本来是要运往世界上最大的城市巴格达，在那里的豪华集市上售卖的。这些货物是在828年（或此后不久）从另一个全球贸易大都市广州采办的，可能是要以此换取波斯湾的珍珠、中东的玻璃器皿和香水，以及沿途能买到的香料和稀有木材。巴格达和广州之间的商路自波斯湾始，经阿拉伯海、印度洋、孟加拉湾、安达曼海、马六甲海峡和南海，往返共12 600英里。[2]

一艘平凡的货船在整个季度中一直在海上航行，这惊人地展现了一个相互交织的世界。琳琅满目的商品表明了日用品和食物的品位是如何广泛传播和融合的。这艘单桅帆船本应在一个个港口城市之间不断航行，在返回波斯湾的途中根据当地市场的情况买卖货物。它沉没在爪哇海无疑是金钱乃至生命上的损失；但近来它的发现彻底改变了我们对中世纪的看法。这艘船本身就体现了它所航行的世界的互联性。它是在专门造船的城市希拉夫（位于今伊朗）建造的，它的船体是用非洲桃花心木造的，内龙骨用的是从遥远的扎

---

1. 又名"黑石号"沉船。——编者注
2. Regina Krahl, John Guy, J. Keith Wilson and Julian Raby (eds.), *Shipwrecked: Tang Treasures and Monsoon Winds* (Singapore, 2010); Alan Chong and Stephen A. Murphy, *The Tang Shipwreck: Art and Exchange in the 9th Century* (Singapore, 2017).

伊尔（今刚果民主共和国）进口的一根拜宾德缅茄木，船梁是印度柚木。固定船身的绳子可能是用黄槿制成的，毫无疑问，它可以替代产自高加索或印度的原麻。船上的储物罐是越南制造的，从船上发现的个人物品可以看出，船员和乘客都是阿拉伯人、东南亚人和中国人。有些炊具是泰国制造的，其他物品则来自苏门答腊岛。[1]

但在这个由长途贸易和日益频繁的联系组成的世界里，有一个地方非常富有和强大，足以引发全球贸易的热潮。勿里洞沉船上保存下来的货物只是从中国和东南亚、中亚、大草原、黎凡特、非洲和地中海涌向巴格达的异域奇珍中极小的一部分罢了。

20世纪末和21世纪初那些熠熠生辉的遍布摩天大楼的大城市，比如迪拜和深圳，它们的原型就在巴格达。在勿里洞沉船载着一大批珍奇实用的货物返航的67年前，阿拉伯帝国阿拔斯王朝的哈里发曼苏尔用煤渣在空地上描画出了他想要的全球智力、精神和商业之都的轮廓。一支由10万名建筑师、测量师、工程师、木匠、铁匠和劳工组成的大军按照最复杂和最华丽的设计破土动工，曼苏尔为它奠基之后仅仅过了4年，这座城市就建成了。短短几十年间，它的人口就突破了百万大关，在其鼎盛时期可能达到了200万。"巴格达不是最可爱的城市吗？"诗人阿里·本·艾比·塔利卜（Ali ibn Abi Talib）[2]问道，"它不是一个让人眼花缭乱的奇观吗？"[3]

巴格达坐落于一个横跨三大洲的庞大城市帝国的中心，它的设计旨在展示一个新的全球文明的胜利。伊斯兰教被阿拉伯沙漠中的游牧民族贝都因人带到世界各个角落；但它的根扎在城市文化里。6世纪时，由于在与黎凡特和波斯的许多城市的贵重商品贸易中获利颇丰，麦加是一座聚居着大量商人的富裕城市。这些居民中有一位在印度洋和地中海之间从事贸易的年轻人，名叫穆罕默德。麦加是一座沙漠之城，几乎没有农业，全靠国际贸易支撑。然而，由于君士坦丁堡的罗马人与波斯帝国之间爆发了大规模战争，导致黎凡特和波斯的市场萎缩，好时光戛然而止。

---

1. See Krahl et al., and Chong and Murphy, *Shipwrecked*.
2. 此处疑似有误。此人的名字与穆罕默德的侄儿和女婿、第四任哈里发阿里的名字一样，但阿里比曼苏尔早一个世纪，应该不会有赞颂巴格达的诗作留下。——译者注
3. Justin Marozzi, *Baghdad: City of Peace, City of Blood* (London, 2014), p. 92.

并不仅仅是在阿拉伯半岛，罗马帝国残留下来的所有贸易都因战争和瘟疫而缩水了。这种情况类似于几个世纪前西罗马帝国的覆灭。科林斯和雅典几乎被遗弃了。世界四大都市之一的安条克在538年被波斯人洗劫和摧毁，它的30万居民被驱逐出境。以弗所和萨迪斯（Sardis）等位于小亚细亚的罗马城市，无不在衰败中变成了只有一些简陋房屋的防御工事，在早已褪色的昔日辉煌里风餐宿露。安条克被毁3年后，也就是541年，鼠疫在亚历山大里亚爆发；数以千计腐烂的尸体把街道都堵住了。商船把这种致命的疾病传播到地中海沿岸的城市，消灭了这一地区三分之一的人口。东罗马帝国辉煌的首都君士坦丁堡也在7世纪时人口急剧下降。

正是在这种世界末日般的背景下——满目疮痍的城市、摇摇欲坠的帝国和动荡不安的社会——穆罕默德得到了启示。此事发生在610年，这些启示不仅解释了这个饱受战争和瘟疫摧残的世界所发生的事情，还为那些选择服侍安拉的人提供了一条通往世俗成功和精神救赎的捷径。最重要的是，这是一条能把四分五裂、热衷争斗、各自为政的沙漠部落团结起来的信息。但它是在斗争中诞生的。麦加的多神教精英们对穆罕默德激进的一神教信息起了敌意。622年，这位传道者和他的追随者被迫逃往农业城市雅兹里布（今麦地那）。

就是在这里，伊斯兰教形成了，皈依者蜂拥而至，第一次征服也是从这里进行的。630年，麦加被攻陷，在先知穆罕默德于632年去世之前，阿拉伯半岛的大部分地区都落入了穆斯林手中。它以惊人的速度吸收了罗马和波斯这两个精疲力竭的世界帝国剩下的大部分领土。在接下来的几十年和之后的几个世纪里，伊斯兰教的征服和传播之路沿着北非海岸向西，穿过直布罗陀海峡到达西班牙，同时沿着丝绸之路向东到达中国和印度的边界。

阿拉伯人侵者出乎意料地征服了曾肢解西罗马帝国的蛮族，在此过程中，这些大部分未经城市化的人适应了城市生活。毕竟，城市中心从一开始就对伊斯兰教的成功起着至关重要的作用。一个可以让不同背景的人一起做礼拜的地方，有助于打破部落和种族认同，并巩固"乌玛"的概念——这个词指的是从印度河到大西洋、从撒哈拉沙漠到高加索之间广阔的穆斯林共同体，维系着它的只有信仰。

罗马城市一眼就能看出是罗马的。但这种一致性在伊斯兰城市中并不明显。dar al-Islam（字面意思是"伊斯兰之家"）是一个全球性的帝国，从中亚的城邦到伊朗和伊拉克的大都市，再到地中海盆地的古典城邦，它吸纳了世界上一些最古老的城市和城市文化。穆斯林继承的许多城市有着悠久的历史，在此定居的人口中有基督教徒、犹太教徒、佛教徒和拜火教徒。但早在伊斯兰教扩张之前，古典城市的物理结构就已经发生了变化。

在前罗马帝国的东部城市里，宽阔的街道、开放的公共空间、纪念性建筑和网格状的布局被渴求生活空间的人们吞噬殆尽。在伊斯兰教的征服开始之前的几个世纪里，经过一个漫长的填充和密集化过程，有柱廊的大道变得越来越窄，商店和房屋蚕食了它们，形成了混乱的蜿蜒小巷；广场、集市等公共区域也盖起了房屋；建筑物则被一再分割。此外，与早期罗马市政当局相比，伊斯兰当局对城镇规划的态度往往更加宽容，他们给了业主和街区很大的自由空间，使其可以随心所欲地建设，这使城市能够随着需求的变化而有机地发展。[1]

城市往往是围绕其主要的交通方式形成的——不论这种交通方式是人的腿、马、火车、有轨电车、地铁还是汽车。当伊斯兰教兴起时，轮式车辆（这种运输工具需要很大的街道空间）被一种成本更低的散货运输工具——骆驼取代了。规则指出，一条街道的宽度只要能让两头骆驼迎面通过即可。户主还被允许在街道两边的高层建筑之间加盖桥梁。因此，街道往往会变成封闭的走廊，从密集的城市景观底下穿过去。最为形象的是，阿拉伯语中的"市场"（sūq）一词来源于阿卡德语中的"街道"（suqu）一词，而后者又来源于saqu一词，它的意思是"狭窄"。沿着蜿蜒曲折的细长小巷扩展到整座城市的露天市集，把开放的广场变成了线型的街市。[2]

表面上的混乱和拥堵并没有扼杀这座城市；相反，超高的密度释放了一种新的活力。它杂乱无章的特质并不是城市失败的标志，而是成功的标志——人们因宗教和商业拥入城市，填满了所有可用的空间。商业市集里有专门的区域，让商人们可以聚集在一起，它错综复杂的程度还在罗马人的集市和广场之上。伊斯兰城市的中心由两个新出现在城市历史中的机构——露天市集和清真寺主导。后者具有许多城市功能，例如作为共同礼拜场所、法

---

1. Hugh Kennedy, "From Polis to Madina: Urban Change in Late Antiquity and Early Islamic Syria," *Past and Present* 106 (Feb. 1985): 3–27.
2. Ibid.; Besim Hakim, "Law and the City," in Salma K. Jayyusi (ed.), *The City in the Islamic World* (Leiden, 2008), pp. 71–93.

庭和教育场所等。

去清真寺做礼拜使人们有机会获取露天市集上为数众多的奇珍异宝，这些物质财富是通过全球贸易体系得来的。巴格达这座伊斯兰城市向整个乌玛开放，不论其种族、出生城市或是否皈依。阿拉伯帝国涵盖了世界上最富饶的地区和城市化的中心地带：地中海、叙利亚、埃及和美索不达米亚。它的贸易路线深入撒哈拉沙漠，沿着丝绸之路抵达中亚和中国，并漂洋过海到达东非、印度和东南亚。穆斯林认为，控制世界经济中心并享受其所有成果，是服从安拉应有的结果。

在整个中世纪，世界上最大的20座城市中有19座在伊斯兰世界或中国。（榜单上唯一一座既不属于穆斯林也不属于中国人的城市是君士坦丁堡。）人类世界的财富和资源集中在一个城市网络上，它就像一串跨越了海洋和陆地的珍珠项链，从西班牙的科尔多瓦、西非的加纳，一直延伸到中国的广州，而其辐射中心正是巴格达。对欧洲来说，那是黑暗时代；然而，世界其他地区大部分却都在享受着一个黄金时代。

"我见过许多伟大的城市，包括那些以建筑耐用而闻名的城市。"9世纪的散文家贾希兹写道，"我在叙利亚地区、拜占庭的领土和其他省份都见过这样的城市，但我从未见过比巴格达更高大、更像个正圆、更优秀、拥有更宽敞的大门或防御工事更坚固的城市。"作为欧几里得的崇拜者，阿拔斯王朝的哈里发曼苏尔下令，他的城市必须是正圆形的。厚重的城墙构成的圆周上等距离地分布着4扇大门。4条笔直的道路从这些巨大的门通向城市中心，那是这座圆形城市中的另一座圆形城市。巴格达人可以在这个圆形区域内看到皇宫的巨大绿色穹顶和大清真寺。但他们不能冒险进入这个私有区域，这是留给哈里发的宫廷、家族、警卫和帝国官僚的。它就像北京的紫禁城，一个位于城市核心地带的神圣的主权空间。在精心设计之下，巴格达表现出了几何学和城市的完美。"就像是把它倒进模具里铸造出来的一样。"贾希兹惊叹道。[1]

---

1. Marozzi, *Baghdad*, p. 92.

阿拔斯王朝的历代哈里发都把他们的城市看作"宇宙的肚脐",它完美的圆形就是这个比喻的体现。美索不达米亚被认为是世界的中心,而巴格达被认为是美索不达米亚的中心。这座城市是一系列同心圆,代表着宇宙的布局,宫殿在其中心,与所有国家和人民的距离相等。所有的道路,不论陆路、水路或是海路,都通向巴格达。4扇大门和4条直路通向"表盘"的中心,使巴格达不论是在字面意义上还是在象征意义上都成了世界的十字路口。大马士革门,也叫沙姆门,是通往叙利亚和地中海的必经之路,而库法门则通往阿拉伯半岛和麦加。在东北方,呼罗珊门将这座城市与伊朗、中亚甚至是中国连接起来;而在东南方,巴士拉门面向印度洋和东亚的海上世界。9世纪的地理学家艾哈迈德·亚库比(Ahmad al-Yaqubi)以曼苏尔的名义写了一段话,说他在看着巴格达旁边的河流时说:"这是底格里斯河;我们和中国之间没有任何障碍;海上的一切都可以通过它来到我们这里。"[1]

当然,地理位置并没有使巴格达成为宇宙的中心。做到这一点的是权力和金钱。全世界的财富以税收的形式,流向了这个世界上最富有的商业帝国的新首都。巴格达成了一个重要的军械库和帝国精英官员的住所。他们巨大的消费能力和对奢侈品的渴望使得这座城市对移民具有莫大的吸引力,成千上万的阿拉伯人和波斯人迁移至此。

随着时间的推移,来自帝国各地的穆斯林,以及小批欧洲、非洲和亚洲人(包括一些中国的金匠、画匠和丝织工),也加入了前往巴格达的移民行列。所有人都被集中在帝都的巨额财富吸引住了。奴隶人口也许更能体现出这座城市的国际化,他们当中有斯拉夫人、努比亚人、埃塞俄比亚人、苏丹人、塞内加尔人、法兰克人、希腊人、土耳其人、阿塞拜疆人和柏柏尔人。这里还有一个基督教城区,里面建有教堂和修道院。这座城市也是大约45 000名犹太人的家园。这座城市那有着众多文化背景的居民中,只有少数住在所谓的"团城"中。他们是帝国的官员和行政人员,居住在靠近哈里发宫殿的地方,即位于外城墙和宫墙之间的环状居住区内。而真正的城市,也就是人们生活和工作的那个城市,则蔓延在这座圆形大都市的围墙之外。巴

---

1. Lincoln Paine, *The Sea and Civilisation: A Maritime History of the World* (London, 2015), p. 265.

格达是一座由许多城市组成的城市。

曼苏尔手下的城市规划大师在团城外设置了4个大型区域,这些人口稠密的区域有大街小巷、公寓楼、商店、清真寺、花园、竞技场、浴场和露天市集。巴格达地跨底格里斯河两岸,河东部的城市与原来河西部的城市平行发展,通过著名的舟桥彼此相连。后来的哈里发和贵族们从团城这个茧里迁移出来,在城市的各个地方为他们自己和他们的大家庭建造了许多宫殿和清真寺。

"土地所生,无物不有。"来自中国的战俘杜环写道,"四方辐辏,万货丰贱。锦绣珠贝,满于市肆。"一位作家在描述这座城市的鼎盛时期时记述道:"在这里,每个商人都在指定的街道售卖特定的商品;而每条街道上都有一排排的商店、摊位和宅邸。"[1]

市场里有全世界的财富:中国的陶瓷;中亚的丝绸、地毯等织物;设拉子的李子;耶路撒冷的楒桲;叙利亚的无花果;埃及的糕点;印度的胡椒和小豆蔻;东亚的香料。有专门预留出的街道和露天市集提供牲畜(包括马匹)、奴隶、贵重的金属、石料、珠宝、地毯、木器、五金器具、鱼、面包、甜点(包括糖果)、奶酪、肥皂和洗涤剂、草药和香料等各种商品,应有尽有,你想要的都能买到。比如,这里的西瓜为了保鲜,是用冰雪包着,从布哈拉以最快的速度运送过来的。

在《一千零一夜》中,有一篇叫作《脚夫和巴格达三个女人的故事》,讲述了一名脚夫被雇来陪一位妇女在城里疯狂购物的过程。第一站是买瓶上好的葡萄酒。接下来买的是"沙米苹果、奥斯马尼楒桲、阿曼桃子、尼罗河生长的黄瓜、埃及酸橙、苏丹橘子和香橼,还有阿勒颇茉莉、芳香的桃金娘浆果、大马士革睡莲、女贞花、甘菊、血红色的银莲花、紫罗兰、石榴花、野蔷薇和水仙"。然后是去肉店买羊肉。下一站是食杂店,买了阿月浑子、提哈迈葡萄干、带壳杏仁等干果。接着到糖果店购买"带花纹的馅饼和闻着有麝香味的油饼、'肥皂饼'、柠檬饼、甜瓜蜜饯、'栽娜卜的梳子'、秋葵、'卡齐的小吃'和其他各种各样的好东西"。这时脚夫已经累了,但女人还没买完:香水商卖给她"十种香水,带麝香味的玫瑰、橙花、睡莲、柳花、紫罗兰香水和其他五种……两块糖、一个香水喷瓶、一块男性熏香、沉

---

1. Xinru Liu, *The Silk Road in World History* (Oxford, 2010), p. 101.

香、龙涎香和麝香，还有亚历山大里亚蜡做的蜡烛"。最后一站是蔬菜店，在这里买了"在加了龙蒿、奶油干酪和叙利亚硬奶酪的盐水和油里腌制出来的腌菜和橄榄"。当脚夫把东西搬回这位女士在巴格达奢华的家中时，幻想中的饕餮盛宴变成了一场性狂欢。

9世纪时的哈里发马蒙经常化装成普通工人溜出宫殿，在他的首都里四处品尝著名的街头小吃。这令他的大臣们惊恐万分。他最喜欢去的地方是市场上的小餐馆，那里出售朱达巴（judhaba），这道菜的做法是把鸡肉、鸭肉或肥美的羊肉放在叫作坦努尔（tannur）的露天黏土烤炉里烤制，下面放上一只平底锅，里面装着用蜂蜜、玫瑰水、糖、干果、香料和藏红花调味的甜面包布丁。在肉慢慢烤熟的过程中，油脂和肉汁会滴到甜面包上，从而制作出一道融合了甜味与咸味、令人难以抗拒的菜肴，这是道在市场和路边都很常见的外卖菜，不论是大众还是时常微服私访的哈里发都很喜爱它。[1]

马蒙的侄子、阿拔斯王朝的第十任哈里发穆塔瓦基勒曾在船上闻到一名水手烹调锡克巴贾（sikbaja）的味道，他未能经住诱惑，于是命人把锅拿过来。锡克巴贾是巴格达的特色菜，是用醋、蜂蜜、干果和香料炖的肉或鱼，味道酸甜，要配上辣香肠一起吃；最富有的人和最卑贱的人都爱吃。穆塔瓦基勒吃光了这个人的晚餐，然后在锅里装满钱，还给了他，并说这是他吃过的最美味的锡克巴贾。[2]

从享受着奢华盛宴的哈里发和大富豪到最穷的人，巴格达人对食物全都非常非常讲究，他们还喜欢使用稀有而昂贵的食材。你可以大嚼用羊肉制成的洒满香料、肉汁四溢的沙瓦玛，它是烤肉串的祖先；或是吃个巴兹玛瓦德（bazmaward），它是一种9世纪的鸡肉卷饼，里面有切碎的坚果和香草。还有一种街头小吃叫巴丁詹马锡（badhinjan mahshi），是把茄子煮熟并切碎，跟磨碎的核桃和杏仁、加焦糖煮过的洋葱、新鲜香草、醋、肉桂和香菜籽拌在一起做成的。

---

1. Nawal Nasrallah, *Annals of the Caliphs' Kitchens: Ibn Sayyar Al-Warraq's Tenth-Century Baghdadi cookbook* (Boston, MA, 2007), p. 35.
2. David Waines, " 'Luxury Foods' in Medieval Islamic Societies, " *World Archaeology* 34:3 (Feb. 2003): 572.

哈里发马蒙可能会告诉你，街头小吃是你能吃到的最好的食物之一。在2世纪的罗马和19世纪的纽约这样的大城市里，城市生活未能留下太多空间来安放家庭厨房的炉灶。因此，街头小吃成了一种必需品，在任何一个珍视美食的城市，街头小吃都是绝对的美味。更重要的是，街头小吃和外卖食品对大城市的经济发展至关重要，尤其是对于让外来人口和边缘化群体存活下来的非正规经济来说。投身餐饮业是许多移民在城市容身的唯一途径，因为他们没有别的东西可卖。墨西哥城和孟买都有近25万名街头小贩，在劳动人口中占比很高。19世纪中叶的伦敦有成千上万的流动食品摊贩，其中500家只卖豌豆汤和热鳗鱼，还有300家专门卖炸鱼。[1]

今天的拉各斯正在无序地扩张，它就像一个处于大塞车中的庞大市集和露天厨房。这里最常见的景象之一是卖软阿格格面包的人。这些面包是在拉各斯阿格格地区（Agege）的数百家小型面包店里烤出来的，所以被冠以这个名字，烤好的面包被分发给成千上万的小贩，再卖给赶早上班的通勤者。小贩们把用玻璃纸包起来的面包顶在头上，堆得像座加了黄油和蛋黄酱的金字塔，一边在城里四处游走，一边用独特的声音叫卖：Agege bread ti de o！[2] 他们身边常常会跟着一个人，卖一种叫作ewa ayogin的炖豆子。更为常见的是在路边的三脚架上烤着的玉米棒。据估计，玉米小贩的启动成本，包含烤架、摊位、木炭、锅和玉米在内，还不到30美元；把烤玉米连同它的传统佐餐物椰子、梨和果仁卖给路过的司机，每天可以赚4美元左右——略高于这里的日平均收入。玉米是拉各斯的主食。正如一位小贩所说："这门生意……让我来到了大街上，家里有饭吃，付得起房租，还让我这个寡妇有能力供孩子们上学。尼日利亚人不能不吃玉米，我们也不能不靠着他们的口味赚钱。"[3]

---

1. International Labour Office, *Women and Men in the Informal Sector: A Statistical Picture* (Geneva, 2002); "Mumbai Street Vendors," *Guardian*, November 28, 2014; Henry Mayhew, *London Labour and the London Poor*, 4 vols (London, 1861–1862), Vol. I, pp. 160, 165.
2. 大意为"这儿有阿格格面包"。——译者注
3. Omiko Awa, "Roasted Corn: Satisfying Hunger Returns Good Profit," *Guardian* (Nigeria), September 21, 2015.

在一座拥挤的大城市里，每个人都在急匆匆地赶路，于是能拿上就走的食物就有了存在的意义。在发展中国家，大部分人的三餐都是在街头解决的。如果没有这种非正式行业和它为数众多的从业者，很多人根本就没有地方吃饭。灵活、流动性强的街头商贩能够在城市中正规经济供给不足的地方开拓新的市场。对于这些以女性居多的拉各斯摊贩来说，这是一种不稳定的生活，随时可能受到竞争对手或警察的威胁。与拉各斯一样，在维多利亚时代的伦敦，街头食品小贩由失业者、文盲、无家可归者、打零工的穷人和新移民组成；他们被视为颠覆者和威胁街道秩序者，是乞丐、妓女、骗子和小偷的同类。

一大群在街头贩卖食物的小贩养活了伦敦人，小贩大多是女性，她们推着手推车或顶着篮子走街串巷。卖的东西有热馅饼、坚果、草莓、樱桃、鱼、牡蛎、蛋糕、牛奶等，不一而足。街边的炸香肠店和烤苹果店与擦鞋工、磨刀工、补衣服的、卖唱的和二手衣服经销商等小商贩挤在一起，竞相招揽顾客。

改革者、作家和《笨拙》杂志的联合创办人亨利·梅休（Henry Mayhew）列出了19世纪50年代最受欢迎的街头小吃和饮料：炸鱼、热鳗鱼、盐渍海螺、羊蹄、火腿三明治、豌豆汤、热青豆、一便士派、葡萄干布丁、肉馅布丁、烤土豆、香草蛋糕、松饼、英式烤饼、切尔西小面包、蜜饯、白兰地糖球、茶、咖啡、姜汁啤酒、柠檬水、热葡萄酒、鲜牛奶、驴奶、酥酪以及冰镇果子露。对贫穷的工薪阶层来说，街上的早餐有咖啡和在小摊或推车上卖的热乎乎的食物；午餐则有各种贝类；晚餐是热鳗鱼、一品脱[1]豌豆汤、烤土豆、点心（包括蛋糕和馅饼）、坚果和橘子。到了深夜，看戏者、寻欢作乐者和派对狂可以用咖啡、三明治、肉馅布丁或猪蹄来补充体力。[2]

在一座挤满了食品小贩的城市里，他们独特的、吟唱般的叫卖声在集体记忆中熠熠生辉。这些声音是街头诗意的一部分，是混合着饭菜味的喧嚣。"樱桃熟了——熟了——熟了！""热布丁馅饼——热！""白兰地糖球——球——球！拿好了您嘞！白兰地糖球，一便士四个！""热香料姜

---

1. 一品脱，英、美计量体积或容积的单位。用作液量单位时，1品脱按英制等于0.5683升，按美制等于0.4732升；用作干量单位时，1品脱按美制约等于0.5506升。——编者注
2. Mayhew, *London Labour and the London Poor*, Vol. I, p. 158.

饼——热辣辣——像团火！"带着些抑扬顿挫的声音传向四方。[1]

街头小吃的历史就是城市本身的历史。正是移民的历史推动了城市的发展。梅休那个时代的伦敦人就像他们罗马时代的祖先一样，每年要吃掉上亿只从街头小贩那里买来的牡蛎。在查尔斯·狄更斯的《匹克威克外传》（1836）中，萨姆·韦勒说："这是一种非同寻常的情况，先生，贫穷和牡蛎似乎总是形影不离。"直到19世纪下半叶，这座特大城市的人口增至300万，曾喂饱了一代又一代伦敦人的牡蛎养殖场终于因庞大的需求而弹尽粮绝；从那以后，这种软体动物变成了一种奢侈品，人们只好转向最具英国特色的街头食品——炸鱼薯条。油炸鱼的做法是由塞法迪犹太人带到伦敦来并使之流行起来的，他们自16世纪以来就为了躲避迫害而不断从西班牙和葡萄牙逃至此地；而把它和薯条结合在一起的点子可以追溯到19世纪60年代，当时来自东欧的阿什肯纳兹犹太人约瑟夫·马林才十几岁，他灵光一闪，决定将两者搭配在一起卖，为此他放弃了家传的地毯编织生意。他在脖子上挂一个装有这两样食物的托盘，沿街叫卖；街头生意成功后，他就在伦敦东区开了一家固定的店铺。

到20世纪20年代，它已经成了最受工人阶级喜爱的外卖食物，英国当时有3.5万家炸鱼薯条店。随着时间的推移，人们的口味再次变得多样化。在20世纪后期，炸鸡成为英国许多内陆城市随处可见的街头食品，反映出了非洲人、加勒比黑人、亚洲人和东欧人的口味和烹饪风格，深夜喝酒的文化就更不用说了。在文化多元的城市里，炸鸡跨越了种族、宗教和阶级的界限。

犹太难民把炸鱼薯条带到了伦敦，之后陆续来到伦敦的新移民，如意大利人、中国人、塞浦路斯人、印度人、波兰人和罗马尼亚人等，也烹饪和出售这种食物。同样，在纽约下东区，许多快餐食品一开始都是由迫于生计的创业移民推着手推车卖给制衣厂工人的：犹太人的咸牛肉、贝果、奶油干酪、熏鲑鱼、炸豆丸子、腌菜和熏牛肉，德国、奥地利和瑞士的汉堡、热狗、椒盐卷饼，意大利的比萨和冰淇淋，希腊的烤肉串。从20世纪初开始，市政当局为了净化城市环境和清理人行道，就把手推车从下东区的街道上赶

---

1. Charles Manby Smith, *Curiosities of London Life; or, Phrases, Physiological and Social of the Great Metropolis* (London, 1853), p. 390.

走了。围绕街头小吃进行户外社交活动的传统曾将移民社区联系在一起，现在这种传统走到了尽头。随后的一波街头美食风潮证明了席卷现代城市的社会变革。犹太人和东欧人的手推车快餐被中国、越南、美式墨西哥（Tex-Mex）、日本和韩国风味的食品所取代，后来又被阿富汗、埃及和孟加拉国的清真食品所取代。

　　要想抓住一座城市的心，就要先抓住它的胃。食物会改变人们在一座城市中的生活和体验。洛杉矶人对街头小吃的喜爱由来已久，这最早可以追溯到19世纪晚期墨西哥人卖玉米粉蒸肉的小推车和中国的街头小贩。从20世纪60年代开始，由冰淇淋餐车改装成的隆切诺（loncheros）卡车向该市东区不断增长的拉丁裔人口出售塔可（tacos）、炸玉米粉圆饼（tostadas）、玉米卷饼（burritos）、煎炸或烤制的玉米馅饼（gorditas）、酸橘汁腌鱼（ceviche）和墨西哥式三明治（tortas）。20世纪80年代以来，洛杉矶拉丁裔社区的迅速发展和扩张改变了这座城市的烹饪面貌。隆切诺不仅在移民区人气很高，在大学校园、夜生活丰富的地区也广受欢迎，后来还进一步扩散到了这座大都市里的更多地方。

　　在2008年金融危机和社交媒体时代到来的共同作用下，洛杉矶的小吃卡车出现了爆炸式的增长。没钱开餐馆的厨师、收入缩水的顾客，加之给投资餐饮业做宣传的技术，使街头小吃卡车增加到了3000多辆，它们销售来自全球各地的街头小吃。这场革命是顶着严格的法律和官方的反对进行的，政府认为街头小吃是杂乱无章、影响秩序和不卫生的。拉美食物贩卖的普及——以及其他加入这一潮流的人——在这座长期受汽车主导的大都市里创造了一些零散的街头生活。人们被美食博客和社交媒体上最新的美食潮流所吸引，前往他们可能从未打算要去的地方。食物的诱惑在停车场和人行道上催生了新的饮食、音乐和社交文化——以前是不会出现在这些地方的。

　　拉各斯街头的叫卖者与维多利亚时代伦敦的叫卖小贩、纽约的手推车小贩和洛杉矶的卡车厨师一样，都是城市里最具创业精神的人之一。市场、廉价咖啡馆、快餐车、隆切诺等都是城市社区和经济不断跳动的心脏。在21世纪，人们会通过食物的质量和多样性来评判一座城市的好坏；市场、餐馆和街头美食对游客的吸引力并不亚于博物馆和城市景观。我们经常在城市里边走边吃，通过特色美食和市场的分布来了解它的地理环境。

　　正如《一千零一夜》中脚夫的故事所描述的那样，吃一顿饭需要穿过城市，从这个专门的市场区域走到另一个专门的市场区域。就大多数城市而

第 5 章　饕餮之都　　125

言，在历史的大部分时间里，它们都是一个巨大的市场和露天厨房，是一系列用来售卖各种东西的室内室外空间。当城市在深夜里沉沉睡去时，东京的筑地鱼市、巴黎大堂和伦敦的科文特花园等大型食品批发市场仍是灯火通明，它们催生了一个由通宵营业的酒吧、咖啡馆、街头食品和餐馆组成的配套的生态系统。夜间售卖食物的活动开启了城市的夜生活。古往今来，大多数饭菜都在街头制成，供行色匆匆的人们果腹。人们填饱肚子和刺激味蕾的欲望是使城市的生活和喧嚣得以产生的原因之一。对孟买或拉各斯的居民来说，社交、礼仪和宴客与他们几乎昼夜不停地在每条街道上采购主食和奢侈食品息息相关。那些对街头市场和摊贩进行整顿的城市，已经失去了创造城市社交性的最重要因素之一。

泰茹·科尔（Teju Cole）2015年出版的小说《每天为小偷》（Every Day is for the Thief）是以今天的拉各斯为主题的，他在书中描述了市场在城市生活里的中心地位："人们到市场去是为了参与这个世界。就像所有与世界有关的事情一样，进入市场需要谨慎。市场——作为城市的本质——总是充斥着各种可能性和危险。陌生人在世界的万千变化中相遇，警惕是必要的。每个人去那里并不仅仅是为了买或卖，而是因为这是一种责任。如果你坐在自己家里，如果你拒绝去市场，你要怎么了解别人的存在？你要怎么了解自己的存在？"[1]

巴格达人不仅想吃美味的菜肴，还想读关于它们的书。瓦拉肯市场（Sūqal-Warrakin）里有超过一百家书商。他们销售的许多书籍都是专门写各种饮食文化的。对烹饪的狂热使一项新的革命性技术得到了普及：造纸术。

恰好在巴格达城奠基之时，中国的造纸术传到了阿拉伯，这使得书籍能够以前所未有的规模传播。第一家造纸厂是由巴尔马克家族在巴格达建立的，这个家族来自中亚，在阿拔斯王朝时期登上了财富和权力的顶峰（欧洲

---

1. Teju Cole, *Every Day Is for the Thief* (London, 2015), p. 57.

大概要到500年后，也就是13世纪时才开始造纸）。为了满足人们对书籍的狂热，出现了一种新的职业——抄写员。[1]

作为"宇宙的十字路口"，巴格达聚集了全世界的财富，也吸收了全世界的知识。在这座被称为"雅士之乡，学者之源"的城市里，成功的诗人如果能得到超级精英或哈里发本人的赞助，就能成为富有的名人。在勿里洞沉船中找到的数百个墨水瓶是识字率暴增的显著证据。[2]

不仅如此，这一切变化的动力还来自最高层。到9世纪中叶，巴格达已经成为世界上最大的知识宝库。"智慧宫"是一个专门收藏手稿和书籍的巨型皇家档案馆。"宇宙的十字路口"这一概念并非只适用于贸易。阿拔斯王朝首都的地理位置发挥了重大的作用。不仅有西方的学者携带着植根于雅典、亚历山大里亚和罗马学问的大量希腊文和拉丁文文献来到这里，还有来自波斯、印度、中亚和中国的学者。多亏了造纸术的引入和巴格达人对各种事物的好奇心，过去几个世纪的知识得到了保存和扩充，否则这些知识就会佚失。巴格达向四面八方开放，它不仅是不同美食和民族的交汇点，也是各种思想的交汇点。

东西方知识的涌入以及由此产生的碰撞，在花剌子米（al-Khwarizmi，约780—约850）一生取得的卓越成就中得到了很好的说明。花剌子米起初是波斯拜火教信徒，出生在呼罗珊（今乌兹别克斯坦）的一座绿洲城市里，与当时许多杰出的知识分子一样，他无法抗拒智慧宫的吸引力，因而来到了巴格达。在那里，他阅读了大量算术、几何学、科学和占星术方面的著作，书中的知识来自希腊、巴比伦、波斯、印度和中国，在巴格达，它们首次汇聚到了一起。[3]

《利用还原与对消运算的简明算书》（*The Compendious Book on Calculation by Completion and Balancing*）是项革命性的成果。在这本书中，花剌子米将人类对数学的理解大大提高了一步。他的巨著吸纳了古希腊的几何学、中国的算术和印度的数论，并通过它们找到了一种解线性方程和二

---

1. S. Frederick Starr, *Lost Enlightenment: central Asia's golden age from the Arab conquest to Tamerlane* (Princeton, 2013), pp. 132ff.
2. Marozzi, *Baghdad*, p. 65.
3. Starr, *Lost Enlightenment*, pp. 167ff.

次方程的方法。他在算术方面的第二部巨著《印度算术中的加减法》（*The Book of Addition and Subtraction According to the Hindu Calculation*）也产生了巨大的影响：它将印度的数字系统引入了阿拉伯世界，后来又传到了欧洲。他的拉丁名字Algoritmi暗示了他对计算的贡献；今天，算法主宰着我们的生活。而在中世纪，"算法家"（Algorist）指的就是采纳了花剌子米书中那种由9个数字加一个0构成的编码数字系统的人。很快，算法家（或花剌子米的追随者）就开始使用小数了。

说花剌子米出生于乌兹别克斯坦的一座绿洲城市，很容易给人留下一种印象，好像他是在一个不为人知的小地方脱颖而出，然后被送到大城市，终于在那里名扬天下的。事实并非如此。长期以来，现代历史总是将中亚地区边缘化或忽视，人们的注意力都集中在罗马、希腊或阿拉伯地区的城市上，但实际上中亚地区城市文化的先进程度绝不亚于那些地区，它也拥有一批世界上最先进的城市。[1]

得益于与中国的贸易往来，巴尔赫（Balkh）、撒马尔罕和梅尔夫等商业中心极其繁荣；数百年来，旅行者和移民对这一广大地区的主要城市进行了改造，每个群体——从希腊人、犹太人、中国人到印度人、伊朗人、土耳其人、叙利亚人和阿拉伯人——都带来了他们的文化、技术（包括工艺）和宗教。这些城市也吸引了来自大草原的游牧部落，他们带着蜂蜜、蜡、猎鹰和动物毛皮来到市场上。城市蓬勃发展。例如，10世纪末的阿拉伯历史学家穆克达斯（al-Muqaddasi）曾把梅尔夫描述为一座"可爱、精致、优雅、耀眼、宽阔和宜人的城市"。与丝绸之路上的许多其他城市一样，它拥有纪念性的建筑和先进的基础设施。[2]

巴尔马克家族来自阿姆河流域（位于今阿富汗北部）的巴尔赫城，他们本是佛教徒，后来皈依了伊斯兰教，还变成了除哈里发本人之外巴格达最富有、最有权势的家族。他们给这座新生的大都市带来的不仅仅是纸张，还有他们家乡的精神活力和开放的胸怀。巴尔赫现在只剩一片废墟，但在古典时代晚期，它是最伟大的城市之一，罗马人认为它无比富有，阿拉伯人认为它

---

1. Starr, *Lost Enlightenment*, pp. 37ff, 62ff.
2. Georgina Herman and Hugh N. Kennedy, *Monuments of Merv: traditional buildings of the Karakum* (London, 1999), p. 124.

美丽无匹。[1]

这些伟大且多元的国际都市作为知识中心蓬勃发展，拥有一流的科学家（如天文学家、数学家）和医生，以及对书籍的热爱。为了冠绝群伦，巴格达很自然地利用了中亚城市花费漫长时间培养出来的精神活力。花剌子米只是众多出生于中亚大都市，又被哈里发的首都所吸引的人之一。巴尔马克家族的飞黄腾达使中亚的精神活力变成了巴格达快速发展的基础。

在公元元年之前和之后的几个世纪里，亚历山大里亚为知识的巨大进步提供了良好的环境。自17世纪60年代起，在英国皇家学会的成立为艾萨克·牛顿、罗伯特·波义耳、约翰·洛克、克里斯托弗·雷恩和罗伯特·胡克等杰出人物提供了聚会场所之后，伦敦充斥着令人兴奋的科学发现。从时间顺序来看，巴格达的科学革命排在这两者之间，因此它与亚历山大里亚和伦敦一起，成了现代之前三大科学爆炸的发生地之一。为什么人类知识的飞速增长会在这些时期发生在这些城市里？这个问题当然不易回答。但至少这三座城市有一系列共通的因素，就是这些因素凑巧点燃了导火索。这些城市在政治上和商业上都很有影响力。它们有雄心勃勃的精英准备掏腰包赞助科学实验。它们还有活跃而好奇的公众，这有助于创造一种热衷于探究的文化。而最重要的是，它们向新思想和新人群敞开了大门。

巴格达巨大的财富和它对知识的热情吸引了大批博学的学者，可谓群星荟萃，他们一起工作，一起思考，一起吃饭（别忘了这里是巴格达）。巴格达知识分子生活的中心是智慧宫和巴格达天文台。这座城市里的学者在光学、医学、化学、工程、冶金、物理、音乐理论和建筑等领域进行了开创性的研究。伟大的学者阿布·穆萨·贾比尔·伊本·哈扬［西方人更熟悉他的拉丁文名字吉伯（Geber）］被认为是"化学之父"和建立实验室进行实验的先驱；他在科学史上的地位与罗伯特·波义耳和安托万·拉瓦锡（Antoine Lavoisier）相当。但他的贡献经常被忽视。他是一位炼金术士，喜欢用神秘的语言和代码写作，他的拉丁文名字就是"胡言乱语"（gibberish）一词的来源。[2]

伊斯兰复兴运动的一个特点是，大量的知识（包括古代的和现代的）被

---

1. Starr, *Lost Enlightenment*, pp. 28–29.
2. Starr, *Lost Enlightenment*, pp. 162–163.

汇集在一起，进行综合和简化，以供日常使用。换句话说，它是具有功利主义性质的。数学、天文学和地理学是掌握世界的关键，因为它们可以用在制作地图和导航设备上，当然，它们还有许多其他功用。地理学家麦格迪西在创作《各地知识的最佳分类》（985）时，前往波斯湾和红海的港口，采访了许多"船主、货主、海警、代理商和商人，我认为他们是最有眼光的人"。这些人都能熟练地操作精密的仪器，并进行复杂的数学和天文学计算。[1]

连接波斯湾和珠江的海上丝绸之路，是由传教的佛教僧人和商人所开辟的航路构成的，几个世纪以来，他们不停地在这些航路上往返。这不仅是贸易之路，也是求学之路。新罗僧人慧超离开家乡，来到广州的一座寺院中求学。在广州，他登上了一艘船主和船员可能都是波斯人的船，并在8世纪20年代经由一个个港口穿越东南亚。后来他周游印度，并循陆路返回中国。慧超这样的僧人是一个信息交换体系的一部分，这个体系通过亚洲的城市网络把知识传播开来。有赖于造纸这种新技术，宗教、思想和贸易的传播才得以实现。[2]

作为中世纪世界上最伟大的城市之一，故临（Quilon）在今天却并不是一个家喻户晓的名字。然而，它奇特的故事揭示了千纪之交城市的繁荣，以及亚洲城市化全盛时期奇特、多样、充满异国情调的世界。故临（现在叫奎隆）位于印度南部喀拉拉邦的马拉巴尔海岸。早在9世纪之前，它就已经是一个有着悠久、辉煌历史的港口了。但在9世纪初，它的命运岌岌可危。泰米尔国王乌达亚·马尔桑达·瓦尔玛（Udaya Marthanda Varma）当时从叙利亚请来两位基督教教士圣萨丕尔（Mar Sabor）和圣普罗斯（Mar Proth），以重建港口并管理其贸易。[3]

---

1. Hyunhee Park, *Mapping the Chinese and Islamic Worlds: cross-cultural exchange in pre-modern Asia* (Cambridge, 2012), p. 77.
2. Glen Dudbridge, "Reworking the World System Paradigm," *Past and Present*, 238, Supplement 13 (Nov. 2018), 302ff.
3. Pius Malekandathil, *Maritime India: trade, religion and polity in the Indian Ocean* (Delhi, 2010), pp. 39ff.

这两位信奉基督的承包人做得很好：故临于825年开放，它不仅成了印度最繁忙的港口，而且与亚历山大里亚、开罗和广州并列，成了中世纪早期世界四大贸易中心之一。故临有一个重要的中国侨民聚居区；它是聂斯托利派基督徒、来自阿拉伯地区和波斯的穆斯林、犹太教徒、耆那教徒、印度教徒、佛教徒以及来自印度洋各地的人们的家园。根据波斯商人苏莱曼·塔吉尔（Sulaiman al-Tajir）的描述，9世纪时的故临到处都是大型中国商船，人们把这里当作广州和巴格达之间航线的中转枢纽。这座城市能够聚集起如此巨大的财富，靠的是它在全球贸易中发挥的重要功能：几个世纪以来，它一直是人类最热衷的商品之一——黑胡椒的贸易中心。[1]

食物和我们不断变化的口味改变着世界。根据僧人义净的说法，多个世代以来，中国菜肴一直是清淡无味的。印度料理和食材的发现彻底改变了中国的烹饪方式，并因此掀起了贸易热潮。与之相应，这一环环相扣的贸易网络跨越了超过12 000英里的距离，使故临这样的全球大都市变得生机勃勃。[2]

从蒙巴萨到广州，受海洋季风影响的城市都表现出了相似度惊人的城市化和国际化。故临的多样性并不罕见，这是受海洋季风影响的城市的常态。在现在孟买以南60千米处的城市塞义姆尔（Saymur），有1万名来自阿曼、西拉夫、巴士拉和巴格达的第一代移民和他们在印度出生的后代与当地土著一起生活。塞义姆尔只是古吉拉特邦和康坎海岸（Konkan coast）众多语言与宗教信仰十分混杂的城市中的一座。

今天索马里的摩加迪沙在中世纪已是一座富有而强大的商业大都市，以纺织品、乳香和黄金等出口商品以及富有的商贾群体而闻名。考古记录显示了它的商业联系范围有多大：在那里发现了来自斯里兰卡、越南和中国的钱币。随着时间的推移，摩加迪沙的地位被基尔瓦（Kilwa）取代了，基尔瓦是波斯殖民者于10世纪时在今天坦桑尼亚附近的一座小岛上建立的一个城邦。基尔瓦的市民都是中间商：商人、金融家和运货商，他们从印度、中国和阿拉伯地区进口商品，然后在非洲大陆的市场上销售，以换取黄金、象牙、犀牛角、大型猫科动物的毛皮、龟甲、红树林木材和铁，再将这些东西出口到亚洲各地，尤其是中国。在沿海地区存在着一座占主导地位的商业城

---

1. Paine, *The Sea and Civilisation*, p. 273.
2. Ibid., p. 306.

市，这使大陆上出现了许多卫星城镇，这些城镇对来自非洲内陆的商品进行加工，并为这座滨海城市提供粮食。

与今天一样，季风贸易体系的财富要通过马六甲海峡和巽他海峡进行流转。在马来半岛、苏门答腊岛和爪哇岛出现了许多独立的城邦，它们相互竞争，都想从商船队手中分得一杯羹。这个地区是中世纪世界上最富有的地区，仅次于巴格达和后来的开罗。夏天，季风会带来印度尼西亚香料群岛（摩鹿加群岛）的商人，他们携带着丁香、肉豆蔻和豆蔻皮等货物。但印度、阿拉伯地区和中国的商人要乘着冬季季风才能来到这里，所以摩鹿加商人没有直接与之交易的客户。这些香料和其他商品在转运到世界市场之前必须先在此地储存一段时间。

数百年来，支配着这个至关重要的全球十字路口的是几乎已被遗忘的城邦联盟：室利佛逝。这个联盟的核心城市是苏门答腊岛上的巨港，从8世纪起，巨港控制了苏门答腊岛、马来半岛、爪哇岛以及缅甸和泰国部分地区的一系列城市。阿拉伯单桅帆船、印度船只和中国帆船都会到这个富饶的佛教转口港来进行贸易和整修船只。来自全世界最大的两个帝国——阿拔斯王朝和大唐的商人们在这里相遇了。

作为一个长期繁荣、忙碌、国际化的地方，巨港被列为历史上消逝了的世界级大都市之一。不幸的是，这座城市留下的遗迹不多；在14世纪，室利佛逝帝国被摧毁，位于河口的巨港被洗劫一空，这座城市的遗址也被沉积物掩埋了。在鼎盛时期，它是一个拥有巨大财富的地方，也是一个享有国际声誉的知识中心；但在今天，比起公元11世纪的巨港，我们对公元前4000年时的乌鲁克的了解还要更多一些。实际上，中世纪印度洋上的城市世界基本上都是这样的：那是一种不断变化、自由流动、面向外部的文化，一旦逝去，几乎不会留下什么痕迹。

即使是在它的鼎盛时期，巨港很可能也是由许多木制的水上房屋构成的城市：这是一个灵活的城市文明，随时准备根据不断变化的自然状况和贸易模式而迁移。然而，尽管这一切都已湮没在历史中，我们还是可以想象有这么一个地方，在那里，来自亚洲和东非的商人们正围着一袋袋的香料、一包包的纺织品和一箱箱的瓷器讨价还价。这样的场景在彼此相连的受季风影响的城市中随处可见。像时钟一样的季风把外国商人的舰队吹到这些港口来；在季风送他们回家之前，商人要在这里待上好几个月，他们会利用这段时间经商，加深与当地的联系，开展社交和思想交流活动。有些人在外国城市待了很多年，还有许多人与当地居民通婚。

一位波斯商人回忆道，巨港拥有为数众多的人口和"数不清的市场"；他仅在一个集市上就看到了800名货币兑换商。约6世纪的泰米尔语史诗《玛尼梅格莱》描写了甘吉布勒姆城（靠近今天的金奈）的情况。在它的主干道上有鱼贩、陶工、金匠、铜匠、木匠、泥瓦匠、油漆工、皮革工、裁缝、音乐家、珠宝商、海螺切割工和花环匠的店铺，还有贩卖糖果、街边小吃、肉、槟榔叶和香料的小贩。主干道的另一头有粮商居住的街道，吟游诗人和艺人居住的街道，"提供性快感的妓女"居住的街道，驯象师居住的街道，驯马师居住的街道，以及商店保安居住的街道。此外，这里还有"黄金鉴定师的漂亮房子组成的街道；居住着许多宝石商人的街道；婆罗门居住的地方；皇家大道；大臣和高官居住的街道；召集市民大会用的公共区域，以及广场和街角"。[1]

巨港的仓库也很多。2003年，在爪哇岛附近发现了一艘马来—印度尼西亚人的船只的残骸，其中约有50万件货物，它们的年代可以追溯到10世纪末，这暗示着巨港的仓库和市场曾经的辉煌：中国的绿釉瓷、镜子和货币，西亚和埃及的华贵香水瓶，非洲和克什米尔的水晶，阿富汗的青金石，斯里兰卡的宝石，阿拉伯地区的药品，泰国的细瓷。很可能还有食物、香料和纺织品。[2]

勿里洞沉船的沉没地点也在巨港附近。也许它正要靠港去交换一些货物；或者，它已经在这里做了笔好买卖，装载了一批香料正要离开。沉船上还发现了一枚室利佛逝钱币和几杆那里的吊秤。这艘单桅帆船很可能要行驶到吴哥王朝时期的柬埔寨、缅甸、爪哇岛、泰国、马来亚和越南的其他新兴港口城市去进行交易。

把在勿里洞沉船上找到的物品保存在亚洲文明博物馆的决定很能说明问题。新加坡将自己视为一个城市文明在现代的旗手——这个文明在马六甲海

---

1. Kanakalatha Mukund, *Merchants of Tamilakam: pioneers of international trade* (New Delhi, 2012), pp. 164–166.
2. Dashu Qin and Kunpeng Xiang, "Sri Vijaya as the Entrepôt for Circum-Indian Ocean Trade: evidence from documentary records and materials from shipwrecks of the 9th-10th centuries," *Études Océan Indien* 46-7 (2011): 308–336.

峡及其附近海域蓬勃发展了几千年——以及巨港等伟大城邦天然的继承者。对新加坡人来说，勿里洞沉船和其他在21世纪被发现的沉船揭示了一种永恒的亚洲城市传统。与之前的巨港一样，新加坡控制着海峡两端的巨大航运量，并为其提供了先进的港口设施。像它的祖先一样，它也有大量来自世界各地的移民人口，他们投资贸易、提供娱乐、调制鸡尾酒和烹制美食。就像过去受季风影响的大都市一样，这里也同时有各种各样的宗教并存：道教、印度教和耆那教的庙宇紧挨着清真寺；既有佛教寺庙也有犹太教会堂；这里还有基督教的大多数教派以及拜火教、锡克教和无神论者。

最重要的是，新加坡非常乐于认同自己的历史遗产，它宣称自己是独特城市化的一座灯塔，这种城市化依赖的主要不是西方思想和英国殖民主义的经验，而是古老的泛亚洲城市的建设理念。新加坡一直被视为英国的产物，其历史最早可以追溯到1819年。勿里洞沉船的发现改变了这一状况，使新加坡得以继承9世纪到16世纪间此地众多繁荣城邦的衣钵。

这一城市传统为新加坡的雄心壮志，以及它所提出的在塑造本千纪的城市未来方面取得道德领导地位的要求增添了更深层次的内涵。通过它那开拓性的智能城市技术和打造绿色宜居城市的政策，以及它对其建筑、清洁、安全和生活质量的鼓吹，新加坡为西方城市提供了一个可供选择的亚洲方案。勿里洞沉船以及它所代表的世界被特意放在亚洲文明博物馆的中心位置，就是要表明亚洲都市曾经代表着全世界的最高水平，而当时的欧洲则是一潭落后的、被边缘化的死水。

中世纪陆上和海上商路的悠久历史，也被中国用来给它在当代复兴丝绸之路的计划——"一带一路"倡议——提供合法性。连接中国和西欧的长途高速列车和海上航线与它们的前辈一样，都是城市化的推动力。兰州、乌鲁木齐和霍尔果斯等内陆城市的贸易日益发达，它们被吹捧为21世纪的迪拜。在海上也是如此，中国人正在开发巴基斯坦的瓜达尔港、斯里兰卡的汉班托塔港、缅甸的皎漂港和坦桑尼亚的巴加莫约港，他们承诺要让这些地方成为有耀眼的摩天大楼的港口城市。

这些城市是否会复制其前辈的国际化以及对知识的热爱和追求，现在还不得而知。但投入建造高速铁路、港口设施、发电厂、管道、桥梁和机场中的数万亿美元正在刺激城市建设，这一举动旨在通过努力，使全球经济重心重新回到亚洲。也就是说，回到哥伦布发现新大陆之前它所在的地方。

13世纪初，成吉思汗通过征伐或怀柔控制了蒙古草原上的众多部落，巩固了他的权力。由于缺乏攻城器械，他只能以极为恐怖和野蛮的手法来占领城市。金国的首都中都（今北京）于1213年被蒙古人包围。中都曾被认为是坚不可摧的。但一年之后，金国皇帝弃城而逃，任由他的子民在围城中饿死。次年5月，中都的大门终于被攻破。蒙古人拥入了这座广大的、从未陷落过的城市。成千上万的人被屠杀；之后的几个月，城市的部分地区被付之一炬。成吉思汗控制了中国北方的大部分地区。既然蒙古人已经学会了无情的围城战术，那就没有一座城市是安全的。除此之外，游牧民族还从中国城市中获得了至关重要的东西：大量先进的攻城技术。

蒙古军队突入了距离中都4000英里的中亚城市中心地带。第一座陷落的重要城市是布哈拉，它是世界上最大的大都市之一，拥有30万人口，也是财富和知识的中心。它的外城大部分被烧毁。内城的城墙在当时最先进的攻城器械轰击之下倒塌。幸存者中，年轻男子被迫服兵役，妇女和儿童被卖为奴隶，工匠被掳回蒙古。之后蒙古人又转向撒马尔罕，这座城市遭遇了和布哈拉同样的命运。尼沙布尔也遭到了3000张巨弩、3000台投石机和700台喷火器的重创；在其居民被屠杀殆尽后，这座城市被夷为平地。巴尔赫，伟大的知识之源，巴尔马克家族的故乡，在1220年被彻底摧毁。

莫斯科在1238年被摧毁，基辅被摧毁则是在1240年。基辅的人口超过10万，是当时世界上最大的城市之一，在把丝绸之路、大草原和斯堪的纳维亚半岛连接起来的贸易路线上，它是关键的节点。蒙古人进一步进军欧洲，洗劫了卢布林、克拉科夫、布达和佩斯，兵锋直抵巴尔干半岛。1258年，蒙古侵略者攻入巴格达，"就像饥饿的猎鹰袭击一群鸽子，或者像愤怒的狼袭击羊群一样"，在街道上横冲直撞，杀死城里的人。阿拔斯王朝的哈里发被蒙古人裹在一张地毯里，纵马踩死。这座以学问和奢侈品著称的精致城市就此沦为一片焦土。

13世纪，巨港、梅尔夫、基辅、巴格达和君士坦丁堡等多座国际化大都市的毁灭破坏了古老的世界贸易模式。但这种巨大的破坏催生了新的城市和新的城市文化。13世纪是城市化历史上的一个关键时期。

第 6 章

战争之城

吕贝克

(1226—1491)

　　就在1942年3月28日到29日间的那个晴朗霜夜，一轮满月倒映在特拉沃河（Trave River）和瓦克尼茨河（Wakenitz River）的河面上。它们那银白色的轮廓为234架英国皇家空军轰炸机的导航员指明了目标。那天晚上，英国皇家空军投下的25 000枚燃烧弹摧毁了中世纪港口城市吕贝克的心脏地带。

　　吕贝克是第二次世界大战中头一座遭受英国轰炸的德国城市，它没有多少战略价值，但因为容易得手，英国人特意选择了此处作为目标。纳粹用所谓的"贝德克尔空袭"[1]进行报复，他们根据历史价值而不是军事价值来选择空袭目标，遭到轰炸的英国城市有埃克塞特、巴斯、约克、坎特伯雷、诺里奇、伊普斯威奇和科尔切斯特等。1942年5月，科隆成为第一个遭到1000

---

[1] 贝德克尔是德国的一家出版社，有时也指该出版社出版的一系列旅游指南，纳粹空军在这些旅游指南中寻找空袭目标，这一军事行动因此得名。——译者注

架轰炸机袭击的城市。北欧的中世纪城市遗产陷于火海。[1]

3月29日的早上，希特勒大概一滴眼泪也没有流。1932年总统选举期间，吕贝克的议会禁止纳粹党人进行演讲，它是德国唯一一座这样做的城市。希特勒被迫在郊外一个名为巴特施瓦尔陶的小镇发表演说，之后他从未提起过吕贝克这个名字；他总是把它称作"巴特施瓦尔陶附近的一座小城"。

希特勒既没有原谅也没有忘记这一耻辱。他上台后，剥夺了"巴特施瓦尔陶附近那座小城"的独立地位，哪怕这座城市已经在战争、征服和政治动荡中生存了711年之久，他还处决了它的市民领袖。

吕贝克的中心区域在战后进行了重建，今天的吕贝克是欧洲北部最美的城市之一，在狭窄密集的中世纪街区里点缀着壮观的哥特式建筑。它著名的葡萄酒专卖店、海鲜餐厅和糖果店里挤满了游客。这些糖果店专门售卖杏仁蛋白糖，该市声称这种糖是当地的特产。

葡萄酒、鲱鱼和杏仁蛋白糖：虽然看似不可思议，但这些东西不仅有助于解释为什么吕贝克能够成为欧洲最富有的大都市之一，还有助于解释为什么自12世纪起，欧洲能够突飞猛进地进行城市化，从而摆脱落后的状况。

✦

吕贝克是"自由城市"的典型例子：它是一个小型、高效、繁荣和军事化的自治实体，为欧洲崛起为全球主导力量奠定了基础。就像许多欧洲城市一样，它是在战争的铁砧上被锤炼成形的。

吕贝克最初的定居点叫留比凯，意为"迷人的地方"。作为一个设防的西斯拉夫人的定居点，它位于众多互相攻伐的异教徒和基督教部落的边界上。1143年，吕贝克在距留比凯4000米的地方开始建城，它是由绍恩堡和荷尔斯泰因的伯爵阿道夫二世在一个便于防御的内河岛屿上建立的，它的建立是当时一场以德国和丹麦殖民者取代斯拉夫人的运动的一部分。斯拉夫人的土地资源丰富，而且它们位于维京人在过去几个世纪中建立的重要贸易路线

---

1. Horst Boog, *The Global War: Germany and the Second World War*, Vol. VI (Oxford, 2015), p. 565.

上。对渴望迅速增加人口的日耳曼诸王国以及佛拉芒人、弗里斯人和荷兰人来说，这些土地是极有诱惑力的。吕贝克建城4年后，夺取斯拉夫人土地的运动变成了一场正式的十字军东征，这座新生的城镇坚定地站在了战争的前线。根据教宗尤金三世发布的训谕，十字军得到了免除其罪孽的赎罪券；他们也被责令要毫不留情地为征服异教徒或强迫异教徒皈依而战。

吕贝克由一座土木结构的城堡组成；这个所谓的"城镇"，可能只是一些简陋的棚舍，它们在1157年被烧毁。两年后，萨克森和巴伐利亚公爵"狮子"亨利重建了它，并授予它iura civitatis honestissima，即"最尊贵的城镇权利宪章"，吕贝克开始变成一座伟大的城市。狮子亨利在征讨斯拉夫人的十字军中是主力，同时也是位热心的建设者，除了吕贝克之外，他还建设和发展了慕尼黑、奥格斯堡和不伦瑞克等城市。据说在他参与的多次东征中，他"只字不提基督教，只谈金钱"。新城市给了他和其他贵族最渴望的东西：快速的经济回报。[1]

圣战和城市建设同时进行。这些地方被来自西方的移民用作进一步征服、改变信仰和殖民的平台。因此，狮子亨利打算给予迁往吕贝克的拓荒者广泛的自治权。最尊贵的城镇权利宪章赋予公民领袖自己制定法律和自行管理城市的权利。亨利遣使前往丹麦、瑞典、挪威、哥得兰岛和俄罗斯，向商人提供免费进入吕贝克的权利。他建立了一个铸币厂和一个市场。最重要的是，吕贝克的商人获得了在波罗的海经商的重要权利。"从那时起，"一位德国编年史家说，"这座城镇的行动越来越活跃，居民数量也有了相当大的增长。"[2]

在其早期阶段，作为一个边境城镇，吕贝克的繁荣是为了满足进一步征服的需要。它为一轮又一轮的十字军提供了武器、食物和交通工具。这里是战士、商人和移民"东进"（Drang nach Osten）的起点。条顿骑士团和宝剑骑士团对斯拉夫人和波罗的海各民族进行了数十年乃至数百年的攻击和种族

---

1. Paine, *The Sea and Civilisation*, p. 332; Helmond von Bosau, *Slawenchronik*, ed. II. Stoob (Darmstadt, 1983); A. Graßmann (ed.), *Lübeckische Geschichte* (Lübeck, 2008), pp. 1–123; H. Stoob, *Lübeck* (Altenbeken, 1984).
2. Bosau, *Slawenchronik*, p. 304; David Abulafia, *The Boundless Sea: a human history of the oceans* (Oxford, 2019), p. 424.

清洗，其结果是，在相当于从现代的德国到波兰、立陶宛、拉脱维亚和爱沙尼亚的广大地区，诞生了一系列强盛的德意志城市。

圣战与欧洲城市的兴盛之间有着密切的联系，这种联系始于12世纪，到13世纪时势头越来越猛。13世纪下半叶，中欧每10年就有大约300座新城镇诞生。在对土地的渴求、无情的扩张和充满活力的城市建设方面，欧洲新土地上的定居者与19世纪横穿美国向西迁徙的拓荒者十分相似。[1]

推动这一切的是十字军东征这个巨大的破坏性事件。这场始于11世纪末的运动旨在从伊斯兰教手中夺回地中海东部的圣地，使其回归基督教世界，它使好战的西欧人从诺曼底、法国、佛兰德斯、德国和英国等地前往中东，他们在那里接触到了星罗棋布的伊斯兰城市，见识到了城市的复杂性、知识的丰富性和市场里的惊人财富。

十字军东征改变了热那亚、威尼斯和比萨等意大利共和国的命运。在东征期间，他们通过承包航运和提供海军发了财。这些港口城市不仅赢得了虔诚的美名，还得到了与东地中海地区建立直接贸易联系的宝贵商业特权。占领安条克（1098）、埃德萨（Edessa，1099）、雅法（Jaffa，1099）、耶路撒冷（1099）、阿卡（Acre，1104）、的黎波里（1109）和推罗（1124）为意大利商人创造了直接与穆斯林和犹太中间商进行贸易的条件，穆斯林和犹太中间商的商业网络深入红海，一直向前延伸，直到与广阔而成熟的季风贸易体系相连。香料和纺织品等奢侈品开始被进口到意大利的城邦，再从那里销往更遥远的欧洲地区，如德国、低地国家和英格兰的市场。

为了争夺贸易垄断权，意大利各城邦展开了激烈的竞争。例如，1099年，威尼斯人在罗德岛附近的一场战役中击沉了28艘比萨船只。比萨则在12世纪30年代两次洗劫了其竞争对手阿马尔菲。这些饥渴而贪婪的意大利城市仍然处在基督教世界最伟大的城市及地中海帝国的阴影之下。比萨人、热那亚人和威尼斯人相互嫉妒，为了确保自己家乡城市的垄断权，他们在君士坦丁堡的街道上展开了厮杀。

---

1. Peter Johanek, "Seigneurial Power and the Development of Towns in the Holy Roman Empire," in Anngret Simms and Howard B. Clarke (eds.), *Lords and Towns in Medieval Europe: the European Historic Towns Atlas Project* (London, 2015), p. 142.

这座大都市与好斗的意大利人之间的关系非常紧张。在12世纪70年代，拜占庭帝国与威尼斯闹翻，它监禁了所有居住在君士坦丁堡的威尼斯商人。威尼斯和拜占庭帝国之间的贸易随后中断了20年。报复来得很快。在1203年，第四次十字军东征期间，威尼斯人以干涉拜占庭帝国的内部争端为借口，设法让前往圣地耶路撒冷途中的基督教军队转去围攻君士坦丁堡。

粗野狂暴的十字军战士"长久地注视着君士坦丁堡，因为他们难以相信世界上会有这么大的城市"。当时没有一座西欧城市的人口超过2万；就连1万人的定居点也是罕见的。君士坦丁堡大约有50万人口。十字军战士们惊奇地凝望着这座城市的景色：它巨大的城墙和塔楼，宏伟的教堂，宫殿，大理石的街道和古老的圆柱，当然还有圣索菲亚大教堂那超凡脱俗的巨大圆顶。[1]

"哦，大城啊大城，所有城市的眼睛，全世界的荣耀，非凡的奇迹……一切美好事物的所在！哦，大城啊，你可是在上帝手中饮了他愤怒的杯？"弗里吉亚历史学家尼基塔斯·蔡尼亚提斯（Niketas Choniates）悲叹道，当君士坦丁堡被劫掠时他就在城里。城里的许多珍宝被运走，用来装饰新兴的意大利城市；还有更多宝物被抢红了眼的士兵焚烧或毁坏。包括修女在内的妇女们被蹂躏，孩子被丢在街上任其死亡。掠夺、屠杀和蹂躏结束后，君士坦丁堡40万居民中有三分之一无家可归；这座大都市的人口迅速减少，再也没有恢复。从拜占庭帝国的残骸中，威尼斯这座伟大的意大利城市取得了在战略上至关重要的领土——岛屿和基地，这有助于它称霸海洋。[2]

尽管亚洲出产的奢侈品在全球经济中所占的份额相对较小，但它的魔力却迷住了整个欧洲。在欧洲这个人口不足、欠发达的角落里，城市化的力量长期处于休眠状态，但随着洲际贸易的激增，这股力量在意大利苏醒了。如果不是香料和纺织品一类的奢侈品的进口，威尼斯和热那亚等城市仍将是小渔村。实际上，在13世纪，这些城市呈现出了富丽堂皇的景象。热那亚的人口跃升到6万；佛罗伦萨的人口从13世纪中叶的3万增加到14世纪初的12万。

---

1. Roger Crowley, *City of Fortune: how Venice won and lost a naval empire* (London, 2011), p. 66.
2. *O City of Byzantium: annals of Niketas Choniates*, trans. Harry J. Magoulias (Detroit, 1984), p. 317.

第 6 章　战争之城

到了1300年，威尼斯每一块可供利用的土地上都建起了房子，有桥把一座座小岛连接起来。到14世纪，它的人口达到了10万。

圣马可大教堂的正面装饰着从君士坦丁堡抢来的圆柱、柱头和檐壁。拜占庭的影响遍布威尼斯，但它的大部分城市设计和建筑借鉴的是伊斯兰城市。城里新建的宫殿从内部庭院、曲折的楼梯、地下蓄水池到各式各样的马什拉比亚窗户（mashrabiyyah）[1]都是伊斯兰风格的，更不用说它们的外部设计了，那完全是对黎凡特房屋的模仿。城市本身的街道十分狭窄，就像一个露天市集。始建于1340年的威尼斯总督府充分地借鉴了开罗的伊本·图伦清真寺。著名的威尼斯军械库，国有的造船厂和兵工厂复合体，它的名字就来源于阿拉伯语 *dar al-sin'ah*（工业之家）。在安达卢西亚，基督教战士对穆斯林发动了"收复失地运动"，为西欧带来了其他财富。9世纪时在巴格达积累起来的知识，在托莱多、科尔多瓦和格拉纳达等地被保存和研究，现在它们随着造纸术一起传到了欧洲。

1252年，热那亚和佛罗伦萨的银行家开始铸造金币。在欧洲大陆上，已经有5个多世纪没有发行过黄金硬币了。黄金、信贷和全球贸易预示着欧洲经济的复兴和城市的重生。

"中产阶级"（bourgeois）一词源于日耳曼语burg，意为"堡垒"。在10世纪的英格兰，阿尔弗雷德大帝建立了被称作堡（burh）的设防定居点，以抵御维京人的袭击；这就是borough（自治市）的词源，这个词指的是英国、澳大利亚、美国以及其他地方的一种行政区划。在不列颠群岛上，以-burgh、-bury、-borough和-brough结尾的地名——如爱丁堡（Edinburgh）、坎特伯雷（Canterbury）、米德尔斯堡（Middlesbrough）——会让人想起这一点。法语单词bourg有着同样的词源，斯特拉斯堡（Strasbourg）和卢森堡（Luxembourg）的名字也会让人想起这一

---

[1] mashrabiyyah是一种伊斯兰建筑样式，指的是装在二楼及更高楼层的细密格栅凸窗。——译者注

点。斯堪的纳维亚语中的borg、意大利语中的borgo和伊比利亚语中的burgo亦是如此。单词ghetto很有可能来源于borghetto，这个单词在意大利语中意为"小城镇"。地名和"中产阶级"一词不由得让人回想起欧洲城市化的开端，当时欧洲正遭受着游牧民族的周期性袭击、征服和战争。这些欧洲城市是基于防御的需要而建起来的。

如果在中世纪你属于"中产阶级"，这意味着你生活在一个borough、一个burgh、一个bourg或一个burg里：你被定义为一个城市居民，一个自治社区的居民，而不是一个受制于封建领主的农民。中世纪的城市和农村在生活方式、生活质量、职业、机会和人身自由等方面有着极为明显的差别。

吕贝克就是这种新型城市化的典范。"城市的空气使人自由。"这是中世纪德意志地区流行的一句谚语。这句谚语中隐含着一个特殊的法律规定：一名农奴只要在任何一座城市里居住满一年零一天，就能自动获得自由。但这句话还有一个更普遍的含义。从1226年起，吕贝克成为帝国自由城市，不再受边防使（margrave）、伯爵、世袭公爵、主教或国王的控制，此后它开始繁荣起来。名义上，它要服从遥远的神圣罗马帝国；但根据它的宪章，权力都掌握在它的议会手中，议会由20名议员组成，每名议员都是在城市商业行会的成员中指定的。神职人员和骑士不仅被禁止加入议会，而且被禁止购买城里的土地。议会把行政权力授予4位市长。在好几百年间，吕贝克的市长们都是欧洲最重要的政治人物之一，他们的影响力比许多名留史册的国王还要大。

全体市民的共同理想是用砖砌成的。新独立的吕贝克市民在商人聚居区的中心，靠近市场和仓库的地方，建造了他们自己的教区教堂——圣马利亚教堂（Marienkirche）。这不是普通的教区教堂：它是有史以来最大的砖砌教堂。这是一座高耸的砖砌哥特式建筑杰作，它的基本设计借鉴了法国和佛兰德斯的建筑风格，并在此基础上融入了波罗的海地区的建筑风格。带有两座塔楼的建筑正面高达125米，直指天际，俯瞰着北欧平原；几个世纪以来，它一直是世界上最高的建筑之一。

这使得附近的罗马式大教堂——吕贝克主教的座堂——显得既简陋又渺小。在经常与主教发生争执的市民看来，圣马利亚教堂就像两根竖起的手指，在向主教行哥特式的致敬礼。它说：这座城市的权力就在这里。大教堂位于城市的边缘；而市民们的圣马利亚教堂在市中心。它连接着商业权力的中枢、市民公共生活的焦点——市政厅，以及另一座矗立在市场北部的、醒目的砖砌哥特式建筑。教堂本身也有世俗的商业功能；它能储存粮食，还能在除了圣日以外的日子里充当交易所。耸立在城市上空的无数绿色尖顶表明，吕贝克这座刚刚出现在基督教世界边缘的无名城市，是所有大胆的新事物的中心。

和欧洲其他许多城市一样，吕贝克最初也是一个边境要塞。此外，和19世纪的美国城市一样，它是由寻求财富和名望的拓荒者和移民建造起来的。于13世纪初建立这座城市的议员和商人，都是在法国、佛兰德斯和意大利进行过游历、贸易和谈判的人。他们带来了城市规划和城市建筑的最新理念。他们的市政厅参考了其他地方的市政厅；但是，就像他们的哥特式教堂超过了别处的一样，他们的市政厅也比别处的更大、更漂亮。

吕贝克的市政厅是中世纪市政厅的典范之一，这是一座雄伟的建筑，上头点缀着圆形尖塔，起初是座"中产阶级"风格的砖砌哥特式建筑，后来又经过了文艺复兴时期的改造。这里颂扬的不是战士、贵族和国王，而是商人、市民代表和公会，他们的雕像和纹章装饰着整个建筑群。包括布料在内的商品都在这里交易。市议会在有筒形拱顶的会议室里开会，制定法律并掌控城市的发展；市法院设在一个长厅里，它位于一个开放式圆顶拱廊的上方，拱廊里则是商人和工匠（包括金匠）做生意的地方。

最令人印象深刻的是一系列巨大的拱形地窖，里面储藏着布料和其他商品。最重要、最古老的地窖是Ratsweinkeller，即市政府的葡萄酒窖。人们会在那里对吕贝克市场上的葡萄酒进行品尝、评价和颁奖，由两名担任品酒师（Weinmeister）的市议员监督这一过程。除此之外，它还是一个举行公共庆祝活动、宴会和饮酒的场所。行会、公司和海员协会常常在这里举行聚会，"圈子协会"（Zirkelgesellschaft）也是如此，它又称外贸商人兄弟会（Brotherhood of Foreign Trade Merchants），这是一个由城市贵族阶层组成的精英俱乐部，他们频繁来往，相互结亲，一同经商，也一起管理城市。

每年有4次，市长或者财务主管会大步走上市政厅的议院阳台，参加一个叫作Burspraken的仪式。这个词在德语中的意思相当于拉丁语中的civiloquium，即公民演讲。但Burspraken的含义更丰富；这个词源于中古低地德语和农民社会，它有用最底层的城镇居民也能理解的语言与他们对话的意思。在仪式上，演讲者会对聚集在市场上的民众宣读吕贝克的法令，同时还会宣读与城市日常生活有关的事项：最新的章程、禁令、判决、议会决议、税收政策、航运和贸易条例，以及其他有宣讲价值的东西。Burspraken

并不意味着参与式民主。相反，它是把城市居民——中产阶级——团结在一起的黏合剂，是一套不断更新的规则，涉及从外贸到如何处理垃圾的一切事情。[1]

这种具有约束力的进程对吕贝克等城市的成功至关重要。一个典型的例证是圣灵医院，它启用于1286年，是欧洲最古老和最重要的社会福利机构之一。这是当地最富有的商人送给吕贝克市民的礼物。这座建筑所纪念的是它的共同创始人之一，商人兼市议员贝尔特拉姆·莫内韦格（Bertram Morneweg）。他是个孤儿，后来被吕贝克的一个市民收养。贝尔特拉姆从这里走向世界，建立了一个从诺夫哥罗德经里加延伸到英格兰金斯林的商业帝国。尽管长期不在家乡，但他仍然参与了吕贝克的市民生活，并将巨额财富遗赠给了当地的医院。他的遗孀格特鲁德（Gertrud）以6.5%的低利率借钱给这座城市和吕贝克市民，从而增加了家族的财富。他们的儿子赫尔曼（Hermann）像许多年轻商人一样，作为一个居住在外国贸易据点的侨民，艰难地掌握了国际贸易的诀窍。赫尔曼曾在金斯林打拼，之后回到家乡，担任过市议员和市长。作为国际商人、市民显贵、外交官和城市赞助人，莫内韦格家族一直在为吕贝克增光，并世代为其议会服务。

使吕贝克跻身于世界上最富裕城市之列的财富和公民精神，如今仍然可以从1276年大火后市民们建造的城市房屋上看出来，这些优雅的、带梯级状山墙的多层建筑都有着陡峭的A形屋顶和装饰性窗户。在吕贝克庄严、华丽的贮盐仓库（Salzspeicher）上，你就能一睹它的风采。这种建筑风格很漂亮。但这是种北欧式的美：表面的谦逊掩盖了它背后隐含的权力和财富。吕贝克带山墙的漂亮房屋集居住区、办公室和仓库于一体。很久以后，阿姆斯特丹——在许多方面都堪称吕贝克的继承者——采用了与此几乎完全相同的建筑风格。在雄伟的商用城市房屋后面是庭院和小巷，可以从狭窄的通道进去。那里有企业员工住的小公寓。

日耳曼人在斯拉夫人的定居点或十字军堡垒的遗址上建立了一系列像吕贝克一样的城市，并让来自莱茵兰、威斯特伐利亚和萨克森的殖民者在

---

1. M. Schmidt, *Veröffentlichungen zur Geschichte der Freien und Hansestadt Lübeck* (Lübeck, 1933), Vol. XII, pp. 42-43; Ernst Deecke, *Der Lübeckischen Gesellschaft zur Beförderung gemeinnütziger Thätigkeit* (Lübeck, 1939), p. 33.

这里定居下来。有上百座城镇采用吕贝克法律，其中包括里加（1201）、罗斯托克（1218）、格但斯克（1224）、维斯马（1229）、施特拉尔松德（Stralsund，1234）、埃尔宾（1237）、斯德丁（Stettin，1243）、格赖夫斯瓦尔德（1250）和哥尼斯堡（Königsberg，1255），它们还采用了其母城那独特的外观：砖砌哥特式建筑和可以充当航标的高耸绿色尖顶。这些城市就像它们的母城一样，建得很大——比以往任何城市都要大（或者说在摩天大楼时代到来之前都是如此），夸耀着它们新生的力量，宣告它们就此登上了国际舞台。施特拉尔松德的圣马利亚教堂塔尖高达151米；比吉萨大金字塔还要高，比纯靠人力建造的建筑物中最高的林肯大教堂只矮几米。

对长途旅行者来说，这些城市有着几乎相同的景观——优雅的哥特式建筑、装饰性的山墙和巨大的塔尖，一眼望去就能令人心安。一种基于共同的语言（中古低地德语）、法律、建筑风格和商业价值观的城市文明出现在北方贸易路线上。

德国商人建立了他们自己的行会，通过行会来协调他们的活动，开发欠发达、更加危险的波罗的海东部，并在公海上提供协同防御。在充满敌意的土地上，他们联合起来，组成封闭的日耳曼共同体，用城墙和武器来保护自己。这种行会在德语里叫作汉萨（Hanse），这个词最初的意思是武装护卫。在一个没有任何国家能为长途贸易提供安全保障的世界里，商业只能与刀剑相伴而行。汉萨商人遍布北欧，靠血缘关系团结在一起，通过分摊风险和收益，降低了长途贸易的成本。

一些穿越印度洋和地中海的商船运送的是香料和丝绸，这些都是奢侈品，数量虽少，但利润丰厚。来自吕贝克和其他贸易城邦的商人则寻求各种不同的商品，例如俄罗斯出产的蜂蜡（普通教堂和主教座堂对蜂蜡的需求量很大），以及大量的毛皮。汉萨商人使用了欧洲最大的货船，名叫柯克（cogs）：这是一种大型、廉价、鱼鳞式构造的船只，可以长时间航行。大宗贸易使用的都是这种船：来自波罗的海东部的蜡、毛皮、木材、树脂、亚麻、小麦和黑麦；来自斯堪的纳维亚和西欧的羊毛、布、酒、盐、黄油、香料、铜和铁。这些货物并不起眼，但对日常生活很重要。汉萨的柯克船载着十字军和殖民者，以及食物和武器补给，以维持他们在东欧的战事。

在这场快速接管和开发波罗的海地区的行动中，吕贝克充当了领头羊。作为波罗的海沿岸的第一座德意志城市，它的内部力量和法律权利使其在诸多新兴城市中处于霸主地位。如果另有对手出现，也会被它镇压下去，雄心勃勃的施特拉尔松德就曾在1249年被吕贝克烧成白地。个体商人创造了汉萨体系；很快，他们的家乡城市也纷纷效仿。吕贝克在1241年与汉堡结盟，协调双方的贸易和军事活动。

吕贝克控制着波罗的海地区的贸易，进出德国内陆的货物都要经过这里进行流通；汉堡则直通北海（又称德国海）。这两座大城市都离吕讷堡的盐矿不远。通向海洋和临近盐矿使它们变成了大都市，因为它们为欧洲其他地区的城市化提供了充足的燃料。

如果不能保证一年四季的食物供应，城市就无法生存。鲱鱼绝不是什么珍贵食材，但它富含蛋白质，经过腌制之后，可以为地处寒冷的欧洲北部的中世纪城市提供生存和发展的保障。在吕讷堡采购的盐被运到吕贝克，再出口到瑞典南部的斯科讷，鲱鱼在那里产卵。1360年，仅在吕贝克就有250艘鲱鱼船靠港，上头装载着一吨吨银色的佳肴。从那里，鱼又被出口到北欧城市的中心地带，也就是根特、伊普尔、阿拉斯和布鲁日等繁荣的纺织制造业城市，它们非常依赖腌制食品。

除了鲱鱼，广泛分布于挪威、冰岛和格陵兰岛沿海的鳕鱼也被当作补充食材进口到了吕贝克。腌鳕鱼不仅在北欧有市场，在伊比利亚半岛和地中海也是如此。中世纪的吕贝克就像现代那些拥有丰富石油资源的酋长国，只不过当时的燃料是鱼和盐。

吕贝克的商人专门买卖体积庞大的笨重货物。他们也经营生活必需品，正是这些商品养活了城市。鲱鱼就是其中之一。还有直至今天仍然是东北欧主食的黑麦面包，它提醒人们，从波罗的海东部新占领的土地上曾有大量的黑麦和小麦被运送过来。建造房屋急需的木材也产自该地区。北欧的美味饮料啤酒被德意志船只送往各地，以满足不断增长的城市人口的需求。莱茵兰葡萄酒被用于交换各种商品。在欧洲城镇的街道上，英国羊毛和俄罗斯毛皮给人们带来了温暖和优雅，这无疑是生活水平不断提高的标志。

几乎可以肯定的是，吕贝克并没有发明用蜂蜜和杏仁粉做成的杏仁蛋白糖（就像它总是宣称的那样），但它生产的糖果确实是最受欢迎的。在市政厅对面的尼德勒格咖啡馆里大嚼杏仁蛋白糖能够学到不少关于美食的历史。这种糖诉说着中世纪吕贝克的繁荣。杏仁是乘船从遥远的地中海经由布鲁日

第 6 章 战争之城　147

来到这座城市的。自13世纪末开始，从热那亚、威尼斯和佛罗伦萨来的桨帆船，以及从加泰罗尼亚、巴斯克地区和葡萄牙来的船只，把辣椒、生姜、肉豆蔻、丁香和杏仁运到了布鲁日。蜂蜜则是沿着从芬兰湾出发的贸易路线运过来的。

1356年，几座德意志城市的代表在吕贝克的市政厅会面。这标志着欧洲最强大的政治力量之一——汉萨同盟的形成，也标志着它事实上的首都吕贝克进入全盛时期。

汉萨同盟的起源可以追溯到1241年汉堡和吕贝克的结盟，它展现了城市联合所拥有的力量。1252年，吕贝克市议员赫尔曼·霍耶（Hermann Hoyer）和汉堡市的公证人在布鲁日就商业特权问题进行谈判。1266年，英格兰国王亨利三世向吕贝克和汉堡发放特许状，允许它们在他的领土内进行免关税贸易。其他渴望加入此类享有特权的新兴城市网络的城市，如维斯马、罗斯托克、科隆、不来梅、斯德丁（什切青）、里加、瑞威尔（塔林）和施特拉尔松德等，也很快加入了这个联盟；随着时间的推移，它变成了一个由200座城镇和城邦组成的网络。

这些城市联合起来，于1280年对佛兰德斯、1284年对挪威实施了贸易禁运，直到它们在这两个地方获得了贸易特权才停手。它们还将主要的竞争对手——英格兰人、弗里斯人和佛拉芒人——挡在了波罗的海之外。汉萨同盟的结构并不稳定，是一个由志同道合的城市组成的松散的联盟，直到1356年，即Hansetag（汉萨议会或会议）在吕贝克诞生之日，它才有了正式的身份。

要保持贸易路线的畅通，就必须一直不停地进行外交和交涉。这是最好的办法；如果失败，就只能动用武力。20世纪下半叶，西方帝国衰落之后，香港、新加坡和澳门等几座精干而灵活的城市能在几十年的时间里超越本地区更大的经济体，成为金融和航运巨头，靠的就是外交手段。汉萨同盟能够打进佛兰德斯、俄罗斯和英格兰这些北欧最富裕地区的市场，并获得重要的贸易特权，这得益于它对国际贸易的牢牢控制。强大的王国向小小的德意志城市组成的卡特尔[1]屈服了。

同盟在14世纪60年代对丹麦发动了一场战争，摧毁了哥本哈根，完全垄

---

1. 卡特尔，意为"联盟""联合企业"，垄断组织主要形式之一。——编者注

断了鲱鱼渔业。汉萨同盟的军事机器还被用来对付在波罗的海、北海和英吉利海峡出没的海盗。在15世纪,它曾断断续续地在海上与英格兰王国交战。

1474年,汉萨同盟把英格兰带到了乌得勒支的谈判桌前。吕贝克市长欣里希·卡斯托普(Hinrich Castorp)、吕贝克市商业代表约翰内斯·奥斯图森(Johannes Osthusen)和汉堡市长欣里希·穆梅斯特(Hinrich Murmester)向英格兰国王口述了谈判条款。英国人被迫支付了1万英镑的赔偿金,并被禁止在波罗的海进行贸易,还被迫把许多贸易特权和贸易据点交给汉萨同盟的商人。汉萨同盟是个不容轻视的组织。

汉萨同盟被憎恨是因为它在将近两个世纪的时间里一直迫使英格兰在经济上屈从于它。它的力量在15世纪后半叶日益壮大。同盟拥有极强的集体谈判能力,这种能力所带来的最丰厚的成果之一,是它可以在外国城镇设立事务所(kontors)——办事处和贸易站,这个词原本的意思是"柜台"。此名听起来平淡无奇;但实际上,事务所是城中之城,是自治的社区,有自己的住宅、教堂、会计室、过磅处、港口设施、织物会馆、行会、警卫和酒窖。居住在事务所的德意志商人可以享受同盟的保护和同盟替他们交涉来的特权,这些特权通常包括自由进入市场、享受优惠关税和税率等。

英格兰在盎格鲁—汉萨战争中落败后,汉萨同盟在如今坎农街火车站所在的位置重建了它的驻伦敦事务所。这个事务所俗称"杆秤"(Stalhof),是欧洲最大的贸易综合体之一,它是伦敦市中心一个带围墙的大型自由贸易区,货物可以从这里直接装载到德意志船只上。汉萨商人在16世纪30年代委托汉斯·荷尔拜因创作的一系列肖像画清楚地表明了他们在"杆秤"里掌握的财富有多么惊人。这些商人看起来就像王侯:庄重而威严,身穿红缎制成的华服,在他们身边,青铜时钟、威尼斯玻璃花瓶和土耳其挂毯等工艺品堆积如山。

英格兰最主要的财富来源是它的白色黄金——羊毛,但通过伦敦和北海的港口,汉萨同盟牢牢把持着羊毛贸易。来自吕贝克和其他地方的柯克船将这种重要的商品出口到佛兰德斯的工业城市,制成布料。伦敦桥附近这个自治的"杆秤"以及它收集的艺术品,它的起重机,它那肉眼可见的财富和带有蓝色圆顶的高塔,对雄心勃勃的英格兰商人来说是个长期存在的耻辱,他们无时无刻不想直接与斯堪的纳维亚、普鲁士和俄罗斯进行贸易。

羊毛是欧洲最宝贵的资源之一。位于挪威沿海城市卑尔根的汉萨事务所让吕贝克控制了利润丰厚的鳕鱼交易。诺夫哥罗德提供了通往俄罗斯和丝绸之路的门户。位于布鲁日的第四大事务所也许是最重要的。布鲁日为汉萨贸易商提供了通往北欧最大的城市集中地和纺织工业中心的通道。

汉萨同盟小心翼翼地守护着它在布鲁日的飞地，布鲁日有欧洲最大的香料和纺织品市场，还是连接地中海和北欧的桥梁。但它提供的不仅仅是奢侈品。这座港口城市连通着佛兰德斯的工业城市所提供的巨大市场，而后者对鲱鱼、啤酒、黑麦和羊毛的需求极为旺盛。它还提供了另一种全新的贸易形式。作为北欧城市中资本主义发展的先驱，布鲁日是阿尔卑斯山以北最主要的货币市场，这里是旅居国外的意大利银行家的家园，他们带来了货币兑换和债务交易的新理念。

从12世纪起席卷欧洲的变化是在城市领域中产生的，特别是像吕贝克这样享有政治自治权、围绕贸易和战争而设计的小城市，它们成了对抗混乱的堡垒。在物质享受和公民权利方面，城市居民远远领先于占人口90%以上的农民、村民和镇民。

1942年摧毁吕贝克市中心的炸弹，也毁掉了中世纪晚期最伟大的艺术作品之一——一幅30米长的以死亡之舞（Dance of Death）为主题的画作。这幅画绘制于1463年，作者是伯恩特·诺特克（Bernt Notke），它以精致的细节展现了吕贝克的轮廓：林立的尖塔、带有山墙的房屋、保卫它的城墙以及为它带来财富的船只。在前景中，死神化身为露齿而笑、蹦蹦跳跳的骷髅，它引导着社会各个阶层以欢快的舞步走向坟墓。教宗、皇帝、红衣主教和普通主教、国王和伯爵、市长和议员、高利贷者和商人、医生和牧师、职员和工匠、农民、修女、少女和儿童都在行列之中。

当他们被带到最终审判的审判席上时，所有人都祈求得到最后一次救赎的机会。"无论什么事我都会事先做好准备，"吕贝克的商人花言巧语道，"（获得）货物总要花费我很大的劲，不管是在陆地还是在水上，也不管刮风、下雨还是下雪。旅行对我来说没什么难的。（但是）我还没有准备好迎接最后的审判。如果我把账算清了，我会很乐意和你一起去。"他也许很会算账，但他不怎么擅长展现他不朽灵魂的负债和信用。这里要表达的是：无论你多么显赫、多么富有，当时机到来时，你都与最贫穷、最弱小的人有着相同的命运。

黑死病起源于中亚，它先是沿着丝绸之路传入中国和印度，接着又向西蔓延。它到达卡法［Caffa，即克里米亚半岛上的费奥多西亚（Feodosiya）］，然后在1347年乘一艘热那亚桨帆船离开。它之后的行踪与欧洲城际贸易网络地图完全吻合。从热那亚和威尼斯到达马赛，再从马赛传到伊比利亚半岛和法国濒临大西洋的城市；从那里进入加来和英格兰。然后它跳上汉萨同盟的船，借助其商业网络四处传播，到达布鲁日和吕贝克。它又从吕贝克蔓延到卑尔根、哥本哈根，沿着波罗的海一直传到诺夫哥罗德。它也沿着德国的商路向内陆延伸，到达了科隆和欧洲内陆。

受灾最严重的是繁荣、拥挤的贸易城市。佛罗伦萨的人口从12万锐减到5万，威尼斯的人口减少了60%；巴黎的10万居民中有一半死亡。吕贝克的人口也减少了一半。总共有2500万人死亡，超过了欧洲人口的三分之一。

在吕贝克的《死亡之舞》中，死神嘲弄了人类的愚蠢。当市民们看到它在圣马利亚教堂现身时，他们也被邀请一起大笑。在这里，贪赃枉法的市长得到了应有的惩罚；虐待农民的闲散贵族也是如此。再多的财富也救不了你。死亡、疾病和财富并存。这一艺术作品是为这个不确定的时代，这个不断发生战争和瘟疫的时代而作。它也是为商人们而作：生活充满风险，巨大的财富也会像尘土一样被吹散。有记载的第一幅《死亡之舞》是1424—1425年在巴黎绘制的。而吕贝克这幅创作于1463年的杰作是众多《死亡之舞》中最著名的一幅；许多印刷书籍中都有它的复制品，其中的人物增多了，学生、学徒和工匠等也被囊括进去。

它揭示了城市生活的脆弱性。直到1800年，欧洲农村人口的预期寿命都比城市高出50%。在中国，居住在城市里不用付出这样的代价，城市居民的平均寿命比他们的乡下亲戚长。欧洲城市是死亡陷阱，因为它们很脏；而中国城市在清洁方面堪为表率。欧洲人喜欢吃肉，在住处周围养着猪和鸡；亚洲人的饮食以素食为主，他们的市区里没有多少臭气熏天的动物。由于欧洲人长期生活在战争的风口浪尖上，他们的城市必须修建防御工事，从而在物理上受到限制，无法扩展，过高的人口密度也有利于微生物的生长。战争还使军队横穿欧洲大陆，四处传播细菌。而中国强大的中央政府减少了冲突，允许城市向城墙外扩张，将人口和市场分散到更广阔的区域里。东亚人有更好的个人卫生标准，他们的排泄物被运到附近的农田当作肥料。欧洲的城镇居民则生活在污秽之中。

但黑死病的蔓延也对欧洲的城市建设产生了激励作用。城市人口的急剧减少，特别是技工数量骤然下降，促使渴望逃离农村封建主义的农民移居城市，寻找高薪工作。人口减少迫使房租下降，工资上涨。在吕贝克，酿酒师、屠夫、琥珀工人、铁匠、手套工和织布工等上层手工艺者与商业王朝的精英们相距甚远，他们被排除在权力之外。但他们家境殷实。埃勒特·斯坦格（Elert Stange）是名军械工，曾在一段动荡时期里担任过市长，当时工匠们曾短暂获准进入市议会，他有一系列房产，包括一座公馆、一个仓库、五套联排别墅和两幢公寓。由于黑死病肆虐后贸易量激增，像斯坦格这样的工匠都发了财。[1]

随着农村人口的减少，城市需要更多的食物，如鲱鱼和鳕鱼，黑麦和小麦，啤酒和葡萄酒。到了15世纪，每年有1000多艘运粮船离开格但斯克，为尼德兰的城市供应食物。黑死病过后，城市里的幸存者和随后的一代人比他们的先辈吃得更好，穿得更精致，建造的房子更坚固，生活水平更高。收益被倾注在宏伟的建筑——我们所知的威尼斯和吕贝克绝大部分富丽堂皇的建筑都是这一繁荣的结果——和奢华的艺术品上。吕贝克是大宗商品的主要贸易地之一，它从对啤酒、蜡、谷物、鲱鱼、布料和毛皮等资源的需求中获益。

《死亡之舞》反映了这些残酷的现实和不确定性。它说，到城市里来赚钱吧；但拥挤、不卫生的城市却是死神的嬉戏之地。然而不要绝望：纵情舞蹈吧，因为死神一直在为你伴舞。这样的艺术属于欧洲一个相对较新的阶层：一个洞明世事、人情练达的城市观众群体。这幅巨大的画作反映了这座城市的生活体验：吕贝克的市民确实在跳舞。这座城市以狂欢节闻名，在举办狂欢节时，社会等级制度被主持节日的失序之王和讽刺富商家族贪婪的公开表演所颠覆。狂欢节为戏剧和诗歌的传播提供了机会。表演考虑了不同人群的品味：道德讽喻或黄色幽默，任君挑选。狂欢节会在夜间的舞蹈和豪饮中圆满结束。市长和议员领着市民们在大街上跳着火炬舞，从一排排卖力敲鼓的鼓手身边走过。

死神随时可能降临，人间的一切财富都是短暂的；尽情跳舞和赚钱吧。

---

1. Rhiman A. Rotz, "The Lubeck Uprising of 1408 and the Decline of the Hanseatic League," *Proceedings of the American Philosophical Society* 121:1 (Feb. 1977): 17ff, 24.

这些不确定因素蚕食着都市人的心灵。这座城市众所周知的脆弱性或许正是它最强大的约束力。毕竟，吕贝克最初是作为一家企业起家的，能生存下来完全归功于它是一家高效的企业实体。它的市政建筑、Burspraken仪式和狂欢节所表达的公民精神，将人们与它的公共事业联系在一起。这是一座拥有2万居民的小城市，由代表其主要贸易和职业的行会控制着，诸如托运人、鞋匠、鲱鱼商、布料商、长途贸易商、面包师、酿酒师、裁缝、铁匠行会等。还有一些由前往卑尔根、里加、诺夫哥罗德和斯德哥尔摩等地经商的商人组成的兄弟会。这些行会都有自己的行会大厅，它们以兄弟会的形式组织起来，主导着城市的经济、社会和政治生活。

正如伯恩特·诺特克的杰作所表明的那样，瘟疫等传染病并没有放过那些高门大户。因此，负责管理城市的议会从未成为精英们的世袭领地，而是要通过选举来产生新成员，其中许多人出生于其他地方。档案显示，在1360—1408年期间，绝大多数议员与他们的前任之间没有血缘关系。1375年，神圣罗马帝国皇帝查理四世访问这座城市时，将这些人称为"贵族"。[1]

命运青睐勇敢者；死神消除根深蒂固的特权。有创业精神的商人靠冒险进行长途贸易致富，他们有机会成为市民，负责管理城市并决定汉萨同盟的发展方向，变成贸易和金融领域的"贵族"。担任议员可以让一个男人取得地位，他们中的许多人出身于以前从未掌握过城市权力的家庭。许多吕贝克商人在危机四伏的俄罗斯和波罗的海东部进行贸易冒险时，积累了丰富的经验，从而能够以外交官、特使和谈判代表的身份活跃在北欧强权政治的棋盘上；有些人甚至在战争中负责指挥汉萨同盟的舰队。生意总是第一位的。他们为黄金和利润而战，而不是为了上帝和国家；领导他们的不是国王、伯爵和骑士，而是商人、市议员和市长。

尽管它看起来恬静而美丽，但吕贝克之所以能保持繁荣，靠的是它可以给挪威带来饥荒，给佛兰德斯和英格兰带来经济崩溃。它的工匠之所以富

---

1. Rotz, "The Lubeck Uprising of 1408 and the Decline of the Hanseatic League," 31.

有，是因为吕贝克及其同盟城市强大到足以垄断贸易，垄断主要商品市场，能够以经济优势、政治力量，有时甚至是武力击败任何竞争对手。

欧洲的城市化有其独特的风格，与世界上其他较发达地区截然不同。几个世纪以来，印度洋一直是一个巨大的自由贸易区。尽管这片海域并不太平——这里海盗横行，而且商人们也为争夺丰厚的利润展开了激烈的竞争——但它向所有敢于冒险的商人敞开了大门，不管他们是阿拉伯人还是中国人，是穆斯林还是佛教徒，是犹太教徒还是印度教徒。因此，这里的城市就像海上航线一样，带有自由和国际化的味道；宗教、种族和政治分歧都要服从于赚钱这一严肃的事业。东南亚这些多种族的大城市不像欧洲的城邦那样有城墙，它们奢侈地向四周蔓延。[1]

"以上帝和利益之名。"这是意大利大商人弗朗西斯科·达蒂尼（Francesco Datini）写在他数百本分类账簿上的座右铭。上帝起了一定的作用：欧洲的再城市化与战争密切相关，尤其是发生在黎凡特、波罗的海沿岸和伊比利亚半岛的宗教战争。而利益则与欧洲人不择手段地压制竞争对手以获得垄断地位的倾向有关；印度洋城市网络的自由贸易风气对这个地区而言非常陌生。威尼斯和热那亚为了在黑海获得贸易特权，进行了一系列异常血腥的战斗。双方都认为自己有绝对的权力控制亚得里亚海（在威尼斯看来）和利古里亚海（在热那亚看来），就像汉萨同盟统治波罗的海一样，不允许任何外人插足。它们共同组成了欧洲最先进的军事机器。

不管有没有贸易，城市固有的脆弱性都迫使它们走向了军事化。中世纪的欧洲分裂成数千个敌对的城市、城邦、自治城镇、共和国、侯爵领地、主教辖区、郡、公爵领地、公国、王国和帝国，它们变得善于战斗。威尼斯、佛罗伦萨、巴黎和米兰的人口超过了10万，这是非常罕见的；直到17世纪，其他欧洲城市都没有达到这样的规模（但这种规模的城市在中国、东南亚和中美洲并不罕见）。

在这个残酷的、狗咬狗的世界里，城市必须利用并完善战争科学。"首先，城市必须有足够的力量来保卫自己，摆脱对外来侵略永恒的恐惧。"历史学家、政治家弗朗西斯科·圭恰迪尼（Francesco Guicciardini）写道，

---

1. J. Kathirithamby-Wells, "The Islamic City: Melaka to Jogjakarta, c.1500–1800," *Modern Asian Studies* 20:2 (1986): 333–351.

"如果城市被武力征服，内部良好的秩序和法治将毫无用处。"在饱受战争摧残的欧洲，公民自由、城市财富和军事力量是相辅相成的。一座城市无论多么富有，如果军事力量较弱，就总会有对手随时准备向它发起进攻。[1]

圭恰迪尼的母邦佛罗伦萨共和国经常与锡耶纳、卢卡、比萨和米兰等敌对城市以及皇帝和教宗开战，不惜掏空其巨大的财富来招募欧洲的雇佣兵、职业军官、弓箭手、长矛兵、弩手、骑兵和步兵中的精锐。在许多邻近的城邦发展成竞争对手之前，佛罗伦萨就无情地把它们吞并了。在现代战争艺术、军事建筑和工程、枪支、火炮的发展中，富裕的意大利城邦走在了最前列。

但中世纪城市的优越之处在于，它们开发出了舰船，这是宇宙飞船出现之前人类技术史上最复杂的机器。威尼斯的大桨帆船、汉萨同盟的柯克船、葡萄牙的卡拉维尔（caravel）和卡拉克（carrack）帆船既可以用作战船，也可以用作商船，它们的出现基本上是欧洲的海洋城市相互竞争的结果。地中海地区的城邦率先在其战舰上装载大炮，这一发展改变了海战的游戏规则。工业革命前，世界上最大的军工综合体属于一座城市——威尼斯。新军械库（Arsenale Nuovo，1320）拥有1.6万名员工，有能力每天让一艘船下水，这是一个不可思议的壮举，在当时，就连英格兰这样的航海王国都缺乏永久性的海军船坞设施，因为它们没有城邦那样的财富、组织能力或凝聚力。再没有其他地方能如此清楚地表明中世纪的城市是战争的堡垒了。

※

在15世纪最初10年间巴黎发生的所有犯罪中，盗窃仅占7%；最普遍的犯罪形式（占比超过76%）是公民之间自发的、冲动的暴力行为。中世纪伦敦的验尸官留下的记录显示，在公共场所，尤其是在拥挤的市场上，当带着武器的年轻人在商业城市的喧嚣声中相互推搡时，几乎立刻就会爆发暴力冲突。威廉·罗（William Roe）在福斯特巷的圣韦达斯特教堂（St

---

1. Johanek, "Seigneurial Power and the Development of Towns in the Holy Roman Empire," pp. 146-148; Athanasios Moulakis, *Republican Realism in Renaissance Florence: Francesco Guicciardini's Discorso di Logrogno* (Lanham, 1998), p. 119.

Vedast Foster Lane)顶部的便池里小便，不小心尿到了另一个年轻人的鞋子上。那人发出抱怨，却被罗打了。然后，来自阿申登的菲利普站出来，斥责了罗。最终罗一斧子劈开了菲利普的脑袋。还有一次，沃尔特·勒·克拉克·德·埃德尔梅顿（Walter le Clerk de Edelmeton）和亚历山大·德·斯陶恩福德（Alexander de Staunford）在佛罗伦萨巴尔迪银行门口的天恩寺街（Gracechurch Street）上打了起来，亚历山大用铁头棒对沃尔特的头狠狠一击，导致了后者的死亡。罗伯特·庞查德（Robert Paunchard）在一家酒馆打烊时与厨师发生斗殴，被割断了喉咙。一名年轻的乡绅在街道上骑马奔行，危及妇女和儿童，一名陶工请求他骑马小心一点，却被他所杀。一位神父在偷苹果时刺伤了规劝他的园丁。年轻人为了女人和"荣誉"互相厮杀。帮派分子在酒馆打架，一直打到街头。一系列琐碎的争吵演变成了杀人案，验尸官的记录就是一部突发凶杀案的目录。[1]

1320年到1340年间，在中世纪伦敦发生的凶杀案中，有56%是持刀犯罪，87%发生在下午5点至次日凌晨2点之间，68%发生在户外公共场所。这座大都市是个每天都充斥着激烈暴力的舞台。在佛罗伦萨的圣·皮耶洛门，一位铁匠站在他的铁砧前，一边打铁一边愉快地唱歌。突然，有个男人冲进来，把他的锤子、秤等工具一一扔到了街上。

"你在搞什么鬼？"铁匠喊道，"你疯了吗？"

"你在做什么？"疯子问道。

"我在努力做好我的工作。可你把我的工具弄坏了，扔到街上去了！"

"好吧，"这个名叫但丁·阿利吉耶里的陌生人说，"如果你不喜欢我糟蹋你的东西，就不要糟蹋我的。"

这个倒霉的铁匠先前正在唱但丁的一首诗，但他唱得一塌糊涂，忘记了一些词，又添了一些词进去。这是城市街头暴力的又一个例子，正如但丁自己所写，"贪婪、嫉妒、骄傲，那些致命的火花点燃了所有人的心。"

毫无疑问，在佛罗伦萨这样的城市，激烈的竞争会缩短人们的寿命，但这也是激发创造力的神圣火花。但丁和薄伽丘是在致命的派系斗争背景下

---

1. Manuel Eisner, "Interactive London Medieval Murder Map," University of Cambridge: Institute of Criminology (2018), https://www.vrc.crim.cam.ac.uk/vrcresearch/london-medieval-murder-map.

写作的。城市这口大锅中装满了争议、政治阴谋和战争，这迫使人们去剖析人性和政治动机。要驯服像佛罗伦萨这样的猛虎，最好的办法是什么？这里有残酷的世仇、异常富有的首领、政治意识浓厚的下层阶级，以及对自由的共和主义情结。如何平衡城市内所有那些相互竞争的元素？这里既有亚里士多德和提图斯·李维等古代作家的著作，又有近代苦涩的佛罗伦萨史，尼科洛·马基雅维利等作家继承了历史悠久的共和主义传统，他们不仅为现代西方政治思想，也为历史研究奠定了基础。意大利各城市之间以及城市内部的竞争，为艺术和建筑的黄金时代提供了火种。

吕贝克等运转高效的小城市（其中有很多是共和国）在15世纪达到了辉煌的顶峰，但它们发现，面对拥有大量人力储备的中央集权国家，它们的处境越来越不利。曾经坚不可摧的城墙根本敌不过现代的大炮。法国国王弗朗索瓦一世在1515年吞并了米兰。1525年，神圣罗马帝国皇帝查理五世从法国手里夺取了米兰，两年后他洗劫了罗马，1530年又围攻佛罗伦萨，摧毁了这个共和国。热那亚落入法国人之手，然后又成为西班牙帝国的附属国。在意大利，威尼斯被法国和西班牙的势力所包围，在海上也受到奥斯曼帝国的威胁，于是开始了漫长的衰落。到了16世纪，汉萨同盟面对的是更强大、组织更完善的王国，如英格兰、瑞典和丹麦。它的许多成员城市在被纳入波兰和普鲁士等正在进行内部整合的国家后失去了自治权。到1669年举行最后一次汉萨会议（有9个剩余的成员城市参加）时，同盟已不再有任何意义。

然而，城市仍然处于欧洲战争的前线。在16世纪和17世纪，欧洲大陆上的战争变成了一门城市攻防的科学，一场城墙两边的炮手和工程师之间的军备竞赛。在吕贝克等城市周围建造了巨大的星形要塞，以使它们可以在炮击中立于不败之地。这些漫长而艰苦的战争使欧洲的军事工程师成了攻城技术的专家；消耗战给欧洲大陆的军队带来了远远领先于世界其他地区的技术。毫无疑问，欧洲能够迅速城市化的根本原因是人民的创业精神；但其活力也来自一些不那么积极的因素：黑死病、十字军东征、地方战争和致命的城市内部斗争。

新兴的欧洲大都市与其他地方的城市有本质上的不同。在我们看来，它们并不民主；但与处在帝国和官僚机构管理之下的中国、日本城市相比，它们又有更多的政治参与和社会流动性。欧洲城市的识字率并不高；但比起其他地方来，这里能阅读的人要多一点。它们虽然又小又脆弱，却孕育了一场将在全球爆发的军事和商业革命。

吕贝克的衰落和威尼斯的衰落一样，主要是由15世纪末全球贸易格局的急剧变化所引起的。欧洲人发现了美洲和直达东亚的航线，为欧洲开辟了广阔的新市场。吕贝克在贸易领域的主导地位被它身边的一个新来者打破了，那就是正在崛起的城市阿姆斯特丹。汉萨同盟迅速地衰落了，但它把敏锐的经商之道以及垄断贸易和使用暴力的战术遗留了下来，这些东西影响了全世界。

第 7 章

世界之城

里斯本、马六甲、特诺奇蒂特兰、阿姆斯特丹

(1492—1666)

1494年，当纽伦堡的医生和地理学家希罗尼穆斯·闵采尔（Hieronymus Münzer）访问"光辉灿烂的"里斯本时，他惊呆了。这里从一潭死水变成了欧洲大陆上最令人兴奋的城市，开创了一个新的前沿。

在码头上，闵采尔不仅看到了大量的榛子、核桃、柠檬、杏仁、无花果、苹果和糖，还看到了从非洲运来的近乎"无穷无尽的物品"：色彩艳丽的织物（包括地毯）、铜锅、小豆蔻、数不清的胡椒枝、象牙和黄金。他看到一条巨大的鳄鱼被悬挂在圣特立尼达修道院（monastery of Santa Trinidad）的唱诗楼上方，还对一只鹈鹕的喙，以及在圣乔治城堡里遇到的关在笼子里的狮子感到惊奇；他被从几内亚湾带来的龙树迷住了，它们当时就生长在里斯本周围。他考察了巨大的甘蔗、非洲武器和用大鱼骨头制成的大锯子。

在15世纪最后那几年，里斯本是一座逐渐被发现的国际博物馆，它不同于欧洲的任何其他城市。在这个世纪之交，它有大约15%的人口由非洲奴隶组成。它还有一个相当大的穆斯林社区。闵采尔注意到，这里有大量"家财万贯"的犹太商人。他们中的许多人是在1492年被集体逐出西班牙后搬到里斯本来的。更富有的是荷兰和德国的商人，他们住在按德国风格建起来的新商人街（Rua Nova dos Mercadores）上。[1]

里斯本呈现出一种欧洲其他城市绝无仅有的感官享受和异国情调。就在闵采尔来访之后不久，一种大胆的建筑风格进一步改变了这座城市。这种华丽的样式被称作曼努埃尔式，时至今日仍然能在贝伦塔（Belém Tower）和圣哲罗姆派修道院（Jerónimos Monastery）见到，它象征着里斯本不拘一格地向全球借鉴的作风。曼努埃尔风格是对晚期哥特式、摩尔式、非洲式、意大利式和佛兰德斯式城市设计的夸张综合，它还融入了印度寺庙的装饰以及航海主题和代表发现的图标：浑天仪、缠绕的绳索、花式结、锚、犀牛、大象和其他奇异动物的雕刻图像。

在15世纪晚期，里斯本的货物、居民和建筑都非常引人注目，因为没有其他欧洲城市能直接与非洲和亚洲进行贸易；只有少数威尼斯人到过欧洲大陆以外的地方。1500年，世界上最大的12座城市中有7座在亚洲——维查耶纳伽尔[2]、高达（Gauda）[3]、广州、北京、南京、杭州和大不里士（Tabriz）。撒哈拉以南非洲最大的城市贝宁城（位于今尼日利亚）和中美洲的特诺奇蒂特兰都比巴黎大，巴黎当时有18.5万人口，是排行榜上前12名中唯一的欧洲城市。世界城市的中心地带仍然在亚洲。

如果说欧洲是穷乡僻壤，那么几个世纪以来，葡萄牙一直是欧洲大陆边缘的一个偏僻地区，紧靠着浩瀚而又未知的大西洋。它的军事贵族热衷于在北非进行十字军东征。相比之下，里斯本其实是一个极其保守、贫穷的国家内部的城邦。这里的商人大多是犹太人或穆斯林的后裔，与北非的阿拉伯国家、意大利和北欧有着密切的贸易联系。尽管农村和城市人口相互敌视，但他们明显对立的世界观——前者热衷宗教战争而后者渴望世俗财富——将会

---

1. Judith B. Sombré (trans.), "Hieronymus Munzer: journey through Spain and Portugal," http://munzerama.blogspot.com/2017/04/hieronymous-munzer-journey-through.html.
2. 南印度维查耶纳伽尔王国的首都，其遗址位于今天的印度卡纳塔克邦亨比村。——译者注
3. 又名高尔（Gaur），孟加拉历史名城，位于今天的孟加拉国和印度边界上，1500年时它是孟加拉苏丹国的首都。——译者注

融合在一起。

1415年，贵族们得到了他们想要的东西：在摩洛哥发动一场十字军东征。小小的葡萄牙占领了位于地中海非洲海岸上的休达，这震惊了欧洲和伊斯兰世界。葡萄牙的圣战战士们遇见了一座令他们瞠目结舌的城市。休达是"非洲城市之冠"，里斯本与它相比实在是破旧不堪。商人们住在宫殿里，买卖非洲的黄金、象牙、奴隶和亚洲的香料。据一位葡萄牙编年史家说，商人们来自"埃塞俄比亚、亚历山大里亚、叙利亚、巴巴里地区、亚述（土耳其）；还有来自东方的人，他们生活在幼发拉底河对岸和印度……以及地球另一侧的许多其他地方，这些地方远在我们的视线之外"。[1]

这确实是对另一个世界的一瞥，一个欧洲无法触及的未知世界。葡萄牙国王若奥一世之子亨利王子参加了攻打休达的战斗。这座城市的财富加上他对十字军东征的痴迷，使他渴望消灭伊斯兰教，以及通过找到一条越过撒哈拉沙漠的道路来使葡萄牙成为伟大的国家；据说在撒哈拉沙漠的另一边不仅有黄金和香料，还有一个神秘的失落的基督教王国。根据传说，埃塞俄比亚笃信基督教的约翰王就在地球另一侧；很显然，散布在印度洋上的基督教王国也是如此。如果能找到一条通往这些地方的路，不让欧洲被伊斯兰世界封锁住，那么伊斯兰世界就将被联合起来的基督教世界包围。

在亨利王子（后来被称作航海家亨利）的支持下，许多卡拉维尔帆船从里斯本出发，去探索非洲的大西洋海岸。到15世纪70年代，里斯本的商人、奴隶贩子和探险者已经抵达几内亚湾；在接下来的十年里，他们到达了刚果。然后，在1487年，由巴尔托洛梅乌·迪亚士率领的一支探险队从纳米比亚海岸向西出发，进入大西洋。这个大胆的决定终于解开了如何到达印度洋的谜题。在海面上，西风把迪亚士的小船吹向东方，绕过了被他命名为好望角的岬角。迪亚士推翻了托勒密关于印度洋是一个封闭海洋的理论。从欧洲出发可以航行到那里。

或者更准确地说，从里斯本出发可以到达那里。

对那些希望从探险时代中获利的人和希望了解在他们脚下运转的世界的人来说，这座城市充满了吸引力。热那亚的克里斯托弗·哥伦布被探索的狂

---

[1]. Roger Crowley, *Conquerors: how Portugal seized the Indian Ocean and forged the first global empire* (London, 2015), p. 4.

热,以及会仔细研究探险者们带回的每一张新地图、每一点新信息的专家团队所吸引,来到了国王若奥二世的宫廷。15世纪80年代,纽伦堡的商人兼天才制图师和宇宙学家马丁·贝海姆也被吸引到了里斯本,他在这里对星盘进行了改进,并制作了航海用表。1483年,犹太科学家何塞·维齐尼奥(José Vizinho)将浑天仪带到几内亚湾,测量了太阳的高度。通过这些航行,人们绘制了东大西洋的详细地图,到此时为止,那里都是一片未知的海域。1491年到1493年间,贝海姆制作了一个名为"地球苹果"(Erdapfel)的地球仪,这是在发现美洲前夕西方对世界认识的总结。[1]

但贝海姆和维齐尼奥等科学家都是站在伟大的亚伯拉罕·扎库托(Abraham Zacuto)肩膀上的,他是位拉比和皇家天文学家。扎库托出生在西班牙,当那里的犹太人被逐出他们的祖国时,他到了里斯本避难。扎库托的天文表被辑为《永久年历》(Almanach Perpetuum),它使海员能够在海上确定其位置,从而彻底改变了海洋探险的面貌。若奥手下的专家委员会就是由贝海姆和维齐尼奥领导的,他们拒绝了哥伦布向西穿越大西洋前往印度的提议,正确地判断出他会严重低估地球的大小。

希罗尼穆斯·闵采尔对里斯本的军事基础设施赞叹不已,那里的工厂在德意志和佛兰德斯的浇铸工和炮手领导下,生产了一系列先进的武器。葡萄牙船只配备了最先进的舰载炮:可以在卡拉维尔帆船上开火的大型射石炮,以及被称为berços的可以装在船载小艇上的轻型速射后装式回旋炮[2]。在一位有远见的国王的梦想、对地平线那头的财富的渴望和宗教热情的推动下,里斯本从一座默默无闻的城市一跃成为欧洲最顶尖的大都市。

若奥二世于1495年去世后,他的继任者曼努埃尔一世仍然致力于这项任务。不到两年,另一支探险队就启程了,他们配备了里斯本造船厂所能生产的最好的船只和武器,还有最新的导航设备。率领这支船队的是瓦斯科·达·伽马,他奉命前往香料之都卡利卡特,寻找信奉基督教的国王,并开辟香料贸易通道。根据教宗的敕令《除其他事项外》(Inter caetera),欧洲以外的世界由大西洋上一条纵贯南北的分界线一分为二。该线西边所有的土地都属于西班牙,东边所有的土地则属于葡萄牙。后来两国又通过《托得

---

1. Crowley, *Conquerors*, p. 19.
2. 这种火炮在中国被称为佛郎机。——译者注

西拉斯条约》（Treaty of Tordesillas）对这条假想的界线做了修正；这意味着葡萄牙人正驶向他们认为属于自己的私有领地，这是教宗授予他们的。

沿着巴尔托洛梅乌·迪亚士的路线，达·伽马向西进入大西洋，以便在非洲南端转向东方。他一直沿着东非海岸往前走。当船队停靠在港口城市莫桑比克时，葡萄牙人第一次嗅到了他们所进入的新世界的气息。这里有服饰华丽的阿拉伯商人，他们的船只载满了金、银、丁香、胡椒、姜、珍珠、红宝石和其他宝石。他们继续向其他城市进发，先后抵达了蒙巴萨和马林迪。不管在哪里，他们都能看到富裕的城市和繁荣的贸易。但他们想要找的基督教城市却不见踪影。

在这个复杂的、多民族的城市世界里，饱受坏血病折磨的欧洲水手们带着他们不值钱的玩意儿，实在没什么东西能够拿得出手。在这里，亚洲和非洲的财富川流不息地在一座座城市之间流动。他们所拥有的是不由分说的侵略和对所有伊斯兰事物的仇恨，这是他们在摩洛哥和突尼斯艰苦的十字军东征中学到的。他们的舰船拥有世界上最先进的军事技术。从到达印度洋的那一刻起，他们就开始使用武器来获取他们想要的东西。葡萄牙人对这片有着大城市和复杂贸易网络的陌生海洋充满怀疑，于是向非洲村庄和莫桑比克城镇开了火。这些入侵者的猜忌和好战预示着即将发生的事情。[1]

卡利卡特是当时最大的城市之一，也是香料贸易的中心，它从海滩边一直延伸到高止山脉的山麓，地势逐渐升高。棕榈树掩映着刷成白色的商人住宅和贵族的木制宫殿，从这些房屋中可以看到海景。在大型印度教寺庙附近的清真寺里，尖尖的宣礼塔直指天际。当达·伽马手下那些筋疲力尽而又惶恐不安的人来到这座广袤、人口稠密的城市时，一定像是踏入了一块奇怪的、未经探索的异国土地，虽说他们的确是群没见过世面的欧洲人。历史中有许多具有讽刺意味的事件，其中之一就是，葡萄牙人在卡利卡特最先遇到的是两个突尼斯商人，那里离葡萄牙很近。"活见了鬼！"其中一人用卡斯蒂利亚语对这些疲惫的旅人说，"你们怎么跑到这儿来了？"

---

1. Crowley, *Conquerors*, pp. 64–65.

答案很简单：他们说来这里是为了寻找基督徒和香料。当有人用欧洲语言向他们打招呼时，他们似乎没有想到，世界相互联系和经济一体化的程度比他们想象的要高得多。达·伽马的人越过好望角，历尽艰辛才到达此地。而突尼斯人只不过是从家乡沿着一条穆斯林已经铺好的路就走到了这里。

这里没有笃信基督教的国王，而香料是要花钱买的。葡萄牙人可以用什么来换香料呢？为了给这里信奉印度教的国王萨穆蒂里（Samoothiri，意为"海洋之主"）留下一个好印象，达·伽马献上了他的礼物：12匹条纹布、4顶猩红色头巾、6顶帽子、4串珊瑚、6个盆、一箱糖、两桶蜂蜜和两桶油。

看到这些礼物，萨穆蒂里的官员笑了：麦加最穷的商人带来的礼物也比葡萄牙国王的要强。他甚至拒绝把它们呈献给他的主人。

这是一座商业都市，它的君主是一位商业国王。卡利卡特有着巨大的寺庙和宫殿，人口众多，其中混杂着犹太人、穆斯林、印度教徒和佛教徒，它使里斯本看起来就像个乡下地方。一千多年来，商人们从受季风影响的海洋的各个角落来到此处，带来有价值的商品。萨穆蒂里从自由贸易中获利，向数百艘以卡利卡特为印度洋主要转运中心的船只征收关税。他没有兴趣与一个遥远国家的国王派来的使者进行礼貌性的外交，他们带来的东西毫无商业价值。

没兴趣的不仅是萨穆蒂里。当卡利卡特的穆斯林商人看到葡萄牙人的商品时，往地上吐了口唾沫，轻蔑地说："葡萄牙！葡萄牙！"从中国到威尼斯，全世界的财富都堆积在这座城市的市场里，没有人想买欧洲人带来的东西；难怪一件在里斯本值300雷亚尔（real）的上好的衬衫在卡利卡特只能卖到30雷亚尔。相比之下，一袋香料在卡利卡特卖2克鲁扎多（cruzado），在里斯本却值30克鲁扎多。

达·伽马无法理解这样的经济现状，他怀着从欧洲带来的猜忌和仇恨，认为穆斯林商人在密谋对付他，阻止葡萄牙手镯、布料和衬衫的销售。更糟糕的是，国王要求所有来访的商人缴纳港口税。达·伽马没有足够的金币支付税款，他那微不足道的商品也不值这些钱。他决定不付钱就走。在此之前，他绑架了6名高种姓的印度商人。葡萄牙舰队出航后，萨穆蒂里派出一批战舰追赶他们。但萨穆蒂里的舰队敌不过葡萄牙人的炮火，被击溃了。[1]

---

1. E. G. Ravenstein (trans.), *A Journal of the First Voyage of Vasco da Gama, 1497–1499* (London, 1898), pp. 48ff.

达·伽马带回了少量的香料和一条信息——葡萄牙船在目前的亚洲水域无人能敌。当达·伽马成功的消息传遍欧洲时，威尼斯和热那亚的人都明白，自己的末日快到了。曼努埃尔一世现在自称"埃塞俄比亚、阿拉伯、波斯和印度的征服者，航海和商业之王"，1500年，他又派出了一支探险队，由佩德罗·阿尔瓦雷斯·卡布拉尔负责指挥。

为了找到西风带，卡布拉尔驶进大西洋，发现了一片陆地，那就是后来的巴西。在印度水域，他开始攻击穆斯林船只。葡萄牙与卡利卡特的新萨穆蒂里之间的关系破裂了。一群穆斯林袭击了该市的葡萄牙贸易站。在战斗中，葡萄牙人声称他们在卡利卡特的街道上用十字弓"杀死了许多人，尸体堆积如山"。卡布拉尔屠杀了600名停留在香料之都的阿拉伯商人和水手。他抢劫他们的货物，烧毁他们的船只，还捕获了3头战象（葡萄牙人把它们吃掉了）。然后他将威力强大的大炮对准城市本身，炮轰卡利卡特。葡萄牙人再次高兴地宣称："我们杀死了无数的人，给（这座城市）造成了很大的破坏。"[1]

现在，一拨又一拨的船只从里斯本驶向印度洋。瓦斯科·达·伽马回来了。在东非主要的贸易港口基尔瓦，他警告苏丹说："如果我愿意，一个小时内你的城市就会变成灰烬。"他告诉其他城市，曼努埃尔是"海洋之主"，是他们海岸的统治者。他抢劫并摧毁了一艘载有380名乘客的单桅帆船，其中包括一些生活在受季风影响的海洋地带的商业精英，在整个印度洋掀起了轩然大波。除了孩子之外，所有人都被屠杀了。[2]

重回被围困的卡利卡特，达·伽马命令萨穆蒂里驱逐所有穆斯林商人，禁止当地人与他们做生意。印度教国王驳回说，葡萄牙人简直就是海盗，他的"港口一直是开放的"。达·伽马却以"一场持续不断的铁球和石头的风暴"加以回应。在这场可怕的炮击中，达·伽马在他的帆桁上绞死了34名穆斯林商人和印度教渔民。不过数年之间，卡利卡特，世上最伟大的城市之一，就被毁掉了。人们迅速离开了这里。[3]

---

1. William Brooks Greenlee, *The Voyage of Pedro Álvares Cabral to Brazil and India* (London, 1937), pp. 83–85.
2. Gaspar Corrêa, *The Three Voyages of Vasco da Gama, and His Viceroyalty* (London, 1896), p. 295; Crowley, *Conquerors,* chapter 7.
3. Crowley, *Conquerors*, pp. 131ff.

面对这种残酷和持续不断的恐吓,又没有自卫的手段,马拉巴尔海岸上的城市开始屈服于残暴的侵略者。葡萄牙人在整个海域建立了一个保护网,强迫往来的船只购买通行证,拒绝购买的将遭受灭顶之灾。一位穆斯林统治者惊骇地说:"禁止人们在海上航行,这是闻所未闻的。"但现在,随着葡萄牙人的到来,情况就是如此。穆斯林贸易团体意识到游戏已经结束,纷纷回国。斯瓦希里海岸和马拉巴尔海岸大部分都落入葡萄牙人手中。他们修建堡垒,禁止当地统治者与除葡萄牙人以外的任何人进行贸易,即使是被许可进行的贸易,也只能遵循入侵者设定的价格。[1]

几个世纪以来,印度洋都市群一直都在和平发展,现在它们面临着暴力的破坏。为了免遭葡萄牙人侵略,开罗的马穆鲁克苏丹(在威尼斯人的秘密帮助下)组织了一支舰队来对付入侵者。基尔瓦是一座很小但很富裕的城市,拥有的清真寺可与科尔多瓦的清真寺媲美,它在1505年被洗劫;在此之后不久,蒙巴萨,一座美丽的大型贸易城市,被洗劫一空并付之一炬。霍尔木兹(Ormuz),一座了不起的海洋城市,也被攻占。处于一座葡萄牙要塞控制下的印度城市科钦成了主要的香料贸易港。

1510年,军事天才阿方索·德·阿尔布克尔克以科钦为基地策划了一次新的袭击。果阿城(Goa)被洗劫一空,穆斯林及其建筑被"净化"(按阿尔布克尔克的说法)。接着,另一座城市进入了他的视野,它是最伟大的城邦,印度洋上的珍宝,绰号"太阳之眼"。

据葡萄牙作家托梅·皮雷斯(Tomé Pires)估计,在马六甲这座人口多达12万的大城市里,有84种不同的语言。这座城市就像一条缎带,绵延约10英里,一侧被丛林包围,另一侧则面朝大海,从驶来的船上可以看到它,以及城里数以千计的棕榈茅草屋、仓库、寺庙和清真寺。据说,它的港口可以容纳2000艘船,从庞大的中国货船到划桨的舢板都有。皮雷斯说,它虽然仅有一个世纪的历史,但毫无疑问,"马六甲是如此重要和利润丰厚,在我看来,世界上没有哪里能与它相提并论"。[2]

"太阳之眼"是个贴切的绰号。就像之前的巨港和之后的新加坡一样,

---

1. Crowley, *Conquerors*, p. 128.
2. Tomé Pires, *The Suma Oriental*, 2 vols, ed. and trans. Armando Cortesão (London, 1944), p. 285.

这座城市是中国和日本、香料群岛和爪哇、泰国和缅甸、印度和锡兰、非洲、欧洲和波斯湾贸易网络的辐射点。它位于一个季风系统的末端和另一个季风系统的开端。因此，所有的贸易都集中在这里。香料、布料、漆器、奴隶、药物、香水、宝石、瓷器、象牙和黄金从亚洲和非洲运到这里；欧洲最好的商品也经由威尼斯和开罗转运至此。马六甲位于世界的中心。

皮雷斯一口气列出了一份详尽的外国商人清单：有来自开罗、麦加、霍尔木兹和亚丁的；有来自阿比西尼亚和基尔瓦的；既有土耳其人和信奉基督教的亚美尼亚人，也有中国人、缅甸人、爪哇人、暹罗人、柬埔寨人、古吉拉特人、孟加拉人、武吉士人（Bugis）和马来人；有来自卡利卡特的印度教徒和来自锡兰的泰米尔人；还有来自文莱、摩鹿加群岛、帝汶岛、巽他群岛、勃固、马尔代夫等地的贸易商……清单上的名字远不止此。各种各样的商人组成了大型贸易公司和行会，像德国的汉萨同盟一样分摊风险并联合起来就价格和关税进行谈判。

在这座大都市里，每条街道、每栋房子都是望不到头的露天市场的一部分，你可以买到任何你喜欢的东西，也可以在世界上最先进的货币市场上放手一搏。在苏丹的统治下，它因国际贸易的关税收入而成为一座极其富有的城市。马六甲甚至比葡萄牙人在印度摧毁或占领的那些耀眼的城市还要光彩夺目。"马六甲的伟大和利润令人们无法估量它的价值。它是一座为贸易而生的城市，比世界上任何其他城市都更适合交易。"像托梅·皮雷斯这样的葡萄牙入侵者开始理解世界是怎样相互联系的了："谁是马六甲之主，谁就扼住了威尼斯的咽喉。"[1]

因此，1511年7月1日，一支葡萄牙舰队出现在马六甲附近，身后留下了一系列被摧毁的载货帆船，也就不足为奇了。3个星期以来，阿尔布克尔克的军舰一直威胁着这座城市，他向苏丹提出了严苛的要求，并通过不断的炮击向后者施压。24日，阿尔布克尔克发起了进攻。马六甲的要害是一座横跨河流的桥，它将这座巨型都市一分为二，这座桥有点像位于热带的里亚尔托桥，商业活动在这里进行。在争夺大桥的战斗中，全副武装的葡萄牙士兵遭遇了密集的炮火、如雨点一般的弓箭、涂有剧毒的吹箭，以及20头四处践踏的狂暴战象的袭击。他们一度占领了那座桥，但由于炎热潮湿的气候，又不

---

1. Pires, *The Suma Oriental*, p. 287.

得不撤退。

几乎没有比这更激烈的巷战了。阿尔布克尔克麾下的大部分指挥官都被毒箭和烈日吓坏了，想要放弃攻城。但阿尔布克尔克坚持认为他们还有机会占领这座地球上最富有的城市。8月10日，他们再次发动攻击。这一次，葡萄牙人无法再对桥梁发动突袭；猛攻将在阿尔布克尔克铁的纪律之下进行。在扫射街道的炮火掩护下，葡萄牙的长枪兵排成方阵，每侧6人，在街道和小巷组成的网络中一寸一寸地前进。不论男人、女人还是孩子，没有一个穆斯林能够幸免于难。在9天的时间里，这些编队系统地清除了城里所有的敌人。之后，葡萄牙人被允许抢劫，但同样要遵守严格的纪律：禁止纵火；不得劫掠插有旗帜的房屋；以小组为单位，水手优先进城；抢劫要在规定时间内完成，当号角声响起时，残酷的扫荡必须结束，这样下一群人就可以开始洗劫世界上最大的露天市场。

在他们抢完之后，马六甲血迹斑斑的街道上到处都是残余的财物，胜利者根本不会在意这些东西，因为他们的口袋里装满了更值钱的东西。被丢弃的珠宝在尘土中闪闪发光；精致的中国瓷器被摔成碎片，谁都不会看它们一眼；锦缎、丝绸和塔夫绸被人踩在脚下；一罐罐麝香被弃之于地。光是把这些被丢弃的东西拿到威尼斯去卖掉，就足以支付一个国王的赎金了。抢劫之后还得进行劳作。即使因疟疾肆虐而严重减员，阿尔布克尔克的士兵还是冒着酷热，从清真寺的废墟里搬来石料，建造了一座堡垒。马六甲属于葡萄牙了。大约九百名欧洲人打败了一支由两万名守军组成的军队。除了是全球贸易的支点以外，马六甲还成了葡萄牙向香料群岛、中国和日本推进的跳板。

※

"谁是马六甲之主，谁就扼住了威尼斯的咽喉。"不仅是威尼斯，还有开罗、亚历山大里亚和麦加的咽喉。这座城市被占领是世界历史上的一个转折点。控制了马六甲、果阿、科钦和霍尔木兹等战略性港口，葡萄牙就可以取代它的穆斯林对手，控制印度洋贸易。

随着巴西、非洲和亚洲的奢侈品纷纷涌入，世界各地的财富如雨点般落在里斯本这个新兴的全球贸易之都。查理一世有句名言："如果我是里斯本国王，我很快就能统治整个世界。" 请注意，他说的是"里斯本"，而不是"葡萄牙"。

1498年，曼努埃尔一世在特茹河岸边腾出空地，建造了一座巨大的宫殿，名为里韦拉（Paço da Ribeira）。作为曼努埃尔式建筑的典范，它是文艺复兴时期的一大亮点，这不仅是因为它那混合着各种异国情调的建筑风格，还因为它是欧洲各地的诗人、剧作家、艺术家、哲学家、学者和科学家的聚会场所。这座宫殿建筑群里也有对葡萄牙广泛的全球贸易垄断进行管理的主要行政部门：印度院（Casa da Índia）、奴隶院（Casa dos Escravos）、佛兰德斯院（Casa da Flandres）、几内亚院（Casa da Guiné）和海关。宫殿与巨大的军械库、皇家铸币厂、印度仓库（Armazéns de Índia）等仓库以及船坞相邻。这座新宫殿一部分是皇家住宅，一部分是商业总部，让曼努埃尔一世可以看到世界各地的巨大财富被卸在他的家门口，闻到弥漫在里斯本空气中的香料味。他那富丽堂皇的仓库里装着一袋袋的糖、丁香和胡椒。法国国王弗朗索瓦一世轻蔑地给他起了个绰号，叫"杂货王"（le roi épicier）。

但这不过是嫉妒罢了。到1510年时，"杂货王"唐·曼努埃尔每年仅靠香料贸易就能净赚1000万克鲁扎多。任何乘船抵达里斯本的人都会目睹它那豪华的河畔建筑，比如贝伦塔和宏伟的圣哲罗姆派修道院，它们是这个时代的奇迹，据说是用胡椒贸易赚的钱建造的，或至少是靠对香料征收的5%的税，以及靠佛罗伦萨银行家兼奴隶商巴尔托洛梅乌·马尔基奥内（Bartolomeu Marchione）的馈赠建造的。农业用地被清理出来，为巨大的皇家万圣医院（Hospital Real de Todos-os-Santos）让路。[1]

新宫殿把里斯本从山上拖到了水边，重新开发特茹河河畔的土地，仿佛它渴望靠近自己的新世界一般。商人们也在河边建造了自己的宅子，如里韦拉宫般华丽。随着里斯本人口和财富的增加，在皇家城市总体规划的指导下，土地被清理出来用于城郊发展。一个很好的例子是里斯本上城区——今天它成了里斯本观光和夜生活的中心——是按照几何图形建造的，以容纳日益增多的专业海事工匠：商业大都市里不可缺少的捻缝工、制绳工、帆布裁缝和金属锻造工。里斯本的马赛克人行道非常有名，它们的历史可以追溯到1500年，当时，新商人街和其他的主要道路都是用来自波尔图地区的昂贵花

---

1. Barry Hatton, *Queen of the Sea: a history of Lisbon* (London, 2018), pp. 55ff.

岗岩铺成的。[1]

新商人街的"无限商店"和拱廊坐落在多层建筑之下，人们在这些建筑中就像"沙丁鱼"一样生活。新商人街成了里斯本的商业中心；在这里，你可以买到猴子、火鸡、鹦鹉、日本漆器、明朝瓷器、宝石、生姜、西非的象牙和乌木，以及胡椒、珍珠、波斯地毯、美洲辣椒、亚洲丝绸、佛兰德斯挂毯和意大利天鹅绒。街上有银行和交易所，每天公证员都要到露天的货摊上登记交易。欧洲没有哪条街比这里更具异国情调和活力了。[2]

在1514年的一次访问中，佛兰德斯贵族扬·塔科恩（Jan Taccoen）被千奇百怪的生命弄花了眼。"在里斯本你可以看到很多动物和奇怪的人。"他写道。他每天都能在街上看到大象。曼努埃尔一世经常举行游行，带领他穿过城市的是一头犀牛，后面跟着五头披着金丝锦缎的大象、一匹阿拉伯马和一只美洲虎。就在塔科恩来访的那一年，曼努埃尔一世送给教宗一份礼物，展现了他的财富和权力：一头名叫汉诺的白象，还有多只鹦鹉、花豹和一只黑豹。一年之后，他又送去了一头白犀牛。

成千上万的非洲和巴西奴隶令塔科恩惊叹不已，他曾目睹一艘船卸下一船香料和300名裸体的俘虏。塔科恩遇到了为处理外交事务而来的非洲自由民，以及满身珠宝的印度人。还有一些人来自遥远的日本和中国。为了建立贸易通道以买卖欧洲各地的商品，人们从德意志、佛兰德斯、英格兰、法国、意大利和其他地方蜂拥而至。塔科恩寄住在吉勒斯·德·巴克雷（Gilles de Backere）家里，此人原是布鲁日的制桶工，因为听说里斯本有数不尽的财富而来到这里。吉勒斯做了商人，在这座梦想之城里发了财。"他每天用的都是银质的盘子、碟子和许多金杯。"

在塔科恩看来，里斯本是一座狂野、喧闹的城市，正处于快速发展期。但人们的建造速度还是不够快；家家户户都住在狭窄的房子里，据塔科恩所

---

1. Annemarie Jordan Gschwend and Kate Lowe, "Princess of the Seas, Queen of the Empire: configuring the city and port of Renaissance Lisbon," in Gschwend and Lowe (eds.), *The Global City: on the streets of Renaissance Lisbon* (London, 2015).
2. Annemarie Jordan Gschwend, "Reconstructing the Rua Nova: the life of a global street in Renaissance Lisbon," in Gschwend and Lowe (eds.).

说，这些房子通常没有厕所和烟囱。令人难以置信的财富与贫穷并存。城里肮脏的活儿都是由奴隶和外来务工者来做，后者一般是清洁工、厨师、船夫、快餐商贩、苦力、鞋匠和铁匠；每天早晨，通往塔古斯河的街道上都挤满了去河边倒便壶的奴隶。[1]

如果说地球上有一个地方象征着文艺复兴时期新生事物带来的冲击和文化碰撞的话，那肯定是这座城市。里斯本的胜利意味着威尼斯和一系列亚洲大都市的衰落，尤其是马六甲。这个故事的主角是一座世界城市，它吞噬了它的竞争对手，容身于它们的尸骸上，长得膘肥体壮。和其他世界城市一样，里斯本也成了遍布全球的卫星城市网络（包括安特卫普、澳门、果阿、科钦、马六甲等）的枢纽。它的兴起代表着一种新型城市——能够榨取全球市场的帝国大都市——的诞生。这些庞然大物使吕贝克和威尼斯等城邦成为过去。更重要的是，它们取代了亚洲和美洲的大城市，这些地方长期以来一直是城市文明的领头羊。

偏爱垄断而非自由贸易，不断磨砺战争工具，以及对其他信仰的不宽容，所有这些都是自12世纪以来在欧洲再城市化的过程中培育出来的。在一个全世界的大城市变得越来越相似的时代，有必要回顾一下，世界上曾经有过多种多样的城市。里斯本输出了欧洲的做法和态度，从而对另一种基于自由贸易和国际化的城市文明造成了致命的破坏。但正是在墨西哥，欧洲人直面了一个从未受到美索不达米亚、中国、雅典或罗马的影响而独立发展起来的城市文明。

1519年，西班牙士兵贝尔纳尔·迪亚斯·德尔·卡斯蒂略第一次见到特诺奇蒂特兰时，觉得它就像是"魔法制造的幻象"。多年后，他坦言："那一切太美妙了，我不知道如何描述那一瞥，那是我以前从未听说过、见过或幻想过的东西。"这是一座超乎想象的城市，一座拥有20万人口的大都市，而当时欧洲最大的城市巴黎也只有18.5万人。大批当地人聚集在一起，观看西班牙征服者进城。心醉神迷的西班牙人策马奔驰在主堤道上，想把那些仿

---

1. Hatton, *Queen of the Sea*, pp. 71ff.

第 7 章　世界之城　171

佛矗立在湖面上的高塔、庙宇和宏伟建筑看得更清楚些。刷过灰泥的房子被擦得闪闪发光，就像反射着阳光的珠宝一样。在堤道尽头，埃尔南·科尔特斯率领的450名西班牙人受到了蒙特祖马二世的欢迎，他是特诺奇蒂特兰的第九位特拉托阿尼（tiatoani），[1]也是阿兹特克帝国的统治者。[2]

特诺奇蒂特兰是当时地球上最壮观的城市之一，西班牙人走了进去，他们大为惊诧，称它"富比威尼斯"。而对阿兹特克人来说，则是接纳了他们以前从未遇到过的东西：马和盔甲、火绳枪和钢剑、车轮和大炮。这座城市建在特斯科科湖中的一个岩石岛屿上，此湖是山区高原上5个相互连通的湖泊之一，它在17世纪被排干，今天的墨西哥城就是在湖底的黏土层上建起来的。长桥和堤道将特诺奇蒂特兰与大陆连接起来，它们的两旁是奇南帕（chinampas），即一种人工修建的水上农园。奇南帕的作物产量颇高，种植的蔬菜养活了整座城市。

这座大都市里有纵横交错的运河，又被宽阔的大道分割成四等份，每个部分又被划分为20个叫作卡尔普利（calpulli）的行政区域。贵族的房屋是用石头砌成的；富人的房屋则是用土砖砌成的。大多数人住在有茅草屋顶的房屋里，这些房屋是用芦苇建造的，外面刷了泥浆。这些住宅被粉刷成白色或涂成鲜艳的颜色。西班牙人对阿兹特克人布满鲜花的房屋、装饰品和家居用品大为赞叹。他们说，这样的居住标准在任何地方都算得上是最好的。[3]

在城市的中心，公共建筑、寺庙、法院和宫殿矗立在一个有围墙的广场上，这个广场被称为"大神庙"。遮蔽着所有这些建筑的是那座60米高的大神庙。在这里，每年都有成千上万的人被作为祭品献给众神。特诺奇蒂特兰主要的大市场据说有西班牙城市萨拉曼卡的两倍大。贝尔纳尔·迪亚斯表示，他对购物人数之多"以及大多数街道的整齐和商品的极大丰富"感到惊讶。即使是格拉纳达的市场也无法供应如此多的纺织品。有许多东西是欧洲

---

1. 阿兹特克帝国是由特诺奇蒂特兰、特斯科科（Texcoco）和特拉科潘（Tlacopan）三座城邦组成的联盟，因此又被称为三方同盟。帝国虽以特诺奇蒂特兰为首都，地位最高，但各城邦都有自己的统治者，在纳瓦特尔语中称作tiatoani。——译者注
2. Michael Wood, *Conquistadors* (Berkeley, CA, 2000), p. 53.
3. Georgia Butina Watson and Ian Bentley, *Identity by Design* (Amsterdam, 2007), p. 74.

人此前从未见过的：辣椒、巧克力、西红柿和火鸡。和里斯本一样，特诺奇蒂特兰是帝国的首都，它的市场上有来自整个中美洲乃至印加帝国的食物、商品和人。

特诺奇蒂特兰的秩序是由其首席城市规划师卡米米洛卡特尔（calmimilocatl）负责维持的。这名官员的工作是执行建筑标准，并在城市从起初的岩石岛屿向其他小岛扩展和填湖造地时保持街道的网格模式。卡米米洛卡特尔不仅是一名市政官员，他的工作还具有神圣性。阿兹特克人的城市是神的礼物；特诺奇蒂特兰是"天堂的地基"，宇宙的中心。这个地点是由神维齐洛波奇特利选择的，他命一只金鹰栖息在一棵仙人掌上并吞吃一条响尾蛇，以此表示他的选择；这个传说在现在的墨西哥国旗上也有体现。城市的正交布局以及主要街道和建筑的方向是根据反映恒星和行星运动的宇宙图设计的。漂浮在湖中的岛屿城市是世界的缩影——"所有世界秩序的根、肚脐和心脏"。特诺奇蒂特兰被设计成一座完美的城市，是一个庞大帝国的精神和政治中心，权力从中心向外围辐射。

城市规划者被要求保持城市神圣的对称性，至少在其中心部分必须如此。特诺奇蒂特兰就像一台机器，农业工程为它提供了充足的食物，并通过长陶土渡槽从山上运来淡水。4条宽阔的大道在大批劳工的清扫下始终保持着清洁；市民们有公共厕所可用，这些厕所会被定期清空，里面的排泄物被用来制革和给奇南帕的土地施肥。与臭气熏天的欧洲城市相比，特诺奇蒂特兰在技术和卫生方面都非常先进。但并不是所有欧洲人都有兴趣汲取这一经验。

特诺奇蒂特兰是由流浪的移民在湖中的岩石上建造的，身边就是墨西哥盆地里的敌对城邦，起初其生存并无保障；直到15世纪，经过一系列的战争，特诺奇蒂特兰才摆脱从属国的身份，成为一座重要的大都市，并在被称为三方同盟的城邦联盟（即阿兹特克帝国）中居于领导地位。当科尔特斯进军至此时，它成为一座庞大帝国大都市的历史还不长。诚然，这是一座现代都市，但它也是一个古老城市传统的传承者和最终的成果。

早在欧洲建立第一批城市之前，中美洲就已经见证了无数先进城市文明的兴衰。奥尔梅克人是公元前1200年时中美洲最早的城市建设者。就像美索不达米亚的开拓者所经历的一样，城市生活的复杂性推动了信息技术的发展，进而演变出了文字。玛雅人建造了宏伟的仪式性城市，其中230座已被考古发现；其中最大的城市蒂卡尔在200年至900年之间达到其巅峰期，人口可能高达9万。再往北，在450年前后，特奥蒂瓦坎的人口达到了15万至20万。特奥蒂瓦坎帝国崩溃后，墨西哥中部分裂为许多城邦。但特奥蒂瓦坎仍然是中美洲城市化进程的原型，影响了随后几个世纪里出现的城邦：以图拉（Tula）为首都的托尔特克人，特拉科潘的特帕内克人（Tepanec），最后是阿兹特克人和他们辉煌的城市特诺奇蒂特兰。

中美洲城市体系的先进性在其与欧洲人初次接触之后几乎没能幸存下来。西班牙人到来后，特诺奇蒂特兰爆发了天花，人口减少了三分之一。1521年，科尔特斯带着一支军队、先进的攻城武器和造船工人回来了。特诺奇蒂特兰坚守了75天。就像10年前的马六甲一样，这里发生了异常残酷的巷战。直到科尔特斯把建筑一幢幢摧毁，他们才终于占领了特诺奇蒂特兰。他让城市规划师阿隆索·加西亚·布拉沃（Alonso Garcia Bravo）在中美洲最后一座伟大城市的废墟上建造了一座欧洲城市，它后来被称为墨西哥城。

在16世纪的头几十年里，全世界都在根除或颠覆旧的城市文明。因此，在全球范围内，随着特诺奇蒂特兰、卡利卡特、蒙巴萨、马六甲和其他城市被摧毁，欧洲的城市类型取得了主导地位。在随后的几个世纪里，里约热内卢、墨西哥城、开普敦、孟买、加尔各答、新加坡、巴达维亚（今雅加达）、上海、香港、墨尔本和纽约等城市代表了一种以欧洲帝国大都市为原型的新型世界城市。

※

在里斯本表面上自由放纵的国际化表象下，隐藏着一种非常黑暗的东西。1492年，这座城市接待了数千名来自西班牙的犹太难民。但条件是，与穆斯林社区一样，他们必须在1497年前选择离开或皈依基督教。曼努埃尔一世不愿意失去这些犹太臣民的财富、才能和国际关系，他强迫成千上万的犹太人皈依。这些所谓的新基督徒对经济有着至关重要的作用，但他们面临着持续不断的敌意。1506年复活节，激烈的仇恨在里斯本街头爆发，并演变成暴力事件。犹太男子、妇女和儿童被暴民围捕并杀害；许多人在罗西奥广场的柴堆上被烧死。1536年，宗教裁判所来到里斯本。两年之内，许多被怀疑仍私下信奉犹太教的新基督徒被烧死在里韦拉宫外的火刑柱上。

靠着葡萄牙帝国的支持，里斯本仍然是欧洲的一个主要港口。但它所失去的东西比世界上所有的香料都更有价值：它的人力资本。在西班牙和葡萄牙，许多改信了基督教的塞法迪犹太人后裔，特别是富有和人脉广泛的商人，移民到了其他城市。他们去了汉堡、威尼斯、伊斯坦布尔[1]、塞萨洛尼基、马赛和波尔多。但在16世纪的最后几十年里，有一座正在崛起为全球霸主的城市对葡萄牙的犹太难民特别有吸引力，那就是阿姆斯特丹。

1450年，阿姆斯特丹还是个杂草丛生的村庄，坐落在一个流动的泥沼中，人口仅有4000。到16世纪末，阿姆斯特丹已经成为一座重要的国际大都市，一个移民城市。16世纪80年代，在荷兰人反抗西班牙帝国时，欧洲金融之都安特卫普的许多商业、银行业精英都逃到了阿姆斯特丹。来自里斯本的塞法迪犹太人以及欧洲各地逃避迫害和战争的人，都加入了他们的行列。1570年，阿姆斯特丹的人口是3万；到1620年，这一数字跃升至8.8万，20年后增至13.9万。在它开始腾飞的时候，阿姆斯特丹还是和1450年时一样大，城市因此变得拥挤不堪。城墙外形成了一个破烂不堪的贫民区，那是工人们的居住地，"他们数量众多，无力为城里的房子支付高昂的租金"。英格兰大使在1616年指出，"所有国家、所有职业和所有宗教的人大量聚集于此，为的都是同一件事——做买卖。他们的新城镇发展得很快"。[2]

这个毫无前途的沼泽小镇之所以能变得富有，是因为它从更为成功的城市那里吸引来了人力资本。一位外交官写道，阿姆斯特丹"靠着里斯本和安特卫普的战利品取得了胜利"。它的迅速崛起在一定程度上是地缘政治的结果，但它也是建立在欧洲北部城市化的基础上的——汉萨同盟的城市共和主义影响了荷兰的城市，而这些城市又以自己独特的方式发展起来。荷兰拥有密集的中等规模城市群，是欧洲城市化程度最高的地区，16世纪初，荷兰近三分之一的人口居住在城市里，而欧洲大陆的平均水平仅为9%。尽管在这个世纪里，欧洲的城市人口所占比例几乎停滞，但在荷兰，这一数字却飞速上升；到1675年，荷兰的城市化率已达到61%。[3]

荷兰语schuitpraatje的意思是"驳船谈话"。运河驳船在城市中随处可

---

1. 原君士坦丁堡。1453年成为奥斯曼帝国的都城，更名伊斯坦布尔。——编者注
2. Anne Goldgar, *Tulipmania: money, honour, and knowledge in the Dutch Golden Age* (Chicago, 2007), p. 10.
3. William Temple, *The Works of Sir William Temple*, 2 vols (London, 1731), Vol. II, p. 60.

见；它们速度慢，载着各色乘客，因此非常适合就政治、哲学和宗教问题展开长时间的讨论。这个短语有力地表现了这样一个事实：荷兰人热衷于讨论新思想。城市生活非同寻常的盛行有助于形成一个都市化的社会，这使荷兰在欧洲显得与众不同。在其他国家，控制着农业的土地贵族保留了他们的政治权力。荷兰共和国则不然，在这里，国内粮食生产在经济中的中心作用已让位给了诸如航运、商贸和工业等城市活动。城镇的精英们自视为古希腊城邦和汉萨同盟自由城市的继承者。城市和市民、商人和证券交易员在共和国内享有相当大的自治权和政治权力。荷兰城市社会中显著的个人主义和自由主义不仅仅是共和主义和国家政治特殊性的结果。与其他国家形成鲜明对比的是，荷兰的信仰是由各种不同宗教拼凑起来的，没有一种宗教占主导地位，因此宽容是必需的。荷兰的城市对移民开放。城市居民的识字率极高，书店分布广泛，这使阿姆斯特丹成了欧洲北部出版业的中心。

公民、道德和商业的自由使荷兰（特别是阿姆斯特丹）对自由思想家、持不同政见者和企业家极具吸引力。阿姆斯特丹成了激进思想交会的熔炉。当时最具争议的书都是由这里的出版商出版的，比如哲学家托马斯·霍布斯的书，他的书在英格兰是要接受审查的，此外还有伽利略、斯宾诺莎和笛卡儿的书。被卷入政治骚动的约翰·洛克从英格兰流亡至阿姆斯特丹，他关于政治和宗教宽容、公民政府和经验主义哲学的思想是在具有自由思想的新教持不同政见者圈子中形成的，这个圈子与斯宾诺莎有关。笛卡儿称赞阿姆斯特丹是个非常适合哲学思考的地方，他写道，他很喜欢看满载着全球商品的船只抵达："在地球上还有什么地方像在这里一样，能让你轻松找到生活的便利和你希望看到的新奇事物呢？在其他哪个国家，你能找到这样完全的自由，或睡得不那么焦虑，或找到随时准备保护你的军队，或拥有更少的毒杀、叛国或诽谤行为？"[1]

创新思维帮助荷兰从一个相对默默无闻的国家成为欧洲乃至全世界最强大的国家。那些为了躲避战争和迫害而来到阿姆斯特丹的人带来了他们的技能和国际关系。1595年，一个由阿姆斯特丹商人组成的财团投资了一次高风

---

1. *The Philosophical Writings of Descartes: volume III, the correspondence*, trans. John Cottingham, Robert Stoothoff, Dugald Murdoch and Anthony Kenny (Cambridge, 1991), p. 32.

险的印尼之旅，财团里的许多人是新近才移民到这里来的，他们与波罗的海地区、葡萄牙、西班牙、威尼斯和黎凡特有贸易往来。他们不再充当葡萄牙的中间商，代表后者销售香料和其他亚洲商品，而是直接自己去进货。这次冒险的成功使阿姆斯特丹走在了全球贸易的前沿。在接下来的7年里成立了12家新公司；阿姆斯特丹向亚洲派遣了50艘船，还有另外30艘是从荷兰共和国的其他港口出发的。

  这些公司并没有在航行结束后进行清算，而是将利润投入新的探险中，并相互合并以实现利润的最大化。1602年，这些公司最终在阿姆斯特丹全部合并为世界上第一家正式上市的公司。Vereenigde Oostindische Compagnie（VOC），也就是荷兰东印度公司，是通过向荷兰共和国的公众发售股票来获取资金的。将近60%的投资来自阿姆斯特丹，这家大公司的总部就设在那里。荷兰政府授予荷兰东印度公司香料贸易的垄断权，并授予其组织军队、修建堡垒、作战以及与外国签订条约的权利。最重要的是，它将取代葡萄牙成为亚洲贸易的主要参与者。1641年，荷兰东印度公司从葡萄牙手里夺走了马六甲。

  荷兰东印度公司成了一家有政府支持、以赢利为目的的帝国主义企业，由设在阿姆斯特丹的总部进行运营。它在印度的乌木海岸和马拉巴尔海岸，锡兰和孟加拉湾，越南、泰国、印度尼西亚、马来西亚、中国台湾和日本，毛里求斯和好望角建立了殖民地和基地。1619年，荷兰东印度公司在印度尼西亚的爪哇岛上建立了欧式城市巴达维亚。巴达维亚是遍布全球的荷兰城市中最早建立的一座。位于曼哈顿南端的新阿姆斯特丹始建于1624年；开普敦始建于1652年，是通往印度的中转站。

  纵观历史，亚洲的财富一直是世界上最强大的城市建设力量。而在17世纪初，商品的流动将阿姆斯特丹变成了一头利维坦。安特卫普的流亡者带来了大量资本，还带来了在安特卫普率先使用的复杂的金融技术。阿姆斯特丹银行成立于1609年，它发明了许多现在我们认为理所当然应该存在于银行业中的东西——支票、直接借记和账户间转账系统。它以市政厅为基地，是一个公共的市政机构，它的自信来自阿姆斯特丹本身的繁荣、稳定和创造财富的潜力。

  公司和银行是现代经济的两大支柱。这三位一体是在阿姆斯特丹证券交易所完成的。全球第一家大型公开招股公司荷兰东印度公司的上市，一夜之间创造了世界上第一个证券市场。阿姆斯特丹证券交易所见证了证券交

第 7 章 世界之城   177

易、远期合约和期货、看跌和看涨、对冲押注、期权、融资融券交易的快速发展。阿姆斯特丹人称这种期货交易为windhandel——"风中交易"。你不是在买卖鲱鱼、谷物、香料或任何有形的东西，你甚至并不拥有你正在出售的东西；这简直就像你在买卖吹来的风或呼吸的空气一样。没有什么比阿姆斯特丹创造的这种资本主义的流动形式更令同时代的外行之人困惑了，在这里，财富在纸面上产生，又从纸面上消失，而未来本身在想象中被买卖。移民到阿姆斯特丹的塞法迪犹太商人兼股票经纪人何塞·彭索·德·拉·维加（José Penso de la Vega）写了一本关于交易所活动的书，题目就叫《乱中之乱》（*Confusion of Confusions*）。

市场上的大人物是那些代表着最富有的投机者和金融家的股票经纪人。这些有权势的经纪人大摇大摆地走进来，穿着得体，自信满满。地位略低于他们的是为城里的大商人和贸易商做交易的经纪人。这些专业的投资者行动迅速，买卖他们客户的股票，监控价格，观察彼此，以期优先掌握信息，发现市场的波动。发起交易时，卖家要张开手让买家和他握手；当卖家的出价被接受时，双方要再次握手以确定价格。但市场波动太快，不适合长时间的握手，随着交易的达成、赌注的对冲和价格在短短几秒钟内确定，这种仪式变成了一种疯狂的、四处快速拍手的表演。德·拉·维加写道："人们的手因拍打而变红……握手之后是喊叫，喊叫之后是辱骂，辱骂之后是冒犯和更多的辱骂、喊叫、推搡和握手，直到交易敲定。"这可不是犹豫或害羞的场合。[1]

在交易所的骚动中，紧跟在大玩家身后的是许多规模较小的投资者，他们狂热地押注于市场的微小波动，买卖他们实际上并不持有的股票。德·拉·维加说，在喧嚣声中可以看到这样的小投机者，他"咬着指甲，掰着手指，闭上眼睛，走了四步，四次自言自语，举起手捂住脸颊，就像牙疼一样，面带沉思，伸出一根手指用力揉搓眉心"，接着他冲向"人群，摆出狂乱的姿态，一只手打响指，另一只手则做出轻蔑的手势，开始买卖股票，就好像它们是蛋奶冻一样"。[2]

在交易所外，包括妇女和儿童在内的所有人都在投机特价股票——这种股票被拆分成很小的部分，即使是小学生也买得起。在酒馆、咖啡馆或街

---

1. Joseph de la Vega, *Confusion de Confusiones* (Boston, MA, 1957), p. 21.
2. Ibid., p. 11.

角买卖便宜的特价股票就像在喧闹的证券交易所中交易一样让人上瘾。据德·拉·维加说:"如果有人带着一个陌生人穿过阿姆斯特丹的街道,问他现在在哪里,他会回答,'在投机者中间',因为没有一个角落不谈论股票。"[1]

在一个以拥有的土地、锁起来的黄金和其他实物商品来衡量财富的时代,发生在阿姆斯特丹的革命确实令人震惊。令当时来此的游客感到困惑的是,为什么这样一个内涝的小城市能如此迅速地富有和强大起来。答案与这座城市本身有很大关系。这座城市有种热衷赚钱和为赚钱扫清障碍的气质。宗教迫害对商业不利,自由讨论和政治自由对商业有利。现代银行业和金融业的创造物——荷兰东印度公司和全球贸易体系——具有创新性和非正统性,这是一种注重利润和不惧怕自由思想的城市文化的产物。这里的精神以及城中雄心勃勃的移民和冷酷无情的商人,充满了活力和投机性。这座城市相当于一个巨大的社交网络,在这里,思想和实践以最有效的方式在整个系统中传播,从而引发了变革。

阿姆斯特丹是一个复杂的信息交流中心。从证券交易所的专业经纪人到投机的工匠,都在这座城市尽情享用着来自全球的信息。先听到消息,你就能在证券交易所大赚一笔。有些信息来自外交渠道,其他的则来自外国商人以及世界各地的商行之间的通信。1618年,阿姆斯特丹有了世界上第一份公认的现代主流报纸——《意大利、德意志等地的时事》(*Courante uyt Italien, Duytslandt, &c*),它从城市信息交流中收集政治和经济新闻,择其要者刊登出来。

阿姆斯特丹与其说是建筑和人的集合,不如说是一个循环系统。它通过社交网络传播抽象的东西,诸如思想、新闻、期货和金钱;但它的设计也是为了使有形的东西流通。驳船谈话有力地将有形的东西和无形的东西,也就是将信息交流之城和勤奋的商业之城结合在了一起。1610年,市政府制订了一个改造阿姆斯特丹的计划。城里的木匠亨德里克·雅各布松·斯塔茨(Hendrick Jacobszoon Staets)围绕运河区,即一个包含了多条从中心向外辐射的同心运河的地带,设计了一座功能性城市。整个城市的市场和仓库都通过这一流动的网络与港口相连。在17世纪,这座扇形的城市可谓非常现代

---

1. Vega, *Confusion de Confusiones*, p. 28.

了，它反映了推动阿姆斯特丹走向伟大的商业理念。但这一设计所追求的并不只是效率，它还想让这座城市变得宜居。

阿姆斯特丹是一座帝国大都市，建立在从亚洲、非洲和美洲流入的财富之上。但它看上去并非如此。这里几乎没有像罗马或里斯本那样规模的大广场、浮华的雕像、宽阔的大道、宫殿或宏伟的建筑。阿姆斯特丹人更喜欢一座有良好规划且宜居的城市，城里要有规则、整洁的街道，优雅的桥梁，先进的街道照明设施和便利的运河。在欧洲，人们对那些有着宽阔大道和宏伟纪念碑的城市情有独钟——这些舞台布景体现的是君主专制政体的夸张风格。但在荷兰共和国的城市里，没有任何权力能够践踏私有财产权和公民的愿望。就像在特诺奇蒂特兰一样，城市的市政建筑检查员拥有巨大的影响力，从新建筑的外观到房屋前台阶的最大尺寸，他们决定着一切。新建房屋时，其正面必须"符合城市建筑师的规划"。为了保持阿姆斯特丹的外观，官方规划对运河沿岸的房屋有特别严格的管制。[1]

在一个街道肮脏、臭气熏天的时代，一个英国旅行者很可能会以难以置信的口吻写道："街道的美丽和清洁非同寻常，以至于所有阶层的人都毫无顾忌地在街上漫步，甚至以此为乐。"居民们不仅擦洗门前的台阶，还擦洗屋前的人行道。禁止随地吐痰。人们经常洗澡。决不允许污染运河。榆树和酸橙树排列在街道和运河两旁，被视为城市的"珍宝"。1612年颁布的一项法令禁止破坏这些树木，因为它们对阿姆斯特丹的"清新空气、市容和宜人环境"来说是必需的。这座城市是围绕着市民的需要，而不是围绕着纪念碑或权力的表达来设计的。这就是为什么阿姆斯特丹在大都市的历史发展中显得如此激进的原因：这是一座为它的市民量身定做的城市。[2]

令人愉快的宁静氛围，勤劳、衣着朴素的市民，以及整齐划一的建筑掩盖了阿姆斯特丹狂热的活力。阿姆斯特丹的确没有纪念碑和宽阔的大道，它真正的荣耀隐藏在市民的家中。1640年，英国旅行家彼得·芒迪（Peter

---

1. R. E. Kistemaker, "The Public and the Private: public space in sixteenth-and seventeenth-century Amsterdam," in Arthur K. Wheelock Jr and Adele Seeff, *The Public and Private in Dutch Culture of the Golden Age* (Newark, 2000), p. 22.
2. Ibid., p. 21.

Mundy）访问这里时，发现即使是普通的市民，家里也很"整洁干净"，"充满了快乐和家庭满足感"，他对此印象极为深刻。那里有"值钱而奇特"的家具和装饰品，比如华丽的厨柜和其他储物柜、绘画和版画、瓷器和"昂贵而精致的鸟笼"。普通的荷兰家庭热衷于对艺术品的消费；芒迪说，不仅每个中产阶级家庭的住所里挂满了画像，就连每个屠夫和铁匠的摊位也有一幅油画。据我们所知，在17世纪的阿姆斯特丹诞生了数百万幅画。[1]

在这丰富的艺术作品中，我们第一次见证了这座城市的生活和街道的混乱。酒馆里的醉汉和交易所里的大商人一样，都能成为画里的人物。这些画描绘了城市生活的实际状况（或者是艺术家对它的印象），而不是以往那种理想化的城市景观。城市生活——充满了滑稽的意外、数不清的谜团、各种各样的差异、喧闹和活力——是现代艺术、文学、音乐和电影的主要内容。这种取向正是源自17世纪的荷兰风俗画，尤其是它们对阿姆斯特丹那些粗野酒馆的描绘：人们喝酒、抽烟、调情、接吻、打架、演奏音乐、赌博、大快朵颐、睡觉。纷扰、迷惘和活动的瞬间被艺术家捕捉到了。

这些荷兰画作颂扬这座城市里一种新的生活方式。以小酒馆为主题可能带有诙谐或道德说教的意味；但以中产阶级漂亮整洁的家为主题体现的就是一种迷恋了。我们似乎是被带入城市住宅，进行一次亲密的访问，受邀来对屋内的整洁和家庭的和谐表示赞叹。家庭主妇和女佣正在清扫和擦拭，亚麻布叠得整整齐齐，锅碗瓢盆擦得锃亮，家务活儿都被勤勉地完成了，孩子们安静地玩耍，家中一尘不染。阿姆斯特丹人对卫生和清洁的讲究是出了名的。许多画作赞颂家庭井然有序、其乐融融的理想氛围，将其视为堡垒，可以抵御一座富裕、物欲横流的世界城市的有害影响。神圣的家庭就像一道堤坝，阻挡着城市恶习的浪潮，是竞争激烈的资本主义世界和酒馆腐败影响的解药。这也是一个崭新的城市世界，受人尊敬且富裕的女性被隔离在混乱、拥挤、不道德的城市生活之外。脏乱的街道似乎是男人的世界，不适合女人，她们的工作是创造理想的家庭。[2]

---

1. *The Travels of Peter Mundy, in Europe and Asia, 1608-1667*, ed. Sir Richard Carnac Temple (London, 1914), Vol. IV, pp. 70-71.
2. Simon Schama, *The Embarrassment of Riches: an interpretation of Dutch culture in the Golden Age* (Berkeley, CA, 1987).

因此，这是城市中产阶级的艺术，展示了他们在面对诱惑和无度的财富时仍能表现出良好习惯、节俭和满足。毕竟，他们在艺术市场上凭借金钱的力量变成了艺术标准的制定者；他们的品位反映了他们想要创造的城市类型。这些画像可能是理想化的，但它们传播了一个强有力的信息：城市居民的家是公民价值观的基础。自从城市诞生以来，城市生活就一直是公共生活。社交和商业活动发生在古希腊的广场（agora）、市场和古罗马的论坛（forum）、露天剧场、浴场以及城镇广场、寺庙和教堂等公共场所里。但现在，私人生活取代了公共生活的地位。

以阿姆斯特丹家庭为主题的绘画喜欢描绘物品。土耳其地毯、中国瓷器、代尔夫特瓷砖、加拿大海狸帽、印度棉布、日本漆器、威尼斯玻璃：在17世纪中期，这些东西以及更多物品吸引了荷兰风俗画家的目光。这些奢华而充满异国情调的物品以它们的美丽点缀了阿姆斯特丹人的家庭，进一步确保了其在城市社会中的中心地位。从富商的豪宅——塞满了来自世界各地的昂贵物品——到手工艺人和工匠那只有少量奢侈品的家，视觉艺术使家庭成了展现阿姆斯特丹之伟大和全球影响力的舞台。负担得起这种物质财富的能力是荷兰城市居民享有的一份礼物，他们尽情享受着它。

阿姆斯特丹预示着一种新型城市的出现，一种基于消费主义、个人主义以及金融资本主义而诞生的城市。人口稠密的城市总是能创造市场；但像阿姆斯特丹这样的城市之所以能获得成功，很大程度上是因为它让大部分市民参与到财富的获取和保存中来，把他们变成了奢侈品和艺术品的消费者。未来的城市必须满足具有娱乐性和启蒙性的大众文化的需求，并为它提供一个表现的舞台。在这里诞生了一种新的城市公众，他们是都市化、世故、有文化、有见识的，需要休闲活动和新奇的娱乐。消费社会正在到来，而阿姆斯特丹是第一座迎合它的城市。它的继任者——伦敦——将会把这一趋势推向新的高度。

第 8 章

社交之都

伦 敦
(1666—1820)

咖啡因在现代城市的血管中流动。你只需看看你所在的城镇，就能看到这种黑色物质的影响。

咖啡在城市中激发出了一种特殊的社交炼金术。20世纪90年代咖啡馆的复兴填补了城市生活中的一个缺口——社交性的缺失在城市中日趋严重，尤其是在英国、美国和澳大利亚，那里的城市中心已经变得毫无生机。星巴克声称，咖啡馆成了城市中"第三重要的地方"——"一个舒适的社交聚会地点，远离家庭和工作场所，就像是门廊的延伸"。[1]

---

[1] Bryant Simon, "Consuming Third Place: Starbucks and the illusion of public space," in Miles Orvell and Jeffrey L. Meikle (eds.), *Public Space and the Ideology of Place in American Culture* (Amsterdam, 2009), pp. 243ff; Howard Schultz and Dori Jones, *Pour Your Heart into It: how Starbucks built a company one cup at a time* (NY, 1997), p. 5.

在韩国，直到星巴克于1999年出现之前，人们一直都是在自动贩卖机上购买廉价咖啡，边走边喝的。由此创造了新的城市部落：咖啡馆妈妈（k'ap'emam）[1]；咖啡馆办公族（k'op'isŭjok）；咖啡馆读书族，或将咖啡馆当作图书馆的人（k'ap'ebŭrŏrijok）。在一种城市公共空间有限、女性专用空间更少的文化中，星巴克提供了一个舒适、时尚的环境，年轻女性可以在这里逗留和开展社交活动，而不会被家庭限制和性别期望所打扰。咖啡馆是你在城市里可以独自一人去的地方，不仅仅是在韩国，在任何地方都是如此；在那里你可以静静地观察别人，也可以投身于城市生活的洪流中。[2]

咖啡馆是私人—公共城市空间最有力的象征。它对所有人开放，然而又保留了一种个体性，有助于构建一个共同体。和其他城市一样，德黑兰也有一些咖啡馆迎合了不同的城市群体：知识分子、阅读者、爵士乐爱好者、古典音乐爱好者、电影爱好者、持不同政见者、学生等。你选择咖啡馆，它就会向你提供共同体的氛围和感觉。德黑兰的咖啡馆从外面看是看不见名字的，有安全保障，能庇护志同道合的伙伴；咖啡馆内有一张"社交桌"，专门留给那些想要见面和交谈的人。这些咖啡馆在大都市青年形成自我认同的过程中发挥着至关重要的作用，它们是逃避官方城市约束和限制的避难所。[3]

正因如此，它们很容易成为道德警察突袭的目标；2012年，87家咖啡馆因"不遵循伊斯兰教价值观"而被查封。一年后，深受学生、知识分子和持不同政见者喜爱的布拉格咖啡馆（Café Prague）因拒绝遵守要求咖啡馆安装摄像头以监控公民的法律而歇业。

咖啡馆在现代城市文化中的中心地位深深植根于历史和浪漫之中。拉尔夫·沃尔多·爱默生写道，巴黎"最大的优点在于它是一座交谈和咖啡馆之城"，所以成了19世纪的文化之都。自19世纪60年代起，市中心的咖啡馆就

---

1. 指喜欢在咖啡馆消磨时间的妈妈们。——译者注
2. Jee Eun Regina Song, "The Soybean Paste Girl: the cultural and gender politics of coffee consumption in contemporary South Korea," *Journal of Korean Studies*, 19:2 (Fall 2014), 429–448.
3. Seyed Hossein Iradj Moeini, Mehran Arefian, Bahador Kashani and Golnar Abbasi, *Urban Culture in Tehran: urban processes in unofficial cultural spaces* (e-book, 2018), pp. 26ff.

在朝大街上扩展。1869年，一位美国游客惊奇地看到各个阶层的人都在人行道上"抽烟、喝酒、聊天、看报"。"这才是真正的民主。"他总结道。这是一座现代的社交都市：一个适合偶遇、观察他人、进行交际的地方，一幕又一幕的戏剧不断在街头上演。到19世纪80年代，巴黎共有4万家咖啡馆，它们提供了大量社交场所和社交对象供人选择。林荫大道上有富人时常光顾的装修奢华的咖啡馆，也有工薪阶层爱去的肮脏简陋的咖啡馆，介于这两者之间的咖啡馆就更多了。你可以走进一家能让你回想起田园风光的咖啡馆，也可以另找一处可以勾搭女孩的地方。最重要的是，它们往往开在社区的中心地带，是个烟雾缭绕的地方，可以闻到咖啡和葡萄酒的气味，回荡着多米诺骨牌、双陆棋、折叠报纸的声音和"幽默、比赛、好奇和费解的唠叨话语"。工薪阶层的常用语"café friend"指的是你在附近一家咖啡馆里经常能见到，但在咖啡馆之外永远不会见面的人。如果没有咖啡馆的社交网络效应，高强度的城市生活是难以忍受的。[1]

埃德加·德加和詹姆斯·阿博特·麦克尼尔·惠斯勒常去莫里哀咖啡馆（Café Molière）。盖尔布瓦咖啡馆（Café Guerbois）吸引了克劳德·莫奈、阿尔弗莱德·西斯莱、卡米耶·毕沙罗、保罗·塞尚、奥古斯特·罗丹、爱弥尔·左拉、路易斯·埃德蒙·迪朗蒂（Louis Edmond Duranty）和斯特芳·马拉美。印象派产生于咖啡馆社会，立体派和现代主义文学也是如此。莫奈珍视盖尔布瓦咖啡馆里那"永恒的意见冲突"，这"让我们的思维变得敏捷"。咖啡馆文化是谈话的导火索，谈话则是艺术的燃料。莫奈写道："在它们那里，我们被锤炼得更坚强，意志更坚定，思想更清晰，也更独特。"[2]

咖啡馆雅致的环境，连同它的艺术光环及其与波希米亚主义的关联，使它在城市时尚生活的背景中成了核心。如今，时髦的咖啡馆出现在市中心地

---

1. W. Scott Haine, "'Café Friend': friendship and fraternity in Parisian working-class cafés, 1850–1914," *Journal of Contemporary History* 27:4 (Oct. 1992): 607–626; W. Scott Haine, *The World of the Paris Café: sociability among the French working class, 1789–1914* (Baltimore, 1998), pp. 1, 9; Barbara Stern Shapiro and Anne E. Havinga, *Pleasures of Paris: from Daumier to Picasso* (Boston, MA, 1991), p. 123.

2. John Rewald, *History of Impressionism* (NY, 1946), p. 146.

区，无疑是绅士化和房价上涨的先兆；对房地产投资者来说，最理想的时刻是，在一个迄今为止仍被忽视的地区，咖啡馆的数量与炸鸡店的数量相当。21世纪最初的10年间，纽约哈林区的房地产经纪人秘密投资咖啡馆，想要人为地加速绅士化进程，引发房地产热潮。这样的咖啡馆堪称绅士化的波将金村。[1]

工厂、铁路、汽车、电力和钢筋混凝土等明显塑造了城市。咖啡也应该被列到这个清单里去，尤其是考虑到它对城市最重要的组成部分之一——社交性所起的变革作用。

咖啡的普及之旅始于埃塞俄比亚，人类最早就是在那里栽培咖啡树的。15世纪时，也门商人将它出口到苏非派修道院，以帮助礼拜者在彻夜祈祷时保持清醒。随后，咖啡传播到麦加和麦地那，再传播到开罗、阿勒颇和大马士革。16世纪50年代，咖啡馆开始出现在伊斯坦布尔；到16世纪末，它们在这座城市里已经随处可见。

1610年，英国人乔治·桑迪斯（George Sandys）访问伊斯坦布尔时，因为找不到任何可以与商人交流的小酒馆而大感沮丧。不过，他找到了一个叫"咖啡馆"的地方："他们坐在里头一聊就是大半天；啜饮一种叫咖啡的饮料（它是用浆果制成的），它盛在小瓷盘里，要尽可能烫：它黑得像烟灰，尝起来也像。"[2]

咖啡馆改变了伊斯坦布尔，因为它们在城市中提供了一个新的空间，让人们可以在传统的清真寺和家庭范围之外见面和交谈。在阿勒颇、士麦那（Smyrna）和伊斯坦布尔等城市的英国商人开始喝这种饮料，并且对它上了瘾，就像在此后的历史中对它上瘾的那几十亿人一样。1651年，商人丹尼尔·爱德华兹（Daniel Edwards）从士麦那回到英国，带来了咖啡机和咖啡

---

1. Rowley Amato, "Brokers Are Now Opening Their Own Coffee Shops in Harlem," Curbed New York,16/8/2014,https://ny.curbed.com/2014/8/16/10059746/brokers-are-now-opening-their-own-coffee-shops-in-harlem.
2. Markman Ellis, *The Coffee-House: a cultural history* (London, 2004), pp. 7-8.

豆。他富有的岳父在伦敦城的中心地带有幢房子，爱德华兹在那里用咖啡款待其他商人。这种饮料非常受欢迎，对咖啡因上瘾的伦敦人不断来访，要喝上一杯咖啡，这令爱德华兹一家不堪其扰。因此，爱德华兹决定在圣米迦勒巷的一处教堂庭院摆一个摊位售卖咖啡，由他的希腊仆人帕斯夸·罗塞（Pasqua Rosée）经营。1654年，罗塞搬进巷子另一边的一所房子里，开了西欧的第一家咖啡馆。[1]

这种异国饮料吸引了很多人的好奇心，包括博学的塞缪尔·哈特利布（Samuel Hartlib），他说："这是一种土耳其饮料，由水和某种浆果或土耳其豆子制成……它有点烫，气味不太好闻，但后味很好，还会让人放很多屁。"[2]

在一座容易被各种娱乐活动和奇特现象所吸引的城市里，这无疑是一种新鲜事物。但没有几个人认为咖啡会大获成功。17世纪60年代，伦敦城里有80多家咖啡馆，威斯敏斯特和科文特花园的咖啡馆更多。到该世纪末，这一数字已接近1000。咖啡馆也遍及英格兰、苏格兰和爱尔兰的城镇，并横跨大西洋到达波士顿、纽约和费城，越过英吉利海峡到达巴黎、阿姆斯特丹、维也纳和威尼斯。在它们被引入伦敦的几年内，"所有邻居都（向咖啡馆）蜂拥而来，也像蜜蜂一样嗡嗡作响"。[3]

"有什么新闻？……来一碟咖啡。"一只鹦鹉尖声对每一位进入伦敦某家咖啡馆的新顾客要求道。它是在模仿每天数以百计的顾客不断重复着的点单要求，他们都想尝一尝这种全新的饮料。"有什么新闻？"这是咖啡馆常客的开场白。只要花一便士，你就可以在一张摆满报纸、讽刺诗、讽刺文章

---

1. Ellis, *The Coffee-House*, pp. 29-32; Uğur. Kömeçoğlu, "The Publicness and Sociabilities of the Ottoman Coffeehouse," *The Public* 12:2 (2005): 5-22; A. Caksu, "Janissary Coffee Houses in Late Eighteenth-Century Istanbul," in Dana Sajdi (ed.), *Ottoman Tulips, Ottoman Coffee: leisure and lifestyle in the eighteenth century* (London, 2007), p. 117.
2. Ellis, *The Coffee-House*, pp. 32-33.
3. Ibid., p. 42; Steve Pincus, "'Coffee Politicians Does Create': coffee houses and Restoration political culture," *Journal of Modern History* 67:4 (Dec. 1995), 811-812.

和烟斗的大桌子前啜饮咖啡。[1]

在17世纪晚期的伦敦,新闻成了一种有价值的商品,而咖啡馆成了主要的新闻中心。17世纪40年代,一场导致国王被处决的内战席卷了英格兰和苏格兰,当帕斯夸·罗塞在伦敦开店时,英格兰和苏格兰都处在骚乱之中。1659年至1660年,由于各派争夺控制权,国家再次陷入危机。年轻的塞缪尔·佩皮斯渴望得到新闻、八卦以及与权贵攀上关系,于是频繁地去咖啡馆听辩论。在威斯敏斯特的土耳其人头像咖啡馆(Turk's Head coffee house),他与贵族、政治哲学家、商人、士兵和学者们待在一起,为未来的国家发展方向争论不休。

佩皮斯和其他人对这些发生在咖啡馆的讨论内容之渊博和辩论之礼貌大为惊讶。酒馆或小客栈无法营造出这种气氛;这种热腾腾的黑色饮料能让人们保持冷静和理智。当你啜饮着面前那杯独特的大都市饮料时,你的举止自然就具备了一种独特的大都市风格。

咖啡馆的顾客消费新闻,但他们也产出新闻。在嘈杂的咖啡馆里,记者们从关于城镇的谈话中获得了许多新闻。政府的间谍也在那里搜罗最新的情报。在咖啡馆里,关于世界状况的讨论是公开进行的,而且是在一种非常特殊的环境下。

在咖啡馆,你来的时候有哪个座位就得坐哪个座位,不管你旁边坐的人是谁;这里不会为有地位的人预留专座。塞缪尔·巴特勒说,咖啡馆是"各种素质和条件的人聚会的地方,这里买卖外国饮料以及新闻、啤酒、烟和争论"。老板"不允许对不同的人区别对待,而是让绅士、技工、贵族和恶棍混在一起,他们浑然一体,就好像他们已经回到了他们原本的样子。"[2]

政府害怕这种激进的新公共空间的影响,认为咖啡馆是叛乱和共和主义的温床。这股咖啡热在报刊上一再受到抨击。批评的矛头往往瞄准裤带以下。据《妇女抵制咖啡请愿书》(The Womens Petition Against Coffee)的作者所说,"过度饮用一种新奇、可恶、来自异教徒的溶液,其名为咖啡……

---

1. C. John Sommerville, *The News Revolution in England: cultural dynamics of daily information* (NY, 1996), p. 77.
2. Pincus, "Coffee Politicians Does Create," pp. 814–815.

'阉割'了我们的丈夫，使我们善良的勇士成为残废，他们就像老年人一样性无能，就像沙漠一样无法播种，据说那种会给人带来不幸的浆果就是来自那样的不毛之地"。[1]

然而，这些指控没有对咖啡造成任何伤害：它们未能削弱咖啡的影响力，反而刺激了咖啡的流行。正如咖啡馆有助于新闻行业的起步一样，它们对经济也有重要的影响。对皇家交易所来说，股票经纪人过于吵闹了，所以伦敦的第一个证券交易所是在更适宜的环境中诞生的，那就是位于交易巷（Change Alley）的乔纳森咖啡馆。这里提供各种各样的消息，最新的商品、股票和货币的价格列表会定期张贴在乔纳森咖啡馆里。咖啡馆如雨后春笋般出现在交易巷，为股市交易提供了社交环境，各式各样的人都可以进入市场。同样位于交易巷的加勒韦咖啡馆则会举办拍卖会，让批发商处理刚从码头长途运来的货物。

18世纪初，伦敦借鉴阿姆斯特丹所倡导的思想，对其资本主义进行了重塑。英格兰银行成立于1694年，目的是为英国政府筹集巨额贷款。公债融资的产生帮助英国确立了其全球超级大国的地位。它还把交易巷的咖啡馆变成了公债、银行股票以及大公司股票的交易市场。现代金融资本主义的出现要求交易双方当面达成交易，咖啡馆天生就适合进行这种交易。股票经纪人和证券经纪人（交易商）在遍布这条巷子的咖啡馆里工作，尽情享用在那里听来的新闻、谣言和小道消息。

支撑这个投机世界的是一个新兴产业，它将帮助伦敦进一步发展成一个商业巨头。爱德华·劳埃德咖啡馆擅长于抢在他处之前获得最可靠的航运消息，以吸引海员、托运人和长途贸易商来这里见面、交谈和交易。会有一名侍者在高台上宣读最新的航运消息。在这份消息被卖到城市各处去之前，它会被钉在这家咖啡馆的墙上。在这个熙熙攘攘的咖啡馆里，商人和货主聚集在一起，以对冲全球贸易的风险。劳埃德咖啡馆成了伦敦乃至全世界的一个重要的保险市场；经纪人整天与保险商谈判，为他们的客户寻找最好的交易。

金融革命在公共机构之外爆发了；它是有机的、面对面的、社交的。咖啡馆与古希腊的广场、古罗马的论坛、市场甚至是古罗马的浴场都不一

---

1. Pincus, "Coffee Politicians Does Create," p. 824.

第 8 章 社交之都　189

样；它介于公共空间和私人空间之间，是店主住宅的延伸，但对所有人开放。专门从事各种交易和活动的咖啡馆把原本不会见面的人聚集在一起，让他们交换信息并建立社交网络。它们发挥了包括股票、信贷和保险市场，交易大厅，商品交易所，批发交易商和新闻站点在内的各种功能，为正在形成中的资本主义提供了商业办公室和会议室。换句话说，伦敦众多的咖啡馆创造了一个充满活力的、自由流动的、非正式的公共空间，这是前所未有的。

17世纪晚期的伦敦既是一个商业中心，也是一个科学中心。英国皇家学会的成立使科学成为公众讨论的话题。皇家学会的动力来自一个咖啡馆迷。从罗伯特·胡克的日记中可以看出，1672年至1680年间，他在伦敦造访过64家不同的咖啡馆，每天至少去一家，有时去3家，还有一天甚至去了5家。17世纪晚期科学的公共性在咖啡馆里得以体现。这些地方成了大师们展示科学的舞台。胡克在格雷沙姆学院举办的正式讲座乏人问津，有时候连一个听众都没有。而在咖啡馆这种比较轻松友好的环境里，他可以收获一群热情的听众。[1]

詹姆斯·霍奇森（James Hodgson）在海洋咖啡馆免费讲授牛顿在数学和天文学上的发现，并展示了人们在皇家学会以外的地方难以见到的气泵、显微镜、望远镜、棱镜和其他一系列仪器。伦敦人之所以对数学和科学感兴趣，是因为它们有望改善航海技术，这是贸易商和劳埃德咖啡馆的保险商都非常关心的问题。咖啡馆文化使理论家接触到了拥有丰富实践经验的水手。金融革命与科学革命因为一杯咖啡结缘了。[2]

正如咖啡馆为每个贸易行当提供了自己喜欢的聚集地一样，它们还满足了人们对各种活动的需求。这个咖啡馆有击剑课，另一个则可以学法语。去科文特花园的威尔咖啡馆和后来的巴顿咖啡馆，你会遇到这个城市最伟大的

---

1. Ellis, *The Coffee-House*, pp. 157–158; Larry Stewart, "Other Centres of Calculation, or, Where the Royal Society Didn't Count: commerce, coffee-houses and natural philosophy in early modern London," *British Journal for the History of Science* 32:2 (Jun. 1999): 133–153.
2. Stewart, "Other Centres of Calculation, or, Where the Royal Society Didn't Count," pp. 133–153.

诗人和作家。到杜克咖啡馆，你可以置身于演员和剧作家中间；在老斯劳特咖啡馆，你会看到艺术家的小圈子。上流人士和大臣们聚集在圣詹姆士街的怀特咖啡馆。书商和出版商聚集在圣保罗大教堂附近的蔡尔德咖啡馆。皇家学会成员约翰·霍顿（John Houghton）评论道："咖啡馆促成了各色人等的互相往来，富人和穷人聚在一起，有学问的人也一样。"[1]

佩皮斯其实不太喜欢喝咖啡。把少量咖啡豆磨碎，放在一口大锅里煮，这比我们现在用的方法要差劲得多，煮出来的咖啡味道可想而知。但最有魅力的从来都不是这种饮料本身。佩皮斯说："通过形形色色的伙伴和谈话，我（在咖啡馆）找到了很多乐趣。"咖啡馆为城市提供了至关重要的功能，为自然的相遇和关系网的出现提供了动机和场所。在17世纪末的伦敦，金融、科学和艺术等知识的影响可以让我们清楚地看到，城市是如何最大化利用邂逅、偶遇和信息交流的机会的。大量的社交和休闲场所使城市比以往任何时候都更具活力。

咖啡以另一种方式施展了魔法。咖啡馆连同它的社交礼仪和非正式的信息交流，使一种正在形成中的城市文明具体化了。

长期以来，伦敦一直是一座微不足道的边缘城市，它在17世纪末繁荣起来，并将成为18世纪占主导地位的全球大都市，随着伦敦作为国际贸易中心和帝国大都市而变得更加自信，它窃取了阿姆斯特丹的衣钵。它的人口每过一个世纪就会翻一番：17世纪初刚超过25万，17世纪末就达到了50万；到18世纪末，它变成了自2世纪的罗马以来第一座人口超过100万的欧洲城市。

激增的不只是人口。从1650年到1700年，伦敦人的人均收入至少增长了三分之一，正是在此期间，咖啡馆突然出现在伦敦。人们有钱消费。他们不只把钱花在新奇的咖啡馆里，还花在一系列的消费品、时尚品和文学作品

---

1. Pincus, "Coffee Politicians Does Create," p. 833.

上。最重要的是，他们愿意把大把金钱花在休闲活动上。[1]

财富的快速增长也带来了令人痛苦的焦虑。伦敦令人眼花缭乱的扩张、新富起来的中产阶级、炫耀性的消费文化以及繁荣与萧条的循环，都对传统的社会体系构成了可怕的威胁。对一些人来说，咖啡馆可能是礼貌谈话和文雅社交的堡垒；但对另一些人来说，它体现了现代城市本身的恐怖——一座谈话毫无节制的、不和谐的巴别塔，一个各阶层不加区分地混杂在一起的大杂烩，一个蔑视教会和国家传统权威的商业化场所。

自1666年被大火烧毁以来，从灰烬中拔地而起的伦敦城与之前的任何城市都不一样。人口稠密，极其富裕，它是重生的巴比伦，一个令人迷惑的怪物，一个被成群结队的人和车水马龙的交通所困扰的地方。"伦敦城就像一片有许多野兽出没的大森林，"一位卫道士警告说，"我们大多数人都在这里四处冒险，大家同样野蛮，互相破坏。"[2]

"莫名其妙的匆忙和粗鲁"，"繁忙的竞争和暗中破坏"，这已经够糟糕的了。更令人担忧的是一座巨大的都市将人们匿名化的方式，它允许他们掩饰自己的真实身份，因此"恶棍、骗子和冒牌货"在城市中比比皆是。[3]

"胡说。"有人回答道。他们认为城市非但没有败坏道德，反而会促使人们向善。1711年，沙夫茨伯里伯爵写道："在城市里，我们以友好的碰撞互相打磨，磨去我们的棱角，磨平粗糙的一面。"在18世纪末，苏格兰哲学家大卫·休谟认为，"拥向城市"的男男女女经历了"人性的提升，从共同交谈的习惯，到为彼此的快乐和消遣做出贡献"。[4]

---

1. Paul Slack, "Material Progress and the Challenge of Affluence in Seventeenth Century England," *Economic History Review* n/s, 62:3 (Aug. 2009): 576–603; Ian Warren, "The English Landed Elite and the Social Environment of London c.1580–1700: the cradle of an aristocratic culture?," *English Historical Review* 126:518 (Feb. 2011): 44–74.
2. Farid Azfar, "Beastly Sodomites and the Shameless Urban Frontier," *Eighteenth Century* 55:4 (Winter 2014): 402.
3. Anon., *A Trip through the Town: containing observations on the customs and manners of the age* (London, 1735), p. 1.
4. R. H. Sweet, "Topographies of Politeness," *Transactions of the Royal Historical Society* 12 (2002): 356.

交谈、快乐和消遣：在现代大都市中，休闲活动是促进社会改良的主要因素。从17世纪末开始，不列颠的城市文化逐渐被"礼貌"和"文明"所支配。市面上有数以百计的行为准则书籍，为如何在公共和私人场合行事提供建议。传统的礼仪和符合礼仪的行为等观念源自皇家宫廷和贵族的乡间豪宅，它们引导着人们对举止和谈话的期望。而到咖啡馆兴起的时候，文明开始与一些完全不同的东西联系在一起。城市生活正在取代过去那种沉闷、拘谨的宫廷文化，催生出新的礼仪。正如学术讨论、政治辩论和商业事务已经冲出大学、议会和行会等封闭的世界，进入咖啡馆这样的开放论坛一样，文化和艺术活动也正变得商品化，并寻求在公共领域的表达。[1]

礼貌和文明都是属于都市的，具有鲜明的现代特征。伦敦提供了无数的社交机会，使人们变得更文明。反过来，文明又使城市生活变得更容易，因为它为拥挤的城市环境中陌生人之间的互动提供了润滑剂。"谈话创造了令人愉快的纽带，将我们彼此联系在一起，"一篇名为《礼貌的绅士》（*The Polite Gentleman*）的论文这样写道。另一位作家则宣称，文明的真正目的是"使交往和交谈变得轻松愉快"。[2]

城市是人类存在创造的奇迹之一。防止像蚁群一样的人类退化回暴力社会的是文明，这是支配人们日常交往的准则，无论我们是否将其宣之于口。在任何城市的街道上，当人们在商店、街头、办公室和公共交通系统之间穿梭时，人类的行为构成了一出复杂、无序的芭蕾舞表演，永无止歇。

行为准则会随着时间而改变。不同种族、民族、性取向、性别和身份的人如何在公共场合相处一直是个备受争议的问题。例如，在洛杉矶的酒吧里，所有顾客都要遵守文明行为的最低标准："绝对不能有的包括性别歧视、种族主义、残障歧视、同性恋恐惧症、变性人恐惧症或是仇恨，否则你将被要求离开。"为迎接2010年世博会，上海市政府发行了一本刊物，名为

---

1. Sweet, "Topographies of Politeness," pp. 355-374; Lawrence E. Klein, "Coffee House Civility, 1660-1714: an aspect of post-courtly culture in England," *Huntington Library Quarterly* 59:1 (1996): 30-51; Lawrence E. Klein, "Liberty, Manners, and Politeness in Early Eighteenth-Century England," *Historical Journal* 32:3 (Sep. 1989): 583-605.
2. Markku Peltonen, "Politeness and Whiggism, 1688-1732," *Historical Journal* 48:2 (Jun. 2005): 396-397.

《做可爱的上海人：上海市民手册》。它提出了很多严肃的建议，涵盖了从如何着装到餐桌礼仪的方方面面。1995年，上海正在经历快速转型，它接收了数以百万计的外来人口，其中许多是从农村而来，上海公布并在市内各处展示了"文明标准和公民道德规范"的"七不"清单：不随地吐痰、不乱扔垃圾、不损坏公物、不破坏绿化、不乱穿马路、不在公共场所吸烟、说粗话脏话。2017年对"七不"规范的更新显示了这座城市22年来的变化：针对随地吐痰、说粗话脏话和损坏公物的禁令不再出现（这些禁令被认为已经充分内化了）；新增的条目是车辆不乱停、宠物不扰邻、守序不插队、言语不喧哗等。

在繁荣时期的伦敦，对那些想要赚钱的人来说，想办法搞好社交或讨好自己的上司是至关重要的。如果你行为不得体，你就不会有什么机会。伦敦令人目眩的腾飞使人们感到焦虑，在一定程度上，礼貌是对此做出的回应，它能缓解人们对商业化的城市和自由市场经济的恐惧，因为它们削弱了社会的凝聚力。对约瑟夫·艾迪生和理查德·斯梯尔这样的作家来说，如果良好的礼仪不再来自宫廷或教堂，那么它们就来自现代商业社会本身。同样，伦敦的皇宫不再是美术、文学、戏剧和音乐的中心；文化生产和消费转移到了城市领域。市场将决定大众的品位。

市场的反应出人意料。它在伦敦留下了有形的印记，这一点至今仍十分明显。在投机开发商为处于发展中的时尚的伦敦西区所设计的布局中，文明礼貌得到了明显的体现，那里有漂亮的房屋和翠绿的花园广场。家庭住宅中华丽的陈列已被淘汰，而古典的优雅则正当时。这个时候流行的是新古典主义帕拉第奥式建筑，它统一和克制的风格反映了个人礼貌的自制力和简洁性。当时的一位建筑师把乔治王朝时期的城市规划称为"文明世界的剧院"，这是一系列相互连接的广场、街道、花园、公园、咖啡馆、会议室、剧院、博物馆、教堂和长廊，它们共同构成了一个"文明的"公共领域，从而鼓励人们的社交和融合。[1]

---

1. Peter Borsay, "Culture, Status, and the English Urban Landscape," *History* 67:219 (1982): 12; Lawrence E. Klein, "Politeness and the Interpretation of the British Eighteenth Century," *Historical Journal* 45:4 (Dec. 2002): 886ff; Warren, pp. 49ff.

我们所处的是现代城市，控制着它的不是自古以来的市政当局，而是市场的力量，而塑造它的则是市民的休闲活动、时尚和品位。这是一种崭新的城市，在今天一眼就能认出来：一座有餐馆、咖啡馆、酒吧、博物馆、艺术画廊、夜总会、剧院、购物中心、百货商店、竞技场和各种休闲设施的城市，它们既能为我们提供娱乐，又能赋予这座城市存在的理由。但纵观历史，这种城市体验——其公共领域是围绕着公民不断变化的品位和可支配收入而设计的——是最近才出现的。它是在伦敦从穷乡僻壤崛起为全球大都市之时突然出现的。

17世纪60年代以降，激进的咖啡馆文化预示着这一变化。但咖啡馆只是众多迎合当时流行的文明和社交观念的新商业项目之一。位于泰晤士河南岸的沃克斯霍尔花园也是在17世纪60年代开张的。1729年，地产开发商兼经理人乔纳森·泰尔斯开始管理它。泰尔斯对花园进行了改造，以满足当时的需求，他把花设计成了一个精致的舞台，以提供文雅的生活和非正式的公众互动。

泰尔斯把一片中间有酒馆的树林变成了18世纪的城市主题公园。游客们乘船来到沃克斯霍尔，漫步于碎石小道上，树上的数百盏灯为其照明。大道组成的网格系统制造了偶遇的机会。在漫步时，他们可以欣赏陈列在玻璃柜里的一系列画作，聆听树林里一支管弦乐队在八边形音乐台上演奏的音乐。富有的游客会在管弦乐队附近的半敞开式晚餐包厢里或步行大道旁的半圆形柱廊里就座。贵族和上流社会的人都坐在这里，这样他们就能在公共场合以一种半私密的状态就餐，既能看到成群的伦敦人，也能被这些伦敦人看到，同时还能保持他们的排他性。要知道，在这个时代，公开进餐的想法仍是非常新鲜和令人震惊的。贵族们边听音乐边聊天、吃饭，这与泰尔斯设计的其他东西一样，也是表演的一部分。这是18世纪伦敦的一个缩影：不同阶层的人分享着相同的经历，但却被阶级和地位的无形壁垒隔开。

那些档次不够进入包厢的人可以在树下的野餐桌上露天用餐。如果天气不好，乐队会在有全国最大的枝形吊灯照明的圆形大厅里演奏，游客们则会在充满异域风情的土耳其帐篷里用餐。花园的其他地方有亭子、雕像、塔和凯旋门。公园的边缘被风景错视画所遮蔽，给人一种乡野之美消失在远方的错觉。每个季节，泰尔斯都要为这座迷人的花园添光增彩，以提供新鲜奇妙的景观。莫扎特在沃克斯霍尔举行了他在英国的首场演出，他是当时在那里演出过的众多优秀音乐家之一。同时，这个地方还是现代艺术的展台，是在公共美术馆出现之前出现的一座"公共美术馆"。灯光、音乐、绘画、建筑、焰火、优美的自然风光和人群产生了巨大的影响。正如亨利·菲尔丁所说："我必须承认，我发现我的整个灵魂，好像，都沉浸在快乐……的谈话中，在那里，有一首欢乐和惊奇的狂想曲……我难以相信这迷人的场景是真实的。"[1]

沃克斯霍尔花园标志着现代大众娱乐的诞生。据一位德国游客说，那里是伦敦的夜总会，"据我所知欧洲无处的娱乐可与之相比"。正常情况下，这里每晚会有2000名游客，有时候还会更多，可能会有约7000人在吵嚷着购买食物。1749年，在乔治·弗里德里克·亨德尔的《皇家焰火音乐》(*Music for the Royal Fireworks*) 首次公演当晚，1.2万人挤进了这座花园。到该世纪末，每个周末的晚上可能都会有1.6万人走进沃克斯霍尔花园的大门，这里的门票价格很便宜，仅需1先令。[2]

除了咖啡馆和像沃克斯霍尔花园这样的游乐园以外，这座令人陶醉的大都市还有许多诱人的设施。那些拥有地产的人想把钱花在首都，即花在这些新兴的消费和娱乐场所上。在18世纪初，伦敦只有两家剧院，分别是德鲁里巷的皇家剧院和林肯酒肆剧院（Lincoln's Inn Theatre），都是皇家专营的。从18世纪20年代开始，包括巨大的科文特花园剧院在内，越来越多的剧院如雨后春笋般涌现，迎合了人们对娱乐的狂热。为了吸引观众，舞台布景变得越来越精致，技术也越来越先进。新剧场的建造方式与我们今天所知的一样，有私人包厢、管弦乐池和顶层楼座，舞台上有脚灯和侧灯。

到18世纪末，科文特花园剧院每晚要接待3000名以上的观众，整个伦敦的剧院总共有29 500个座位。规模比科文特花园略小的剧院——如萨德勒之井剧院、阿德尔菲剧院或陶尔哈姆莱茨区的皇室剧院（Royalty）——平均每

---

1. "A Letter from a Foreigner to his Friend in Paris," *Gentleman's Magazine* 12, Aug. 1742.
2. Jerry White, *London in the Eighteenth Century: a great and monstrous thing* (London, 2012), pp. 322-323.

晚会有1800名观众。一位法国游客描述了下层伦敦人（水手、仆人、"低级商人"以及他们的妻子和女友）是怎样在科文特花园剧院的顶层楼座里自得其乐的。他们像众神一样高坐在剧院顶处，"向演员和观众掷下苹果皮和橘子皮形状的雷霆之怒"。观赏包厢里的上流人士，尤其是女士和高级妓女，这本身就被视为看戏的一部分；高高在上的大人物和舞台上的演员一样，都会暴露在嘘声和下流笑话之下。这里是贵族之间的世仇、冷眼相对和阴谋诡计的上演地，是城里流言蜚语的中心。[1]

伦敦人喜欢剧院，因为在这里，从仆人、技师到伦敦城里的商人、大律师，再到富豪和贵族，各个阶层的人都混杂在一起。中等收入和经济上没有保障的人之所以愿意支付1先令去剧院和游乐园，部分原因是想要通过分享与上流社会相同的娱乐来"忘记他们（与社会）的脱节"。剧院给人的感觉就像一座有百万人口聚集在一起的城市。这给了它力量。愿上帝保佑那些胆敢阻止大家进入剧院的人。1737年，当人们试图禁止仆人进入德鲁里巷的顶层楼座时，伦敦的男仆们聚众闹起事来。1809年，当科文特花园剧院提高票价时，抗议活动持续了67个晚上。没有人愿意被排除在城市跳动的心脏之外。

1728年有本书，据说是A.普里姆考克（A. Primcock）写的，名为《试金石》(*The Touchstone*)，书中记录了"城里主要的娱乐活动"。普里姆考克的伦敦"新商业娱乐"之旅包含了城里主要的娱乐场所：音乐和舞蹈场所、剧院、歌剧院、礼堂和化装舞会。但他把这些与"高雅"文化混为一谈，他罗列了为伦敦人提供的一系列其他娱乐活动：木偶戏、摔跤、走钢丝、变戏法、露天滑稽剧、巡回演出、职业拳击、斗鸡和逗熊表演。城里还有蜡像馆、畸形人展览、杂技演员、柔术演员、动物展览、露天游乐场、珍奇物品展览、《潘趣与朱迪》表演、街头歌手。街上有许多卖唱的人，他们出售和演唱流行歌曲，其中有许多是淫秽歌曲。从18世纪30年代开始，板球比赛往往能吸引上万名付费观众来到炮兵球场（Artillery Ground），这标志着商业化的大众体育赛事的到来。位于兰贝斯区的阿斯特利圆形剧场是一个利润丰厚的马戏场，专门表演马术和戏法。在《女性旁观者》(*The Female Spectator*)中，伊丽莎·海伍德（Eliza Haywood）痛斥了"我们现代的娱乐

---

1. Ben Wilson, *Decency and Disorder: the age of cant* (London, 2007), p. 17.

贩子"，即那些围绕着娱乐重塑城市的企业家。[1]

剧院里充斥着喧哗，城里还有逗熊、逗牛和斗鸡等娱乐：不论人们是怎样告诉自己的，但这绝不是一座文明的城市。随着伦敦成为全世界最大的大都市，它吸引了成千上万的劳工，他们建起优雅的新广场，为不断增加的休闲阶层提供服务，维持码头的运转，还为这头商业利维坦做其他所有艰苦肮脏的工作。在原野圣吉尔斯教堂（St Giles-in-the-Fields）旁，一座座破旧的中世纪建筑挤作一团，看上去像是一群可怜的秃鼻乌鸦巢，里头住满了移民家庭。众所周知，圣吉尔斯的"秃鼻乌鸦巢"是贫苦的爱尔兰劳工聚居的社区：那里住着建筑工人、砌砖工人、船夫、轿夫、运煤工人和街头小贩，他们的体力劳动维持着城市的运转。

这个小而肮脏、摇摇欲坠、充满暴力的贫民窟是历史上最糟糕的贫民窟之一。其中一幢简陋的建筑被称为"老鼠城堡"。它附近的原野是徒手搏斗和斗狗的场地。就像今天孟买等城市的贫民窟一样，在一个人口增长快于廉价住房增长速度的大都市里，必然会有圣吉尔斯这样的地方。那里有许多出租屋，里面挤满了成百上千被工作机会吸引到伦敦来的临时工。圣吉尔斯秃鼻乌鸦巢是一个封闭的城中之城，没有几个人敢去那里。然而，它离伦敦最新、最时尚的布鲁姆斯伯里地区只有一步之遥，那里有贵族广场、大型联排别墅和大英博物馆（建于1753年）。

城里那些在1666年的大火中被烧毁的地方，又被人们用砖石进行了重建，还有了漂亮的房屋、更宽阔的街道和宏伟的公共建筑，比如圣保罗大教堂、克里斯托弗·雷恩修建的50多座教堂、英格兰银行和伦敦市长官邸。但在这座熠熠生光的崭新城市中，仍有一些躲过了大火肆虐的街巷，它们清晰地展现了伦敦旧日的模样——摇摇欲坠的木结构建筑、狭窄的庭院和臭气熏天的小巷。在这座地球上最富裕的城市里，法灵登（Farringdon）和克拉

---

1. Darryl P. Domingo, "Unbending the Mind: or, commercialized leisure and the rhetoric of eighteenth-century diversion," *Eighteenth-Century Studies* 45:2 (Winter 2012): 219.

肯威尔（Clerkenwell）的外围地区是典型的贫民区，那里有阴冷潮湿的贫民窟、地下隧道和居民们的"粗野游戏"。直到18世纪50年代，位于克拉肯威尔的"霍克利洞"（Hockley-in-the-Hole）仍是举办野蛮的摔跤比赛、剑术比赛、徒手搏斗、逗牛和繁育凶狠斗犬的主要场所。

18世纪的伦敦是一座喧闹、拥挤的城市，饱受帮派火并、抢劫、小偷小摸、虐待动物以及其他暴行之苦。它也是一座勤劳的城市。几乎每一个到伦敦来的游客在刚抵达时都会注意到，他们被永远拥挤的人流、堵塞的交通和喧嚣的街道所淹没。轿子、出租马车、长途马车、吆喝着的街头小吃贩子和卖唱者则使街头的喧闹声更加刺耳。

位于圣詹姆士广场的23幢房子中有20幢是贵族的住宅，而那里的空地在18世纪20年代就像"一个常见的粪堆"，到处都是垃圾、泥土、灰烬、动物内脏，甚至是死狗。伦敦是一个文明与污秽并存的地方，无论是物质上的还是道德上的。工人阶级聚焦的苏豪区与上流社会居住的梅菲尔区（Mayfair）摩擦不断。

伦敦的地形让那些"文明人"很难不受这座城市现状的影响。虽说以当时的标准来看它的面积很大，但从北到南穿越城市只需要1个小时，从东到西最多可能需要3个小时。整个18世纪，主要的购物街——斯特兰德大街、舰队街、齐普赛街和康希尔街——都位于伦敦城，这就意味着那些时髦的西区人必须走遍伦敦各处才能买到东西。最令外国游客震惊的是，皇家公园对所有人开放：散步的精英男女与各式各样的伦敦人混在一起。

外国人对伦敦在消除社会差别方面所起的作用感到惊讶，至少在城市的公共区域是这样。一位德国游客注意到，没有哪个政府部长或贵族敢让最穷的人在街上给他们让道，"他们每天都要步行穿过伦敦人口最多、交通最繁忙的街道，在那里，他们被推搡、被肘击、被溅上污秽，但一次也没有抱怨过。"[1]

考虑到人们在城市生活中对平等的期望，伦敦的贵族和绅士们开始衣着朴素地上街，避免在着装上让人看出自己所属的阶级。18世纪80年代，有人写下这样一段话："在以往，一位绅士从穿着上就与大众不同。而在如今，一切表明人类地位的外在证据都已不复存在。"佩剑被换成了手杖和雨伞。

---

1. White, *London in the Eighteenth Century*, p. 130.

到该世纪末，男性时尚不再那么浮华；富有的人爱穿深色、朴素的衣服，以显得不引人注目。这标志着以朴素的西装和领带为特征的男性都市形象的产生，它将主导接下来几个世纪的男性穿着。[1]

不同类型的人和地区错综复杂地交织在一起，贫穷和苦难与富裕和辉煌并存，伦敦是这样一个繁忙的混合体。但是，如果说"文明"没能征服这座急就章一般的城市，那么，礼貌倒是无处不在。18世纪是城市社交的黄金时期。

咖啡并没有影响人们对酒精的消费，喝酒仍然是伦敦人主要的社交活动。据估计，1737年伦敦共有531家咖啡馆，而小旅馆有207家，酒馆（tavern）有447家，啤酒店（alehouse）有5975家。这意味着在伦敦每13.4间私人住宅中就有一间获得了售酒许可。这还不包括在18世纪20年代到50年代间销售杜松子酒的另外约7000个地方。和咖啡馆一样，伦敦的酒吧也是人们欢聚、交谈和读报的地方；它们是伦敦各色人等的就业中心，包括批发商人和专业人士，零售商人和手工艺人，还有工人。酒馆的主要功能之一是在它后面的房间里开办有多种俱乐部。

17世纪早期，各种俱乐部大量涌现，各色人等都可以在酒吧里结伴畅饮。有放屁俱乐部、丑陋俱乐部、矮子俱乐部（由身高5英尺以下的人组成）、高个俱乐部、搏击俱乐部、胖子俱乐部、独眼龙俱乐部、长鼻子俱乐部等等。还有博学之士组织的文学、科学、政治和哲学俱乐部。对不太富裕的人来说，有潘趣酒俱乐部（花1先令就能喝到酩酊大醉）和唱歌俱乐部。学徒和年轻女子在公鸡和母鸡俱乐部聚会，他们在那里跳舞并结缘。一个著名的辩论社团在斯特兰德大街附近的罗宾汉俱乐部聚会，吸引了"泥瓦匠、木匠、铁匠和其他人"，他们每个人都能得到5分钟的发言时间。它们是由志同道合者、朋友、同行、邻里、慈善机构和体育组织组成的协会。在一座移民之城里，来自苏格兰或斯塔福德郡的人组成的俱乐部提供了一种现成的社团形式，缓解了这座人满为患的大都市的孤独感。只要是你能想到的，在一个热爱社交的城市里都有专门为它设立的俱乐部。

在一种粗俗、下流、由男性主导的饮酒文化中，快乐产生在公共场合。舰队街的银匠约瑟夫·布拉斯布里奇（Joseph Brasbridge）羞愧地回忆道，当

---

1. Paul Langford, "The Uses of Eighteenth-Century Politeness," *Transactions of the Royal Historical Society* 12 (2002): 330.

他还年轻，刚开始创业时，他决心要做一个"快乐的家伙"，和朋友们在环球酒馆的一个俱乐部里喝到天明，他们当中有一名外科医生、一名印刷工、一名议会记者、一名财政部职员和一名纽盖特监狱的看守。这些人无论怎么看都不算是下流社会的人，其中一人后来还成了市长大人。

在布拉斯布里奇所描述的这座城市里，高级的和低级的享乐是难以区分的。以沃克斯霍尔花园为例，它是优雅的缩影。为了追求优雅，乔纳森·泰尔斯为步道安装了照明设施。几乎所有的步道都被照亮，只有黑暗步道（Dark Walk）除外。人们可以看到所谓"体面"的男人一边从它那具有保护性的黑暗中走出来，一边扣上裤子上的纽扣，他在这条路上"偶遇"了妓女。身为一名商人，泰尔斯比任何人都清楚，尽管人们寻求礼貌，但性是有销路的，特别是在那些表面上"彬彬有礼"的地方。剧院、化装舞会上和公园里到处都是妓女和皮条客。

詹姆斯·博斯韦尔徘徊在品味上流社会的"优雅乐趣"和渴望另一个更粗野的世界之间，那个世界充满了无拘无束的欢愉和"浪漫的冒险"，他并不是唯一一个觉得大都市在他的欲望中制造了一场难以抉择的拉锯战的人。伦敦是"享乐之地"，这里有无数的妓女和女演员不断提供着诱惑，更确切地说，它是男性享受性快乐之地。虽说卖淫活动遍布整座大都市，但科文特花园、斯特兰德大街和林肯法学园区（Lincoln's inn Fields）及其周围的此类活动尤其猖獗。对一夜情的需求是巨大的，而且也得到了满足。在威廉·贺加斯的系列绘画和版画《妓女生涯》（*A Harlot's Progress*）中，第一幅画描绘的就是一个天真的乡村女孩莫尔·海克芭（Moll Hackabout）刚从长途马车上下来，希望在伦敦成为一名裁缝。但她美丽的外表吸引了臭名昭著的老鸨尼达姆的注意，她以做高级妓女能轻松赚钱和穿漂亮的衣服为由来诱惑这名少女。随着情节的发展，莫尔先是通过给人做情妇短暂地过上了奢华的生活，但她后来沦为一名普通妓女，最终在23岁时死于梅毒。丹尼尔·笛福的小说《莫尔·佛兰德斯》展示了一个女人是如何在一座冷漠的男性城市中生存下来的：她用性换取冰冷的金钱，不论是通过婚姻还是卖淫。

伦敦的妓女数量总是被夸大。有一项估计认为，18世纪末伦敦有5万名妓女，不过这一估计把许多显然不是性工作者的女性包括进去了——当时有成千上万的未婚女性与男性伴侣生活在一起。但是卖淫的可见性使它看起来像是一种普遍现象，而且性的易获得性也影响了男性在公共场合的行为。

在18世纪的小说中，伦敦一次又一次地被描绘成对女性来说充满性威胁的地方。范妮·伯尼的小说《埃维莉娜》（1778）中有一段悲惨的情节，与书同名的女主角差点在沃克斯霍尔花园被一群醉鬼强奸。无人陪伴的女性走在街上，会被掠夺成性的男性视为可狩猎的猎物。这是伦敦和其他大城市无法避免的现实之一，直到20世纪甚至更久远之后仍是如此。允许男子获得的社会机会并没有扩大到女性身上。一个中上层阶级的女性如果被看到独自走在城市的街道上，那她就会面临名誉扫地的危险。在一个以马匹为动力的城市里，街道上全都是肮脏的动物粪便；那里拥挤不堪，又臭又吵。城市里的女性并不安全（尤其是在晚上），因为她们很可能会遇到令人厌恶的求欢或更恶劣的情况。

但认为女性远离公共场所退回到家中的观点也不完全正确。外国游客注意到，与欧洲其他城市相比，伦敦的富裕女性享有非同寻常的自由。休闲重新塑造了这座18世纪的大都市，为中上层阶级的妇女提供了参与城市社交仪式且不会丧失地位或名望的途径。如果说许多外国游客觉得伦敦相当肮脏，那他们大都也会对其商店的富丽堂皇感到惊讶："布匹店、文具店、糖果店、糕点店、刻印店、银匠铺、书店、版画店、袜子店、水果店、瓷器店——一家挨着一家，连续不断，每幢房子都有一家店铺，一条街又一条街，一英里又一英里；物品本身就很精美，而且还被摆放得很美观。"18世纪初的主要购物街有康希尔街、舰队街、斯特兰德大街和齐普赛街，到19世纪初，科文特花园、摄政街和牛津街也加入了这一行列。在大型玻璃橱窗后面，店主们巧妙地陈列着他们奢华的商品，并在夜晚为它们提供照明。这些高级商店对女性来说是既安全又有吸引力的社交场所，她们结伴去购物，这是她们日常活动的一部分。[1]在伯尼的小说中，埃维莉娜注意到了购物的"娱乐性"、与之相应的礼仪以及它的社交功能："在女帽店，我们遇上的女士都穿得很考究，我寻思，与其说她们是来购物的，不如说她们是来做客的。"剧院、游乐园、歌剧院、慈善机构、展览会、舞会和商店将精英女性带进了这座新兴消费都市的公共领域。

---

1. [Robert Southey], *Letters from England: by Don Manuel Alvarez Espriella*, 2 vols (New York, 1808), Vol. I, p. 39; Helen Berry, "Polite Consumption: shopping in eighteenth-century England," *Transactions of the Royal Historical Society* 12 (2002): 375-394.

从流动的街头小贩到大企业主，女性不得不在一个仍然非常性别化的经济体中开拓事业；这些工作（就像在如今许多正在发展的城市里一样）往往是在非正规经济领域，而不是在贸易和金融行业。咖啡馆、酒馆和俱乐部里的信息交流和社交网络——重要的商业联系都是在这些地方建立的——都被男性垄断了。女性不得不在其他的经济领域工作，她们是为这座大都市提供食物、衣服、保洁、住房、教育和娱乐的企业家。大多数街头小贩都是女性，她们经营咖啡馆、小旅馆和客栈，她们做饭、打扫、洗衣服。许多为伦敦儿童提供基础教育的学校都是由女性创办的。庞大的制衣业几乎完全为女商人所控制，零售业的很大一部分也是如此。许多女性通过出租房屋来赚钱，城里有成千上万的男人、女人和家庭需要租住一两个房间。大众娱乐业的蓬勃发展为女性演员、歌手和经理人提供了新的机会。18世纪20年代，年轻的特蕾莎·科内利斯（Teresa Cornelys）从威尼斯来到伦敦。到18世纪60年代，在歌剧演员的生涯结束后，她靠着在苏豪广场举办奢华的化装舞会获得了惊人的财富和名望。

在这方面，就像在城市生活的许多其他领域一样，伦敦提供了18世纪欧美城市如何变化最醒目、最夸张的例子。城市生活的中心从宫廷下移到大都市，这一转变最早是通过17世纪下半叶的咖啡馆体现出来的。热衷社交的城市环境就是在它们的帮助下产生的，这定义了下一个世纪的城市，在这里，消费者塑造了文化和时尚，休闲和购物成为城市体验的关键。剧院和歌剧院、咖啡馆和餐馆、博物馆和美术馆都成了现代城市体验的绝对中心。

※

1935年，美国艺术家贾尼丝·比亚拉（Janice Biala）在伦敦看到了一处特别迷人的景色，想画一幅素描，她对情人福特·马多克斯·福特说："我们赶紧找家咖啡馆，得趁我的印象还深刻时把它画下来。"当福特回答说伦敦没有咖啡馆时，她惊呆了："如果伦敦不为艺术家提供咖啡馆，怎么能指望这里会有艺术呢？……这里能有文学吗？能有文明或别的东西吗？"[1]

---

1. Ford Madox Ford, *Provence: from minstrels to the machine*, ed. John Coyle (Manchester, 2009), p. 24.

当意大利、德国、西班牙和法国的贵族（以及美国的"文人雅士"）享用着他们城市街头热闹的咖啡馆时，伦敦——正是它率先把咖啡馆这一城市现象引入西欧——却没有可以与之相比的东西了。发生了什么？[1]

这种变化早就开始了。1736年，怀特巧克力店变成了会员制的怀特俱乐部。在伦敦城的乔纳森咖啡馆，只要买杯咖啡，任何人都可以在这里做一天的股票交易员。这对经纪人来说是不可接受的。1761年，他们付给乔纳森的业主每年1500英镑，由此每天可以独占咖啡馆3个小时。在法庭上接受审查时，首席大法官宣称咖啡馆是一个自由开放的市场，做出了不利于股票经纪人的裁决。作为回应，这些经纪人在司威丁街（Sweetings Alley）建立了自己的咖啡馆兼交易所，名叫新乔纳森。不久，它被重新命名为伦敦证券交易所，只对那些每天支付6便士的人开放。1801年，除了按年缴纳会费的真正会员之外，所有人都被排除在这个俱乐部之外。[2]与此同时，聚集在劳埃德咖啡馆的保险商们先是搬到了自己的咖啡馆，后来又在1773年搬到了皇家交易所的楼上。

具有非正式性质的咖啡馆让位给了更加规范、更受控制的金融市场。然而，余音仍在回荡。作为世界上最大的保险组织，劳合社虽然坐落在理查德·罗杰斯设计的位于伦敦的不锈钢大厦里，但它仍然保留着一种面对面的业务形式，这种形式可以追溯到它在喧闹的咖啡馆里成立的时候。保险商仍然坐在高脚凳上，穿着燕尾服的员工则被称为侍者。

商业和贸易从咖啡馆这个开放世界转移到了更加规范、更受控制的舞台上，即会员专用的交易所和办公室（一种现代的发明）里。在许多其他方面，18世纪的社交性被一种更具排他性的礼仪形式所取代。正如亨利·詹姆斯敏锐地指出的那样，在19世纪80年代的伦敦，街头没有咖啡馆，这是一个等级制度僵化的社会的标志。绅士们仍在喝咖啡，但他们是在俱乐部舒适而隐蔽的环境里喝的。穷人则是在上班的路上喝着从手推车和货摊上买来的黑色液体。

随着时间的流逝，伦敦的居民人数增加到了600万，越来越多的中产阶级被带花园的宽敞住宅所吸引，离开了市中心。在人口稠密的欧洲城市里，

---

1. Ellis, *The Coffee-House*, pp. 205–206.
2. Ibid., pp. 177–180, 212–214.

巴黎的中产阶级以及其他城市的居民都住在市中心的公寓里，而他们在伦敦的同侪则住在郊区。大陆上的咖啡馆是紧凑的欧洲城市社会生活的一部分。在19世纪，现代交通重塑了伦敦。铁路、马拉公交车、有轨电车和地铁使人们可以在离市中心更远的地方定居。向郊区扩张是扼杀伦敦城内社交生活的帮凶，而正是社交使它在18世纪如此吸引人，当时的它还是座适合步行、人口不到100万的城市。

咖啡馆的消亡是由于它社交属性的减弱，以及社会、文学、科学和商业生活中排他性的增长，这座城市从公共社交转向了市场细分化、制度化和郊区化。就在咖啡馆消亡的同时，伦敦拥有了无与伦比的全球强权，作为一座商业大都市取得了辉煌的成功。亨利·詹姆斯在19世纪末写道，伦敦具有"强烈的商业性"。这座帝国大都市的商业气息和阶级意识是如此浓厚，巴黎咖啡馆的浮华和宴乐并不适合它。昨日已逝。

▲ 上海之夜。作为原始力量象征的摩天大楼：上海独树一帜的天际线。(Siyuan / Unsplash)

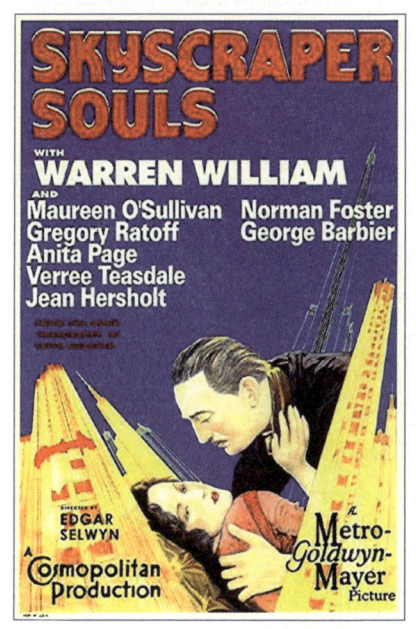

▲《摩天大楼之魂》，电影海报，1932年。摩天大楼在20世纪20年代曾被誉为令人惊叹的成功宣言，但在华尔街崩盘和大萧条之后，它呈现出了一种更具威胁性的面貌。在电影《摩天大楼之魂》中，摩天大楼成了有如吸血鬼一般的男性渴求权力和性的象征。(Warner Brothers)

▲《死角》，电影剧照，1937年。在这里，破旧的廉租公寓街被描绘成犯罪和堕落的摇篮。与社会改革者一样，好莱坞的导演们也希望拆除密集的城市贫民区，以坐落在绿化带中的多层公共住宅楼来取代它们。传统的城市似乎已经失败；是时候为20世纪兴建一座新的大都市了。(World History Archive / Ann Ronan Collection / Agefotostock)

笼罩在皇后大桥阴影下的皇后桥住宅区开发项目，照片，1939 年。一边是为富人建的高楼；一边是为穷人建的高楼。曼哈顿的摩天大楼俯瞰着皇后桥住宅区的公寓楼，皇后桥住宅区至今仍是美国最大的公共住宅项目。这张照片拍摄于 1939 年该项目投入使用时。（*New York Daily News* Archive / Getty Images）

参观通用汽车"未来世界"展览的游客，照片，1939 年。纽约世博会期间，诺曼·贝尔·格迪斯对城市未来的设想令游客们赞叹不已。（Getty Images / Bettmann）

▲ 王小亭，《血腥的星期六》，照片，1937年。照片展现了一名中国娃娃坐在上海南站的废墟中哭泣的场景，1937年8月28日，日军的飞机轰炸了这里。这张照片在全世界广为流传，它无情地预示着暴力将会蔓延到世界各地的城市中去。(National Arcgives and Records Administration)

▲ 亨利·N. 科布，《华沙，1947年8月》，照片，1947年。纳粹有计划地摧毁了华沙。1939年至1944年间，几乎再没有哪座城市遭到这种程度的破坏。（Henry N. Cobb）

"法官哈利·普雷格森"立交桥，洛杉矶，照片，2018年。照片展现了今日的"明日之城"：20世纪中叶，洛杉矶以汽车为导向，率先走上了向郊区发展的道路，城市随之杂乱无章地蔓延开来。（Denys Nevozhai / Unsplash）

▲ 清溪川，首尔，照片，2008 年。2002—2005 年，清溪川高速公路被拆除，露出一条被埋藏已久的小河。位于首尔心脏地带的这片绿洲，向我们展现了当汽车不再经过市中心时会发生什么。（Michael Sotnikov/ Unsplash）

▲ 贡萨洛·德·卡瓦略大道，阿雷格里港，照片，2012 年。这条大道是城市绿化最显著的成果之一。（Adalberto Cavalcanti Adreani / flickr www.flickr.com/photos/adalberto_ca/8248042595/）

东京，照片，2017 年。照片再现了东京的超现代性与街头生活。（Erik Eastman / Unsplash）

▲ 新宿，东京，照片，2018 年。东京是 20 世纪最成功的特大城市之一，它是在第二次世界大战的废墟上建起来的。摩天大楼与町民的街头生活共存于此。（Bantersnaps / Unsplash）

▲13号公社，麦德林，照片，2011年。位于哥伦比亚麦德林市的13号公社曾是世界凶杀之城，经过一系列有远见的改革，此地发生转变，不再是一个蒙昧的贫民窟了。（image BROKER / Alamy Stock Photo）

▲拉各斯，照片，2018年。拉各斯双城记：一名冲浪者遥望将会成为大西洋新城的建筑工地，那里有点像是非洲的迪拜，到处都有闪闪发光的摩天大楼、昂贵的酒店和豪华的游艇。（Alan van Gysen）

第 9 章

地狱之门？

曼彻斯特和芝加哥

(1830—1914)

"曼彻斯特是世界的烟囱，"查尔斯·詹姆斯·纳皮尔将军在1839年写道，"富有的恶棍、贫穷的无赖、衣衫褴褛的醉汉和妓女定义了道德；雨水把烟灰调成了糨糊；唯一能看到的景色就是长长的烟囱：好一个去处！地狱的入口就在这里！"[1]

在19世纪40年代的曼彻斯特，500多个烟囱冒出厚厚的煤烟，为新式大规模生产技术提供了动力。亚历克西·德·托克维尔（Alexis de Tocqueville）对曼彻斯特"巨大的工业宫殿"和"熔炉的噪声，蒸汽机的汽笛声"感到震惊。以前从未有人见过这样的城市。每天，成千上万台动力织布机的声音在这里回荡，让建筑物都随之摇动。瑞典作家弗雷德里卡·布雷

---

1. *The Life and Opinions of General Sir Charles James Napier*, 4 vols (London, 1857), Vol. II, p. 57.

默（Fredrika Bremer）捕捉到了这座弗兰肯斯坦（Frankenstein）般的工业都市那令人不安的力量及其感官冲击力："曼彻斯特在我眼中就像一只巨大的蜘蛛，它的身边环绕着工厂、城镇、郊区和村庄，在那里，一切仿佛都在织——织——织，要织出世界上所有人的衣服。这只蛛后坐在那里，被一大堆丑陋的房子和工厂包围着，这些建筑笼罩在厚厚的雨云中，好像蜘蛛网一样。它给我留下了一种阴暗而压抑的印象。"[1]

布雷默也去过芝加哥。她写道，这位美国巨人是世界上"最悲惨、最丑陋的城市之一"。布雷默尖刻地评论说，她配不上"湖上女王"的称号，"因为她衣着寒酸地坐在湖畔，更像一个女贩子，而不是女王。"[2]

像曼彻斯特一样，芝加哥的城市景观——从城市辐射出来的带状铁路线、错综复杂的电报线、巨大的谷物升降机和伐木场、嘈杂的牲畜围场、钢铁厂和工厂烟囱——是19世纪工业化的体现。游客们评价说，芝加哥的声音在全世界是独一无二的："火车头低沉的轰鸣声和汽船的尖厉叫声"混杂着工业机器的咔嗒声、成千上万头即将被宰杀的猪的哀鸣声，以及川流不息的人群的喧闹声。其他人则感受到了芝加哥那种带着"肆无忌惮的暴烈"的力量。一位法国游客刚到芝加哥就被恶臭攫住了喉咙。[3]

规模、人口增长和感官冲击姑且不论。更令人畏惧的是这些新城市对人类的影响。"棉都"曼彻斯特是全球纺织业的中心，是世界工业化进程的起点。曼彻斯特工厂的景象预示着人类的未来。"在这里，人类获得了最完全的发展和最野蛮的秉性。在这里，文明创造了奇迹，而文明人几乎又变回了野蛮人。"托克维尔如是说。[4]

在大西洋另一边的美国南部，奴隶们被迫从事种植、收割和包装棉花等劳动；而在大西洋这一边，数十万产业工人被迫把棉花织成纺织品。他们依

---

1. Alexis de Tocqueville, *Journeys to England and Ireland* (NY, 2003), p. 106; Frederika Bremmer, *England in 1851; or, Sketches of a Tour to England* (Boulogne, 1853), p. 15.
2. Frederika Bremmer, *The Homes of the New World: impressions of America*, 2 vols (NY, 1858), Vol. I, p. 605.
3. Isabella Bird, *The Englishwoman in America* (London, 1856), p. 156; Paul Bourget, *Outre-Mer: impressions of America* (London, 1895), p. 117.
4. Tocqueville, *Journeys to England and Ireland*, p. 108.

靠工厂制度获得收入。女工和童工更受青睐，因为她们的工资更低，管教起来更容易，对一个女孩的询问证明了这一点，她从6岁起就受雇于工厂：

问：你一天劳动多长时间？
答：小时候，我从早上5点干到晚上9点。
问：什么时候可以吃饭？
答：我们中午有40分钟的时间。
问：你有时间吃早餐或喝点什么吗？
答：没有，但我们尽力去准备早餐了。
问：你们有时间吃吗？
答：没有；我们要么把早餐留下，要么带回家去，如果我们不拿走，看守的人就拿去喂猪了。
问：假如你耽搁了一会儿，或是迟到了，他们会怎么做？
答：鞭打我们。
问：你以前是做什么工作的？
答：在梳棉间过秤。
问：你在那里的工作时间有多长？
答：从5点30分到晚上8点。
问：梳棉间的情况怎么样？
答：尘土飞扬。你在那儿都看不清别人。
问：在梳棉间工作对你的健康有影响吗？
答：有。灰太重了，弄得我喘不过气来，工作也很辛苦。我的健康状况很差，在我把篮子拽下来时，我把我的骨头弄脱臼了。
问：你是否认为你的身体因这种劳动而变得畸形？
答：是的，我是这么觉得的。
问：什么时候开始的？
答：我13岁的时候就开始有这种情况了，之后更糟。我母亲去世后，我不得不自己照顾自己。
问：你现在在哪里？
答：在济贫院。
问：你已经完全丧失在工厂工作的能力了吗？
答：是的。

16岁到24岁的工人占比最大；其中许多人是爱尔兰人，他们经济状况差，又受到歧视，因此很容易控制。在纺织厂旁边有化工厂和机械制造厂。但还有数以千计的人在工厂大门外从事临时工或季节性劳动。一项调查显示，有40%的男性工人属于"临时工"，有60%仅能拿到刚够维持生活的最低工资。"还有比这更令人愤怒、更违背人性的生活吗？"法国哲学家伊波利特·丹纳在访问曼彻斯特时问道。

芝加哥的肉类加工厂能把来访的人吓倒，即将被宰杀的动物放声嘶叫，满地都是血、内脏和油脂。但更令人震惊的是这里的工作条件，工人们浑身都是鲜血和已经凝固的血，还冻得半僵。为了赚到那点微薄的薪水，工厂的大门前每天早上都挤满了希望干一天活的工人。"它们根本不是加工厂，而是塞满雇佣奴隶的装货箱。"[1]

"整个美国，"一位德国人在芝加哥写道，"都在恐惧地看着这座向全国发出威胁的城市。"社会福音运动的奠基人乔赛亚·斯特朗（Josiah Strong）警告说，这座城市是"文明的风暴中心"。"这里堆满了……社会炸药。""曼彻斯特，这个名字有着深远甚至是可怕的含义，"公务员兼福音派信徒詹姆斯·菲茨詹姆斯·斯蒂芬爵士吟诵道。对他来说，这座工业财富和城市退化之城标志着"我们正在接近人类事务中的巨大危机和灾难"。[2]

19世纪初，英国三分之一的人口完成了城市化。到1851年，超过一半的英国人生活在城镇里，这是世界历史上第一个城市人口多于农村人口的人类社会。短短30年内，每3个英国人中就有两人实现了城市化。第一次城市

---

1. Donald L. Miller, *City of the Century: the epic of Chicago and the making of America* (NY, 1996), p. 217.
2. Frederic Trautmann, "Arthur Holitischer's Chicago: a German traveler's view of an American city," *Chicago History* 12:2 (Summer 1983): 42; Miller, p. 493; Simon Gunn, "The Middle Class, Modernity and the Provincial City: Manchester, c.1840–1880," in Alan Kidd and David Nicholls (eds.), *Gender, Civic Culture and Consumerism: middle-class identity in Britain, 1800–1940* (Manchester, 1999), pp. 112ff.

革命始于美索不达米亚。第二次则始于18世纪末的英国，它以迅猛的势头发展，先是席卷全国，随后席卷全球。

本杰明·迪斯雷利宣称："曼彻斯特今天所做的事，就是世界其他地方明天要做的事。"曼彻斯特的人口从1801年到19世纪20年代翻了一番，到19世纪50年代又翻了一番（达到40万），并在这个世纪末达到了70万。芝加哥的早期历史更具爆炸性：它从1830年的不足100人增长到1860年的10.9万人，1880年增至50.3万人，到1900年又增至170万人。在世界历史上，还没有哪座城市发展得如此之快。

工业革命提供了食物、衣服、工具、器皿、建筑材料、交通网络和电力，使快速大规模城市化成为可能。19世纪80年代，一些完全不同的东西——从草原上拔地而起的摩天大楼——使芝加哥的高歌猛进、新颖性和现代性变得如此鲜明。摩天大楼曾经是（现在仍是）资本主义的胜利和技术优势的象征。在1871年的大火中，用木头建造的边疆城市芝加哥被夷为平地。它的中央商务区很快就被重建了，然后又进行了第二次重建，这次采用了世界上最具创新性的建筑和工程，彰显了芝加哥作为这个世纪标志性全球大都市的地位。芝加哥先进的铁路工业在钢材方面取得的进步提供了更坚固的横梁，使人们能建起更薄的墙壁。它们被混凝土包裹着，可以防火。电力带来了电梯、灯泡、电报、电话，以及供暖和通风系统等最新发明，使得人们在高楼中工作成为可能。摩天大楼既是建筑，也是机器，它代表着19世纪技术的巅峰。16层的蒙纳德诺克大厦（1889—1892）拥有干净、简单的外墙，人们常说它看上去就像一台机器。[1]

1800年，全球仅有5%的人口实现了城市化。1850年至1950年间，全球人口增长了2.5倍，而城市人口增长了20倍。1950年，30%的人类（7.51亿人）是城市居民；今天，全世界的城市里居住着42亿人。曼彻斯特和芝加哥是19世纪的"震惊城市"（Shock City）[2]。它们所预示的不仅仅是工业革

---

[1] Miller, *City of the Century*, pp. 301ff.
[2] 这个名词是英国历史学家阿萨·布里格斯（Asa Briggs）在《维多利亚时代的城市》（*Victorian Cities*）一书中提出的，用以表明曼彻斯特的快速工业化在经济、社会和文化生活中造成的影响令整个英国乃至全世界感到震惊和不安。——译者注

第 9 章 地狱之门？ 211

命,还有城市革命。正因如此,人们热切地对它们进行研究,以预言人类的未来。

在纳皮尔将军对曼彻斯特进行刻薄的描述之后3年,22岁的弗里德里希·恩格斯从德国来到曼彻斯特,进入他父亲持有部分股份的欧门-恩格斯纺织厂工作。他被送到那里去"治疗"他的共产主义信仰。但他却在那里直面了工业资本主义在其发源城市所造成的后果。

他走访了曼彻斯特恶名昭彰的贫民窟天使草甸(Angel Meadow)。"到处都是垃圾、废物和污秽。"他写道,"人们走在河边一条崎岖不平的小路上,穿过晾衣竿和晾衣绳,来到一群杂乱、窄小的平层单间小屋前。这些屋子大多只有泥土地板,工作、生活和睡觉都在一个房间里。"这座现代化大都市的中心呈现出一派"肮脏、破败、不适宜居住"的景象。1845年,在公开出版的《英国工人阶级状况》一书中,恩格斯披露了他在这座世界首屈一指的工业城市中所观察到的可怕景象,这是19世纪最有影响力的书之一,它窥见了一种全新的生活方式,恩格斯将其称为"资本主义和工业时代的可怕未来"。对恩格斯来说,天使草甸简直就是"人间地狱"。[1]

曼彻斯特有天使草甸,芝加哥也有"小地狱",那是由芝加哥河和北支运河(North Branch Canal)在市中心形成的一个都市岛屿。这里有巨大的工厂、无数肮脏的棚屋和满是垃圾的街道,它那末日一般的名字来自从天而降的烟灰雨,以及人民燃气照明和煤焦公司(Peoples Gas, Light and Coke Company)发出的永不熄灭的火球,它用仿佛来自地狱的火光照亮了烟雾弥漫的天空。"小地狱"先是孕育了芝加哥的爱尔兰黑帮,然后是它的意大利后继者。这是一片受诅咒的土地:20世纪40年代,美国最声名狼藉的公共住房项目加布里尼-格林(Cabrini-Green)就建在这块被污染的土地之上。这些高楼是小地狱的新化身,充斥着暴力、老鼠和蟑螂、涂鸦、堵塞的垃圾通道、帮派火并和枪击事件。

像曼彻斯特和芝加哥这样的城市发展得如此之快,而且如此痴迷于利润,使得它们缺乏市政设施、卫生设施、公共空间和公共组织,而这些都是自6000年前城市在美索不达米亚诞生以来就具有的特征。在天使草甸这样的

---

1. Friedrich Engels, *The Condition of the Working Class in England* (London, 1958), pp. 61, 63, 64.

贫民窟里，房子都被建成"由挤成一团的棚屋组成的可怕系统，街道上没有排水沟，也没有任何办法把垃圾从家门前运走"。多人群居很常见（在爱尔兰人聚居的贫民窟里，每间屋子平均居住8.7人）；过度拥挤迫使许多临时工住在出租屋潮湿的共用地下室里，他们经常三个人睡一张床。在天使草甸，每250名居民才有两个户外厕所。[1]

曼彻斯特的"小爱尔兰"贫民窟（天使革甸位于其核心地带）地势低洼，环境潮湿，河流中满是粪便，由于污染而发黑。在芝加哥，路边的排水沟里填满了人和动物的排泄物，"留下一摊摊难以形容的液体"。这些沟渠是如此肮脏，以致"连猪都极其厌恶地翘起了鼻子"。上厕所会污染后院水井里的饮用水。芝加哥建在坚硬的黏土形成的平地上，是一个潮湿、污染严重的城市，成堆的粪便散发着所谓的"死亡之雾"。生活污水和工业废水都被排到河里。随着芝加哥跃升为"猪肉城"（世界肉类加工之都），它每年都要屠宰超过300万头牲畜，这些牲畜的血液和内脏加剧了卫生和污染危机。[2]

这些难闻、油腻的水流入湖泊，接着又通过自来水厂的进水管被吸回城里。这座城市正在被"浓厚的泥浆、黏液和难以想象的污物形成的深渊毒害。那是瘴气和死亡之雾的滋生地"。在肮脏的河流两岸，有着一块块补丁似的棚户区，里面住着被城市遗弃的人和新近的移民，他们住在木头搭的棚屋里。这些棚户区里名声最差的是康利斯帕奇（Conley's Patch），箭牌大厦和《论坛报》大厦现在的所在地，它是犯罪、卖淫和爱尔兰黑帮的天堂，由嗜酒的女头领康利妈妈（Mother Conley）掌管。仅从1862年到1872年，芝加哥西区的人口就从5.7万增长到了21.4万。绝大多数人只能胡乱找地方住，依靠在沼泽地上搭建的临时棚屋勉强度日。在这些由违章建筑组成的村庄中，最大的是吉尔古宾（Kilgubbin），这是一个坐落在河边湿地上的爱尔兰人聚居区，"有成千上万年龄、生活习惯各异的居民，还有成群的大鹅、小鹅、

---

1. M. Leon Faucher, *Manchester in 1844; its present condition and future prospects* (Manchester, 1844), pp. 67-68; John M. Werly, "The Irish in Manchester, 1832-1849," *Irish Historical Studies* 18:71 (Mar. 1973): 348.
2. Miller, *City of the Century*, p. 123.

猪和老鼠"。[1]

派金镇（Packingtown）是一个靠着为肉类加工业提供服务发展起来的贫民窟，它曾是19世纪美国最堕落的贫民窟之一。多年来，一拨又一拨的非英语移民群体住在这里，他们唯一的工作机会就在肮脏的肉类加工厂。厄普顿·辛克莱1906年的小说《屠场》让这里的恐怖永世不朽。它的一边是屠宰场，另一边是个巨大的垃圾堆，第三条边靠着铁路，第四条边是泡泡河（Bubbly Creek），这条河之所以叫这个名字，是因为血液和内脏分解时释放的气体使河水一直冒泡。夏天，蚊子无法抵抗垃圾、内脏和粪便的诱惑，成群聚集在这里。

受污染的水、粪便和老鼠引发了伤寒、斑疹伤寒、痢疾、白喉、天花和婴儿腹泻。在英国农村地区，有32%的婴儿在5岁前夭折，人均预期寿命接近40岁。而在曼彻斯特和芝加哥，这两项数字分别是60%和26岁；在伦敦和伯明翰，人均预期寿命则是37岁。在19世纪中叶，没有任何地方的死亡率能与这些堆满秽物的工业城市相比。从19世纪30年代起，源自亚洲的霍乱开始在贫民窟中肆虐。1854年，芝加哥6%的人口死于这种流行病，这是芝加哥连续第6年遭受疾病的蹂躏。[2]

城市地形使这成了工业时代一个紧迫的问题。正如曼彻斯特一家报纸所言，这个商业中心四周有"一条野蛮而肮脏的巨大警戒线，足以让每一个文明的居民感到恐惧"，这使它成为一个被贫民窟包围的小岛。由于害怕受到无产阶级的污染，中产阶级家庭纷纷逃往郊区。但无产阶级还在前进：随着工人阶级人口的激增，贫民窟侵占了郊区这个乌托邦，迫使人们再度逃亡，逃向新的、更遥远的半农村地区。在历史上的大部分时间里，"郊区"这个词都会让人想起城市最糟糕的一面，那里是堆满瓦砾、废物和有毒物品的垃圾。现在它却成了逃亡者的应许之地。[3]

曼彻斯特在城市历史上创造了许多第一，其中包括建立第一个公共马车服务系统（1824年）和建造第一个客运火车站（1830年）。公共马车、火车

---

1. Miller,*City of the Century*, p. 136; Josiah Seymour Currey, *Chicago: its history and builders* (Chicago, 1912), Vol. III, p. 177.
2. Miller, *City of the Century*, p. 122.
3. Gunn, "The Middle Class, Modernity and the Provincial City," p. 118.

以及后来的有轨电车帮助大量人口离开郊区，搬到通勤村。两旁都是商店的宽阔道路挡住了它们后面的贫民窟。芝加哥在1871年的大火之后也以类似的模式发展，其中央商务区（卢普区）人口稀少，摩天大楼如雨后春笋般不断涌现，但被工厂和贫民窟组成的野蛮大军重重包围；在这个荒凉的环形区域以外，还环绕着许多房屋，它们离卢普区越远，就建得越漂亮。现代都市交通使这种隔离模式成为可能：穷人跋涉着去工作，在污染中生活；中产阶级和富人则可以从郊区或者（如果你足够幸运的话）能俯瞰芝加哥河北岸开阔水域、风景如画的村庄去城里上班，他们负担得起这笔费用。[1]

在观察家看来，城市社区的碎片化和城市按阶级被划分为密闭的住宅区使噩梦更可怕了。当引擎声停止、会计室关门的时候，他们觉得"道德秩序"离开城市，跑到了宁静的郊区，放弃了公民的责任，把市中心交给了邪恶和犯罪。

对工业城市里胆战心惊的居民来说，夜间的市中心看起来就像电子游戏《僵尸启示录》中的世界，"大量的人如潮水般"从贫民窟里涌出来，占据了中央商务区。报纸和书籍上也不乏耸人听闻的报道，详细描述了这座城市晚上发生的事情。1849年，安格斯·白求恩·里奇（Angus Bethune Reach）写了一系列关于夜间曼彻斯特的故事。"上周日晚上，从奥尔德姆路回来时，听到酒馆的窗户里飘来的音乐声和欢笑声，我有些吃惊。街上到处都是醉醺醺的男男女女，还有年轻的女工，她们彼此呼唤、叫嚷、嬉戏。"里奇对"野蛮和常见的放纵场面"感到"震惊和悲伤"："小酒馆和杜松子酒店人满为患。店内和街上每时每刻都在发生争吵、双人或多人打斗。整条街充斥着叫喊、尖叫和咒骂，还混杂着半打乐队刺耳的乐声。"[2]

1854年，在一个周日的晚上，禁酒协会的志愿者抽样调查了350家酒馆，对21.5万名顾客进行了统计：有12万名成年男性、7.2万名成年女性和2.3万名儿童。在芝加哥的派金镇，16个街区内有500家酒馆，平均每70个人就可以享用一家酒馆。当局对爱尔兰威士忌酒馆和德国露天啤酒店的喧闹感到震惊（人们在安息日特别喜欢光顾这些地方），因此禁止在周日销售酒

---

1. Miller, *City of the Century*, pp. 273ff.
2. Angus Bethune Reach, *Manchester and the Textile Districts in 1849* (Rossendale, 1972), p. 61.

类，并将售酒许可证的费用从每年50美元提高到300美元。1855年爆发了血腥的拉格啤酒暴动（Lager Beer Riot），成千上万的工人，主要是爱尔兰人和德国人，走上街头捍卫他们的生活方式。[1]

"周日晚上的奥尔德姆街似乎让位给了曼彻斯特流浪者的狂欢节，"一位调查记者说，"在这里可以看到英国任何城市或小镇都不会有的景象。"周日晚上，工人阶级年轻的成年男女和青少年会穿上他们最好的衣服，男孩们穿着"款式最惊人、剪裁最夸张的成衣"，年轻女工们则用"廉价的珠宝、羽毛和丝绸打扮得漂漂亮亮"。他们从安寇兹（Ancoats）以及其他贫民窟中蜂拥而出，在奥尔德姆街和市场街散步，沿着海德路和斯特雷德福德路（Stretford Road）走，炫耀他们的华丽服饰，并在被称为"猴子奔跑"（Monkey Run）的仪式上寻找对象。芝加哥和曼彻斯特等城市的居民都很年轻：在曼彻斯特，整个19世纪期间，40%的人口年龄都在20岁以下。他们有工作，因此有钱花在喝酒、娱乐和时尚上。他们很自信，性生活也很活跃。[2]

酗酒和寻求性快感是一回事。犯罪又是另一回事。危险笼罩着工人阶级的城市。"这里就像一个巨大的兔子窝，里面有许多狭窄幽暗的通道和街道，"天使草甸的一位慈善工作者写道，"衣着体面的人单独穿过街道是不安全的，即使是在中午。"曼彻斯特也有青少年组成的贫民窟暴力团伙，叫作"破坏者"（scuttlers），他们手持刀子和球棒，殴打其他闯入他们地盘的年轻人，并侵入其他贫民窟地区，与敌对帮派展开激战。[3]

不论是在曼彻斯特还是在芝加哥，爱尔兰人都被认为是贫民窟的混乱状况和整个城市社区道德沦丧的罪魁祸首。令人震惊的是，就连霍乱都被贴上了"爱尔兰热"的标签。据媒体报道，与其母国特定地区有关联的爱尔兰

---

1. Andrew Davies, *The Gangs of Manchester: the story of scuttlers, Britain's first youth cult* (Preston, 2008), chapter 2.
2. Ibid.; Jenny Birchall, " 'The Carnival Revels of Manchester's Vagabonds' : young working-class women and monkey parades in the 1870s," *Women's History Review* 15 (2006): 229–252.
3. Davies, *The Gangs of Manchester*, passim; Mervyn Busteed, *The Irish in Manchester, c.1750–1921: resistance, adaptation and identity* (Manchester, 2016), chapter 2.

帮派因在自己控制的街道上巡逻以阻止来自爱尔兰其他地区的入侵者而臭名昭著。例如，1851年，一名警察目睹了两个爱尔兰家族——麦克尼尔家族（McNeills）和卡罗尔家族（Carrolls）——在街上乱斗的场面："整个街区似乎都在混战，人们用拨火钳、棍棒和斧头打架，就像恶魔附体一样。"[1]

芝加哥的报纸也对爱尔兰人抱有强烈的敌意，它们指责爱尔兰人扰乱了城市秩序，并对"骚乱和争吵有着惊人的喜爱和激情"。就像在曼彻斯特一样，爱尔兰地方帮派如杜基帮（Dukies）和盾牌帮（Shielders）互相争斗，恐吓在他们的地盘里或附近定居的德国人、犹太人、波兰人和黑人群体。后来，在20世纪初，波兰黑帮声称整个城市的街区都是他们的地盘，这些帮派互相争斗，还和小西西里区的意大利黑帮打了起来。芝加哥是一座发展迅猛的城市，它急需人力来屠宰牲畜、开凿运河、盖楼房、运输货物，以及在工厂做苦力。芝加哥的人口由外国出生的移民（占人口的59%）和来访的商人、游客、农民、水手、临时工，以及在这里中转的移民等流动人口组成。世界各地都有大批的人奔向这座奇迹之城，由此产生的混乱引来了成群结队的骗子、职业赌徒、扒手、皮条客和妓女。[2]

犯罪活动是芝加哥黑色经济的重要组成部分，常人不敢进入的棚户区和拼凑在一起的少数族裔聚居区紧挨着商业区，提供了无数不健康但诱人的娱乐场所。从非法享乐中获得的利润刺激了有组织犯罪团伙的发展，这些团伙与城里的政客、地方法官和警察沆瀣一气。纵观芝加哥的历史，它一直是座与黑手党、腐败、犯罪和非法毒品联系在一起的城市，似乎永远也摆脱不了它作为宿营地的出身。20世纪30年代进行的一项研究指出，在这座大都市里，有1313个黑帮占据着"广阔的衰败地区"，这些地区包括铁路、工厂、状况日益恶化的街区和不断迁移的移民聚居之处，这些移民聚居区紧紧围绕着中央商业区。除了官方地图之外，芝加哥还有一张想象出来的地图，它是由楼群、街区和小块地盘组成的复杂拼图，这些区域都完全处在某个帮派控

---

1. M. A. Busteed and R. I. Hodgson, "Irish Migrant Responses to Urban Life in Early Nineteenth-Century Manchester," *Geographical Journal* 162:2 (Jul. 1996): 150.
2. Richard Junger, *Becoming the Second City: Chicago's news media, 1833–1898* (Chicago, 2010), p. 22.

制之下,比如"夜袭者""死亡射手""南区人"或"某某帮"。[1]

1869年,有125名10岁以下的儿童因涉嫌重罪被捕,2404名年龄在10岁到20岁之间的儿童被捕。青少年犯罪潮被认为是成千上万的孤儿或被遗弃的移民儿童来到这座城市的必然结果,他们要么无家可归,要么被迫住进收容所,要么接受街头帮派提供的安全保护。街头顽童的命运是一个病态的城市社会最明显的象征。就像在工业化的英国一样,美国的工业城市也被认为应对父权制家庭的解体负责。孩子们被遗弃在街头,交给帮派和以剥削他人牟利的成年罪犯。他们的命运表明,现代城市正在破坏社会的基础。[2]

一位去过天使草甸的游客这样描述那里的居民:"他们的苦难、罪恶和偏见将被证明是火山爆发的诱因,社会结构可能会在他们那暴烈的力量之下被摧毁。"即使你不是弗里德里希·恩格斯或卡尔·马克思,你也会相信,贫民窟生活和工业劳动的苦难将不可避免地导致激烈的阶级冲突。在伴随工业资本主义发展而产生的贫民窟的悲惨景象中,恩格斯看到了不断激化的愤怒,对这种愤怒的恐惧正在啃噬维多利亚时代的社会。像曼彻斯特这样的城市被划分成中心商务区、愚昧的贫民窟和中产阶级的郊区,这是一个鲜活的实证,不仅反映了无产阶级和资产阶级之间不可逾越的鸿沟,还预示着不同阶级之间即将爆发的暴力斗争。[3]

正如恩格斯所言,在芝加哥和曼彻斯特这两个满身煤烟的巨人身上发展起来的现代城市生活,帮助"无产阶级凝聚成为一个有着自己的生活方式和思想,以及自己的社会观的群体"。[4]

每个小时都有85个人搬到拉各斯,53个人搬到上海。他们是人类历史

---

1. Miller, *City of the Century*, p. 137; Frederic M. Thrasher, *The Gang: a study of 1,313 gangs in Chicago* (Chicago, 1936).
2. Richard C. Lindberg, *Gangland Chicago: criminality and lawlessness in the Windy City* (Lanham, 2016), p. 22.
3. James Phillips Kay, *The Moral and Physical Condition of the Working Classes Employed in the Cotton Manufacture in Manchester* (London, 1832), p. 72.
4. Engels, *The Condition of the Working Class in England*, p. 137.

上最重大的一次迁徙活动的参与者。你必须每年建造8个纽约大小或3个拉各斯大小的新城市才能容纳全球新增的城市人口。走进印度、尼日利亚或任何发展中国家的某个非正式定居点，你都会发现恩格斯对这些地方很熟悉：开放式的下水道、公用厕所、狭小的空间、下雨时会漏水的简陋房屋、充满煤油味的空气，还有老鼠——很多很多的老鼠。这些地方会让人罹患幽闭恐惧症，许多家庭都被迫挤在一个小房间里生活，做饭、打扫、清洗和抚养孩子都在这里。犯罪、黑帮、疾病困扰着他们，最重要的是，每天巨大的经济压力和住所不稳定带来的恐惧让他们的生活难以为继。非正式定居点显得混乱、危险、悲惨——这是我们漫长的城市化之旅所带来的最恶劣的副作用。

但它们也带来了希望。它们都是由其居民从无到有地建设起来的，是复杂的、自给自足的社会结构（城中之城），即便是在污垢和污染之中，它们依然展现了人类最美好的一面。"贫民窟"可能被视为一个贬义词。但是对许多生活在这些地方的人来说，这个词已经成为骄傲而不是绝望的象征。这是有充分理由的，它们强调其共同体的独特力量和凝聚力，因为它们往往是由大家庭或来自同一农村地区的移民组成的自给自足的村庄。与许多城市所具有的疏离感和匿名性相反，贫民窟和非正式定居点具有社交性。不可否认，它们凄惨、可怕，但与此同时，它们也可以是个快乐的地方。

在孟买，高房价、土地资源稀缺和国家建设的失败导致了严重的住房危机，迫使该市55%的人口居住在非正式定居点里，这些定居点仅占该市总面积的12%，其人口密度之大可想而知。在孟买，不少受过教育的中产阶级也住在贫民窟里，他们在这座城市光鲜亮丽的金融中心工作，却找不到其他地方居住。他们与那些做着卑微的工作每天只挣1美元的人一起生活，后者维持着城市的运转，但就他们自身而言，或许只是为了能在一个拥有2000多万人口的大都市中生存而日复一日地奋斗罢了。贫民窟条件恶劣，又缺乏基础设施，这就使其居民不得不为了摆脱这里努力跻身地球上最足智多谋和最坚强的人之列。因此，这些地方充满了惊人的活力和创业精神。孟买的达拉维是亚洲最大的贫民窟之一，有近100万人挤在520英亩的土地上，其内部经济的规模达到了每年10亿美元。这里有1.5万个单间工厂和5000家小型企业，从小型服装和皮革作坊到垃圾拣选和微型回收企业都有。据估计，多亏了这里的大批企业家，孟买才得以回收80%的固体垃圾，而在英国，这一数字仅为45%。[1]

在巴西，赤贫现象在农村地区（25%）比在城市地区（5%）更为普遍。从20世纪60年代到21世纪初，居住在巴西法维拉的三代人当中，第一代农村移民的文盲率为79%，而在他们的儿子这一代人中，这一数字为45%，在他们的孙辈当中，这一数字仅为6%。与孟买的贫民窟相比，印度农村地区的医疗条件和教育状况要差得多。在撒哈拉以南非洲，任何一座人口超过100万的城市，其婴儿的死亡率都比城市以外的地区低三分之一。在巴基斯坦的城市里，那些父母日收入仅为1美元或1美元以下的女孩当中，只有66%的人能够上学，而在农村地区，这一比例为31%。19世纪，爱尔兰的农民从苦难和饥荒中逃出来，冒着感染霍乱和伤寒的风险，来到曼彻斯特和芝加哥的贫民窟寻求更好的生活。正如一个爱尔兰人所说，在曼彻斯特生活和工作给了他一天吃两顿饭的机会。贫民窟的生活可能是艰苦和不健康的，但当时和现在一样，它提供了比农村更好的生活水平和机会。农村的贫困是我们这个时代的主要特征之一，也是城市飞速发展的主要原因之一：1991年，全世界有44%的人口从事农业生产；在今天，这一比例仅为28%，而且还在迅速下降。[2]

城市提供的不仅仅是物质利益，还有各种令人兴奋的事物以及个人自我改造的机会。对曼彻斯特和芝加哥的许多居民来说，城市意味着一种自由。这是批判维多利亚时代城市的人从未真正领会到的：黑暗和肮脏蒙蔽了他们的双眼，使他们看不到城市居民在现代制造业大都市里是如何被重新解构的。

---

1. Zubair Ahmed, "Bombay's Billion Dollar Slum," http://news.bbc.co.uk/1/hi/business/3487110.stm.
2. Janice E. Perlman, "The Metamorphosis of Marginality: four generations in the favelas of Rio de Janeiro," *Annals of the American Academy of Political and Social Science* 606 (Jul. 2006): 167; Sanni Yaya, Olalekan A. Uthman, Friday Okonofua and Ghose Bishwajit, "Decomposing the Rural-Urban Gap in the Factors of Under-Five Mortality Rate in Sub-Saharan Africa? Evidence from 35 countries," *BMC Public Health* 19 (May 2019); Abhijit V. Banerjee and Esther Duflo, "The Economic Lives of the Poor," *Journal of Economic Perspectives* 21:1 (Winter 2007), table 9; World Bank, "Employment in Agriculture," https://data.worldbank.org/indicator/SL.AGR.EMPL.ZS.

与他们的乡下亲戚相比，城市居民负担得起更多的商品和娱乐，还有，至少同等重要的是，他们可以选择如何生活和信仰什么（如果有信仰的话）。尽管城市贫民窟的状况骇人听闻，但恩格斯觉察到，它的存在把人们从"乡村快乐单调的生活"中解放出来，是政治觉醒的必要条件。伊波利特·丹纳拿法国农民与曼彻斯特贫民窟居民的命运做了比较。前者可能以"最自然、最不受约束的形式"活更长时间，但曼彻斯特工人能得到更丰厚的补偿：他"掌握了更多思想和观念，在社会、政治和宗教事务上更有才智；简而言之，他的眼界更开阔"。丹纳接着说，由于这座城市的国际化，曼彻斯特的工厂工人读了更多的报纸，对世界有了更广泛的了解。"作为某个大型组织中的一员，劳动者会感到自己是多么依赖他人，因此他会和自己的同志们联合起来，从而摆脱孤立的生活。"[1]

在英国的工业城市里，90%的工人阶级家庭由多代同堂的大家庭和（或）寄宿者组成，这种情况比前工业时代常见得多——那时的家庭是围绕已婚夫妇及其子女构建的。乡村生活在城市街道上重现，友谊、婚姻、亲属关系和共同的地理渊源形成了互助和社交的网络。虽然隐私在19世纪的中产阶级家庭中变得越来越重要，但工人阶级居住区的人口密度和缺乏空间使人们不得不聚集在一起。工人阶级一生中有一大部分时间是在街头度过的，罗伯特·罗伯茨（Robert Roberts）在《典型的贫民窟》（*The Classic Slum*）一书中，把街头称为"那个巨大的娱乐室"。人们坐在门前的台阶上或聚集在街角；孩子们玩游戏、踢足球；当管风琴手出现时，大家就一起跳舞，其他时候大家会唱歌。埃德娜·博尔德（Edna Bold）回忆起她在曼彻斯特的童年生活时说："'马路'是个社交中心，人人都在这里见面、购物、交谈、散步。屠夫、面包师、杂货商、女帽商、布料商、理发师、蔬菜水果商、当铺老板、殡仪馆老板，他们都是朋友、知己、消息灵通之人。"芝加哥的弗兰克·诺里斯写道："夜晚很美好。"椅子和地毯被搬到门廊上，人行道上挤满了做游戏的孩子们，盛装打扮的年轻男女在街上散步。[2]

---

1. Hippolyte Taine, *Notes on England* (London, 1957), pp. 290ff.
2. John Burnett (ed.), *Destiny Obscure: Autobiographies of Childhood, Education and Family from the 1820s to the 1920s* (London, 1982), p. 107; Frank Norris, *The Pit: A Story of Chicago* (NY, 1920), pp. 149ff.

人们深深地依恋着自己的街道，即使在最荒凉的贫民窟里也是如此，英国的社会改革家对此深感惊讶。芝加哥大火之后，市议会试图取缔易燃的木制建筑。移民劳工冲进市政厅威胁说，如果不允许他们用唯一能负担得起的材料重建家园和社区，就会发生流血事件。他们不想像纽约人那样住在褐沙石"峡谷"的廉租公寓中；他们想要回他们的街头生活，因为这给了他们独立和团结。[1]

工人阶级虽然被扔进了一个充满敌意的工业丛林，但他们以多种方式，（自下而上地）推动了他们城市的建设。威廉·艾特肯（William Aitken）以童工的身份进入曼彻斯特的工厂，在那里亲历了早期工厂制度的残忍可怕。但他的一生绝不单纯是个痛苦和受难的故事。在制造苦难的同时，工业化也带来了"奇妙的进步"。尤其重要的是工业城市将做工的男男女女聚集在一起的方式。通过讨论与合作，他们找到了切实可行的方法来改善自己的命运。他们成为英国文化和政治上的一支力量。工人阶级不是被动的受害者；按照艾特肯的说法，他们是"自由之子"，正是生活在机会不断增多的大都市里让他们获得了这样的身份。[2]

工人阶级的公民文化见证了数百个互助友好社团、合作商店和储蓄银行的创建。其中最著名的是曼彻斯特联合共济会，到1860年，它已经有了30万名成员，所有人每周都会捐献几便士，以换取疾病津贴、失业津贴、医疗帮助、生活保障和丧葬费用。许多友好社团成立了图书馆、夜校和读书俱乐部，并为会员组织晚餐、辩论、野餐、铁路旅行和其他休闲活动。

工人阶级的互助建立在酒精、宴乐和休闲活动的基础上。"酒馆之于技术工人，就像公共广场之于古人。"1844年，一位去过曼彻斯特的法国游客说，"这是他们见面的地方，也是他们讨论自己感兴趣的话题的地方。他们的会面，不论是经常的还是偶然的；他们的共济会分会；他们的互助会；他们的俱乐部和秘密社团，地点都选在了酒馆里。"[3]

---

1. Miller, *City of the Century*, p. 277.
2. Emma Griffin, *Liberty's Dawn: a people's history of the industrial revolution* (New Haven, 2013), pp. 240ff.
3. Faucher, *Manchester in 1844: its present condition and future prospects*, p. 52.

19世纪40年代末，为了逃避欧洲的政治压迫和经济困难，这些团体当中有许多流入了芝加哥，特别是在1848年革命失败和爱尔兰马铃薯饥荒之后。德国共产党人和爱尔兰民族主义者习惯了农村的贫困，也经历过革命动荡，如今又面临着本土主义者的迫害和敌视。[1]在芝加哥，他们受到了人身攻击和歧视，为了声张权利，他们发起了集体自卫和自助行动，并在这个过程中强化了他们的种族纽带，丰富了过去的政治经验。1870年，出生于美国的人在芝加哥的人口中构成了最大的单一群体，但所占比例仍然不高，只有41%。剩下的59%被划分为不同的民族群体，德国人（占总人口的23%）和爱尔兰人（21%）组成了第二、第三大民族共同体。

在芝加哥近西区的罗斯福和西部（Roosevelt and Western）的一个壳牌加油站附近，有一片由铁丝网围栏、配送中心、输电线、租车场、得来速快餐店、长满常春藤的荒废工厂，以及长满野花野草的灌丛构成的后工业城市景观，那里有家咖啡馆，开在一栋奇怪的、被遗弃的德式建筑里，后者看上去就像一座失落的欧洲城堡。这栋带塔楼的建筑是处孤独的遗迹，代表着曾经聚集在这里的德国街区。一道山墙上有句醒目的座右铭——Gut Heil（身体健康）。咖啡馆占用了遗留下来的两个Turnverein大厅中的一个。Turnverein在德语中是"体育协会"的意思，它创始于拿破仑战争时期，旨在向德意志青年灌输身体健康、纪律和政治意识的原则，以之作为国防和民族自决的基石。德国移民，特别是1848年的移民，1852年在芝加哥创建了他们的第一个体育协会，它的每个分会都为居住在市中心贫民窟的移民提供了一个健身、参加体育比赛（包括橄榄球比赛）、洗澡、阅读、辩论、社交的场所，他们还可以在这里用食物、歌曲、戏剧和酒来歌颂他们的民族根源。在这栋位于罗斯福和西部的建筑的正面上，有相互交织的四个字母FFST，它们代表着Frisch、Fromm、Stark、Treu——"健康、正直、坚强和忠诚"，这是他们的

---

1. John B. Jentz, "The 48ers and the Politics of the German Labor Movement in Chicago during the Civil War Era: community formation and the rise of a labor press," in Elliot Shore, Ken Fones-Wolf, James P. Danky (eds.), *The German-American Radical Press: the shaping of a left political culture, 1850–1940* (Chicago, 1992), pp. 49ff.

城市自助原则。[1]

芝加哥讲德语者的数量在全世界的城市中排在第六位：这不是一个小型社会团体，而是一个强大的城市市民网络。工人联盟（德国工人俱乐部）能够组织有2万人参加的游行、舞会和湖边野餐。正如一位美国社会学家所言："一整个夏天，（芝加哥）工人居住区的主干道都是欢快的，到处挂着横幅，宣布在这个或那个度假屋举行野餐。周日是外国人大联欢的日子，这样的短途旅行数不胜数。"就像在曼彻斯特一样，集体自助和酒精密不可分。[2]

为社区居民提供教育和保护其免受经济剥削的愿望源于激进政治，反过来又助长了激进政治。政治和工人阶级的市民社会是相互交织的。紧密团结的芝加哥爱尔兰社区在外部的攻击下变得更加坚强，成为一支被动员起来的力量，在城市选举、民主党、市政府、警察和有组织的劳工运动中占据着主导地位。德国工人俱乐部不仅擅长组织野餐，还擅长组织大型罢工；体育协会在他们的大厅里一边教体操，一边传播社会主义。后者在动员人们参与争取8小时工作制、改善工厂工作环境、改革劳动法、妇女权利和公有制的斗争中起到了积极的作用。他们可能是激进的，但他们也是爱国的美国人：在美国内战期间，体育协会的会员为联邦战斗并付出了重大的牺牲。[3]

曼彻斯特在19世纪声名鹊起，这不仅因为它是工业化的"震惊城市"和世界的棉纺工业之都，还因为它的自由市场资本主义意识形态。"曼彻斯特学派"认为，无限制的资本主义将给世界带来和平与和谐，这种信念已被证明是近代全球历史中的一股重要力量，是一种影响了我们所有人生活的意识形态。但尽管如此，曼彻斯特人也在积极倡导另一种世界观。1842年，在经

---

1. City of Chicago, Department of Zoning and Planning, "Vorwaerts Turner Hall, 2421 W. Roosevelt Rd: final landmark recommendation adopted by the Commission on Chicago Landmarks, September 3, 2009," https://www.chicago.gov/content/dam/city/depts/zlup/Historic_Preservation/Publications/Vorwaerts_Turner_Hall.pdf.
2. Royal L. Melendy, "The Saloon in Chicago (II)," *American Journal of Sociology* 6:4 (Jan. 1901): 433–434.
3. Eric L. Hirsch, *Urban Revolt: ethnic politics in the nineteenth-century Chicago labor movement* (Berkeley, CA, 1990), p. 163.

济萧条时期，这里发生了骚乱和要求普选的政治集会。作为一座从不缺少有组织的工人、工会和罢工的城市，曼彻斯特在1868年举办了第一次工会代表大会（Trade Union Congress），这座城市的激进政治对该世纪末工党的成立起到了重要作用。在美国内战期间，联邦对由奴隶生产的原棉实行禁运，这给曼彻斯特带来了失业和苦难。然而，正是那些受苦最多的人最热情地支持着林肯总统，支持废除奴隶制。

曼彻斯特的政治文化，加上它那坚定而自信的工人阶级和信奉自由主义的中产阶级，使这座城市变成了新思想和新运动的温床。1819年，玛丽·菲尔德斯（Mary Fildes，1789—1875）作为曼彻斯特妇女改革协会（Manchester Female Reform Society）的主席参加了在圣彼得广场上举行的竞选活动，准备向要求政治改革的广大群众发表演讲，随即，骑兵队开始袭击集会群众，这一事件后来被称作彼得卢惨案。丽贝卡·摩尔（Rebecca Moore）在成为曼彻斯特妇女选举权协会执行委员会成员之前，曾代表曼彻斯特妇女反奴隶制协会参加竞选。曼彻斯特妇女选举权协会最开始由伊丽莎白·沃尔斯滕霍尔姆（Elizabeth Wolstenholme，1833—1918）领导，接着又由莉迪亚·贝克尔（Lydia Becker，1827—1890）领导，贝克尔是一位不知疲倦的活动家、作家，也是曼彻斯特《妇女选举权》杂志的创办人。下一代的女权主义者由出生在曼彻斯特的埃米琳·潘克赫斯特（Emmeline Pankhurst）和她的女儿克里斯塔贝尔（Christabel）、西尔维娅（Sylvia）领导。埃米琳的祖父与她的关系就像父女一样亲密，彼得卢惨案发生时他就在现场，受到祖父故事的激励，埃米琳的政治意识在19世纪末曼彻斯特活跃的社会主义环境，以及莉迪亚·贝克尔领导的女权主义运动中觉醒了。潘克赫斯特的组织——妇女社会与政治联盟于1903年在曼彻斯特成立，它通过激进的女性选举权运动推动了女权事业的发展。

工人阶级出身的妇女对曼彻斯特的工厂及其工作条件，以及工人的住房、卫生和教育状况有第一手经验，这激起她们为争取女性选举权而斗争的热情。毕竟，这座城市和它的工人阶级都有着漫长的抵抗、罢工、大规模抗议和集体行动的历史。这是座激进主义的城市，不论是鼓吹自由贸易的自由主义者对贵族特权堡垒的攻击，还是工人们对恶劣工作条件的抵制，都是激进主义的。埃丝特·罗珀（Esther Roper）的父亲有10个兄弟姐妹，他11岁就开始在一家工厂工作，并从曼彻斯特的贫民窟一路努力，成为一名传教士和牧师。她的母亲是爱尔兰移民的女儿。罗珀成了曼彻斯特全国妇女选举权协会的秘书，组织了第一次直接针对职业妇女的政治改革运动。她招募了安妮·希顿（Annie Heaton）和塞琳娜·库珀（Selina Cooper）等志愿者（这两人从小就在工厂工作），在工厂大门外散发传单和演讲。

与领导选举权运动的中产阶级妇女不同，希顿和库珀她们讲的是北方工人阶级妇女的语言。她们是通过城市工人建立的协会、社团和合作社而实现政治觉醒的。库珀是她所在工会的委员会成员，也是英国独立工党的成员。动员城市妇女为选举权而斗争的关键是要让工人们相信，投票箱是确保更好的薪酬、工作条件和住房的最佳方式。[1]

女性为了塑造她们所居住的城市而担当积极的、由选举产生的公共角色，这在历史上还是头一次。1870年，莉迪亚·罗珀（Lydia Roper）被选为曼彻斯特首届教育董事会（School Board）成员，在这个职位上，她提出了学校免收学费、提供膳食、改善校舍，以及为男女学生平等地设置课程的要求。

因为女性要操持家务、抚养孩子，所以她们是城市福利的守护者。芝加哥赫尔馆（领导城市改革的核心机构之一）的联合创始人简·亚当斯（Jane Addams）如是说。女性不仅应该有选举权，而且还应该在市政府中担任公职，致力于消除人类、工业、政治和道德等方面的混乱。赫尔馆是栋破旧的大楼，位于一个贫穷的多民族街区里。这些女性志愿者为当地居民提供医疗和助产服务，同时还在夜校、健身房、浴场、艺术课堂等地提供其他重要的社会服务。她们对当地进行了深入调查，使用最新的统计制图和社会学调查方法，记录住房条件、过度拥挤、婴儿死亡率、血汗工厂、疾病、吸毒、童工、卖淫等信息和城市社会的许多丑恶现象。热心的弗洛伦斯·凯利（Florence Kelley，恩格斯《英国工人阶级状况》英文版的译者）撰写了一份关于服装业血汗工厂状况的报告。这份报告的结论十分令人震惊，以至于推动了伊利诺伊州工厂法的制定，凯利被任命为该州的工厂督察员，手下有11名负责执法的员工。在当时，世界上没有其他女人在城市里有这样的权力。简·亚当斯担任了芝加哥第19区第一位女性卫生检查员，在这个职位上，她发起了解决城市垃圾问题的战斗。

亚当斯、凯利和其他女性的成果精确而严谨地揭示了贫民窟生活和工

---

1. Sandra Burman (ed.), *Fit Work for Women* (Abingdon, 2013), pp. 100ff.

作的严酷。亚当斯认为,在一座多元化的城市里,正是不同阶层和种族之间的互动和共同努力,造就了强大到足以实现根本变革的社区精神。实现这一目标的关键是培养孩子。正如亚当斯在《年轻人的精神与城市街道》(*The Spirit of Youth and the City Streets*,1909)一书中所说,现代城市剥夺了孩子们的青春。只有为他们提供适合玩耍和锻炼的地方,城市才能公正地对待他们。她写道,孩子们在运动中玩耍和竞争,显示了"在现代城市中,公共休闲无疑具有把社会各个阶层(聚集)起来的力量,不幸的是,这里到处都是让人们疏远的手段"。

争取户外空间和休闲项目之运动的动力来自基层,来自第二代城市工人阶级的民族共同体,如德国体育协会、捷克索科尔联盟(Czech Sokol Union)、波兰猎鹰(Polish Falcons)和盖尔运动俱乐部(Gaelic Athletic Club),他们把体育教育、体育运动和户外远足当作生活的核心。1884年,在芝加哥卫生委员会前的一个体育协会大厅里举行的一场体操表演,使得该委员会指定了一位成员来为芝加哥公立学校设计体育教育计划。体育协会还发起了要求在芝加哥的公共公园里修建体育休闲设施(如游泳池、体操设备、球场和操场)的运动,这样它们就可以成为运动的场所,而不是仅供人们在安静的周日散步用。[1]

地狱之门?在外人眼中,这些工业巨兽就如地狱一般。对天使草甸和派金镇的贫民窟居民来说,它无疑就是地狱。但对其他许多人来说,这种大都市的新迭代提供了各种可能性,贫民窟充当了一道门户,人们穿过它就能摆脱农村的贫困和孤立,迎来新的社会生活和行为方式。城市正经历着残酷的剧变,在这个时代里,工人、妇女和移民在建立新的公民机构和行为方面发

---

1. Gertrud Pfister, "The Role of German Turners in American Physical Education," in Pfister (ed.), *Gymnastics, a Transatlantic Movement* (Abingdon, 2011); Gerald Gems, "The German Turners and the Taming of Radicalism in Chicago," in Pfister (ed.); Gerald Gems, *Windy City Wars: labor, leisure, and sport in the making of Chicago* (Lanham, 1997).

挥了重要作用。在大多数情况下，他们的行为都是自发的，并没有来自社会上层的帮助。

物理性的城市本身也围绕着新兴的工人阶级发生了变化。实际工资从19世纪中期开始上涨，轮班时间缩短，工厂工人和其他劳动者有了更多的钱用于休闲。为了迎合这个不断增长的市场，企业开始向市中心迁移。在1850年的圣灵降临节期间，曼彻斯特约有20万人花钱坐火车出城旅行；而在1859年的同一个节日里，有9.5万人频繁出入于贝尔维尤游乐园。一如既往，酒吧仍然是生活的中心，曼彻斯特的酒馆是全国最密集的。1852年，估计每周有2.5万人，主要是年轻人和工人阶级，光顾3个大型酒吧厅［赌场（Casino）、维多利亚沙龙（Victoria Saloon）和理工厅（Polytechnic Hall）］。在下一个10年里，这些沙龙演变成了音乐厅，容纳了成千上万的人，他们陶醉于流行歌曲、富于挑逗性的喜剧表演、反串表演、马戏表演和各种新奇的演出之中，所有这些都需要观众的热烈参与。19世纪90年代，下流、喧闹的音乐厅再次发生变化，变得更适合家庭。曼彻斯特豪华的皇家戏院于1891年开业，既面向中产阶级家庭，也面向工人阶级家庭。[1]

现代的大众娱乐和盛大演出都是从这些音乐厅开始的。从维多利亚时代的音乐厅到20世纪八九十年代盛极一时的传奇夜总会"庄园"（Hacienda），曼彻斯特一直是流行文化的先驱。如今，这座城市因其两大英超足球俱乐部——曼联和曼城而闻名全球。曼联成立于1878年，当时它的名字叫牛顿·希斯（Newton Heath），是兰开夏郡和约克郡铁路公司马车部的足球队。它的竞争对手是两年后由西戈顿圣马可堂的成员组建的球队，后者的组建是为了让当地的年轻人远离街头帮派。英式足球自精英学院和大学的体育风气中诞生；当工人在街头或荒地踢足球时，这项运动被认为是反社会的。然而，有组织的球队却成了打造城市共同体的一种方式。这些球队的球员全都是从教堂、工会、街区和工厂中产生的。

铁路和电报使这种规模的体育运动成为可能：蒸汽动力把运动员和支持者带到其他城市参加比赛，电报把结果传回报社。1885年，英国足协确定了职业足球的合法性；3年后，英格兰足球联赛在曼彻斯特成立。那些历史悠

---

1. Dagmar Kift, *The Victorian Music Hall: culture, class and conflict*, trans. Roy Kift (Cambridge, 1996), p. 1.

久又有绅士风度的业余球队无法与那些拥有大量球迷的俱乐部竞争，他们愿意出钱去看最好的球员踢球。差不多同一时间，在美国也发生了同样的事。棒球最初是上流社会的一项运动，在南北战争期间，它取代了板球的地位。在战后的美国，职业棒球作为一种城市的、工人阶级的运动出现了，城市里的移民社区对其十分热衷。许多早期的棒球明星都是寻求摆脱贫困的爱尔兰人和德国人。这些体育巨星吸引了大批球迷来到城里的棒球场。拥挤的看台与体育的成功之间的联系已经建立起来：那些每周收入丰厚、财力雄厚的球队可以雇用最好的球员。

球迷们不得不为享受闲暇时间的权利而斗争。他们在周日（这是他们唯一的休息日）观看比赛，在看台上喝酒，然而这些举动却遭到了强烈的抵制。美国联盟（American League）自称"啤酒和威士忌联盟"或"下层阶级联盟"，因为与它的竞争对手国家联盟（National League）相比，它不仅以更低的价格出售门票，而且在周日进行比赛还允许饮酒。到该世纪末，市场的力量已使棒球成为工人阶级的周日游戏，拥有大批狂热、吵闹的球迷。

在美国，周日大众体育的出现被视为下层移民以其消费能力重塑清教徒式英美文化的一种重要方式，对他们来说，周日是喝酒、放松和娱乐的日子。19世纪90年代，芝加哥白袜队（后来的芝加哥小熊队）在西区公园举行比赛，每周日都能吸引超过1.25万名观众。科米斯基公园球场（Comiskey Park）原本是市内的一个垃圾场，1909年被改建为球场，专供芝加哥白袜队使用，可以史无前例地容纳3.2万名球迷，被称作"世界棒球宫殿"。这种专属于一支全国知名球队的运动殿堂给了工人阶级和少数民族一种公民自豪感和归属感，在工业革命时代那种以工厂、街道、酒馆和俱乐部为中心的支离破碎的旧文化中，明显缺少这样的东西。在欧洲与美国的城市里，具有斯多葛主义精神的中产阶级业余体育运动被工人阶级欢乐的部落体育运动取代了。

在英国城市里，观看足球赛的需求超过了足球场的容量，而且球场里只有简陋的木制看台。1893年的足总杯决赛在埃弗顿队和狼队之间进行，唯一一个足够大的场地是曼彻斯特的法洛菲尔德体育场（Fallowfield athletics stadium），它可以容纳4.5万名球迷，容量之大已是前所未有，然而最后有6万人挤了进来。这项运动在商业上的成功为兴建体育场馆铺平了道路。圣马可堂足球队很早就开始了职业化；到1894年，它改名为曼城，每场比赛能有2万到3万名观众。与此同时，牛顿·希斯险些破产，并于1902年改名为曼联。1910年，在一系列胜利的鼓舞下，曼联搬到了拥有8万个座位的老特拉福德球场，这是第一个根据总体规划建造的足球场，"在全世界无与伦比"。

今天，老特拉福德被昵称为"梦剧场"。在全球范围内，大型体育场馆已成为世界城市景观的标志性特征；支持一支运动队伍——无论是英式足球队、美式足球队、棒球队、篮球队、橄榄球队、板球队还是曲棍球队——定义了城市的部落主义。在这个备受珍视的堡垒——浸透着传统、充满情感、密封的体育场里，数以万计的人聚集在一起喊口号、唱歌、大声鼓噪、举行仪式，重申了他们共享的密切关系。球迷们从封闭的球场拥出来，跑到酒馆、酒吧、咖啡馆、俱乐部、广场和街道上探讨和争论比赛，分析战术和唱歌。体育植根于历史和民间传说，是现代大都市里最强大的纽带之一，在整个20世纪，它是数百万人，特别是工人阶级男性城市体验的中心。

在球迷眼中，足球和棒球这样的运动专属于工人阶级，这些运动源自他们的生活方式、职业生涯、社区和工资，不是上层强加给他们的东西。体育场在许多方面都是现代城市的象征。这些城市的快速发展，加上污染、贫民窟和疾病，迫使中产阶级迁往郊区，市中心因此成了几乎完全属于工人阶级和各少数民族的地方。城市社会学家哈维·沃伦·佐尔博（Harvey Warren Zorbaugh）在1929年写道："在摩天大楼阴森的影子中，芝加哥和每一座大城市一样，都有一个不稳定和变化的区域——城市生活的潮浸区。"运动场，连同工人阶级的商店、市场、餐馆（包括快餐店）、台球厅、小企业、车间、夜总会、酒馆、酒吧、博彩店、舞厅，主宰了市中心。在进入20世纪后的很长一段时间里，大都市都是工人阶级和移民的城市，其特点是市内的生活方式与郊区、高端住宅区和商业区明显不同。通俗地说，成为一个城市人意味着成为这种贫困生活的一部分，靠近城市的地理中心，但远离它的权力和财富。[1]

随着时间的推移，这些市中心的"潮浸区"不断发生变化，因为工人们自己也搬到了郊区，他们的位置被新的移民社区所取代，而这些新的移民有自己独特的品位、食物和生活方式。就像他们19世纪的先辈（曼彻斯特的农

---

1. Harvey Warren Zorbaugh, *The Gold Coast and the Slum: a sociological study of Chicago's Near North Side* (Chicago, 1929), p. 3.

村移民、芝加哥的爱尔兰人和德国人）一样，市中心的新居民通过建设自己的城市社区，经受住了城市的冲击、疏远和敌意。不受人喜爱、肮脏的市中心一直是个充满弹性的地方，在这里，新来者塑造了他们的共同身份，寻求个人的自我改善。这里之所以像潮浸区，是因为不同的种族像潮水一样从这里卷过，他们不断涌入，不断向上攀升。在这些城市荒原上，人们的创造力和自我生存本能深深地影响着大众文化——从激进政治、女权主义到棒球、英式足球和嘻哈音乐。

然而，这些位于"潮浸区"的社区最容易受到历史潮流的影响，是经济萧条、"贫民窟清理"、公共住房试验、道路建设、去工业化以及绅士化的受害者。曼彻斯特和芝加哥等城市所揭示的工业城市的恐怖引起了人们发自内心的强烈反应。工业化的地狱之城是重生的巴比伦，它充满罪恶和剥削，是个会摧毁人们灵魂的地方。在弗里茨·朗1927年的电影《大都会》中，未来之城被描绘成这样一个地方：养尊处优的精英们住在沐浴着阳光的摩天大楼里，而在地下看不见的地方，一大群工人在黑暗中辛勤劳作，操纵着为超级先进的大都会提供动力的机器。影片中最震撼人心的场景之一是，一个幻景展现在我们眼前，城市的机器变成了会吞噬孩子的摩洛克，迦南人的神。在《大都会》里，工人们被投喂给机器，因现代城市化不可控制的混乱而成为祭品。

《大都会》是电影史上最著名的电影之一，大量借鉴了《圣经》神话和在历史中反复出现的巴比伦形象。它反映了那个时代对城市生活极度失望的情绪。城市失败了。朗的影视画面中不断出现的阴郁感并不是什么新鲜的东西。文学和艺术作品中充斥着表现现代都市生活的苦难。它们都坚定地把重点放在肮脏、绝望、离经叛道、腐败和犯罪上。

从作家、诗人和艺术家笔端流淌出来的光投射在城市上，帮助我们确定了我们所看到的城市是什么样的。对城市生活根深蒂固的敌意（尤其是在过去300年里占据主导地位的英国文化和美国文化中）意味着，在城市化的狂热时期出现的城市往往规划不当，管理不善。淫秽总要胜过一切积极的东西。贫民窟总是社会制度崩溃、有如噩梦一般的地方，而不是能够自力更生、自我管理、熔铸共同体和进行创新的地方。本章所讲述的关于社交网络、政治激进主义和生活乐趣的故事，总是被埋在痛苦的矿渣堆底下。

如果说城市贫民易受经济冲击的影响，那么他们也容易受别人的乌托邦梦想影响。他们是城市里富有创造力的幸存者，但他们往往显得很无助。城

第 9 章 地狱之门？ 231

市和城市居民具有难以置信的适应力，但人们往往认为其处于崩溃的边缘。如果把决定权全部交给他们的话，人们其实很擅长构建自己的共同体。但这种情况很少发生。伴随工业化而来的城市化，以及与之相对立的城市化——城市美化运动、花园城市运动、现代主义运动——都在试图把秩序和清洁强加给偷工减料的19世纪城市。巴比伦的混乱将被理性的秩序所取代；自上而下的规划将取代草根的自我组织。在很多情况下，这意味着要摒弃传统的城市（在这里，各种活动混杂在一起，有临时搭建的住房、街头小贩和专门的市场），转向郊区，或是建造超级街区和"公园里的塔楼"，以此取代杂乱无章的人类蚁丘。这意味着要消灭传统的大都市。

人们对工业化造成的混乱局面所做出的情绪化反应，主导了20世纪及以后对城市的思考，还有人们对新生活方式的乌托邦计划和净化城市环境的愿望。排斥老旧的城市，向往半乡村环境的宁静，这种想法已然根深蒂固。但旧的城市理想并没有消亡。有两座重要的大都市发起了一场反对世界郊区化的保卫战，为现代城市应该是什么样子提供了另一种视角。在19世纪和20世纪初，巴黎和纽约这两座出类拔萃的大都市仿佛就是曼彻斯特和芝加哥这些"震惊城市"的解毒剂。

第 10 章

巴黎综合征

巴　黎
（1830—1914）

2006年，BBC报道了一种神秘的现代疾病。每年都有十几名日本游客不得不匆匆逃离巴黎。他们大半辈子都沉醉在对这座城市风光浪漫、理想化的想象里，然而现实中巴黎冷漠的当地人、拥挤的林荫道、肮脏的地铁站和粗鲁的服务员却给了他们当头一棒，使他们"精神崩溃"。日本大使馆为巴黎综合征患者开通了24小时热线。[1]

在我读到西格蒙德·弗洛伊德也有类似的精神危机之前，我还以为巴黎综合征只是个都市传说，打算对它一笑置之。"巴黎多年来一直是我梦寐以求的目标，"弗洛伊德在1885年写道，"当我第一次踏上它的人行道时，

---

1. Caroline Wyatt, "'Paris Syndrome' Strikes Japanese," BBC News, December 20, 2006, http:// news.bbc.co.uk/1/hi/6197921.stm; Katada Tamami, "Reflections on a Case of Paris Syndrome," *Journal of the Nissei Hospital* 26:2 (1998): 127–132.

感到无比幸福，这让我觉得自己也能实现其他愿望。"然而兴奋很快就消失了；在他来到这座城市的第一天，他所能做的就是不让自己在街头哭泣，他感到如此失望和孤独。人群令人恐惧，巴黎人难以接近，傲慢自大。弗洛伊德患有偏执妄想症，会经常检查旅馆床边的窗帘上是否有砒霜的痕迹。[1]

如今，每年有近1800万外国人来巴黎朝圣，为巴黎的经济贡献了170亿美元，给它18%的人口提供了就业。只有曼谷（2100万）和伦敦（2000万）能在国际游客数量上超过它。不管在什么时候，巴黎的林荫大道上都有大约5万名外国游客。他们是有着深厚历史渊源的朝圣之旅的一部分。早在19世纪60年代大众旅游出现之前，每年就有至少10万名国际游客访问巴黎。在雅克·奥芬巴赫的《巴黎人的生活》（*La Vie Parisienne*）中，合唱团是由游客组成的。"我们就要侵入，"他们唱道，"那至高无上的城市/享乐的胜地。"

1830年11月的一个晚上，美国人艾玛·威拉德（Emma Willard）乘长途马车来到巴黎，她激动得难以入眠。当她被告知已抵达时，"我徒劳地寻找着……我想象中那些壮观的东西"。她对巴黎的初体验是等待她的行李被海关官员检查。"我们置身于尘土和混乱之中——疲惫不堪，甚至没有地方可以坐——好像有人用异样的目光看着我们。"肮脏的街道似乎"与我想象中优雅的巴黎截然不同"。[2]

在19世纪，宏伟的巴黎圣母院与大约1.5万名贫穷的巴黎工人一起挤在小小的西堤岛上，这些工人住在拥挤、肮脏的老屋中。在这座大都市里的几乎每个地方，都有越来越多的人涌进日益减少的可用空间。巴黎的大街小巷阴暗潮湿，就像"小虫在果核里钻出的曲折路径"。由于过度拥挤、卫生条件差，这座城市遭到了霍乱的肆虐；1832年，该市86.1万居民中有2万人死于这种疾病。19世纪早期的巴黎表现得有如"一座原始的城市，坐落在其全部的原始污垢之中……处于痛苦状态下的中世纪"。[3]

---

1. Sigmund Freud, *Life and Work: The Young Freud, 1885–1900*, ed. Ernest Jones (London, 1953), p. 200.
2. Emma Willard, *Journals and Letters from France and Great Britain* (NY, 1833), p. 30.
3. David P. Jordan, *Transforming Paris: the life and labors of Baron Haussmann* (NY, 1995), pp. 92–93; Victoria E. Thompson, "Telling 'Spatial Stories': urban space and bourgeois identity in nineteenth-century Paris," *Journal of Modern History*, 75:3 (September 2003), 540.

只有当游客走过里沃利街、杜伊勒里宫、意大利大道（Boulevard des Italiens）和革命广场（Place de la Révolution）时，他们才会发现，有种属于"一个超文明的新世界"的城市生活深深地楔入了这座丑陋、拥挤、破烂不堪的中世纪城市，在地球上其他任何地方都找不到这样的生活。不用说，卢浮宫收藏了最多的艺术品，可供公众观赏，还有卢森堡宫、凡尔赛宫和圣克卢宫的画廊可作为它的补充。这里的时尚、购物和美食是无与伦比的。巴尔扎克写道，"从马德莱娜教堂到圣德尼门，伟大的展示之诗吟唱着它七彩的诗节"。

巴黎真正的荣耀不在于它的外表，而在于人们对它的利用；街道的戏剧性——一种"纯粹由生命构筑的景观"——使它成为地球上最具诱惑力的城市和游客们的圣杯。一位不知姓名的英国居民写道，在街上行走令人振奋："这是我们周围生活和运动的反映……就生活的总体强度而言……巴黎是无与伦比的。"[1]

巴黎综合征的解药之一是让自己沉浸在表演中，成为都市戏剧的鉴赏家。正如一位来访的美国牧师所说，林荫大道"无疑是世界上最好的消遣场所……你只需戴上帽子，走到街上找乐子就行了"。巴黎为所有感官提供了一场无与伦比的盛宴。据巴尔扎克所言，这座城市已经成为一个"制造享乐的大型都市作坊"。他写道，巴黎"永无止境地前进着……从未停歇"；它是"一个可怕的奇迹，一个运动、机器和思想的惊人集合，一座拥有1000种不同浪漫的城市……一位躁动不安的城市女王"。[2]

巴黎人在公共场所、咖啡馆、花园和公园、舞会、露天音乐会、剧院和商店里尽情享乐。街道交通的危险催生了大约300座新的拱廊。正如巴尔扎克在他的小说中巧妙地捕捉到的那样，巴黎是一座永远处在动荡之中的城市。19世纪初，都市探险者创作的文学作品大量涌现，他们在书中描绘了巴黎的景色、声音、反差和多样性。它们就像导游手册，但不是为游客写的，

---

1. Anon., *Ten Years of Imperialism in France: impressions of a Flâneur* (London, 1862), p. 30.
2. Harvey Levenstein, *Seductive Journey: American tourists in France from Jefferson to the Jazz Age* (Chicago, 1998), p. 57; David Harvey, *Paris: capital of modernity* (NY, 2006), pp. 32–33.

而是为这座城市的居民写的，这些书揭示了城市隐藏的神秘之处，使人们能够理解或恐惧它们。这座城市本身就成了书中的一个人物，一个必须加以分析和解释的复杂生命体。

巴黎人对城市生活的看客有自己的一套说法。法语里有个词叫badaud，指的是"四处闲看的人"，他在人群中漫步，享受着随时上演的日常生活戏剧。剧作家德·朱伊（de Jouy）写道："在巴黎，一切都成了大事。一连串木头顺流而下，两辆马车相撞，一个身穿奇装异服的人，一辆装甲马车，一场斗狗比赛，只要被两个人注意到，周围很快就会聚集上千人，而且人群还会不断增加。"阿尔弗雷德·德尔沃（Alfred Delvau）在《巴黎的乐趣》（*Les Plaisirs de Paris*）一书中写道，一个巴黎人在家里生活、在家里思考、在家里吃喝、在家里受苦或者在家里死去是不可想象的，也是无聊的，"我们需要新闻、阳光、街道、夜总会、咖啡馆、餐馆"。[1]

安娜·詹姆森（Anna Jameson，19世纪30年代的另一位美国游客）指出，伦敦人走路时大步流星，"表情凝重"，而巴黎人则东游西逛，左顾右盼，"仿佛除了环顾四周，他们生活中就没有别的事可做了"。如果说badaud这个词概括了巴黎民众对街道的态度（他们将街道视为自己的沙龙或剧院），那么还有另一个能够定义现代都市人的词：flâneur。[2]

奥古斯特·德·拉克鲁瓦（Auguste de Lacroix）在1842年写道："flâneur之于badaud，犹如美食家之于食客。"在英语里找不到一个贴切的词来翻译flâneur。badaud贪婪地吞食城市，而flâneur则是一个有鉴赏力的行家，一个秘密、超然的观察者，他在城市的人群当中探究城市，却从未成为城市的一部分。巴尔扎克用"眼睛的美食学"来描述flâneur。夏尔·皮埃尔·波德莱尔则这样描写这种人："对于完美的flâneur，热忱的旁观者来说，在人群中心，在运动的潮汐中，在无常与无限中间安家是种巨大的

---

1. Gregory Shaya, "The Flâneur, the Badaud, and the Making of a Mass Public in France, circa 1860-1910," *American Historical Review* 109:1 (Feb. 2004): 50; T. J. Clark, *The Painting of Modern Life: Paris in the art of Manet and his followers* (London, 1990), p. 33.
2. Anna Jameson, *Diary of an Ennuyée* (Boston, MA, 1833), p. 6; Shaya, "The Flâneur, the Badaud, and the Making of a Mass Public in France, circa 1860-1910," passim.

快乐。"[1]

巴黎的flâneur是由19世纪初的记者和作家创造出来的。在此之前，flâneur指的是游手好闲，除了到处看热闹之外什么都不做的人。到了19世纪二三十年代，中产阶级flâneur已经成为一种有着严肃意图的人。他象征着中产阶级作为街道的主人所获得的胜利。波德莱尔写道："当你懂得如何闲逛和观察时，你会发现些多么古怪的事情啊。"巴尔扎克宣称"漫步是一门科学"，他捕捉到了巴黎人对flâneur的热情。[2]

这就是巴黎的独特之处：它的人民欣赏这座城市的日常生活和它独特的节奏。

来到巴黎的英国和美国游客学会了适应这里的节奏，放慢脚步，放下矜持，开始直视街上、咖啡馆里和拱廊中的其他人。在不懂当地语言的情况下，我们在一座陌生城市里要做的就是这些：试着在城市生活的嘈杂声中成为超然的观察者，让自己沉浸其中。一篇英文文章对flâneur做了描述，把都市漫游者比作新发明的摄影术："他的头脑就像一张敏感的摄影底片，随时准备接收任何自行出现的印象。"现代人躲在相机或手机后面的习惯是flâneur的另一个版本，他置身事外，在场但又不在场，只作为一个匿名的看客记录印象、刻画场景，就像位游客一样。"这位摄影师，"苏珊·桑塔格写道，"是个带着武器的独行者，在城市地狱中侦察、跟踪、巡游，作为一个有窥视癖的流浪者，他发现城市是一处极乐世界。"[3]

现代艺术、文学、摄影以及后来的电影都受到了flâneur的影响。意义更为深远的是，它帮助我们更深入地挖掘城市生活的心理，提出并帮助回答

---

1. Christopher E. Fort, *The Dreyfus Affair and the Crisis of French Manhood* (Baltimore, 2004), p. 107; Honoré de Balzac, *The Physiology of Marriage*, Part 1, Meditation 3; Charles Baudelaire, *The Painter of Modern Life and Other Essays*, trans. Jonathan Mayne (NY, 1986), p. 9.
2. Thompson, "Telling 'Spatial Stories': urban space and bourgeois identity in nineteenth-century Paris," p. 532, n.34; Shaya, "The Flâneur, the Badaud, and the Making of a Mass Public in France, circa 1860-1910," p. 51; Balzac, *The Physiology of Marriage*,1:3.
3. *Ten Years of Imperialism*, preface; Susan Sontag, *On Photography* (London, 1979), p. 55.

有关现代城市生活的问题。但在我们对此进行探讨之前,需要先知道巴黎 flâneur的世界遭到的猛烈的攻击。

要想清晰地观赏巴黎全景,你无须像在其他城市那样爬上摩天大楼。因为巴黎坐落在一个宽阔平坦的盆地里,街道上的漫步者在哪里都能看到它那由历史悠久的建筑组成的宽阔水平的天际线。从高处俯瞰,比如从蒙马特和贝尔维尔的山上,或从埃菲尔铁塔上,你可以看到华丽的呈几何形状的街道平面图——这是城市建设的一大杰作——在树叶的点缀下,光彩夺目地展现在你眼前。

以这种方式征服人们想象力的巴黎是19世纪50年代以及现代世界中最伟大的城市梦想家乔治-欧仁·奥斯曼的杰作。城市的循环系统已经堵塞,必须加以疏通,让光线和空气进入暗处,使市民能够更自由地在大都市里走动。欧洲城市正处于疾病、革命和社会制度崩溃导致的末日之中。这种情形首先出现在像曼彻斯特这样的地方,随后在巴黎达到了顶峰。

奥斯曼事事讲究,他对中世纪的巴黎毫无感情,总把它和肮脏联系在一起。在他生活的各个方面,他都想以秩序约束混乱,以清洁消除污秽。奥斯曼是一个"高大、强壮、精力充沛"的人,同时又"聪明、狡猾",1853年,他被当作塞纳区行政长官的人选推荐给皇帝拿破仑三世,此时他44岁,是位经验丰富的公共行政官员。[1]

1851年12月,在总统任期即将结束之际,拿破仑发动政变,夺取了权力。几个月后,他在一次演讲中宣称:"巴黎是法国的心脏,让我们来努力美化这座伟大的城市。我们要开辟新的街道,让缺少空气和光亮的工人阶级居住区变得更有益健康,让有益的阳光照射到城墙内的任何地方。"[2]

---

1. Jordan, *Transforming Paris: the life and labors of Baron Haussmann*, pp. 50ff, 166-167; David H. Pinkney, "Napoleon III's Transformation of Paris: the origins and development of the idea," *Journal of Modern History* 27:2 (Jun. 1955): 125-134.
2. Patrice de Moncan, *Le Paris d'Haussmann* (Paris, 2002), p. 28.

但这个计划仍然举步维艰。1852年12月,拿破仑自立为皇帝。现在,手握绝对权力的他可以在不受政治约束的情况下实现自己的愿景了。奥斯曼上任还没有几天,皇帝就向他展示了一幅巴黎地图,在中世纪的街道平面图上标出了宽阔笔直的新林荫大道,这些主干道将为衰落的巴黎注入生机。拿破仑三世想要一座美丽、卫生、适于通航的现代化城市,一座适合皇帝居住的城市。而且他希望尽快实现这一计划。

在拿破仑的皇权和奥斯曼有条理的大脑共同作用之下,一座新巴黎诞生了。它反映了现代人对流动性的需求,以及总规划师本人对秩序和统一的深层次需求。巴黎的复兴始于巴黎大十字街(grande croisée de Paris),这是一个十字路口,旨在提高里沃利街和圣安托万街(Rue Saint-Antoine)的东西方向交通,以及斯特拉斯堡和塞瓦斯托波尔两条新大道的南北方向交通的通行能力。在巴黎古老的摇篮西堤岛上,簇拥在巴黎圣母院周围的古老建筑都被拆除了,大部分人离开了这座岛。腾出来的地方被用来建造市政机关和行政大楼。"这样就把旧巴黎的内脏给掏空了。"奥斯曼写道。[1]

以凯旋门为中心辐射出来的街道呈星形,3条林荫道从水塔广场(Place du Château-d'Eau,即今共和国广场)延伸出来,新修的街道将这一系统与城市的火车站相连。无数难以穿越的、狭窄的小巷以这样的方式涌现,又被一扫而空。许多历史建筑和杂乱的房屋一起被摧毁了。即使是拥有悠久的历史也不能幸免。今天,那些爬上玛莱区圣热尔韦教堂和屠宰场圣雅各教堂台阶的人可能没有意识到,他们脚下隐藏着巴黎仅存的两座小山丘,它们被称作"蒙索"(monceaux),墨洛温王朝时期的定居点就坐落在山丘之上。蒙索的其余部分,还有巴黎的许多史前和历史地形,都被奥斯曼夷为平地,以便为他的新城市提供平整的地面。"每隔一两个星期,历史的巴黎这本书就会被撕掉一页。"一位英国居民哀叹道。不同风格和年代的建筑杂乱无章地并列在一起本是这座城市的特色,却被奥斯曼钟爱的几何形状街道所取代,街道两旁的建筑整齐划一,其表面都铺着巴黎独特的乳黄色鲁特西亚石灰岩

---

1. Jordan, *Transforming Paris*, pp. 186ff.

（Lutetian limestone）。[1]

尽管许多人对他们的家园、街道、社区和地标（以及巴黎的悠久历史）被毁感到震惊，但奥斯曼是个不带丝毫感情的技术官僚，他在着手进行激烈的手术时，几乎不考虑人力成本。他写道："为了把城市边缘那些贫瘠、难以接近和不宜居住的广阔空间开辟出来，首先要做的就是把市中心撕开，用横穿城市的街道把它切成两半。"掏空、切开、撕裂：就连奥斯曼所使用的词语都意味着残酷的创造性破坏。[2]

作为一个体弱多病、肺部虚弱的孩子，童年时的奥斯曼不得不穿过狭窄的街道和小巷，从家里步行上学，他的感官因此受到了有害气味和尘垢的侵袭。难怪在他成长为一个挑剔的成年人后，回想起自己在学生时代曾迷失在中世纪的狭小街区里，饱受创伤，会渴望建造一座清洁、理性的城市。[3]

对奥斯曼来说，巴黎就像一具人体，一个由动脉、静脉、器官和肺组成的系统。它还有内脏和肠子。奥斯曼真正的杰作在街道下面，在他的下水道系统里。在伦敦，20万个污水池和臭气熏天的河流里充斥着260多万人的排泄物，1858年，土木工程师约瑟夫·巴泽尔杰特（Joseph Bazalgette）开始建造一个由长度超过82英里的地下下水道，以及1000英里长的街道排水沟组成的庞大网络，与截流污水管、泵站和排水系统配合使用。最广为人知的一点是，巴泽尔杰特将下水道改造得十分宽阔，以至于该系统时至今日仍能大致处理伦敦的污水。由于无法在芝加哥地下铺设污水管道，人们不得不把芝加哥抬高来为管道腾出空间。从1858年起，所有的砖砌建筑都被液压千斤顶和螺旋千斤顶抬升了6英尺。1860年，600名工人用6000个千斤顶一次性把半座城市抬了起来。当他们抬着这一整排重达3.5万吨且占地1英亩的商店、办公室、企业和酒店时，街头生活仍在继续，就像什么事情都没发生一样。在街

---

1. Colin Jones, "Theodore Vacquer and the Archaeology of Modernity in Haussmann's Paris," *Transactions of the Royal Historical Society*, 6th series, 17 (2007): 167; *Ten Years of Imperialism*, p. 7; David P. Jordan, "Baron Haussmann and Modern Paris," *American Scholar* 61:1 (Winter 1992): 105ff.
2. Jordan, *Transforming Paris*, pp. 265, 290.
3. Ibid., pp. 198ff.

道悬空的时候，人们打上新的地基，并配备了污水管道。[1]

芝加哥和伦敦在19世纪50年代和60年代创造了将下水道系统现代化的奇迹。但奥斯曼在卫生和科技方面取得的成就还在此之上。他把直线式的街道规划照搬到了下水道网络里，使下水道和地面的林荫大道一样合理、宏伟、光线充足；水管和地下通道大到可以在里头行走，甚至可以乘船从中间穿过，其通道也非常干净。这些下水道表明了奥斯曼对城市的看法，首要的是别把它看作是一个多世代、多层次的人类建筑，而要看作是一台机器。或者换一种说法，他关心的是动脉和器官，而不是把身体连接在一起的结缔组织。[2]

城市的肺和消化系统一样重要。奥斯曼在他的回忆录中写道，皇帝指示他"抓住每一个机会，在巴黎全城尽可能多地修建广场，以便为巴黎的所有家庭和所有儿童（无论贫富）提供放松和娱乐的场所，就像伦敦那样"。奥斯曼建造了4个宏伟的大型公园，为城市增添了60万棵树和4500英亩的开放空间，并在他的规划当中加入了24个新广场。任何一个巴黎人都只需步行10分钟就能抵达一片空地。[3]

在一个城市日渐衰败、人们纷纷逃离拥挤肮脏的市中心的世纪里，巴黎却成了现代化和进步的灯塔，这座大都市在工业时代复活了。阳光充足，空气流通，以秩序和优雅装饰，焕然一新，巴黎引来了数量空前的游客。卢浮宫大酒店于1855年巴黎世博会举办期间开业。它是法国第一家豪华酒店，也是欧洲最大的酒店，拥有1250名员工、700间豪华卧室和2台蒸汽动力升降机，是高雅旅游的巅峰。大酒店（Grand Hôtel）开业于1862年，靠近歌剧院，它的富丽堂皇使得欧仁妮皇后说它"感觉就像家一样。我觉得自己仿佛是在贡比涅宫或枫丹白露宫"。它占据了一整个三角形的街区，有800间豪华卧室、65个沙龙、水力升降机、土耳其浴室、电报服务、剧院售票处和藏有上百万瓶葡萄酒的酒窖。[4]

---

1. Donald L. Miller, *City of the Century: the epic of Chicago and the making of America* (NY, 1996), pp. 124–127.
2. Jordan, *Transforming Paris*, p. 274.
3. Moncan, *Le Paris d'Haussmann*, p. 107.
4. Elaine Denby, *Grand Hotels: reality and illusion* (London, 1998), p. 84.

大酒店与百货公司相得益彰，这些闪闪发光的新百货公司规模巨大。乐蓬马歇百货公司建于1867年到1876年间，在设计上得到了古斯塔夫·埃菲尔（Gustave Eiffel）的协助，是一座具有钢铁骨架的分离式多层建筑，这样的设计使其多达5万平方米的巨大内部空间有着良好的采光。它的四面都是巨大的平板玻璃窗，让人们得以瞥见这个消费主义华丽舞台上的布景。每天都会有一支由3500名员工组成的大军为1.6万名顾客提供服务。大型的酒店和百货公司超越其前辈之处可不仅仅是规模；它们还经过精心设计，耗资巨大，堪比公共建筑和纪念碑，它们本身就是旅游景点。[1]

巴黎的重建也为更大、更豪华的林荫道咖啡馆创造了空间，例如塞瓦斯托波尔大道上的黄金国（El Dorado）和大酒店一楼的和平咖啡馆（Café de la Paix）。一份旅游指南这样描述这些新的创造："当夜晚的灯光亮起时，它们看起来……光彩夺目。椅子和小桌子都放在室外，不论男女都可以在这里享受夜间的清凉，并欣赏身边生机勃勃的场景……它们的华丽让人眼花缭乱，装潢中展现出的品位和奢华更加剧了这种效果。"[2]

马克思尖刻地评论道，奥斯曼铲平这座历史这些名城"是为了给观光者腾出地方！"。雄伟的新古典主义火车站、大酒店、大百货公司、大林荫道、大咖啡馆、歌剧院、剧院、博物馆、美术馆、哥特式大教堂、公园和长廊——巴黎之旅被设计为一条迷人的旅游路线，国际游客、观光者、周末旅行者和购物者经此穿过令人愉快的城市区域，有机会体验一把曾经只属于贵族和超级富豪的都市生活方式。

当旅游业随着铁路的出现而飞速发展时，游客大量涌入巴黎。1840年，横穿英吉利海峡的航船有87 000班；这一数字在1869年增至344 719班，1899年增至951 078班。1867年，旅游服务商托马斯·库克组织英国人去参观巴黎世博会，行程共4天，费用全包，每人只需要花上36先令。法国和世界各

---

1. Michael B. Miller, *The Bon Marché: bourgeois culture and the department store, 1869–1920* (Princeton, 1981); Meredith L. Clausen, "Department Stores and Zola's 'Cathédrale du Commerce Moderne'", *Notes in the History of Art* 3:3 (Spring 1984): 18–23; Robert Procter, "Constructing the Retail Monument: the Parisian department store and its property, 1855–1914," *Urban History* 33:3 (Dec. 2006): 393–410.
2. *Galignani's New Paris Guide* (Paris, 1860), p. 13.

地有900万至1100万人参观了这次世博会；1876年的世博会吸引了1300万人，1889年（埃菲尔铁塔向全世界开放的那一年）的参观人数超过了3000万。[1]

大众旅游时代轰轰烈烈地来临了。被卷入这场革命漩涡的城市发生了不可估量的变化。从2000年到2015年，全球游客数量翻了一番，达到了13亿人；到2030年，每年将有20亿人外出度假。有许多城市的中心区似乎并不像一个居住区或商业中心，而更像一个旅游主题公园；想象一下游客寥寥无几的新奥尔良或曼谷是什么样子吧。就连伦敦、纽约、巴黎和上海这些大型金融中心，也把大部分的中心区让给了游客，为他们提供酒吧、餐厅、快餐和娱乐，让他们住在酒店、青年旅社和爱彼迎公寓里。在天平上，全职市民所在的那一头高高地翘了起来；这数以亿计的寻欢作乐者无疑是重塑现代大都市的主要力量之一。

当一座大都市里的流动人口远远超过常住人口时，我们无须诧异。伦敦的居民接近1000万，2014年接待了2.74亿国内一日游游客，1140万国内过夜游客和1740万国际游客。上海每年的游客数高达3亿，主要来自中国国内，通过接待他们，上海赚了350亿美元。[2]

早在大约一个半世纪以前，巴黎就预见到了要对大都市的市中心进行美化，使之成为购物和休闲场所。1867年，法国《时报》怒斥道，奥斯曼所规划的巴黎，其地理中心是歌剧院，一个轻浮的地方，而不是大教堂、市政大厦或议会："难道我们除了是优雅和快乐之都以外，就什么都不是了吗？"[3]

诗人夏尔·瓦莱特（Charles Valette）在提到奥斯曼时这样写道："残

---

1. Jan Palmowski, "Travels with Baedeker: the guidebook and the middle classes in Victorian and Edwardian Britain," in Rudy Koshar, ed., *Histories of Leisure* (Oxford, 2002).
2. London & Partners, "London Tourism Report, 2014–2015," https://files.londonandpartners.com/l-and-p/assets/our-insight-london-tourism-review-2014-15.pdf.
3. Pierre Larousse, *Grand Dictionnaire universel* (Paris, 1872), Vol. VIII, p. 436.

酷的毁灭者啊，你对我的过去做了什么？/我徒劳地寻找巴黎，我寻找我自己。"在奥斯曼旋风般的改造中，有35万巴黎人流离失所。从来没有哪座城市在和平时期如此迅速地被改变过。"旧"巴黎被彻底击败了，它的新化身把它打得遍体鳞伤。维克多·雨果哀叹道："再也没有可以自由奔跑、总是挤满了人的无政府街道了。再也没有莫测的变化，再也没有曲折的十字路口了。"[1]

那些给巴黎带来生机并让它成为"flâneurs、badauds和寻欢作乐者"之城的杂乱街道，已经被无情的几何结构和消失在远方的林荫大道所取代。换句话说，林荫道上整齐划一的景色促使人们注视前方，而不是鼓励他们四处闲看。更多的人认为，街道规划是专制统治的体现，它像是一个庞大的城市军营，旨在约束民众。[2]

如果说曼彻斯特和芝加哥代表着一种城市内外翻转的新趋势，即城市中心由工业和贫民窟主导，而郊区则是半田园式的休憩地，那么新巴黎则令人叹为观止地逆转了这一趋势。它有一个中产阶级化的、干净的市中心和属于工人阶级的、工业化的边缘地带。路易·拉扎尔（Louis Lazare）写道："工匠和工人被关在名副其实的西伯利亚，蜿蜒曲折、未铺砌的小路纵横交错，没有灯光，没有商店，没有水管，那里什么都没有……我们在女王的紫袍上缝缀了许多破布；我们在巴黎建造了两座城市，它们截然不同，互相敌视：其一是奢华之城，它被另一座苦难之城环绕、包围着。"[3]

在以新巴黎为主题的著名画作《雨天的巴黎街道》（1877）中，古斯塔夫·卡耶博特描绘了奥斯曼最具特色的创新之一：一个星形的交叉路口，街道从这里辐射开来。在画面中央，公寓大楼的三角形尖头就像远洋客轮的船头一样巨大且毫无人情味，它仿佛正在冲向无助的救生艇。远处有脚手架：这是一座仍在奥斯曼化的城市，尽管奥斯曼在1877年时已不再掌权。到处都是雨伞，被打湿的鹅卵石微微发亮，街头有人在行走。但在这片开阔的市区里，人们保持着距离。没有人交谈，即使是成双成对的人。画中的主要人物

---

1. Robert L. Herbert, *Impressionism: art, leisure and Parisian society* (New Haven, 1988), p. 21.
2. Jordan, *Transforming Paris*, p. 348; Clark, *The Painting of Modern Life*, pp. 34–35; Herbert, *Impressionism*, p. 15.
3. Clark, *The Painting of Modern Life*, p. 29.

是衣冠楚楚的中产阶级，是居住在画中那些昂贵公寓里的人；工人们的身影遥远而又孤单，他们只是都市精英的仆人，并不是街头生活的积极参与者。

巴黎街头漫步者手中的雨伞使他们之间的距离看起来没有那么明显，雨伞创造了一个有形的隐私圈。中间那对优雅的夫妇把目光从接近他们的壮硕男子身上（我们只能看到这个人的半边身体）移开，但他们的雨伞马上就要撞到一起了，他们必须在几秒钟内踮起脚尖旋转身体——另一个保持距离的动作——来躲开对方。否则他们就得推挤着争夺空间。

梵高的《巴黎郊外》则把背景设在了一个完全不同的地方，这是他1887年创作的系列作品之一，描绘的是城市与乡村交界处。这里是"混账乡下"，巴黎的边缘地带。郊区的劳动人民都是从大都市中心迁移出来的，画家用灰色斑点渲染他们。正如在卡耶博特的画里一样，这幅画的中央也有一根孤零零的灯柱。但在这个场景中，它是一个错位的城市人造物，被古怪地放到了这个怪异的临界地带里。人们沿着不同的泥泞小路走向不同的方向，强调了他们彼此之间及其与巴黎的疏离。在卡耶博特和梵高的画作中，现代城市的孤独感被鲜明地呈现了出来。

曼彻斯特和芝加哥因其工业和贫穷而成为19世纪的"震惊城市"。巴黎令人震惊的程度与它们不相上下。奥斯曼对这座大都市突如其来的改造，把人际关系亲密的古老都市夷为平地，戏剧性地表现出了城市生活的疏离效应。卡耶博特这幅画体现了城市中的孤独感，是对现代城市生活心理的诠释，反映的并不一定就是巴黎的真实情况。在大多数文字记载和印象派的画作中，新巴黎是一个充满愉悦、喧嚣、骚动、人群和狂野能量的漩涡。

一位美国游客将巴黎人描述为"流浪的世界公民"，他们只有在睡觉时才回家，此外则在咖啡馆、餐馆、公园、剧院、舞会和各种娱乐场所之间不停穿梭，从起床一直到深夜。奥斯曼的煤气路灯意味着人行道文化可以持续到入夜后。这座城市的剧院、歌剧院、芭蕾舞厅和音乐厅每晚可容纳5.4万人。此外还有咖啡馆音乐会和有煤气灯照明的舞场。据阿尔弗雷德·德尔沃所说，巴黎人"喜欢装腔作势，喜欢让自己出洋相，好让公众和整个看台的人来见证我们的生活"。[1]

---

1. Clark, *The Painting of Modern Life*, p. 207; Herbert, *Impressionism*, pp. 33, 58, 66.

印象派画家迅捷的笔法正如都市人在一连串感官数据冲击下那快速的眼球运动。以奥斯曼化的巴黎为主题的画家们——主要人物有爱德华·马奈、埃德加·德加、皮埃尔·奥古斯特·雷诺阿、卡耶博特和莫奈——将自己直接接入到现代都市的神经系统里。作为波德莱尔的密友，马奈把flâneur的感性带到了现代艺术中。他四处走动，一边走一边快速勾勒出城市生活的草图，留意那些看似短暂而琐碎的事物。他就像flâneur，作为一个超然的看客去观察和绘画，置身于人群中央，但又远离人群。[1]

在《咖啡馆音乐会一角》（*Corner of a Café-Concert*，1878—1879）的前景中，马奈画了一个身穿蓝色工作服的工人，他一边看着舞台上的舞者一边抽烟斗，面前放着他的酒。他旁边是一个戴灰色圆顶礼帽的中产阶级男人的背影，再往前是一个衣着考究的女人；大家都抬头看着舞台。这三位各不相同的观众安静而又孤独。而他们周围却很热闹。舞蹈演员正在表演，音乐家正在舞台边演奏。与舞者相映成趣的是，一位女侍者定格在一个芭蕾舞般的动作中，她俯身向前，一只手放下一杯啤酒，另一只手还拿着两杯啤酒。即使是在她处理完一份订单，准备去完成其他订单的时候，她仍在扫视整个房间，看是否有更多口渴的顾客，或需要结清的账单，以及需要清理的溢出物。她马上就会去别的地方。她的注意力没有放在舞台上，而是放在拥挤的咖啡馆里，那里充满了我们看不见但能生动地想象出来的对话和嘈杂声。当她斜着身子越过工人身边时，几乎把他包裹了起来；但他们注视着不同的方向，并没有意识到对方。这4名主要人物一起占据了一个小小的空间，但又各自处在自己私人的世界里，彼此并无干系。[2]

马奈的《女神游乐厅的吧台》（1882）是对现代都市生活最伟大的艺术写照之一。大理石吧台上诱人地摆放着一瓶瓶香槟、鲜花和水果，把我们与一位女酒侍隔开。她身后是一面大镜子，映照着巨大的枝形吊灯和巴黎最著名的夜总会和音乐厅女神游乐厅里的人群。在女神游乐厅这样的场所，形形色色的顾客可以坐在桌子旁或包厢里；他们会混杂在一起，四处走动。这就是我们在镜中看到的场景。在左上角，马奈画了空中飞人演员的两条小腿，

---

1. Herbert, *Impressionism*, p. 35.
2. Katherine Golsan, "The Beholder as Flâneur: structures of perception in Baudelaire and Manet," *French Forum* 21:2 (May 1996): 183.

就此把马戏表演一笔带过。不论是对演员还是对顾客来说，真正的娱乐是都市中的人群。马奈的笔触把人群变成了一片混乱、模糊的沼泽，里面满是高顶礼帽和朦胧的人影，但人群的嘈杂和活跃是一目了然的。

我们与女酒侍的关系却不太明晰。从镜中可以看出，一个戴着大礼帽的人正在靠近她。他要喝点什么吗？他想挑逗她吗？女侍者和女酒侍常被认为是妓女或性工作者。然而这位女酒侍坚定地向前倾；她的眼睛是悲伤的，但嘴唇做出了一个类似于嘲讽的表情。她像个女观察者（flâneuse）那样注视着人群，把右侧后背转向了喜欢窥探的男观察者（flâneur）。

这是一幅令人不安的画像。马奈准确地指出了人们对现代城市的焦虑。在《咖啡馆音乐会一角》中，顾客们聚在一起，但又彼此分离。在《女神游乐厅的吧台》中，我们被强行带入一个城市世界，在那里，人际关系同样是不确定和难以捉摸的。对马奈来说，现代城市就像他的画笔一样，模糊了所有这些确定性。

德国社会学家格奥尔格·齐美尔在他的论文《大都市与精神生活》（1903）中写道："也许没有任何一种心理现象能像厌倦态度（blasé outlook）那样无条件地专属于城市。"对齐美尔来说，现代都市人格的形成，部分原因在于"外部和内部刺激迅速而持续的转变"。如果你必须接触信息暴风雪中的每片雪花，你的"内在会完全原子化，进入一种难以想象的心理状态"。塑造"大都市普遍心理特征"的另一种力量是货币经济和先进的劳动分工，这种分工使人与人之间的关系非人格化，并破坏了维系社会的传统纽带。19世纪40年代，恩格斯在考察工业化的曼彻斯特时，也看到了同样的心理危机。"街头的喧嚣"是对人类本性的反抗："挤在一个狭小空间里的人越多，人们对彼此的排斥和厌恶就越严重，从而产生一种残酷的冷漠，每个人都无情地专注于自己的私事。"在大城市里，资本主义的孤立效应被推向极致："人类被分解成单子，每个单子都有各自的原则，原子的世界，在这里被发挥到了极致。"

根据齐美尔的说法，结果是，城市居民必须找到方法来"保护内心生活免受大都市的支配"。这表现为一种"厌倦"的态度，以及一种自动采取的怀疑、冷淡的举止。在他写于1908年的另一篇文章《陌生人》中，齐美尔进一步阐述了这种冷淡的概念。他说，它产生于城市生活的本质，即同时存在的"接近与疏远"："接近"来自城市生活在空间上的幽闭，"疏远"则来自匿名的陌生人。

卡耶博特笔下的巴黎是一个没有人情味的个人世界，他借助高度现代化的直线型林荫大道——它取代了昔日街道上的亲密融洽，抹去了历史的记忆——使整个画面变得更为生动。德加、雷诺阿和马奈不仅出色地捕捉到了现代城市中"刺激迅速而持续的转变"，还捕捉到了新巴黎商业化休闲的"接近与疏远"。马奈笔下的人物紧贴在一起，但他们的世界是彼此分离的，他们是正在他们周围进行的演出的旁观者和消费者。他们置身于拥挤的巴黎市中心，但这些场景总有着挥之不去的孤寂感。他们（就像他们居住的城市一样）是无法解读的。这座城市及其市民清晰可辨的形象经过现代性之力的涂抹，已经变成了印象派绘画中的朦胧影像。[1]

城市生活中的厌倦和冷淡，还有接近与疏远之间的紧张关系，在马奈《女神游乐厅的吧台》中那位神秘的女酒侍的面孔和身姿上得到了最好的表达。她的脸上仿佛写着"滚开"两个字，这是被迫不断与匿名的陌生人（你不认识也不信任）互动的城市居民不得不采取的外部防御机制。

这一人物还表达出了对女性在城市中地位的深刻的忧虑。她穿着时髦，像位中产阶级妇女；但是，作为一个在酒吧工作的女人，她不可能是中产阶级。她就像一个女观察者，掩饰自己，远离人群，凝望着城市生活的场景。这一点被镜中场景的视觉失真所增强。试图和她交谈的男观察者被推到了一边，他没有掌控权。[2]

在19世纪的巴黎，男观察者无处不在，人们不禁要问：女观察者在哪里？男人是有特权的，他们可以混入人群，自由地在城市中穿行。而流连于公共场合的女性——尤其是独自待在咖啡馆、酒吧和街上的女性——总是会被怀疑为性工作者。在马奈的另一幅画作《李子白兰地》（1878）中，一位工人阶级女孩独自坐在咖啡馆里。她面前有一杯李子白兰地，但女孩无聊而孤独地坐着，手指间夹着一根未点燃的香烟。她既没有可以舀起李子的勺子，也没有可以点燃香烟的火柴，这凸显了她在这个公共空间里的尴尬。在《咖啡馆音乐会》（*The Café-Concert*，1878—1879）中，一位女孩闷闷不乐地坐着，这次她有点燃的香烟和啤酒，身旁是一位衣着考究的男人。在这个令她感到不自在的地方，他却流露出自信和沉着。这两幅画中的女性都给人

---

1. Herbert, *Impressionism*, pp. 50ff.
2. Clark, *The Painting of Modern Life*, p. 253.

以孤独和不安的感觉。吸烟这个动作表明她们已从社会的束缚中解放出来。马奈没有透露她们是否要出卖自己的身体。重点是,当她们在公共场合享受巴黎的乐趣时,人们总会认为她们是妓女。她们因此感到不安。如果说谁有权利觉得自己被异化了,被夹在"接近与疏远"之间了,那就是这些试图在城市中占有一席之地的女性。男人是没有这种社交焦虑的。[1]

马奈的女酒侍没有流露出丝毫要卖身的迹象。她的态度和大理石吧台保护着她,在女神游乐厅工作给了她一个有利的位置和通往公共生活的入口。同样,在左拉的现实主义小说《妇女乐园》中,黛妮丝·鲍狄在巴黎一家新式的百货公司里当售货员,这部小说是在马奈的名画问世一年后出版的,但故事背景设定在了19世纪60年代。鲍狄与那位女酒侍一样,在柜台后面观察生活。不论是在酒吧里还是在商店里,女售货员都是这个令人振奋的商业化休闲新世界的一部分。一方面,工人阶级的女孩和妇女总是有机会进入城市,尤其是在零售和娱乐领域,虽然男性持续不断的关注令她们饱受折磨。另一方面,商业化的休闲也让"体面的"妇女——中产阶级成员——开始以自己的方式重新进入城市生活。[2]

乔治·桑说她喜欢林荫大道,因为可以"手插在口袋里走很长时间,不会迷路,也不用不停地问路……沿着宽阔的人行道走是一件幸事"。一个男人在访问女神游乐厅后大为惊诧:"这是我第一次在允许吸烟的咖啡馆里看到女人。而且我们周遭不只有女人,还有女士……女士们自己似乎并没有感到不自在。"女神游乐厅的经营者乐于鼓励女性顾客前来,1882年,他们还在女权主义报纸《妇女公报》(*La Gazette des Femmes*)上刊登了广告。[3]

大型商店成了女性一日游的目的地,成了城市的缩影,或者说,至少是成了一座理想化城市的缩影。通过提供午餐和蛋糕、茶和咖啡、阅读室和厕所(在城市里女厕所是种短缺的设施),它们变成了公共聚会和购物(这

---

1. Clark, *The Painting of Modern Life*, pp. 72ff.
2. Aruna D'Souza and Tom McDonough (eds.), *The Invisible Flâneuse? Gender, public space, and visual culture in nineteenth century Paris* (Manchester, 2006).
3. Clark, *The Painting of Modern Life*, p. 208; Ruth E. Iskin, "Selling, Seduction, and Soliciting the Eye: Manet's Bar at the Folies-Bergère," *Art Bulletin* 77:1 (Mar. 1995): 35.

也是一种社交活动）的场所。在伦敦，无人陪伴的女性可以在莱昂斯角落（Lyons' Corner Houses）和ABC茶室（ABC tearooms）会面。到1909年，莱昂斯每天要接待超过30万名顾客，其中许多是来购物的消费者，而且越来越多的女性从事办公室工作。就像百货公司一样，莱昂斯也为女性在城市中往来清除了一个非常基本但十分现实的障碍：这里有洗手间。[1]

纵观整个历史，购物都起着将人们聚集在一起，在城市中进行动态互动的作用。自乌鲁克以来，它一直是城市生活的核心，尽管它的形式发生了变化。在20世纪末的美国（正如在中东、欧洲和亚洲的部分地区一样），购物中心为那些由于犯罪、规划不善、交通不便、远离市中心而被排斥的人——青少年——提供了打发时间和人际交往的场所，他们当时的处境与19世纪的中产阶级妇女很相似。尽管这里的环境与巴黎有着根本的不同，但闲看（flânerie）的语言和目标仍然可以告诉我们应该如何去构想城市体验。建筑师乔恩·亚当斯·捷得在20世纪80年代受委托重新设计购物中心时说："美国城市和郊区的人很少像欧洲人那样漫无目的地散步，在人群中摩肩接踵地行进。我们需要一个目的地，一种到达某个明确地点的感觉。我的目标是，在霍顿广场［(Horton Plaza)，位于圣迭戈］和西城阁［(Westside Pavilion)，位于洛杉矶］等开发项目中提供一个目的地，那里同时也要是一条步行街和一个公共中心。"购物中心弥补了美国城市中心的空白，它和它的商店、陈设、喷泉、长凳、公共广场、绿植、咖啡馆、美食广场、电影院及人群一道，变成了以驾车出行为主要交通方式的广阔郊区的焦点，在那里，闲看实际上是一种犯罪行为。[2]

对格奥尔格·齐美尔和瓦尔特·本雅明等作家来说，百货公司（以及后来的购物中心）代表着参与城市生活的一种退化、贫瘠的形式。他们看到了19世纪中叶在资本主义非人格化力量的推动下，城市生活所发生的根本性变化——以巴黎的重建为标志。在过去，人们为了购物不得不穿过整个市中

---

1. Ellis, *The Coffee-House*, pp. 201–211; Krista Lysack, *Come Buy, Come Buy: shopping and the culture of consumption in Victorian women's writing* (Athens, OH, 2008), pp. 19ff.
2. Anne Friedberg, "Les Flâneurs du Mal(l): cinema and the postmodern condition," *PMLA* 106:3 (May 1991): 425.

心，前往专门的市场：这就是我们居住于城市中的方式。与店主（往往就是制造你想买的东西的工匠）讨价还价和交谈使购物成了一种极富吸引力的社交活动。百货公司的反对者认为，通过迫使这些地方停业并把购物集中在一个地方，会使得顾客远离生产；现在你只需隔着柜台与一个销售人员交易，支付一个固定的价格。商业化的休闲同样把人们变成了"景观社会"中超然、被动的观察者，被夹在了"接近与疏远"之间。

印象派艺术巧妙地捕捉到了由此产生的异化、孤独和焦虑，而印象派艺术本身就是一种高度现代化的表现形式。这是一个强迫性消费和情感贫乏的世界——一个城市遭遇危机的时代。但这种解读正确吗？

印象派画家发现了城市生活的弊病（某种版本的巴黎综合征），但也提出了治疗的建议。通过融入城市，我们能够成为flâneurs或badauds，也就是城市的解读者和城市生活剧场的观察者。对都市人来说，最好的心理自卫方式不是变得"冷淡"或"厌倦"，而是沉浸于城市展现在我们周遭的景象、声音、情绪和感觉之中。

我们可以是有鉴赏力的flâneurs、喜欢东瞧西逛的badauds或漫无目的的闲游者（boulevardiers），可以做被动的旁观者或者积极的参与者。我们可以同时成为贪食者和美食家。当我们融入匿名的、无形的人群时，我们可以享受"疏离感"；但当我们追随自己的心意建立起联系的纽带并形成独特的小圈子时，我们也可以沉醉于"亲密感"中，这种纽带和小圈子在大都市中随处可见，街区、俱乐部、酒吧、咖啡馆、球队、教堂或任何你喜欢的团体都在此列。在城市里，疏离和社交并存，是同一枚硬币的两面。你可以成为马奈笔下那个在拥挤的酒吧里独自饮酒的人，也可以成为卡耶博特的画布上那个孤独的散步者，享受（片刻）城市的异化作用带来的安静独处的机会；但下一刻，你又可以沉浸在你自己选择的共同体里。正如弗吉尼亚·伍尔芙所写，当我们独自漫步街头时，"我们摆脱了朋友们所认识的自己，成了由匿名流浪者组成的庞大共和军队的一员"。

在伊丽莎白·盖斯凯尔的小说《玛丽·巴顿》中，主角约翰·巴顿在曼彻斯特拥挤的街道上被推来挤去，他为身边的人潮编故事："但是……你无法……了解每天在街上经过你身边的人。你怎能知道他们生活中的狂野浪漫，怎能知道那些他们现在还在忍受、抵抗、沉沦的诱惑？……仁慈的差事——罪恶的差事——你可曾想过，你每天遇到的成千上万的人都被束缚在哪里？"

波德莱尔写道，flâneur就像"一个被赋予了意识的万花筒"，会对他周围所有的动作和生命元素做出反应。抓住这些碎片，给自己讲故事，是城市生活的精髓。查理·卓别林把城市居民作为小事件收集者的特性表达得十分优美，"这是我童年时的伦敦，我情绪和认识里的伦敦：记忆中春天里的兰贝斯。我能想起那些琐碎的事件和事物：和妈妈一起坐在马车顶上，试着触摸丁香树；在有轨电车和公共汽车停靠的人行道上，散落着橙色、蓝色、粉色和绿色的彩色公交车票……那些忧郁的周日，脸色苍白的家长跟手持玩具风车和彩色气球的孩子们一起走过威斯敏斯特大桥，还有像母亲般慈爱的廉价汽船，当它们从桥下滑过时会把烟囱降下来……我相信我的灵魂是从这些琐事中诞生的"。

城市既是一个有形的实体，也是我们想象和经验中的一个概念，这两者的重要程度不相上下。无论是搭乘公共汽车、火车和地铁，开车或是步行，我们都会在脑海中勾勒出城市的地图。如果你乘坐公共交通工具出行，你个人的城市地图可能会由几个在地理上间隔遥远的地方组成，除了你熟悉的这几小块区域之外，城市里的其他地区都是空白。如果你开车，你的城市将以一种完全不同的线性方式呈现出来，而这是实际的道路系统早就设定好的。步行者对城市的了解更为深入，因为他们往往会偏离既定的路线，找到将一座城市的不同地区联系起来的结缔组织，而大多数人甚至都不知道这些地方的存在。

具有适应性的人类大脑想要控制这巨大而神秘的建成环境。它想把秩序强加给混乱，使难以辨认的东西变得清晰。在城市中漫步，并把它转化为文字，是满足这种需求的重要方式。构建主观城市地形的历史源远流长。在16世纪之前，对城市的艺术表现是程式化的，大多基于《圣经》中的意象。而在16世纪，人们开始绘制城市的鸟瞰图，给观看者一种俯视真实建筑和人的感觉。它制造出了一种连贯的错觉，置身于街头是不可能获得这种感觉的。小说继承了这种揭示城市全景的雄心，但改变了视角。这种新的艺术形式以误会和隐瞒身份、偶然相遇、交织在一起的生活和偶遇为主要内容，乃是城市复杂性的产物。18世纪的小说错综复杂的情节轨迹，反映的就是城市错综复杂的地形。

狄更斯是城市生活最伟大的诠释者之一，因为他是一个非凡的步行者；

他全神贯注地去接触物质的和人文的城市景观，这种接触贯穿了他所有的作品。城市文学与散步息息相关，因为散步会让你远离熟悉的事物，沿着"杳无人迹的漫长而复杂的小路"行走，正如约翰·盖伊在他1716年的诗《琐事》（又名《走在伦敦街头的艺术》）中所说的。盖伊的诗与其说是在记叙他的街头之旅，不如说是在指导人们应该如何在一座肮脏、危险、凌乱的城市中行走——诗中既有关于鞋子的实用建议，也告诉了人们应该如何观察这座城市。很久以后，亚瑟·马钦在他1924年创作的颇具影响力的作品《伦敦冒险》（又名《流浪的艺术》）一书中写道，每个人都知道这座城市的历史中心，如果你不知道，一本旅游指南可以帮助你。城市里的真实生活，以及它真正的奇迹，会发生在人迹罕至的小道上，在那里，纯属偶然地，人们眼角的余光会瞥见生活的独特之处。正是在这样的道路上，你可以看到城市是如何运行的，它的各要素是如何紧密结合在一起的，人们是如何生活、生存和对自己的建成环境做出反应的。

盖伊和马钦虽然在不同的时代写作，但都强调真实的生活发生在偏僻的地方，远离支配着我们生活的近路和既定路线。18世纪以降，伦敦和巴黎的作家们创作了大量的散步指南、有关漫步的叙事和"间谍"故事，旨在向渴望了解变动不居、动荡不安的大都市，并在脑海中将其描绘出来的观众揭示城市的秘密腹地。

伦敦和巴黎催生了大量关于在城市中步行的文献，这两座城市之间有一场对话。埃德加·爱伦·坡的小说《人群中的人》（1840）中，叙述者痴迷地追随一个陌生人在伦敦的人群中穿行，这影响了flânerie的守护神波德莱尔。瓦尔特·本雅明（他对flânerie进行了理论化，而且至今仍是城市生活最敏锐的观察者之一）写道，巴黎与街头探索以及这种探索的戏剧性有着长期的联系，这教会了他"流浪的艺术"。在20世纪，超现实主义者和后来的情境主义者接过了flânerie的接力棒。路易·阿拉贡的《巴黎的乡人》（1926）对两个小区域进行了法医学式的检验，它们是歌剧院走廊（Le Passage de l'Opéra，这是一道即将被拆除的拱廊）和肖蒙山丘公园（Parc des Buttes-Chaumont），这两处地方的所有细节都被放在显微镜下仔细观察。超现实主义者安德烈·布勒东描述了在阿拉贡的陪伴下散步的情景："我们所行经之处……即使是最无趣的地方，也被一种迷人、浪漫的创造力积极地改变了，这种创造力永不减退，只需一个街角或一个商店橱窗就能激发出新的灵感……除了他，谁也不可能对这座城市的某种秘密生活产生如此令人兴奋的遐想。"[1]

巴黎和伦敦之所以会拥有丰富的城市文学，部分原因是当人们正在迎接现代工业城市化带来的冲击之际，它们成了世界领先的文化大都市。人们想要理解大得可怕的城市，而城市文学迎合了这种心理。

"城市的街道和岩石中的地质记录一样，是可以阅读的。"哈维·沃伦·佐尔博在他对芝加哥的社会学研究著作《黄金海岸和贫民窟》（1929）中这样说。步行从市中心穿过贫民窟，你可以"阅读"沿途的建筑物，这样不仅能发现经济史起伏所留下的有形痕迹，而且可以发现伴随着移民社区的到来，占有领地，继续前进，将街区让给新来者，它们在所有权和用途上的变化。每个群体都在城市景观上留下了自己的痕迹，等待着城市的发掘者去破译。在变动不居的状态下，城市往往会掩埋或抹去它们的历史，但历史和被遗忘的民俗仍有待重新发现。佐尔博是芝加哥学派的城市社会学家，这一学派认为城市是可以科学地加以研究的复杂生态系统。

佐尔博的步行范围不超过1.5英里长，1英里宽。然而，在这个空间里，不仅有几十个由来自世界各地的移民组成的微型社区，还存在极端的贫富差距——这是一个有待观察的完整生态系统，一个虽然还很新但已饱经沧桑的区域。这是一个极其复杂的世界，会迫使你重新思考你看待地理的角度：

当一个人从德雷克酒店和湖滨大道沿着橡树街向西走，穿过一幢幢出租公寓，进入贫民窟和意大利移民区的街道时，他会有一种距离感……这种距离不是地理上的，而是社会上的。语言和习俗不同。财产表现各异……眼界有高低——黄金海岸居住着来自世界各地的人，而小地狱仍在迟缓地显现出西西里村庄的旧貌……这边是一个以湖滨大道为中心的世界，它有豪宅、俱乐部、汽车、各种福利和集会。那边是另一个以莳萝泡菜俱乐部（Dill Pickle Club）[2]、华盛顿广场上的临时演讲台或理发师罗马诺（Romano the Barber）

---

1. Louis Aragon, *Paris Peasant*, trans. Simon Watson Taylor (Boston, MA, 1994), p. viii.
2. 芝加哥一家波希米亚主义者俱乐部，1917年由前工人运动家约翰·"杰克"·琼斯（John "Jack" Jones）创办，旨在为无拘无束、思想自由的人提供聚会和辩论的场所，它还兼具地下酒吧、歌舞表演和剧院的功能，在芝加哥文艺界广受欢迎，后因大萧条的冲击，俱乐部难以维持，于1934年关闭。——译者注

的店为中心的世界。每个小世界都专注于自己的事情。

每一个建成环境,即使是还比较年轻的,当你把它一层层剥开,露出其丰富的历史、神话、民间传说、记忆和地形时,都会收获许多故事。亨利·詹姆斯于19世纪70年代来到伦敦这一当时世界历史上最大、最有影响力的城市时,他发觉伦敦"不是一个令人愉快的地方";它太过巨大和杂乱,以至于他感觉自己就像"巨大无边的黑暗中一个非人格的黑洞"。但有种方法可以治愈这一感受:"我习惯在雨中散步。我占有了伦敦。"[1]

詹姆斯为我们提供了一个重要的见解。穿越城市的自由和快乐让我们与它亲近。如今,在有些城市步行实在太危险、太不合适了。很少有人会在拉各斯、加拉加斯或洛杉矶的街头散步消遣。还有一些群体无权在街头步行。那些在想象中描绘城市的人,那些在小说、绘画、照片和纪实作品中为他人介绍街道体验的人,基本上都是男人——而且是来自中上层阶级的男人。波德莱尔写道,行走在大都市里与探索丛林或草原一样危险:通过探索城市中不同的社会阶层和地理位置来占有城市是阳刚之气的表现。直到20世纪,在西方城市里,女性漫步者还被视为性侵犯的诱饵或猎物:街头的女性步行者就是站街女,她们是喜欢窥视的flâneurs注目的对象。20世纪初,玛丽·希格斯(Mary Higgs)曾化装成一个穷困潦倒的女人来进行社会学研究,她写道:"只有感受过男人对穷困女子那肆无忌惮、不加掩饰的目光才能认识到它。"这个问题并没有消失:女性在城市里仍然面临危险,并为不必要的关注所苦。[2]

"我所渴望的是独自走动的自由,来来去去的自由,坐在杜伊勒里宫的椅子上的自由……停下来看看漂亮商店的自由,走进教堂和博物馆的自由,

---

1. *The Notebooks of Henry James*, ed. F. O. Matthiessen and Kenneth B. Murdock (Chicago, 1947), p. 28.
2. Rebecca Solnit, *Wanderlust: a history of walking* (London, 2001), p. 204; Mary Higgs, *Glimpses into the Abyss* (London, 1906), p. 94; Deborah Epstein Nord, *Walking the Victorian Streets: women, representation and the city* (Ithaca, 1995); Judith R. Walkowitz, *City of Dreadful Delight: narratives of sexual danger in late-Victorian London* (Chicago, 1992); Lynda Nead, *Victorian Babylon: people, streets and images in nineteenth-century London* (New Haven, 2000).

晚上在老街上漫步的自由；这就是我所渴望的东西。"这是艺术家玛丽·巴什基尔采夫在19世纪80年代所发出的哀叹。1831年，乔治·桑扮成男人走上巴黎街头，这不仅是一种叛逆行为，还是违法的：女性被禁止穿裤子。"我从巴黎的这头飞到那头……没有人认识我，没有人看我一眼，没有人挑我的刺；我只是湮没在这茫茫人海中的一个原子。"[1]

莉莉·盖尔·威尔金森（Lily Gair Wilkinson）在写于1913年的一系列文章中说，要了解现代城市生活的真实状况，唯一的办法就是像一个flâneur一样步行。威尔金森是一位信奉无政府主义的女权主义者，她试图通过引导我们进行徒步旅行来揭开城市的面纱。正是在这一时期，女性开始再次进入城市，成为办公室工作人员、购物者和漫游者；也是从这一时期开始，无人陪伴的女性走在街头逐渐不会再被污名化。但随后她又问她的女性读者："如果你是一个女性，决心在这重社会意义上获得自由，作为一个自由的女性走向门外的世界，你会怎么做？……在一段时间内，你可能会无拘无束地漫游，为自由的思想而欢欣鼓舞，但很快你就会发现，你没法一直住在空中楼阁中。"从"沉闷的灰色建筑和无尽的不适"中解脱出来的唯一方法是找一家"昏暗"的茶馆。"你在不舒服的角落里安顿下来，喝几口难喝的茶，吃个小圆面包，然后怀疑地思考你想要自由的决心。"她总结道，女人不可能成为一个flâneur，她不能像一个中产阶级男人那样畅通无阻地在城市穿行，更重要的是，不能像他那样有机会在闲逛时完全忘记时间。当你孤独地啜饮着茶时，你会听到时钟在嘀嗒作响："在半小时内你得抵达办公室。好了，如果你敢，那就自由自在地过一天吧！"作为一个"自由的女人"，一个匿名的城市探险者进入这个世界，对职业女性来说是不可能的，她有时间上的限制，还会被不友好的城市景观所阻碍。[2]

毫无疑问，威尔金森对步行持悲观态度。但她也表明了，她想用亨

---

[1]. Janet Wolff, "The Invisible Flâneuse: women and the literature of modernity," in *Feminine Sentences: essays on women and culture* (Cambridge, 1990); Jane Rendell, Barbara Penner and Iain Borden (eds.), *Gender Space Architecture: an interdisciplinary introduction* (London, 2000), p. 164.

[2]. Lily Gair Wilkinson, *Woman's Freedom* (London, 1914); Kathy E. Ferguson, "Women and the Politics of Walking," *Political Research Quarterly* 70:4 (Dec. 2017): 708–719.

利·詹姆斯所建议的方式来"占有"城市，并从中获得同样的乐趣。在城市中行走是一种权利，获取它是一种政治权利。弗吉尼亚·伍尔芙的《街头漫步：伦敦历险》是关于在城市中漫步最伟大的作品之一，讲述了她在冬日的傍晚穿过伦敦去买铅笔的故事。"夜晚的时间……给了我们黑暗和灯光所赋予的无责任感。我们不再是我们自己了。"《街头漫步：伦敦历险》出版于1930年，它是描绘flânerie的一部杰作，当时伍尔芙这个阶级的女性享受这种自由还是一件很新鲜的事情。

在阿涅丝·瓦尔达执导的电影《五至七时的克莱奥》（1962）中，主人公，一位美丽的歌手，在焦急地等待一份活检报告时，学会了以一种新的方式看待巴黎，同时又反过来被巴黎所改变。影片中巴黎咖啡馆和街道的镜头让人想起马奈画作中对生活的悄然一瞥，flâneur / flâneuse碎片化的视角被带到了电影生活中。影片开始时，克莱奥是一个自私而虚荣的女人；通过让自己融入城市的肌理，融入人群，她被改变了。但在那样做之前，她必须匿名。作为表演者和男性渴求的对象，她更习惯于被看而不是去看。通过摘下假发，用一件简单的黑色连衣裙代替时髦的衣服，戴上墨镜，她可以达到一定程度的匿名。这提醒我们，一个女人仍然需要伪装才能穿越城市。男性不必要的关注在1962年仍是一种威胁，到今天也依然如此。就像马奈《女神游乐厅的吧台》里的女酒侍一样，她不得不摆出严阵以待的表情来。[1]

在伍尔芙的散文和瓦尔达的电影中，我们不仅能感受到凭借双腿在城市中四处移动的无穷乐趣，而且还能感受到步行在一定程度上加强了我们与建成环境的关系。像亨利·詹姆斯一样，当我们有办法在脑海中描绘出自己居住地的地图时，我们就"占有"了这个地方。作为一种有领地意识的、模式化的生物，人类善于将自己的秩序强加于环境之上，在想象中将令人望而生畏的广阔城市景观人性化，使其变得适合居住。乔治·桑、莉莉·威尔金森、伍尔芙和瓦尔达的经历表明，这种冲动是多么强烈，同时在其中又有多少障碍和危险。flâneuse的到来恰好遇上汽车数量激增，相应地，道路系统也随之扩张，这使得城市对步行者来说更不友好了。

格奥尔格·齐美尔——以及其他许多作家和社会学家——可能把现代城

---

1. Janice Mouton, "From Feminine Masquerade to *Flâneuse: Agnès Varda's Cléo in the City*," *Cinema Journal* 40:2 (Winter 2001): 3–16.

市看作是规模大到足以毁灭人类灵魂的巴比伦。但他们忽略了人类将巴比伦缩小并使之适于居住的能力。

其实我们所有人都有可能在城市中体会到巴黎综合征患者所感受到的那种深刻的疏离感——那种扫兴和孤独的混合物,他们只是把这种感受夸大了。我们所有人也都是这样(在不同程度上)对各个地方进行虚构并赋予它们意义的,巴黎综合征患者只是表现得极端一点罢了。我们在现代大都市的喧嚣和无常中茁壮成长,这证明了我们有办法应对这种状况。

弗洛伊德差点就被巴黎击垮。但到头来,他还是通过完全沉浸在这座城市里而接受了它,在写给未婚妻的信里,他勾勒了巴黎的轮廓,并对其地形做了详细的描述。几个月后,他就爱上了它,这是他与它日益亲密的结果。flânerie的历史和文学、心理地理学、深层地形学——随便你怎么称呼它——教给了我们如何去享受城市生活和都市漫游。伟大的建筑和纪念碑造成了一种错觉,仿佛城市是静止和永恒的。但最好还是从运动中、从人们的日常生活中去观察城市,这一点在将有机体连接在一起的肌肉和结缔组织中最容易看出来。步行是把城市变得适宜居住和(最重要的)令人愉快的方法之一。要在城市中生存,这是必须掌握的一种手段,无论你是居民还是游客。

第 11 章

摩天大楼之魂

纽　约

(1899—1939)

　　单簧管奏响后，我们看到了曼哈顿陡峭的天际线，紧随其后的是一系列明暗对比鲜明的标志性图像：皇后区大桥（Queensboro Bridge）、百老汇、闪烁的霓虹灯、用餐者、防火梯、人群，还有摩天大楼、摩天大楼、摩天大楼，它们主宰了天际线，白天是数量巨大的人群聚集之处，夜晚则是有上百万个灯泡闪烁的梦幻之地。"第一章，他崇拜纽约市，"画外音响起，"他不顾一切地崇拜它。呃，不，换个说法：他……他……把它不合情理地浪漫化了。这么说好一点。对他来说……不管是什么季节，这始终是个黑白相间的城镇，伴随着乔治·格什温的美妙旋律而搏动。"

　　伍迪·艾伦自导自演的电影《曼哈顿》（1979）就是这样开始的。他饰演的角色艾萨克正在构思一部关于纽约的小说，他大声念出小说开头一句的各种版本，与此同时，伴随着令人愉悦的配乐《蓝色狂想曲》，我们在高楼上的光芒和闪烁的霓虹灯照耀下看到了这座城市。曼哈顿的混凝土外墙坚硬、令人望而生畏，同时又很迷人。这是座有待攻克的堡垒。艾萨克担心他的第一句话太过老套。这座城市有没有被充分地浪漫化？或者说它是"当代文化衰落的隐喻"？这是一座虚无缥缈的梦幻之城，还是一座垃圾和黑帮之城？这是一座拥有高雅文化之城，还是一座属于"漂亮女人和似乎深谙世事的圆滑男人"的城市？最后，艾萨克拿定主意，他笔下的人物要像这座他所钟爱并塑造了他的锯齿状城市一样：坚韧而浪漫。

片头将我们直接带回到早期的电影时代：从一开始，电影的目光就直指20世纪高耸的建筑。高层建筑的超现代性深深地渗入电影的超现代性之中。对于早期的好莱坞来说，城市就是纽约，纽约就是城市——它象征着城市和未来主义的一切。

曼哈顿崭新的垂直建筑是摄影的完美题材。它们填满了整个屏幕。1902年10月8日拍摄的一部短片完美地展现了摄像机对纵轴的热爱。它的头一个镜头拍的是第五大道，留着胡子的男人们戴着圆顶和高顶的礼帽，女人们穿着长裙；路上有马车和货车、有轨电车和一辆汽车，背景中有座看起来很普通的办公楼。但接下来，镜头开始上摇……上摇……上摇，把19世纪远远抛在身后，一层一层地展示着一座直插云霄的20世纪的摩天大楼，它就是刚刚竣工的福勒大厦。正如影片在其惊人的展示中所表明的那样，熨斗大厦（随着这座大楼越来越有名，人们开始这样称呼它）具有夸张的未来主义风格，与它下面的传统街道截然不同，它是新世纪垂直城市的先声。

对于1902年的观众，尤其是那些不住在纽约的观众来说，这组镜头一定既令人不安又令人激动；摄像机什么时候才能登上这座不可思议的塔楼顶端？在一个多世纪之后来看，最有趣的也许是人群的行为。他们盯着摄像机。可能他们以前从未见过这个东西。在这部长度仅为一分钟多一点的电影里，两种轰动一时的新技术——电影摄像机和摩天大楼——相遇了，这一时刻成了永恒。

几个月后，托马斯·爱迪生公司拍摄了另一部短片，名为《从北河看纽约市的摩天大楼》（1903年5月10日），讲述了一个不同的故事：这一次镜头捕捉到的是横轴和纵轴的结合。影片是在一艘移动的船上拍摄的，曼哈顿令人敬畏的轮廓逐渐展开，一座又一座巨大的建筑接连出现，这是地球上独一无二的城市景观。就在几年前，三一教堂还是城里最高的建筑，但现在它的尖顶在林立的高楼间几乎已经看不见了。巨大的摩天大楼占据了整个屏幕。拍摄这段全景时，每天有150万纽约人乘公交车到下曼哈顿区上班，这些建筑里挤满了人。这些大楼中最高的是391米高的公园街大楼,白天时这座楼里有多达4000人,相当于一座中等规模的城市。

《纽约的摩天大楼》(1906)中保存着最早的极富戏剧性的电影画面之一,在背景当中,你除了高层建筑的顶部以外什么也看不到。除了两个内部场景外,这部电影几乎全都是在百老汇和第十二大道交汇处一座未完工的、令人眩晕的摩天大楼的裸钢梁上拍摄的。泥瓦匠们灵巧地穿过狭窄的脚手架,在一个镜头中,一大群泥瓦匠抓着从镜头里看不到的起重机上垂下来的链子,越过画面边缘,消失在虚空中。故事情节围绕着工头和工人之间的争执展开,这将电影推向了高潮,其宣传海报上写着"纽约有史以来最高建筑之一上的一场惊心动魄的肉搏战"。

曼哈顿如雨后春笋般涌现的办公大楼是这座城市的贴切的象征。在世纪之交,人们竭力冲向天空凸显了这座城市的问题:纽约的空间容纳不了这么多人口。这个岛屿的地理限制、它的蓬勃发展及其对规划的放任态度,使人口、企业和经济活动令人无法忍受地挤作一团。码头一片混乱,对滨水区的争夺十分激烈。水供应不足。1920年时,每个工作日都会有200万住在曼哈顿的人,以及另外200万通勤人员挤上城里那不发达的公共交通系统来到市中心,在这里,许多公司总部、银行、律师事务所、工厂、血汗工厂、时尚的百货商店和破败的公寓局促地挤在一起。下东区部分地区的人口密度为每英亩1000人,相当于21世纪孟买达拉维的人口密度。为了应对所有这些压力,这座城市采取了向上凸起的办法。[1]

对摩天大楼的批评者来说,它们的突然出现代表着不受约束的资本主义占领了公共空间,这是不受欢迎的。评论家蒙哥马利·斯凯勒(Montgomery Schuyler)抱怨道:"纽约根本就没有天际线,到处都是各种高度、形状和大小的干扰物……散落开来或挤成一团的塔楼,它们与彼此之间或它们与下面的事物毫无关系。"拔地而起的16层摩天大楼让人们担心街道会变成"在悬崖峭壁之间半隐半现的昏暗小道"。[2]

---

1. Jason M. Barr, *Building the Skyline: the birth and growth of Manhattan's skyscrapers* (Oxford, 2016).
2. *Architectural Record*, January-March 1899; Henry Blake Fuller, *The Cliff-Dwellers*, ed. Joseph A. Dimuro (Peterborough, ON, 2010), p. 58.

投机资本劫持了这座城市，使纽约变成了一个不安定的地区。建于19世纪八九十年代的摩天大楼在20世纪最初20年间就被拆除了，以便为更大、更好、更有利可图的新大楼让路。受市场、地价和时尚的影响，摩天大楼完全是种一次性商品。这座崭新的垂直城市以及它那由企业组成的天际线，似乎反映了经济的运行状况：不稳定、无常、不断变化。[1]

在这些专属于城市的鹰巢里到底发生了什么？在1905年的短篇小说《灵魂与摩天大楼》（Psyche and the Pskyscraper）中，欧·亨利化身为一个住在摩天大楼里的人。如果你住在上面，"你可以……俯视300英尺下的同类，把他们当作昆虫一样鄙视"。从这个"不可能的视角"来看，这座城市呈现出一种新的面貌，"退化成一堆难以理解的扭曲建筑"。这座城市安然沉浸在财富和奢华之中，渐渐变得无足轻重。它的人民也一样："下面那些不安分的'黑色虫子'的雄心、成就、毫无价值的征服和爱，与他们微不足道的城市上方和周围静谧而又威严的浩瀚宇宙相比，又有什么意义呢？"

摩天大楼似乎将其幸运的居民——金融大亨们——与城市和住在那里的人隔开了。他们为什么要关心这座被他们踩在脚下的城市呢？

尽管有反对的声音，大楼还是接连不断地建起来。1908年竣工的胜家大楼属于一家缝纫机公司，它高达612英尺，是当时世界上最高的建筑。但它的排名只保持了几个月，就被美国大都会人寿保险公司建造的50层大楼超越了，这座大楼有700英尺高，其外形模仿了意大利文艺复兴时期的钟楼。1913年建造的伍尔沃斯大楼是一座高大的哥特式建筑，有792英尺高，它又从大都会人寿保险大楼手里抢走了第一的位置。夜晚，在探照灯的照耀下，有众多知名公司租住于此，拥有豪华门厅、餐馆、商店、世界上最快电梯和游泳池的伍尔沃斯大楼成了城市魅力的象征。

胜家大楼、大都会人寿保险大楼和伍尔沃斯大楼展现了推动城市垂直发展的夸张力量。对这3家公司来说，它们的大楼都是规模巨大的金融资产和广告。它们出现在世界各地的报纸、杂志、照片和电影中；出现在麦片盒、

---

1. Nick Yablon, "The Metropolitan Life in Ruins: architectural and fictional speculations in New York, 1909–1919," *American Quarterly* 56:2 (Jun. 2004): 308–347.

咖啡包装、明信片等东西上。[1]

1914年，市长约翰·珀罗伊（John Purroy）宣布了摩天大楼的死亡。在公正大厦（Equitable Building）的奠基仪式上，他说这可能会是纽约建的最后一座摩天大楼。这座36层的建筑是世界上最大的办公楼，它占地不到1英亩，建筑面积却有120万平方英尺[2]，可容纳1.5万名员工。虽然它不是纽约市最高的建筑，但它占据了整个街区，其阴影覆盖了7.5英亩的土地，使附近低于21层的建筑永远处于阴暗之中。当公正大厦于1915年启用时，经济正处于低迷期，办公楼空置率很高。在这样的市场中，租户们都愿意选择最新、最高、最明亮的办公室。人们觉得，公正大厦不仅从它的邻居那里夺走了阳光和空气，还偷走了他们的租客。拿摩天大楼做投机生意是件无情的事。[3]

这是自由市场如何在资本主义带来的混乱中毁灭城市的最好例证。但无论法律还是城市都无法阻止这些高层建筑进一步增加。更多像公正大厦那样的摩天楼已经被列入了建造计划，它们会把曼哈顿的街道变成黑暗、狭窄的峡谷，投机者们会为争夺天空中的光线和空间而相互争斗。在具有先驱性的短片《曼哈塔》（1921）中，摄像机贪婪地吞噬着纽约。但这是一种令人不安的体验。就像鹰或狙击手从自己的藏身处盯着猎物一样，摄像机从高楼顶端恶狠狠地俯视着下面那些微不足道的人。这是一座由鲜明的几何线条、鬼气森森的塔楼和笼子形状的钢梁组成的大都市。蒸汽从巨大的建筑物、引擎和轮船中喷涌而出；车辆看上去就像玩具，拼图块一样的人像蚂蚁一样有规律地移动着。这与其说是大都市，不如说是机器，是立体派艺术家的天堂，到处都充斥着巨大的线条和明暗对比。

如果这就是未来的大都市，那人类的前景未免也太黯淡了。人们对垂直城市的幻想破灭了。纽约似乎失去了控制，把市民埋在了钢筋水泥之下。作为这出戏里的大反派，公正大厦迫使这座一直对规划采取自由放任态度的城市在1916年通过了第一部分区法（Zoning Law），对城市建筑的高度、规模

---

1. Gail Fenske, *The Skyscraper and the City: the Woolworth Building and the making of modern New York* (Chicago, 2008), pp. 25ff.
2. 平方英尺，英制面积单位。1平方英尺≈0.0929平方米。——编者注
3. Keith D. Revell, *Building Gotham: civic culture and public policy in New York City, 1898–1939* (Baltimore, 2003), pp. 185ff.

和布局进行了规范。它防止了工厂入侵零售区和住宅区，也保护后者不受企业的侵蚀。它禁止在城市的大部分地区建造超大型建筑。在下曼哈顿区那些可以建造摩天大楼的地方，也必须遵守新的限制。一座建筑任何部分的高度如果超过前面街道宽度的2.5倍，就必须建成锥形，逐渐远离街道，以使路上的行人能够接触到光线和新鲜空气。摩天大楼再也不能一成不变地耸立起来，遮住城市的阳光。

但是，分区法并没有让城市的垂直化实验停止，反倒出乎意料地开启了摩天大楼的黄金时代，创造出了这座始终让电影人着迷的城市。

"纽约——迷人的城市，谵妄的城市——可怕、诱人、充满吸引力。"这是艾伦·德万（Allan Dwan）1927年导演的默片杰作《贫富之交》（*East Side，West Side*）的开头。接着是第一个画面：黎明时分，布鲁克林大桥后面的曼哈顿塔楼群。镜头展现了更多的摩天大楼，然后出现了这样一句话："城市永远在建设；它渴求钢铁和石头，混凝土和砖块，男人的身体和灵魂：拆掉昨日的摩天大楼，只为向天空筑起明天的梦想。"镜头转回水边，一个英俊、健壮的年轻人约翰·布林（乔治·奥布莱恩饰）坐在那里端详河对岸令人难以置信的场景。

潺潺的流水让这座摩天大楼之城看起来好像是活的；这是一个不可思议的幻觉。约翰是在一艘旧驳船上长大的，这艘船是负责往曼哈顿岛上的建筑工地运送砖块的。他伸手抓起一块砖头。然后屏幕上出现了一座巨大的摩天大楼，它的塔楼就是用这种砖砌成的。这块砖幻化成了约翰想要为纽约建造的建筑。

幻觉消失了。他站起身来，以充满力量的姿势面对着城市，风吹动了他破旧的衣服。他精力充沛地沿着码头奔跑，曼哈顿壮丽的天际线赫然显现在他的头顶。

《贫富之交》以其引人注目的城市摄影而闻名。约翰的父母在一次事故中丧生后，他渡河前往曼哈顿，投身于下东区的漩涡之中。他做过拳击手和建筑工人，在地底深处为新的摩天大楼打地基。经过一系列的冒险，他实现了当一名建筑师的梦想，成了他所崇拜的城市的建设者。影片的最后一幕是在摩天大楼的顶部拍摄的，约翰的恋人贝卡评论道："建设，约翰——总是在搞建设。拆掉又重建。这要持续到什么时候？"约翰回答说："当我们建起完美的城市时,贝卡……我们梦想中的城市!"

"纽约的翻新正如火如荼地进行着。"《纽约时报》在1925年11月评论道,文章抓住了当时哥谭(Gotham)[1]市的欢欣鼓舞和夸张的自信。"每只手上都有把能劈开空气的动力锤。辅助发动机发出尖锐的呼啸声。一捆捆钢梁被吊到惊人的高度,上头往往还站着一个钢工,他的手扶在起重机的吊钩上。数不清的钢铁、石头和砖块日复一日、吨复一吨地被吊上去,直到一座新的摩天大楼取代一些低矮的建筑,没有任何人类机构能算清楚到底用掉了多少建筑材料。"建筑热潮为电影创造了新的可能性。1925年拍摄的电影《一拳击倒》(The Shock Punch)是在巴克莱-维西大楼(Barclay-Vesey Building)在建期间用手持摄像机在光秃秃的钢梁上拍摄的,它可以与许多非常著名的照片比肩,在那些照片中,工人们在离地数百英尺的钢梁上稳稳当当地吃午餐、打高尔夫球等。这部电影的主角是一位常春藤联盟学校的毕业生,他想要通过在城市上空做铆工来证明自己的男子气概。"在建的摩天大楼是现代城市中最激动人心的景象之一,"一位记者写道,"也许你看到了那些在裸钢梁上及其周围工作的人……他是一个有着杂技演员的平衡能力、杂耍演员的技巧、铁匠的力量和球员的团队精神的工人。"在摩天大楼建设的繁荣时期,这座崭新的大都市——以及冒着生命危险建造它的人们——被推崇为超凡之物。[2]

世界的重心正在向美国转移。纽约不仅取代伦敦成为世界上最大的城市,还成了全球金融、商业和文化之都。正如上海林立的摩天大楼标志着中国21世纪初的快速城市化(有数亿人从贫困的农村转移到城市里)达到顶峰一样,哥谭的疾速增高标志着美国成了一个城市社会:1920年,首次有超过50%的美国公民居住在城市里。到这个十年期结束时,纽约共有2479座高层建筑,比在垂直度上与它最接近的芝加哥多2000座。

哥谭的发展方式与1916年的分区法有莫大的关系,该法案迫使摩天大楼的建筑师们寻找创造性的方法来保护街道上的光线和空气。正如一位摩天大楼的建设者所说,分区法给"高层建筑设计带来了前所未有的巨大推

---

1. 哥谭,纽约的别称。——编者注
2. Merrill Schleier, "The Empire State Building, Working-Class Masculinity, and King Kong," *Mosaic: an interdisciplinary journal* 41:2 (Jun. 2008): 37.

动力",产生了"崭新、美丽的金字塔形天际线"。20世纪20年代的摩天大楼——《贫富之交》中约翰·布林想要建造的那种——以一系列阶梯或缩进的形式下粗上细地矗立在街道旁,就像山脉、有雉堞的城堡或美索不达米亚的塔庙似的(举例来说,帝国大厦的基部只有5层,再往上就越来越细)。在美国取得辉煌成就的这个十年里,这种激进的作风被誉为美国独有的风格;它"是从一种新精神中产生的,这种精神既不是希腊的,也不是罗马的,既不是古典的,也不是文艺复兴时期的,它显然是属于今天的"。有些人称这些新摩天大楼为"新美洲式的",把它们与中美洲的金字塔联系在一起,认为这标志着一种不再像奴隶般顺从于旧世界的趋势。[1]

摄像机使纽约成为一座未来主义的城市,一个充满浪漫和欲望的地方,向全世界展示了大都市的世界会是什么样子。让-保罗·萨特在回忆20世纪20年代末时说道:"当我们20岁的时候,我们听说过摩天大楼。我们在电影里惊奇地发现了它们。它们是未来的建筑,就像电影是未来的艺术一样。"曼哈顿的高楼不只是普通的建筑。建筑设计师兼摩天大楼的提倡者休·费利斯(Hugh Ferriss)在1922年写道,"我们所考虑的不是一座城市的新建筑,而是一种文明的新建筑"。[2]

新一波摩天大楼的成功,引发了一种罕见的现象——对城市一切事物的乐观情绪喷涌而出。费利斯的《明日都市》(1929)一书配有描绘着未来城市的插图,在这些城市里,大量纽约风格的塔庙间隔均匀地排列着,这是它们最主要的特征。1916年之前,摩天大楼预示着混乱,而20世纪20年代的摩天大楼则是秩序和美观的象征——它们是拥挤的20世纪新型大都市的基石,也是解决人类所面临问题的办法。

低矮的街道和令人头晕眼花的高楼之间的良性关系,是20世纪20年代纽约的摩天大楼崛起所取得的最高成就。它的雄伟并不是与人类生活无关的东西。而在21世纪,香港和东京是成功地将摩天大楼与脉动的街头生活结合起来的城市之典范,它们保留了地面层的商铺和活动,这与其他摩天大楼之城

---

1. Carol Willis, "Zoning and 'Zeitgeist': the skyscraper city in the 1920s," *Journal of the Society of Architectural Historians* 45:1 (Mar. 1986): 53, 56.
2. H. Ferriss, "The New Architecture," *New York Times*, March 19, 1922.

的整洁和欠缺活力形成了鲜明对比。

街道上的人与高耸的新建筑之间的心理联系的重要性，是20世纪20年代许多建筑师所思考的核心问题。拉尔夫·沃克（Ralph Walker）是当时纽约一些最令人惊叹的摩天大楼的建筑师，他认为现代城市中的大型建筑应该是一种艺术作品，它不仅要与城市景观相协调，而且要能让人们"身心愉悦"。他指出，他的摩天大楼不仅应该服务于大楼的所有者和在里面工作的人，还应该服务于每天看到它们并成为其观众的成千上万的人。"未来的建筑师，"他说，"必须是一名心理学家。"[1]

受费利斯的插图启发，沃克设计的第一个重要作品是巴克莱–维西大楼。他用大量的浮雕——藤蔓、海马、鸟、松鼠和大象的头部——使这座朴素的大楼看起来柔和了许多。沃克后来设计的西联大楼（Western Union Building）使用了19种不同颜色的砖块，由深色逐渐变成浅色，暗示着发展。他为地处华尔街1号的欧文信托公司建造的摩天大楼，其石质幕墙经过雕刻，就像真的窗帘一样。墙体渐次缩进所形成的平台为绿化和花园提供了空间。外部装潢和装饰使巨大的建筑更具人性化，这些建筑由此成了集体天际线的一部分，还变成了街头市民社会的成员。[2]

沃克在摩天大楼内部也投入了同样多的精力，想让它成为人性化、有感情的工作场所。曾为沃克的许多摩天大楼做过内部设计工作的艺术家希尔德雷思·梅耶尔（Hildreth Meière）写道："为我们设计大楼的建筑师有责任满足我们的需求——建造出既美观又高效的建筑。"当设计欧文信托大楼的工作完成后，拉尔夫·沃克评论道："我们都觉得我们创造了某种现代的东西，不是物质性的现代，而是精神和心理上的现代……在这个机器时代……摩天大楼……是唯一的生活方式。它是时代的表达和反映。"[3]

1924年，德国电影制作人弗里兹·朗抵达纽约后，被移民局的官员扣

---

1. Kate Holliday, "Walls as Curtains: architecture and humanism in Ralph Walker's skyscrapers of the 1920s," *Studies in the Decorative Arts* 16:2 (Spring-Summer 2009): 50; Daniel Michael Abramson, *Skyscraper Rivals: the AIG Building and the architecture of Wall Street* (Princeton, 2001), p. 191.
2. Holliday, "Walls as Curtains," pp. 46ff.
3. Ibid., pp. 59, 61–62, 39.

留，在船上过了一夜。他入神地注视着这座城市："这些建筑仿佛是一块垂直的面纱，闪闪发光，非常明亮，形成了奢华的背景，悬挂在黑暗的天空中，让人眼花缭乱，心猿意马，沉醉其中……光是远眺纽约，就足以让我把这座美丽的灯塔变成一部电影的核心。"[1]

朗把他对纽约天际线的记忆带回了柏林，他和他的团队在那里建造了一座微型城市。他拍摄的电影《大都会》中呈现的城市是令人震惊的。这是特效方面的一次突破，它将未来的城市（准确地说是2026年的城市）搬上了银幕。朗的这座垂直城市美丽超凡，其能量来自火山，靠着僵尸般的无产阶级所组成的奴隶大军来维持，他们在宏伟的摩天大楼底下单调的地下城里辛苦地劳作。

《大都会》所蕴含的道德教训植根于历史和对城市世界的古老批判；它是巴别塔和巴比伦的故事在20世纪的重述。然而，在1927年，它对观众的主要吸引力在于它对未来的纽约所提出的科幻愿景，还有它先进的特效。这就是明日之城：它与20世纪20年代的纽约相比只是稍稍跃进了一步。他用断断续续的动画来展现巨大的摩天大楼、飞机、多车道高速公路上的汽车、天桥，以及塔楼之间有火车来往的纵横交错的高架桥。

耗资巨大的好莱坞音乐喜剧《五十年后之世界》（1930）让人想起1980年的纽约。受休·费利斯和哈维·威利·科比特（Harvey Wiley Corbett）乌托邦式幻想的启发，一个由205名设计师和技术人员组成的团队花费16.8万美元，打造了一个巨大的城市模型。《大都会》展现的是噩梦般的城市，而《五十年后之世界》描绘的是一个由巨型装饰艺术风格的塔楼组成的纽约，有道路和人行道把这些塔楼连接起来，人们乘坐私人飞机在建筑物之间飞行。它把费利斯等人的城市理论变成了立体的城市，让人们看到了未来。费利斯写道："在未来，当这座城市的进化完成时，纽约人将真正生活在天空中。"[2]无论是《五十年后之世界》中的大都市还是电影《银翼杀手》中的大都市，我们对未来的感觉都与我们对城市的希望和恐惧紧密相连。

---

1. James Sanders, *Celluloid Skyline: New York and the movies* (London, 2001), p. 106.
2. Sanders, *Celluloid Skyline*, pp. 105ff.

在21世纪，每天晚上都有成千上万人聚集在上海外滩，观赏江对岸的浦东陆家嘴金融开发区那五光十色的摩天大楼，这是一幅激动人心、充满未来感、无与伦比的景象。电影人被上海吸引，就像他们的前辈被曼哈顿吸引一样。这座城市的超现代摩天大楼曾出现在《碟中谍5：神秘国度》（2006）和《007：大破天幕杀机》（2012）里。在电影《她》（2013）中，未来主义风格的洛杉矶是用上海已有的超现代建筑的镜头创造出来的。

就在20世纪行将结束时，上海的拥护者还把它称作"第三世界的落后地区"。笼罩在污染之中，因被忽视而市容破败，上海的光辉岁月似乎属于遥远的过去，那时它被称为"东方巴黎"。20世纪90年代初，它还没有现代化的高楼、购物中心、立交桥或地铁；它最宏伟的建筑都是从爵士时代遗留下来的，是些具有装饰派艺术风格的大理石杰作，它们已日趋腐坏，甚至连电灯开关都是二战前的。1983年以前，上海最高的建筑是南京西路的上海国际饭店，它建于1934年，高275英尺。[1]

但在1992年，江泽民宣布上海将成为中国现代化的"龙头"，是中国与世界的联系点。几乎就在一夜之间，这座破败不堪的城市变成了一座狂热的新兴城市，有100万名建筑工人和世界上20%的起重机在2.3万个建筑工地上不停地工作。一片被称为浦东的湿地农田变成了地球上最神奇的城市景观之一——一座钢铁和玻璃的丛林，包含了部分21世纪最具标志性的建筑，其中就有螺旋状、逐渐变细的上海中心大厦。它于2016年开放，是世界第二高楼，高2073英尺。上海拥有超过2.5万座12层或12层以上的建筑，是世界上高层建筑最多的城市。仅次于它的首尔市只有1.7万座高层建筑。上海有将近1000座100米以上的建筑，157座150米以上的建筑。

就像在它之前的东京、香港、新加坡、曼谷和迪拜一样，上海利用其天际线的力量，不仅凸显了自己在中国经济中的主导地位，还为它在全球范围内取得成功创造了条件。从20世纪80年代开始，上海和许多其他中国城市经历了修建摩天大楼和高层建筑的狂潮。[2]

---

1. *Shanghai Star*, November 11, 2002.
2. *Washington Post*, March 24, 2015.

在亚洲各大城市中，没有什么比摩天大楼构成的轮廓能更好地证明全球经济正在经历一场面向亚洲的再平衡了。城市之间展开了一场耗资巨大的建筑大战。21世纪的城市时代已经被这种激烈的竞争所定义，不断变化的城市变成了全球资本主义表演的舞台布景。正如20世纪初的纽约一样，资本主义的历史可以从城市雕塑般的轮廓中解读出来。你所看到的与其说是办公楼，不如说是瞄准了竞争城市的超昂贵的导弹发射器。

亚洲城市曾经借鉴了西方城市的建设理念，而现在西方城市正变得越来越亚洲化。也许没有哪个地方比伦敦更能说明这一点，几十年来，作为一国首都的伦敦一直在抵制摩天大楼的侵蚀。但到21世纪初，随着规划法规的放宽，建造大型建筑、以特大号的天际线重塑自身形象的需求征服了伦敦市中心。摩天大楼和昂贵的高层住宅楼以不亚于上海的惊人速度激增。在这个世纪的前18年里，全世界城市中的超高层摩天大楼数量从600座左右增加到了3251座；现代的大都市正在迅速向天空攀升。城市的抱负和财力——更不用说阳刚之气了——都与摩天大楼、视野开阔的写字楼、豪华公寓，以及一座城市是否上镜紧密相连。[1]

隔着黄浦江眺望浦东，可以看到世界上最震撼人心的景象之一，这是城市的雄心和强劲的复兴所取得的胜利。但站在这些高楼之间，又让人感觉像是置身于城镇边缘一个没有灵魂的、孤寂的商业园区中。塔楼之间的距离似乎比从远处看起来时要远得多，远没有那么令人印象深刻。然而，走进其中一座塔楼，乘电梯到观景台，整座城市的全景会令人难忘地展现在你眼前。浦东与世界各地数以百计的摩天大楼区没有多少不同。它们是表演的一部分，只有从远处或从里面才能欣赏。而从街道层面看，它们扼杀了城市本身的活力。现代的摩天大楼往往坐落在空旷的广场上；它们的反光玻璃将旁观者拒之门外。近年来，世界大都市快速的"上海化"已经影响到了我们在城市里的生活和工作方式，以及城市的面貌和观感。

孕育现代垂直城市景观并将其扩散到全球去的那座城市与此截然不同。纽约的城市天际线仍然是世界上最受欢迎的。但在街道层面上，曼哈顿市中心的整洁程度比不上浦东或新加坡。这与20世纪20年代繁荣时期摩天大楼的建造方式有关。在曼哈顿，事物、人和活动一层一层地堆叠在一起，与21世

---

1. Deyan Sudjic, *The Language of Cities* (London, 2017), chapter 3.

纪那些整洁的摩天大楼大都市有着很大的不同。它的天际线和乔治·格什温的乐曲一样粗犷；它是混乱而不是有序的，是随机、实验性的，而不是规划好的。

摩天大楼城市的宏伟轮廓总是让人心跳加速。但它们也会让一座城市看起来像享有特权的堡垒，外人难以企及。20世纪20年代，阿尔弗雷德·卡津（Alfred Kazin）还是个穷苦的小男孩，生活在布鲁克林东部的俄罗斯犹太移民区布朗斯维尔。他后来写道："我们是这座城市的一员，但不知何故又不属于它。每当我去我最喜欢的地方散步……爬上小山，来到老水库旁时，从那里我都可以直视对面曼哈顿的摩天大楼，在我眼中，纽约就像一座陌生的城市。那边那座辉煌而虚幻的城市有它的生活，正如布朗斯维尔有我们的生活一样。"[1]

有一种经济学理论认为，每当一座新的摩天大楼拔地而起，宣称自己刷新了世界最高建筑的纪录时，经济崩溃就将发生。胜家大楼和大都会人寿保险大楼正好赶上1907年的金融恐慌。伍尔沃斯大楼恰逢1913年的大萧条。世界贸易中心和西尔斯大厦[2]在1973年石油危机和1973—1974年股市崩盘期间启用。1997年，亚洲金融危机即将爆发之际，吉隆坡石油双塔成了世界最高的建筑。美国次贷危机也有它的纪念碑：摩天大楼哈利法塔于2010年1月落成。就在上海中心大厦竣工的当天，中国股市在半小时内暴跌了7%。

20世纪20年代的摩天大楼热潮在1929年的经济崩溃和大萧条中戛然而止。它的纪念碑有：曼哈顿信托银行大楼，它在1930年超越伍尔沃斯成为世界上最高的建筑；几个月后，优雅的克莱斯勒大厦打破了世界纪录；还有巨大的帝国大厦，它是世界纪录的下一位保持者。一位记者写道，20世纪20年代的摩天大楼，尤其是最后那三座，是"牛市后期的物质体现"。它们像股票价格的曲线图一样，不断超越较低的建筑向上攀升。然而到1930年，它们

---

1. Alfred Kazin, *A Walker in the City* (Orlando, 1974), p. 11.
2. 2009年7月16日，该大厦已更名为威利斯大厦。——编者注

成了"希望破灭最具讽刺性的见证者"。[1]

建筑投资从1925年的40亿美元锐减至1930年的15亿美元，1933年仅为4亿美元。帝国大厦建成后，3500名工人一夜之间失业。在大萧条时期，建筑行业从业者有80%失业，占总失业人数的30%。这座世界最高的大楼没有租户，被戏称为"空国大厦"。随着兴建高层建筑的惊人步伐突然停止，认为纽约将成为一个完全垂直的城市的想法一下子就消失了。人们猛然发现，它们就像股市的账面收益一样，原来是疯狂投机的产物，而不是某种无畏的新城市梦想的体现。电影记录了这种情绪的变化。[2]

《暗夜惊声》（*A Shriek in the Night*，1933）以夜空中一座隐约可见的摩天大楼开场。在一声可怕的尖叫之后，一位百万富翁坠楼身亡。报应来了。有句谚语说，摩天大楼每修一层都要以一个工人的生命为代价。这些建筑工人似乎注定要因企业的贪婪和对权力的贪求而倒下，正是这种贪欲注定了这个国家的命运。

这种态度在埃德加·塞尔温执导、改编自费思·鲍德温（Faith Baldwin）同名小说的电影《摩天大楼之魂》（*Skyscraper Souls*，1932）中，以非常黑暗的形式表达了出来。它以一座虚构的比帝国大厦还高的摩天大楼为中心，描述了工人和居民相互交织的生活。它的所有者大卫·德怀特（华伦·威廉饰）对20世纪20年代人们对摩天大楼的态度做了个总结，他把他的摩天大楼描述为"工程的奇迹，钢铁和石头铸就的时代精神"。这座建筑本身就是一座城市；人们在公共区域交往和见面；这里有许多小商店、药店、咖啡馆、餐馆、小企业、健身房、游泳池、桑拿浴室和公寓。职业女性独自住在公寓里，努力争取自己的生活方式，即使她们在每个转角处都要避开那些掠夺成性的男人。

这座建筑由妄自尊大的德怀特掌管，他利用他的地位攫取了所有的权力，并四处勾搭女性。他的助手、与他一样锋芒毕露的商业伙伴莎拉·丹尼斯（韦芮·蒂斯代尔饰）也是他的情妇。他勾引莎拉的秘书，天真的林恩·哈丁（莫琳·奥沙利文饰）。唯一的问题是，德怀特其实并不拥有德怀

---

1. "Bull Market Architecture," *New Republic*, July 8, 1931, p. 192.
2. Gabrielle Esperdy, *Modernizing Main Street: architecture and consumer culture in the New Deal* (Chicago, 2008), p. 53.

特大楼,"他自我意识的巨大纪念碑"(影片中有个角色如是说)。作为一家大银行的行长,他利用储户的存款维持这栋大楼的运营。当3000万美元的债务到期时,他拒绝出售这栋大楼,即使这样做可以盈利,拯救他的银行和小投资者。出于对摩天大楼的痴迷,他操纵股市,策划了一场崩盘,给他周围的每一个人都带来了灭顶之灾:他的商业伙伴、他勾引的女人、他的银行、小投资者——其中许多是大楼的居民,他们借钱买了他被高估的股票。他们破产了,生活被毁了,而德怀特却因此拥有了他的大楼。接下来,在末日一般的场景中,他们花言巧语,讨价还价,献上自己的身体以逃避毁灭。

然而成功让德怀特陷入了疯狂。当他说要建一座一百层高的大楼时,人们都笑了。而他却说:"但我有勇气,有远见,它是我的,我拥有它!它在通往地狱的路上,直插天堂,它很美。"他夸耀它坚不可摧。然后他咆哮道:"一百万人为了建造它而汗流浃背。矿山、采石场、工厂、森林!人们为它付出了生命……我不想告诉你有多少人在把钢梁吊上去的时候掉了下来。但这是值得的!没有任何事物是不经历痛苦和磨难就能创造出来的——孩子是这样出生的,事业是这样赢得的,大厦也是这样建成的!"

德怀特安然住在自己的顶层公寓里,远离他所造成的混乱,他认为自己是不可战胜的。然而他的命运掌握在被他抛弃的助理/情妇莎拉手中,莎拉开枪打死了他。她阻止了他对肉体和权力的疯狂追求,但她悲痛欲绝,摇摇晃晃地走向阳台。曼哈顿的天际线又出现了;在电影中,它很少如此美丽地出现。只是现在我们听到了寒风在这孤寂的阳台上发出凄厉的尖叫。莎拉高高地站在数百座摩天大楼之上。然后她越过护栏,径直跳了下去。这是电影中最可怕的一幕,我们看到她的身体在落向街道时逐渐变成一个小黑点。尖利的风声变成了行人尖利的惊叫声。

1932年的美国因大萧条而伤痕累累,《摩天大楼之魂》揭露了塑造这座城市的恶毒激情。崇高的美遇上了泛滥成灾的贪婪和剥削。摩天大楼就像一台机器,将作为猎物的人类碾碎,把他们变成野蛮人。在《贫富之交》等20世纪20年代的电影当中,登上摩天大楼之巅代表着尘世梦想的实现。5年之后,在《摩天大楼之魂》中,这一地点则变成了雄心与傲慢相遇之地。在塔楼的创造者为自己建造的奥林匹斯天堂中,他被自己对权力与性的贪欲刺穿了。莎拉·丹尼斯,这个精明能干、意志坚定的女性经过不懈努力,终于登上了纽约之巅,却又在任何意义上都成了堕落的女人,因为蔑视传统而受到了惩罚。[1]

莎拉·丹尼斯的坠落预示着一个更著名的从摩天大楼坠落的场景，这个场景出现在一年后上映的一部电影中。《金刚》（1933）是史上最伟大的电影之一，在这部电影中，曼哈顿岛呈现出一片山头林立的景象，它是金刚的家乡——多山的骷髅岛的人造镜像。金刚被抓获并带到纽约市，这令他大发雷霆，他抓住安·达罗（菲伊·雷饰），登上帝国大厦，他认为那是他在骷髅岛山顶上的宝座的模拟物。当他挣脱束缚，发现自己置身于城市街道密集、嘈杂的峡谷中时，金刚砸毁了第六大道上的高架铁路。《金刚》的导演梅里安·C.库珀小时候就被那些火车弄得睡不着觉："我以前总想把这该死的东西扯下来。"[2]

金刚实现了这个幻想。他代表着一种质朴的生命力量，这种力量在城市中释放出来，进行复仇。他原始的力量威胁着世界金融中心——大萧条的震中——的结构。金刚攀爬纽约建筑的行动在他登上帝国大厦时达到高潮，这一场景在今天看来仍然令人激动。当他撞毁火车，摇晃着爬上人类建造的最大的塔时，他满足了我们想要打倒这些冷冰冰的创造物、在人造环境中狂奔、征服人造山峰之巅的欲望。

但是，正如《摩天大楼之魂》所表明的，登上最高点的代价就是死亡。像其他想主宰这座城市的人一样，金刚险象环生地攀上顶峰，结果却是灾难性的坠落。

金刚与纽约令人目眩神迷的相遇表明，在20世纪30年代，摩天大楼构成的天际线越来越令人不安。20世纪30年代，好莱坞对纽约（尤其是它壮观的高楼群，它们刚刚建成不过10年）的想象蕴含着多层含义。1933年是纽约登上银幕的次数最多的年份之一。《金刚》轰动一时。《第四十二街》也不遑多让，影片中，每个人都因为大萧条的冲击而陷入穷困，但还有足够的精力让"下流、猥亵、俗艳、花哨的第四十二街"继续运转。这座城市最重要的一则传说是：外来者只要努力工作，就能获得成功。而这在导演朱利安·马什对合唱团里的女孩佩吉·索耶（鲁比·基勒饰）所说的话中得到了肯定：

---

1. Lucy Fischer, "City of Women: Busby Berkeley, architecture, and urban space," *Cinema Journal* 49 (Summer 2010): 129–130.
2. Sanders, *Celluloid Skyline*, p. 97.

"你出去的时候还是个年轻人,但你回来的时候就会是个明星!"

在动听的片尾曲中,合唱团的女孩们变成了摩天大楼,形成了曼哈顿的天际线,同时一座巨大的塔楼单独显现出来,佩吉和男主角(迪克·鲍威尔饰)兴高采烈地站在楼顶。这里是雄心勃勃的地方,是贪婪残酷的地方,是充满幻想的地方,是猖獗的资本主义或社会流动性的化身——在令人精疲力尽的20世纪30年代,曼哈顿的混凝土峭壁成了好莱坞投射幻想的绝佳背景。人们无法抗拒摩天大楼的诱惑,纽约再次成为一个充满魅力和梦想的地方,成为美国复苏的象征。1933年3月2日,《金刚》在纽约首演。两天后,富兰克林·德拉诺·罗斯福宣誓就任美国第32任总统。3月11日,《第四十二街》上映。

另外一个纽约也是好莱坞喜欢描绘的:拥挤的公寓、猖獗的犯罪和肮脏的街道,还有一群伶牙俐齿、满嘴俏皮话、不同民族混杂的城市居民和精明世故的街头流浪儿。廉租公寓街成了《第四十二街》里那个闪亮的摩天大楼梦幻之地阴暗的倒影。与摩天大楼一样,廉租公寓也是一个理想的电影舞台,生活在这里上演;它们都是纽约的标志,人们一眼就能认出。在将纽约公寓打造成好莱坞常用的取景地方面,最有影响力的电影之一是金·维多导演的《公寓街景》(1931),它以一个城市街区为背景,拍摄了这里24小时之内所发生的故事。和在许多其他电影里一样,摄像机从附近的克莱斯勒大厦和帝国大厦向下摇,越过一片密集的公寓楼屋顶(下东区:40万居民拥挤不堪的家园),聚焦于一群闷热的夏日傍晚在街头玩耍的孩子身上。街道上充满生机:这就是户外的生活,一个充满流言蜚语、小口角、不正当的恋爱和玩乐的地方。[1]

在这里,我们再次回到了美国所面临问题的核心。如果说华尔街有自己的责任要负,那么廉租公寓街也有。仅在1931年,好莱坞就制作了50多部黑帮电影。这些电影似乎在说,如果不是建成环境本身有问题,那么这种泛滥的罪恶又是从何而来?[2]

《死角》(1937)的副标题是"犯罪的摇篮",这里所说的"摇篮"指的是在洛克菲勒中心阴影笼罩下的东五十三街,河边一条荒凉的公寓街。

---

1. Sanders, *Celluloid Skyline*, pp. 156ff.
2. Ibid., pp. 161ff.

由于家住贫民窟，没有地方玩耍，孩子们在这条街上变成了口角不断、打架斗殴、恃强凌弱、好赌成性、满嘴脏话的暴徒，他们是未来的歹徒和大萧条的受害者。在臭名昭著的犯罪分子"娃娃脸"休·马丁（Hugh 'Baby Face' Martin，亨弗莱·鲍嘉饰）——某天他回到了自己出生的这条街——唆使下，他们不可避免地走上了犯罪的道路，他教会了他们如何使用刀。生活在"死角"里的青少年转而又把这些东西灌输给了邻居家的孩子。城市的街道上聚集着各种罪犯（包括少年犯）、妓女、酒鬼和无赖，是一个危险和没有希望的地方。鲍嘉饰演的角色通过成为一个无情的黑帮分子逃离了这里。他儿时的玩伴戴夫（乔尔·麦克雷饰）苦学多年，想成为一名建筑师，却始终无法从这里脱身。即使是品行端正的德丽娜（Drina，西尔维娅·西德尼饰）也只能梦想着依靠性（嫁给一个百万富翁）来脱离贫民窟。这个街区是人间地狱，但正如一位警察所说，它起码比哈林区要好些，这提醒观众，它只是无数没有希望的死角之一。

在震撼人心的一幕中，德丽娜告诉想要成为建筑师的戴夫，她曾试图好好养育她的弟弟，但他却被卷入了街头的泥潭。"他不是个坏孩子。"她说。

"哦，面对这一切，他们又能怎么样呢？"戴夫回答道，眼睛环视公寓，声音里充满了辛酸和愤怒，"不打上一架你连个玩耍的地方都没有……他们早习惯了打架……我这辈子都梦想着把这些地方拆掉。"

"是啊，你总是这么说，"德丽娜喃喃自语，"你又有什么办法把这里，还有其他所有像这里一样的地方拆掉呢。你又哪里能建立一个体面的世界，让人们可以体面地活着、体面地做人呢。"

出席《死角》首映式的主宾是老罗伯特·F.瓦格纳（Robert F. Wagner Sr），这位纽约州参议员所提出的住房法案旨在清理贫民窟和提供公共住房，5天之后，这部法案就要正式生效，成为法律了。在让公众为新政期间的住房改革做好准备上，好莱坞发挥了至关重要的作用：在瓦格纳的住房法案生效之时，成千上万人坐在电影院里听戴夫诉说他拆除贫民窟的梦想。另一部极具影响力的电影《三分之一的国家》（*One-Third of a Nation*，1939）也对市中心的街道发起了攻击，我们再次听到了西尔维娅·西德尼的声音，她在向她跛脚的弟弟承诺，城市将拆除廉租公寓，建造"体面的"新房子："你再也不用在街上玩耍了。那里会有草地和树木，还有给孩子们的正规游乐场，里头有秋千和手球场。"[1]

廉租公寓符合编剧们的理想——它生动有趣，适合叙事。毫无疑问，好莱坞喜欢它们，尤其是当以它们为背景的故事能够与广受欢迎的黑帮电影结合起来的时候。《公寓街景》《死角》《三分之一的国家》等深入人心的电影完全没有把工人阶级街区看作是社区和社交场所。它们是噩梦一般的地方。纽约最贫穷的街道生活艰辛、令人不快，但它们其实是结构丰富、多民族聚居的地方，充满了韧性和创业精神，偶尔也有欢乐。

但你在好莱坞电影里可看不到这些。这些影片与改革者们步调一致。和戴夫一样，他们也想把这里全部拆掉，重新建造。在《三分之一的国家》的尾声，廉租公寓正在被拆除，一个新的住房开发项目正在建设当中：那是散布在绿树丛中的多层公寓楼——一个远离街道的绿洲。巴比伦已经灭亡，新的耶路撒冷正在建造之中。[2]

当这部电影在全国上映时，大变革已经开始：哈林河住宅区于1937年完工；位于布鲁克林区的威廉斯堡住宅区和红钩住宅区（Red Hook Houses）于1年后完工；还有Y形的皇后桥住宅区，完工于1939年，直到今天仍是美国最大的住房项目，它有6个大街区、3149套公寓和1万名居民。

电影业对现代城市的批判——批判其忙乱的街道，建成环境，种族的混杂，罪恶、卖淫和青少年犯罪，还有道德状况——与任何社会改革家或现代主义者一样严厉。黑色电影那阴森的威胁进一步反映了人们对传统城市的悲观情绪。拆了它！

几十年来，纽约一直在贩卖未来的愿景。大萧条使这座城市的幻境失去了魅力——但这只是暂时的。现代主义的高层住宅楼项目在与市中心的摩天大楼竞争，看哪一方才是20世纪城市乌托邦的象征。《三分之一的国家》上映和皇后桥住宅区启用恰好都遇上了1939年的纽约世博会，这届世博会让4500万游客提前领略了"1960年的大都市"——由电影布景和工业设计师诺曼·贝尔·格迪斯设计的"未来世界"展览。世博会期间，每天都有3万人乘坐缆车经过格迪斯设计的巨大的、动态的模型城市上空，这座城市里有50万栋建筑、100万棵树、14个车道的高速公路、机场，最重要的是，还有5

---

1. Sanders, *Celluloid Skyline*, pp. 165ff.
2. Ibid., pp. 161ff.

万辆移动的模型汽车。

有部伴随着"未来世界"展览一起播放的彩色电影,名为《前往新的地平线》(*To New Horizons*),它告诉我们,人类的文化进化是由运动赋予我们的自由决定的。电影旁白宣称,汽车的发明和普及加速了这一进程,并使之民主化。格迪斯构想了把美国城市连接起来并对它们进行重塑的州际公路。还会有巨大的高速公路横贯城市,将住宅区、商业区和工业区连接起来。旁白以夸张的语气吟诵道:"摩天大楼有四分之一英里高,里头有为所有人准备的便利的休息和娱乐设施。许多大楼上都有直升机和自转旋翼机的停机坪。1960年的城市阳光充足。新鲜空气、林荫大道、康乐及文娱中心应有尽有。现代、高效的城市规划。令人惊叹的建筑风格。每个城市街区都自成一体。"凌乱的街道一去不复返了。行人在高速行驶的车流上方的高架人行道上匆忙赶路。镜头从繁忙的道路、购物中心和翠绿的公园中的高楼大厦上方掠过。

这是为汽车时代设想出来的城市乌托邦。勒·柯布西耶所预见和大力鼓吹的就是这种城市。他写道:"为速度而建的城市就是为成功而建的城市。"对他来说,传统的城市街道是种"遗物","缺乏功能性","过时","令人厌恶"。现代生活依赖于速度,以及一座有序、连贯的城市所体现出的"纯粹几何学"。勒·柯布西耶喜欢摩天大楼;但他想要的是整齐划一的巨型塔楼(既可用于工作,也可用于生活),它们散布在公园般的环境中,彼此之间用满是汽车的高架公路连接起来。

20世纪30年代启动的这些项目,比如哈林河、威廉斯堡、红钩和皇后桥,都是公园里的迷你塔楼,与街道是分离的。它们的建筑师大多都是欧洲现代主义的信奉者,或深受其影响。虽无其名却有其实的纽约"总规划师"罗伯特·摩西是勒·柯布西耶的仰慕者,他认为"城市是由交通创造的,也是为交通创造的",交通应该穿过城市,而不是围绕着城市。"他的由高速公路和塔楼组成的城市的构想,"《纽约时报》写道,"影响了全国各地的城市规划",并使纽约成了汽车时代的先驱。[1]

未来,大多数美国人都将拥有汽车;传统的城市及其街道和社区不适合

---

1. Paul Goldberger, "Robert Moses, Master Builder, Is Dead at 92," *New York Times*, July 30, 1981.

他们。在摩西的监督下，纽约修建了416英里的公园公路、13条贯穿城市的高速公路和13座新桥梁。成千上万人被重新安置，他们的社区被大规模的新道路分割和孤立。他清理了贫民窟，让20万纽约人搬进了高层公共住宅，其中大多数人远离了他们出生的社区。他说，当你重新设计一座适合现代的城市时，"你必须用一把板斧来开辟道路"。

由110栋红砖高楼和11 250套公寓组成的史蒂文森城–彼得库珀村（Stuyvesant Town-Peter Cooper Village），旨在让纽约人"住在公园里——住在纽约市中心的乡村里"，并向人们展示未来的城市生活。当时，住在附近的1.1万名工人阶级成员不得不收拾行李搬走，这被《纽约时报》称为"纽约历史上最伟大、最重要的家庭大规模迁移"。在市中心新建高层的、带大门的花园郊区，为的是让"中等收入家庭能够在公园式社区中健康、舒适且有尊严地生活"。而"中等收入者"指的是中产阶级白人。[1]工人阶级不得不等待属于他们的"公园中的塔楼"。当它们最终建成时，它们的造价远低于花在史蒂文森城上的5000万美元。其位置也被推到了城市边缘。像皇后桥住宅区这样的混凝土工程只是高层混凝土公共住房戏剧的序幕而已。

垂直的汽车城市正在以各种形式形成。私家车和塔楼的结合迷住了全世界的城市规划者，尤其是当它们通过银幕呈现出来的时候。纽约仍然是大都市发展的灯塔。

在一个被高楼大厦、交通拥堵、犯罪、社会崩溃和经济动荡笼罩的城市，一个被异化、孤独和反常所困扰的时代，幸运的是，仍然有一些英雄能够克服20世纪中期大都市那种超越人类的规模。这些人并不把摩天大楼看作是令人生畏的纪念碑，而仅仅把它们看作是玩具；他们无惧钢筋水泥丛林和拥挤的人群，尽管他们也隐藏在被拥挤的大都市的其他居民所接纳的双重身份背后，但他们仍然是独立的个体。

---

1. *New York Times*, March 3, 1945.

布鲁斯·韦恩和克拉克·肯特分别于1939年3月和4月首次登场，[1]他们孤身一人，致力于净化自己虚构的家乡城市——哥谭和大都会，它们都是以纽约为原型的。他们的另一个自我，即蝙蝠侠和超人，是从人们逃避现实和希望实现愿望的心理中产生的人物。他们像义务警员一样迎战城市生活中的恶势力：大企业、有组织犯罪、狡诈的政客、腐败的警察和抢劫犯。

当超人从摩天大楼上方一跃而过，或蝙蝠侠不费吹灰之力就爬上它们时，这些庞然大物被缩减到了人类的规模。他们两人都融入了人群，在平时隐姓埋名。当超人以克拉克·肯特的身份出现时，他是一个谦逊、温和、戴着眼镜的职业人士，在城市里四处走动，却无人注意。超人性格中肯特的那一面是以哈罗德·劳埃德为原型的，这并非偶然，劳埃德是个外表普通的默片演员，曾在摩天大楼上进行过种种冒险活动。除了对付那些普通的嫌疑人以外，超人还是位都市斗士。他具有透视能力的目光揭开了城市的秘密，在一部早期的连环画中，他像一个无所不能的城市规划者一样，将贫民窟夷为平地，以促使政府为贫困的劳动者修建更好的住房。

蝙蝠侠和超人的出现恰逢其时。城市以其物理规模和人口彻底压倒了作为个体的人；而这两个人物都向征服了城市居民的力量发起了挑战。高层建筑不仅被当作是标准的工作场所，还被当作是标准的居住场所。难怪它们这么快就流行起来了。蝙蝠侠和超人是大萧条和有组织犯罪的产物，也是城市乌托邦主义和对与高层建筑共生的未来感到焦虑的产物。但在1939年，他们还代表着一种逃避现实的态度，因为在这个时候，城市正面临着一种更大的威胁。

---

1. 此处有误。蝙蝠侠首次登场是在1939年5月，超人首次登场是在1938年6月。——译者注

第 12 章

湮 灭

华 沙
(1939—1945)

1938年5月,威斯坦·休·奥登和克里斯托弗·伊舍伍德访问了传说中灯红酒绿、光彩夺目、声色犬马的上海公共租界,发现它孤零零地矗立在"一片坑坑洼洼、荒凉破败的月球景观"当中,而就在不久之前,这片荒原还是中国最大的城市。早在欧洲城市遭遇同样的噩梦之前,闪电战、空袭、长时间的围困、狙击手和巷战就已经在中国的大城市里上演了。而在淞沪会战爆发前几个月,也就是西班牙内战期间,支持弗朗西斯科·佛朗哥将军的德国出动轰炸机夷平了巴斯克的格尔尼卡镇。从格尔尼卡和上海的遭遇中,全世界都注意到了:现代的空中战争能够摧毁整座城市。[1]

血腥的上海围攻战已经酝酿多年了。这场战争经过了3个月的轰炸和激烈的城市战。在百代公司拍摄的一部新闻影片中,日军顶着机关枪的扫射,

---

1. W. H. Auden and Christopher Isherwood, *Journey to a War* (NY, 1972), p. 240.

越过一幢又一幢被摧毁的房子，穿过伤痕累累的上海，向前推进；铺着瓦片的屋顶上升起滚滚浓烟，坦克从裸露在外的扭曲的金属和砖块上碾过；还有，据阴沉的旁白所说，"炸弹像4月阵雨的雨点一样从空中落下"。"血腥的星期六"是20世纪30年代最令人震惊的照片，它拍摄的是挤满想要逃离城市的难民的上海南站遭到16架日军飞机轰炸后，在废墟中哭泣的一个婴儿。照片的拍摄者王小亭写道，在他记录这场屠杀的过程中，他的鞋子被鲜血浸透；站台和铁轨上散落着人的肢体。这就是世界第五大城市及其350万人口所遭受的折磨。[1]

"公共租界和法租界形成了一个岛屿，是荒凉、可怕的原野中的一片绿洲，这块荒原曾是一座中国城市。"1938年5月，奥登和伊舍伍德写道，"在这座城市里——它已经被征服了，但还没有被征服者占领——旧日的生活机制仍在嘀嗒作响，但似乎注定要停止，就像一块落在沙漠里的手表。"[2]

1937年发生在上海的事情表明，自第一次世界大战结束以来一直在积累的恐惧终于化为了事实。小说、电影、国防报告、军事战略家、学术论文和城市规划者，都为城市在下一场战争中的命运所困扰。他们的思考围绕着这样一种观念展开，即现代科技大都市在本质上是脆弱的：一旦破坏了城市宝贵而复杂的生命维持系统（电力、食物和水的供应、交通、市政管理），它就会迅速陷入原始的混乱。不难想象，当数以百万计的城市居民失去水、食物、医疗和住所时会发生什么，那是名副其实的地狱。政治家们不惜一切代价避免战争。[3]

人类试图消灭城市的历史，比其他任何东西都更能说明城市是如何运行的。在极限状态下，城市的真实面貌就会展现出来。即使是世界末日来临，城市废墟中的时钟仍然会想方设法继续嘀嗒作响。

---

1. John Faber, *Great Moments in News Photography: from the historical files of the National Press Photographers Association* (NY, 1960), p. 74.
2. Auden and Isherwood, *Journey to a War*, p. 240.
3. Richard Overy, *The Bombing War: Europe, 1939–1945* (London, 2013), chapter 1, pp. 19ff.

如何消灭一座城市，第一步：占领

纳粹德国在入侵波兰之前，就已经早早地制订了将华沙改造成纳粹模范城市，以供13万德国的雅利安人居住的计划。它会有中世纪风格的木结构房屋和狭窄的街道，坐落在广阔的公园里。波兰人唯一的出路是被流放到维斯瓦河东岸的郊区去，有8万名奴隶将为他们的德国主子服务。[1]

在战前制订军事计划时，将军们建议放弃攻打华沙，因为一旦波兰军队被击败，德国人就可以轻而易举地进入华沙。"不！"希特勒尖叫道，"必须攻击华沙！"他对波兰的首都怀有一种特别的厌恶。据一位目击者说，希特勒详细描述了"天空将如何变暗，数百万吨炮弹将如何落在华沙，人们将如何被鲜血淹没。他的眼珠几乎要从眼眶里跳出来，他变成了另一个人。他的嗜血欲突然爆发了"。[2]

怎样才能摧毁一座城市？人类设计了许多方法。在1939年到1945年间，这些手段几乎全都在波兰的首都施展过。

1939年9月1日，即第二次世界大战的第一天，华沙就经历了恐怖的空袭。在接下来的几周里，随着波兰军队被德军打得节节败退，惊慌失措的难民涌入华沙，这座城市不断遭到空袭。随着德国国防军逼近波兰首都，他们变得更加凶残。华沙不但要面对无限制的空袭，还要面对猛烈的炮击。"华沙受损巨大。"《华沙信使报》(*Warsaw Courier*)9月28日报道说，"电力、管道、过滤器和电话都无法使用。所有医院都被轰炸了……所有历史建筑或纪念碑要么全毁，要么受损严重。一整条一整条的街道彻底消失。"就在这一天，华沙向纳粹投降了。人们从地窖里钻出来，站在冒烟的废墟里，因为城市投降而不知所措；如果交给他们自己决定，华沙人可能会选择继续战斗。德国人于10月1日进入并占领了华沙。15日，这座城市被移交给了海

---

1. Alexandra Richie, *Warsaw 1944: Hitler, Himmler and the crushing of a city* (London, 2013), pp. 125ff; Ancient Monuments Society, "The Reconstruction of Warsaw Old Town, Poland," Transactions of *the Ancient Monuments Society* (1959): 77.
2. Hugh Trevor-Roper, *The Last Days of Hitler* (London, 1982), p. 81.

因里希·希姆莱领导的纳粹殖民政府。[1]

在一场针对城市生活的战争中，纳粹发动了一场恐怖的战役，把城市的心脏掏了出来，系统地剥夺了城市的文化、政治和经济意义，并对普通公民进行了镇压。包括大学在内的各种学校被关闭；教科书、历史书和外文文献被没收；歌剧和戏剧被禁止上演；书店被迫停业；电影院只能播放"古代的"电影或宣传片；印刷机陷入沉默。禁止演奏波兰最受欢迎的作曲家肖邦的任何乐曲。他在瓦津基公园里的塑像被从基座上炸了下来，青铜被献给了希特勒；哥白尼的塑像也被移走了，纳粹声称他是德国人。[2]

华沙的文化和历史记忆被一点一点地抹去；德国人摧毁了华沙国家博物馆和后来的扎切塔国家美术馆（Zacheta Fine Arts Gallery）的一部分，没收了剩下的东西。只允许出版关于烹饪、保存食物、种植蔬菜和饲养家畜的书。波兰人被禁止学习德语，理由是奴隶不应该听懂主人的语言。[3]

波兰刚被占领，一场针对华沙知识分子的灭绝运动——"知识分子清除运动"（Operation Intelligenzaktion）——就开始了。希特勒告诉波兰总督府首长汉斯·法郎克，被占领的土地是"波兰的保留地，一个大型的波兰劳动营"。劳动营不需要知识分子或艺术家。"盖世太保的卡车是华沙的祸害。"美国副领事撒迪厄斯·柴林斯基（Thaddeus Chylinski）写道，"当这些卡车在街道上疾驰时，人们不寒而栗。夜间情况变得更糟；每个人都祈祷卡车不要停在自己家门口。如果有人听到刺耳的刹车声，那他就大祸临头了。"到1944年，有上万名华沙知识分子被杀害。[4]

那些在大规模逮捕和杀戮中幸存下来的中产阶级专业人士，要么被迫从事体力劳动，要么沦为乞丐。他们的工作被德国殖民者抢走了。环境最为宜人的区域留给了德国殖民者、官僚和士兵。华沙的新领主们——其中许多人在战前地位低下——简直不敢相信自己的运气，最好的住宅任他们挑选，艺

---

1. Joanna K. M. Hanson, *The Civilian Population and the Warsaw Uprising of 1944* (Cambridge, 1982), p. 6.
2. T. H. Chylinski, "Poland under Nazi Rule" (Central Intelligence Agency confidential report, 1941), pp. 49ff.
3. Ibid.
4. Ibid., p. 5.

术品、珠宝、地毯和家具也是如此。在有轨电车、公园、运动场和餐馆里，出现了写着 *Nur für Deutsche*（仅限德国人）和 *Kein Zutritt für Polen*（波兰人不得入内）的标语。[1]

由于在战争开始的几周里，大部分窗户都被震碎了，人们只好用硬纸板把它们封起来。华沙人和难民逃到郊区，那里的房屋被一再分割，变成了一个个越来越小的住所。到1941年，只有15%的人口居住在有3个或更多房间的住宅中。被占领后的第一个冬天异常寒冷，每天的温度都在-20℃以下，但几乎没有可供取暖的煤。[2]

人们忍饥挨饿，靠着最微薄的口粮苟活。每月的限量是4300克面包、400克面粉、400克肉、75克咖啡和1个鸡蛋。在哪里都搞不到啤酒、葡萄酒、黄油、奶酪和香烟，糖也供不应求。面对饥饿，华沙人转而求助于黑市、食品走私者和伏特加销售者，而这些人全都受到了盖世太保的无情镇压。他们说："波兰人已经大吃大喝20年了，现在他们必须靠面包和水过活。" 一个波兰人回忆起他在被占领的华沙度过的童年，当时他从附近一家医院的厨房里收集土豆皮来吃。"有一次……我们设法弄到了发霉的面包，虽然被老鼠啃过，但味道非常好。"[3]

华沙的人民被刻意贬抑为奴隶人口，为最终摧毁他们的城市做准备。当时并不缺少工作机会，但都是在为德国军队制造弹药的工厂里，或是在机场、防御工事和铁路上。街上的生活变得残酷起来。木鞋的声音回响在街头——人们再也买不起皮革了。华沙人穿着破旧的衣服，没有人想引起注意。人们在路边出售他们的物品。由于没有私家车、出租车和马车，许多失业的白领做起了人力车车夫。

夜间实行宵禁，街头空无一人。白天，喇叭大声播放着德国军乐和用波兰语进行的宣传。盖世太保在城里巡逻，不定期地随机围捕男人和男孩，送往强制劳动营，这让人们随时处于恐惧之中。妇女和女孩遭到绑架和强奸。盖世太保常在拂晓时分突袭公寓楼，逮捕那些涉嫌抵抗占领的人。[4]

---

1. Richie, *Warsaw 1944*, pp. 133ff.
2. Hanson, *The Civilian Population and the Warsaw Uprising of 1944*, p. 23.
3. Ibid., p. 26.
4. Chylinski, "Poland under Nazi Rule," p. 10.

一名16岁的女学生被指控撕毁德国海报；第二天她就被处决了，她的同学也被捕了，再也没有人见过他们。一名15岁的童子军因批评盖世太保而被当场枪杀。一个老妪被盖世太保官员近距离射杀，因为他以为她向一个年轻人示意，叫他逃离一场扫网式抓捕行动……恐怖深深地渗入了日常生活，这只是3个小小的例子罢了。人们戴着奴颜婢膝和漠不关心的面具。他们不得不如此。[1]

"生活在静默中进行。"佐非娅·纳乌科夫斯卡（Zofia Nałkowska）写道。随着城市社会的大部分黏合剂——报纸、俱乐部、学校、工会、大学、书籍——消失，华沙人陷入了沉默。许多人开始酗酒。活下去的欲望、取暖以及寻觅足够的食物耗尽了人们全部的精力。作家安杰伊·切宾斯基（Andrzej Trzebiński）脱口而出："狗日的生活正在吞噬我。"[2]

自1943年9月起，法郎克总督下令每天在华沙街头随机处决30到40人。在1941年到1944年8月间，有4万名波兰华沙人被公开枪杀，16万人被驱赶到强制劳动营。华沙变成了一座被恐惧统治的监狱城市，里头的奴隶几近饿死。但在这座城市监狱里，还有一座更糟糕的监狱。占领华沙之后的几个月内，德国当局把40万犹太人送去进行强制劳动，让他们清除炸弹造成的损害；他们的积蓄被没收，集体礼拜也被禁止。1940年4月1日，在市中心北部开始修建一道围墙，围住了面积为1.3平方英里的地方。很明显，这是一个封闭的犹太人居住区，人们乱成一团，不知道接下来会发生什么。1940年8月，非犹太波兰人被赶出这一区域，而华沙的犹太人被赶进这里。当这两群人开始迁移时，整座城市陷入了混乱。"到处都是疯狂的恐慌，不顾体面的歇斯底里的恐惧，"伯纳德·戈尔茨坦（Bernard Goldstein）回忆道，"街道上挤满了人，一个民族在被驱赶着前进。"[3]

11月15日，犹太人居住区的大门关上了；华沙30%的人口被限制在城市土地面积的2.4%以内，3米高的砖块和带刺的铁丝网将他们与外界完全隔开。监禁在犹太人区的这些人口是德国企业家的金矿。从1941年5月起，这

---

1. Chylinski, "Poland under Nazi Rule," p. 9.
2. Peter Fritzsche, *An Iron Wind: Europe under Hitler* (NY, 2016), pp. 144, 357.
3. David Cesarani, *Final Solution: the fate of the Jews 1933–1949* (London, 2016), p. 333.

座城中之城里到处都是小工厂、车间和仓库，它们生产床垫和服装，并为德国军队维修设备。

食物供应维持在饥饿水平，每人每天184卡路里，相比之下，波兰人的食物配给量（也很微薄）为699卡路里（一个从事重体力劳动的人一天要消耗大约3000卡路里）。孩子们学会了熟练地爬出贫民窟寻找食物；犹太和非犹太企业家从走私食品中获利。1941年，犹太人区合法进口了价值180万兹罗提（zloty）的食品，但走私了价值8000万兹罗提的食品。那些买得起的人——那些有生意、有工作、有存款或物品可卖的人——得到了营养更好的食物。穷人、失业者、孤儿、难民和老人只能靠稀汤维生。[1]

在1940年到1942年之间，超过8万人死于疾病和德国人的虐待，其中有1万人是儿童。伯纳德·戈尔茨坦写道："生病的孩子躺在地上，半死不活，身体近乎全裸，因饥饿而浮肿，长满了疮，皮肤像羊皮纸一样，双眼无神，呼吸沉重，喉咙里咯咯作响……又黄又瘦，虚弱地呻吟着，'一片面包……一片面包……'"[2]

如何消灭一座城市，第二步：轰炸

华沙沦陷后不久，希特勒访问了这里。他带着一群外国记者参观了被炸毁的废墟。"先生们，"他对他们说，"你们亲眼看到了试图保卫这座城市是多么愚蠢的罪行……我只希望其他国家某些似乎想把整个欧洲变成第二个华沙的政治家，能有机会像你们一样，看到战争的真正含义。"[3]

自1940年起，西欧城市也尝到了地狱之火的滋味。鹿特丹市中心在5月14日被摧毁。当德国人威胁要对乌得勒支进行同样的惩罚时，荷兰投降了。第二天，英国轰炸机袭击了莱茵河上的德国军事目标。接着，他们又以汉堡、不来梅、埃森和其他德国北部城市为目标进行了轰炸。

实际上，华沙遭受的破坏不仅是空袭造成的，还有大炮。英国对德国工业和军事基础设施的轰炸远不能造成足够的损害。德国组建空军的初衷是支

---

1. Cesarani, *Final Solution*, p. 435.
2. Ibid., p. 348.
3. *Time*, 34:2 (1939), 45.

持地面军事行动,而不是摧毁城市。而英国皇家空军则专注于防御。话虽如此,1940年英国对德国城市的突袭尽管杂乱无章,但仍使数百万人在恐慌之中逃入地下。8月25日夜间,95架飞机轰炸了柏林。希特勒怒不可遏:"当他们宣布要大举进攻我们的城市时,我们将把他们的城市彻底抹平。我们之中总有一方会崩溃——但那绝不会是国家社会主义德国。"[1]

起初,德国空军袭击英国是为了替两栖登陆作战开路。但随着采取地面行动的可能性逐渐降低,对英国城市的空袭变成了一场具有战略性的战役,目的是摧毁英国的工业,打击其平民士气,迫使它接受谈判。伦敦首当其冲:1940年9月和10月,13 685吨烈性炸药和13 000个燃烧装置如雨点般落在英国首都。然后英格兰中部和默西塞德郡的城市也遭到了袭击。对考文垂的突袭("月光奏鸣曲"行动)是毁灭性的:德国空军投下了503吨炸弹,包括139枚1吨重的炸弹。袭击目标是制造飞机发动机和零部件的工业区,但云层和烟雾遮盖了目标区域,重型炸弹和燃烧弹落在了居民区、市中心和大教堂上。这次突袭摧毁了4300所住宅和考文垂三分之二的建筑,造成568人死亡。

英国的反击更加猛烈。空军中将阿瑟·特拉弗斯·哈里斯爵士直言不讳地说,轰炸的目标"应该阐述得更明确……(例如)摧毁德国城市,杀死德国工人,破坏整个德国的文明生活"。轰炸应该集中在城市的生命维持机制(公共设施)和住房上;这会造成数百万难民无家可归,打击德国人的士气。哈里斯和其他战略家认为,如果对城市的破坏达到了预想的程度,德国将在几个月内退出战争。[2]

到了1942年,轰炸城市显然还没有达到人们所预测的致命一击的效果。但不少人认为,这是因为这些行动不够有效。尽管空袭未能取得预期效果,但对城市的战争仍在升级。只轰炸工厂是不够的:为了减少德国的人力并挫伤其民众的士气,英国采取了故意夷平城市的政策。新政策被称为"去房屋

---

1. Williamson Murray, *Military Adaptation in War: with fear of change* (Cambridge, 2011), p. 183.
2. Stephen A. Garrett, *Ethics and Airpower in World War II: the British bombing of German cities* (London, 1993), pp. 32-33.

化"（de-housing），这是一个恶毒的、典型的战时委婉用语。[1]

区域轰炸（area-bombing）的试验是在古代汉萨同盟的首都吕贝克进行的。但是很难在一座大城市里获得同样的结果。这年5月，科隆遭到1000多架轰炸机的袭击，这在人类历史上尚属首次，然而它只有5.2%的城市建筑被毁。之后埃森和不来梅也遭到了同等规模的空袭，前者仅有11座建筑被毁，后者也只有572座建筑被毁。但从1943年3月起，英国拥有了充足的重型轰炸机、更重的炸弹、更先进的导航系统，并掌握了迷惑敌方雷达操作员的方法，可以对德国城市进行更大规模的突袭和面积轰炸。

这次他们还有美国陆军航空队（USAAF）帮忙。在威尔特郡的波顿当和犹他州的达格威试验场搭建了德国街道的模型，模拟燃烧弹袭击和测试引发火灾风暴的最佳条件。人们通过研究、技术改进和统计方法对每一种可能的方法进行了探究，以打磨用来毁灭城市的机器。更重要的是，不问青红皂白地屠杀平民和大规模破坏其城市栖息地所引起的道德疑虑已经悉数打消。1943年5月和6月，庞大的轰炸机群摧毁了巴门市区的80%，伍珀塔尔的94%，科隆也再次遭到了重创。

然而，在这年7月的"蛾摩拉行动"中，英国才真正使出全力对德国城市进行轰炸，攻击目标是德国的第二大城市——汉堡。它的代号来自《旧约全书》："当时，耶和华将硫黄与火，从天上耶和华那里，降与所多玛和蛾摩拉，把那些城和全平原，并城里所有的居民，连地上生长的都毁灭了。"

夏季的高温和低湿度为轰炸提供了理想的条件。燃烧弹制造了迅猛的火势，大火连在一处，将一股热空气送至空中。热量以飓风般的速度从周围地区吸入空气，将气温推高至800度。这场死亡风暴是如此的猛烈，以致可以吹垮建筑物，从拥挤的防空洞中吸走氧气，将树木连根拔起，把人们卷进地狱。当为期8天的空袭结束时，汉堡有3.7万人死亡，90万人撤离，61%的建筑被毁。

每当空袭取得明显的成功时，像哈里斯这样的官员——他们从改进了的轰炸技术中得到了更大的信心——就会提出进一步采取行动的要求，声称更多的空袭将使德国"不可避免地"投降。到了1945年，庞大的航空队已经能够将城市炸得如同月球表面。2月13日至14日之间的那个晚上，在德累斯顿

---

1. Overy, *The Bombing War*, pp. 287–288.

有2.5万人被烧成灰烬，15平方英里的区域被焚毁。第二天，它又遭到了盲目轰炸。几天后，普福尔茨海姆83%的区域被烧毁，1.76万人丧生；维尔茨堡89%的区域也被焚为焦土。迟至4月，战争即将结束之际，波茨坦仍被摧毁。

到战争结束时，158座德国城市遭到了猛烈轰炸。其中部分城市，如科隆、慕尼黑和柏林，曾多次遭到袭击。历史悠久的城市中心沦为废墟，数百万人无家可归；35万德国人死亡，50%~60%的德国城市被夷为平地。

城市就像一个活的有机体。只要还有生命存在的痕迹，无论遭到了多大程度的破坏，它都能生存下来。在所有消灭一座城市的方法中，区域轰炸是最无效的。在欧洲城市里，被炸毁的建筑形成的废墟触目惊心。但城市的实体部分是最容易修复的。事实证明，大城市能够以战前人们未曾想过的方式承受大量暴行。考文垂被炸毁后两天，电力就恢复了；1周后，供水和电话系统全面投入使用；6周内，2.2万所房屋被修复到可以住人的程度。到1941年3月，虽然闪电战仍在进行，但英国只有5.59万所受损的房屋仍在等待修复；近100万所房屋已经修复，可以住人。

德国也是如此，尽管有32.4万所房屋被毁或损坏，但到1943年底，320万人已经被重新安置。那场烧毁了汉堡市区61%的火灾风暴刚过去，饮用水就装在改装过的油罐车里运来了。自当日始，公共服务系统迅速恢复，30万户失去一切的家庭中有90%得到了临时住房。在遭受了相当于5000吨级核弹的打击后仅4个月，汉堡的工业产能就恢复到了80%。侦察机清楚地看到了汉堡世界末日般的城市景象；但它看不到的是，在地面上，这座城市仍然生机勃勃。[1]

"被炸毁的城市可以疏散它的居民，"赫尔曼·戈林说，"但被炸毁的工业是难以取代的。"然而在遭受了区域轰炸的城市，工业生产并没有明显地大幅下降。轰炸迫使德国把其他地方急需的防空资源和飞机转移回了本土。但"去房屋化"既没有使德国国民士气崩溃，也没有显著减少工厂的人力。[2]

尽管一座城市已经遭受了骇人的死亡和贫困，但要消灭它仍须付出很大的代价。只要该市市政当局还在提供服务、便利设施和食物，城市生活就在

---

1. Overy, *The Bombing War*, pp. 337, 433, 436.
2. Ibid., p. 400.

继续。即使在战争的最后阶段，德国已经从内部崩溃，数百万平民的基本生活仍得以维持。英国和德国都建立了强大的体系，可以使区域轰炸不会造成最坏的结果。这个体系包含了从防空洞到在空袭后紧急提供基本服务的诸多内容。在这两个国家，都召集了民防部队来守护城市的生活方式。志愿者们承担了防空队员、消防员、护士、急救人员、信使、火灾警戒员等职务。城市居民接受了空袭防范演练，并接受了急救、拆弹和扑灭燃烧弹的训练。

这种每个人都参与其中并在战争中发挥作用的感觉增强了决心。随着轰炸的冲击逐渐褪去，战争开始时的恐慌变成了疲倦的听之任之。1941年3月，英国的一项民意调查发现，只有8%的人认为空袭是战争中最严重的问题。当被问及他们为何战败时，只有15%的德国人认为原因是空袭。被毁建筑的戏剧性景象并不能反映社会凝聚力已被破坏，无数座城市的精神依然存活于它们的人民身上。[1]

人们对城市有着深厚的感情，认为它是一个亲密的地方，是家园。空袭过后，人们希望尽快返回他们的社区。1945年，战俘营里的一名德国军官对他的士兵们说："科隆已经经历过一次又一次的疏散了，但居民还是会想方设法回到瓦砾堆中，就是因为这堆瓦砾曾经有个名字，那就是'家'。与过去的联系比战时的需要强大得多，因此被疏散的人不愿离开，在危险远未过去之前就赶了回来。"[2]

当幸存下来的人们回想和怀念他们的城市时，城市就会继续存在并再次崛起。日本就是最好的例子，日本的城市在战争中遭受了最全面的空袭。对城市破坏性最大的武器之一就是美国6磅重的M69燃烧弹。B-29"超级堡垒"轰炸机以40枚为一组，把这种缓燃凝固汽油弹化为火球，投掷在日本民居的木质屋顶上。"突然……我看到地平线上出现一道红光，就像太阳升起一样，"一位美国飞行员回忆起1945年3月9日的夜晚时说，"整个东京都在我们下面，从这边翼尖延伸到那边翼尖，它正在熊熊燃烧，还有更多的火焰喷泉从B-29飞机上倾泻而下。黑烟腾空而起，高达数千英尺，产生了强大的热气流，猛烈地冲击着我们的飞机，随之而来的是皮肉被烧焦所散发出的可

---

1. Overy, *The Bombing War*, pp. 172, 478–479.
2. Ibid., pp. 638–639.

怕的气味。"[1]

在这场有史以来最具破坏性的空袭中,东京一夜之间就有大约10万人丧生,许多人被烧成灰烬;267 171栋建筑被毁,16平方英里的城市被烧成白地,100万人无家可归。从那时起到这一年6月,几乎每座日本城市都遭到了燃烧弹攻击。

这些炸弹攻击的是历史上最具韧性的城市文化之一。尤其是在东京,在灾难边缘生活是一种常态;1945年以前,它经常遭受火灾、洪水、台风和地震的摧残,在破坏和恢复之间不断循环。防范意识和恢复能力深刻地融入了东京的城市文化。东京也从未有过强大的城市规划传统,而是一个个街区、一栋栋建筑地随意发展。19世纪,一场大火席卷东京之后,居民们重建了东京的各个区域。1923年9月1日,关东发生了里氏7.9级的大地震,造成14.3万人死亡,大半个东京被毁。在地震发生前,东京有452个志愿的、自行组织的街区社团,名为町内会,几乎覆盖了半座城市。当灾难来临时,它们为恢复提供了保障。地震发生后,东京各地都建立了町内会。[2]

灾难过后,人们总是会以惊人的速度重建那些传统的木结构建筑。即使是在1945年3月那场灾难性的燃烧弹袭击之后,无家可归的幸存者仍继续居住在城市的断壁残垣中,建起了成千上万座脆弱的木结构建筑,就像他们的祖先在东京周期性的火灾后所做的那样。紧接着,许多人住在地铁隧道或地下的洞里;他们把电车和公共汽车的残骸变成了家。这些人没有离开这座城市,他们留在废墟中,开始了重建工作。

1945年8月6日上午8时15分,在一道末日般的闪光中,64千克铀在广岛上空爆炸,释放出相当于1.6万吨TNT炸药的能量。4000℃的高温导致爆心投影点的建筑物自燃,数千幢房屋严重损毁。爆发出来的冲击波速度达到了每秒2英里,把沿途的建筑物都夷平了;伽马射线和"黑雨"使辐射进一步扩散。爆炸和冲击波摧毁了方圆2千米范围内的一切,广岛的42万人口中有8万人死亡;到年底,又有6万人因受伤和辐射中毒死亡。无数人将在生理创伤

---

1. Max Hastings, *Nemesis: the battle for Japan, 1944–45* (London, 2007), p. 320.
2. Henry D. Smith, "Tokyo as an Idea: an exploration of Japanese urban thought until 1945," *Journal for Japanese Studies* 4:1 (Winter 1978), 66ff: Fujii Tadatoshi, *Kokubō fujinkai* (Tokyo, 1985), pp. 198–203.

和心理创伤中度过余生。零点周围的地区变成了一片烧焦的荒野,"一个原子沙漠"。

尽管70%的建筑被毁,但这座城市并没有死亡。即便是在广岛遭受可怕袭击的过程中,医院也于几个小时之内就在学校和仓库里建了起来,并组织了紧急食物供应。大火肆虐时,一些中学女生帮忙拆毁建筑物,建立了防火带。空袭当天,向井哲郎(Tetsuro Mukai)正在距离爆心投影点约700米的电力公司总部工作。他活了下来,一整天都在发电厂灭火。"现在(2015年)回想起来,在那种情况下逃跑也不足为奇,"他回忆道,"但我还是留了下来,因为我有一种责任感,希望看到城市恢复供电。"第二天,一些地区恢复了电力供应。尽管饱受辐射病之苦,向井还是在受灾地区东奔西走,帮忙竖起电线杆。一周半内,30%的家庭用上了电,到11月,整座城市的电力都恢复了。在原子弹爆炸的当天下午,51岁的供水部门工程师堀野九郎(Kuro Horino)尽管严重烧伤,还是设法修复了该市的水泵。[1]

由于广岛市民非同一般的努力,在基本的公共服务之外,看似正常的生活也开始恢复了。袭击发生后的第二天,一家广播电台开始在郊区广播。日本银行在2天内重新开业。一个非官方的市场在广岛车站南侧开始交易。学校开始在仓库里或街道上为孩子们上课,他们中的许多人因为辐射病而秃顶。同样重要的是与城外的亲戚取得联系。原子弹爆炸5天后,一个临时邮局建立起来,邮政人员在废墟中穿行,运用他们的记忆在受损的房屋中确定送信地址。在零点及其周围,人们在第一时间搭建起了临时小屋。邮政人员深知通信的重要性,他们给住在没有地址的临时住所里的人送去了信件。邮筒开始出现。几十年后,一位邮递员回忆说:"废墟上那些红色的邮筒就像是和平生活的象征。"[2]

引用莎士比亚著作《科利奥兰纳斯》中护民官西西涅斯的话来描述城市

---

[1]. Hiroshima Peace Media Centre, "Hiroshima, 70 Years after the Atomic Bomb: rebirth of the city, part 1 (3): 'Workers labored to give the city light amid A-bomb ruins'," http://www.hiroshimapeacemedia.jp/?p=47982; part 1 (4): "Workers take pride in uninterrupted water supply," http://www.hiroshimapeacemedia.jp/?p=47988.

[2]. Ibid., part 1 (5): "Post office workers struggle to maintain mail service in ruined city," http://www.hiroshimapeacemedia.jp/?p=48210.

可谓老生常谈："除了人民,城市还能是什么?"但它的真正含义只有在第二次世界大战的历史中才会显现出来。广岛所展现的复原力是一种全球现象的一部分,它揭示了大规模人类居住区所具有的难以置信的力量,而这种力量常常被忽视或低估。

如何消灭一座城市,第三步:总体战

希特勒认识到了空袭的局限性。但他还有其他更可怕的方法来摧毁城市。占领大城市往往意味着战争胜利。之后你要做什么是另一回事。对于巴黎、布鲁塞尔或伦敦这样的城市,希特勒并不想彻底毁灭它们:"到头来,无论是胜者还是败者,我们都将被埋葬在同一片废墟下。"但总体战和歼灭战是不同的。[1]

"萨尔贡之子、家奴的后代、巴比伦的征服者、巴比伦的掠夺者辛那赫里布的城,我必从地基之中拔出它的根来,连这地基一同毁灭。"这些冷酷的话是巴比伦国王那波帕拉萨尔在公元前612年下令彻底毁灭尼尼微时说的。Delenda est Carthage:必须毁灭迦太基。在征服地中海地区以及建立帝国统治的过程中,罗马明白必须把它的对手迦太基从地球上抹去。经过3年的围攻,公元前146年,罗马将军小西庇阿系统地摧毁了这座古代世界中的大都市。大火持续了17天,留下的灰烬深达1米。这座城市被废弃了:14万妇女和儿童早已被疏散;15万人在围城战中死亡;幸存下来的5.5万人被卖为奴隶。城址被撒上了盐,罗马人用一把犁象征性地在光秃秃的土地上犁过:原本是城市的地方全都变成了农村。这座城市存在的所有记录都被消除了。

城市拥有太强的韧性,以至于征服者必须毁灭它生命维持系统的每个部分。没有什么可以留下,尤其是它所有的记忆。1565年,当时的全世界第二大城市,印度南部的维查耶纳伽尔城被敌人夷为平地。泰国大都市大城府在17世纪兴盛起来,并发展为世界上最大的城市之一,拥有100万人口。1767年,它被缅甸人摧毁,也成了一座消失的城市。

---

1. Grigore Gafencu, *The Last Days of Europe: a diplomatic journey in 1939* (New Haven, 1948), p. 78.

1941年6月，希特勒发动了有史以来规模最大的军事行动"巴巴罗萨计划"。该行动一旦完成，德国将夺取苏联的农业资源，用这些资源来养活自己的人民。据德国人估计，将有3000万苏联人由于缺乏食物供应而死亡。从第一次世界大战到1939年，苏俄城市人口增长了3000万。因此，通过利用苏俄的土地作为食物和燃料来源，德国将消灭其"过剩"的人口，使其重返城市化之前的时代。苏联大城市的废墟将化为被沃土围绕的德国殖民城市，雅利安人的"伊甸园"。

德国国防军有3个攻击点：列宁格勒[1]、莫斯科和乌克兰。入侵始于6月；到秋季时，北方集团军群已经包围列宁格勒，而南方集团军群则在乌克兰取得了胜利。确保了主攻方向两翼的安全后，中央集团军群的190万士兵、1000辆坦克和1390架飞机就能向东推进，对莫斯科发动决定性的打击。哈尔科夫有7万至8万市民饿死，这无情地预示着纳粹打算要在其新帝国的无数城市中做的事情。在那里，还有其他许多城镇，犹太人被围捕、枪杀或用毒气车系统地消灭，苏联人称这些车辆为"灵魂毁灭者"。明斯克被占领后，2万犹太人被杀害，另有10万犹太人被迫迁入新建的犹太人居住区。与华沙一样，希特勒也打算铲平白俄罗斯首都，为德国精英建造一座新城，其名为"阿斯加德"。在北欧神话中，阿斯加德是众神在天上所居之城。

苏联估计列宁格勒会遭到直接进攻，于是发动市民在城市周围建造了巨大的防御工事。但德国人另有计划：围困该城，直至它因饥饿而屈服。希特勒说，等到苏联战败后，"没有人会对这个大型城市中心是否继续存在感兴趣"。无须宽宏大量，也不接受投降，因为纳粹德国不想为安置和供食无家可归的城市居民而劳神："哪怕是只养活这庞大城市人口的一部分，我们也没有兴趣。"希特勒说，这座大都市及其人民"必须从地球表面消失"。德国人期望速战速决。目标是"将莫斯科和列宁格勒夷平，使其无法住人"。[2]

希特勒的命令是，不要让德国士兵冲进列宁格勒，在无意义的巷战中牺牲。要像巨蟒那样获取胜利：把这座城市勒死。只有少量的食物可以用船运

---

1. 列宁格勒，即今圣彼得堡。——编者注
2. Max Hastings, *All Hell Let Loose: the world at war, 1939–1945* (London, 2011), p. 170.

过拉多加湖或绑在降落伞上投入列宁格勒。该市的食物仓库、发电站和自来水厂都被摧毁了。300万人被封锁在列宁格勒，等待死亡的来临。"我们回到了史前时代，"埃琳娜·斯克里亚比娜（Elena Skryabina）在列宁格勒写道，"生活已经沦落为一件事情——寻找食物。"[1]

无休无止的炮击和轰炸崩断了人们的神经。列宁格勒人吃野猫、鸽子、乌鸦、海鸥，这些都吃完了就吃宠物和动物园里的动物；人们把墙纸煮成糊状来吃，皮鞋和凡士林也被用来果腹。有人开始售卖草做的汤和面包。"早上出门时你会撞上尸体。"斯克里亚比娜在日记中写道，"大街上，院子里，到处都是。尸体躺了很长时间。没有人来运走他们。"坏血病困扰着人们；他们疯狂地寻找食物残渣。面粉被从磨坊的墙壁和地板上刮下来。通常会被船员们拿来烧炉子的棉籽饼现在被拿来做面包。羊内脏和小牛皮被熬成"肉冻"。这年10月，工人每天的面包定量被削减到250克，其他人则是每天125克。[2]

由于缺乏食物、电力和燃料，列宁格勒在数周内从一座正常运转的城市变成了一个死亡陷阱。列宁格勒人把自己比作饿狼，一心想着生存，对周围发生的一切漠不关心。人们对家庭生活、性，甚至每天雨点般落下的炸弹都失去了兴趣；他们开始怀疑别人。由于学校不开学，没有什么工作可做，也没有什么娱乐，生活变得极为单调乏味，每天就只是排队领取面包和水，以及翻垃圾寻找食物。12月时，首例食人事件被报道出来。在一些尸体上，有大块的肉被割掉的痕迹。在不到一年的时间里，就有2015人因"以人肉为食"（按照警方的说法）被捕。[3]

1941年秋季和初冬，当列宁格勒忍饥挨饿时，中央集团军群发起了"台风行动"，对苏联首都发动了全面进攻。莫斯科陷入恐慌，人们认为，要么会有一场血战，要么斯大林会放弃这座城市。随着空袭的开始和德国装甲师不断推进，官员们把文件丢进篝火中销毁，难民涌入火车站，街上的法律和秩序开始崩溃。斯大林下令将党中央和政府撤往古比雪夫，他之后也会撤往

---

1. Anna Reid, *Leningrad: the epic siege of World War II* (London, 2011), pp. 134-135.
2. Ibid., p. 172; pp. 167ff, 182ff.
3. Ibid., pp. 176ff, 233, 288.

该地。他的行李收拾好了,火车和飞机都在待命,克里姆林宫空荡荡的。

10月19日,斯大林做出了战争以来最重大的决定之一。他宣布他要留下来,不论付出什么样的代价都要保住莫斯科。苏联创造了后勤上的一大壮举,40万名新兵、1500架飞机和1700辆坦克从4000英里外的远东地区迅速赶到莫斯科。虽然德国人正在逼近这座大都市,空袭也造成了大面积的破坏,但在11月7日,红场上还是举行了一年一度的阅兵式——这是一场声势相当浩大的展示,被拍摄下来并在苏联各地播放。

1941年底到1942年初,在冬季的严寒中,希特勒的军事机器在莫斯科郊外停了下来。12月5日,苏俄人开始了反攻。不到一个月的时间,希特勒强大的国防军就从这座共产主义首都后退了150英里。尽管莫斯科仍然处于危险之中,但"巴巴罗萨计划"已经失败了。在这场争夺一座城市的殊死斗争中,700万人被卷入了长达6个月的地狱般的战斗之中。如果说沙皇亚历山大一世为了从拿破仑手中拯救这座城市而牺牲了莫斯科的建成结构,那么斯大林牺牲的就是92.6万条生命。就像历史上其他想要成为征服者的人一样,希特勒把自己钉死在了一座城市上。

与此同时,列宁格勒遇上了20世纪最冷的冬天,气温降到了-30℃。营养不良、严寒和堆积如山的粪便使人们变得虚弱,许多人死于痢疾。其他人则纯粹是饿死的。1942年2月是围城期间情况最糟的一个月,每天都有2万人死亡。孤儿们在被炸毁的房屋构成的严酷世界里挣扎求生。但冬天也带来了少许救济。拉多加湖在1月份时结了厚厚的一层冰,一条"生命之路"开通了,这是一条突破德国人封锁线的6车道的冰上高速公路。在4月份之前,卡车运来了食物,并疏散了50万人,主要是儿童、妇女和老人。

尽管围困、不间断的轰炸以及仅能维持生存的食物水平一直持续到1944年1月,但最糟糕的时期已经过去。到1942年底,列宁格勒的人口从300万下降到63.7万,让这座废墟之城给人一种鬼城的感觉。当时超过四分之三的人口是妇女,她们在军工厂和造船厂工作。轰炸、疾病和饥饿造成的死亡人数至少有100万,140万人被疏散。轴心国和苏联的战斗人员以及列宁格勒的平民在这场世界末日般的城市争夺战中死亡的人数,远远超过了全世界在空袭中死亡的总人数。

对于一支军队来说,一座决心抵抗到最后一个男人、女人和孩子的城市也许是世界上最可怕的障碍,一个毁灭的漩涡。城市可以吞噬整支军队。它们是军事野心的坟墓。1812年,拿破仑在莫斯科战败,一年后又在莱比锡战败。希特勒则在列宁格勒、莫斯科和斯大林格勒[1]遭到了反抗，斯大林格勒更是让他遭受了灭顶之灾。

到1942年，德国国防军急需燃料。夺取高加索地区的油田，即"蓝色行动"，成了德国赢得战争的关键。然而这次行动还有个次要目标，那就是夺取丑陋的南方工业城市斯大林格勒。希特勒又一次痴迷于夷平一座具有象征意义的俄罗斯城市，将重要的燃油和飞机从高加索地区转移到夺取斯大林格勒的战役中。在闪电战面前，许多苏俄城市和小镇要么投降，要么被放弃。但对于这座以他的名字命名的城市，斯大林一寸土地也不会让出。

1942年8月下旬，弗里德里希·保卢斯率领的德国第六集团军到达斯大林格勒。在23日以及之后的5天里，德国空军第四航空队对斯大林格勒及其40万居民进行了猛烈攻击，使这座工业城市几乎成了一片荒原。

这片废墟和瓦砾成了历史上最关键的战场之一。总是能给德军带来优势的东西——毁灭性的快速攻击和机动性——在城市战中被剥夺了。闪电战演变成了德国士兵口中的Rattenkrieg——老鼠战。要夺取每一寸街道、每一堆瓦砾、每一幢建筑物和每一间屋子都必须进行近距离的战斗。战斗甚至会在下水道里展开，德军和苏联红军一层一层地争夺被毁的、没有屋顶的建筑。在一些地方，前线就是房间之间的走廊。废弃的拖拉机厂和带升降机的谷仓成了战场中的战场。根据斯大林下达的第227号命令，斯大林格勒的保卫者和平民"一步也不能后退"。在中士雅科夫·费多托维奇·巴甫洛夫的指挥下，一个排的苏联士兵固守一座被炸毁的四层公寓楼长达60天之久，抵抗住了德国人的反复攻击。斯大林格勒守军的指挥官瓦西里·伊万诺维奇·崔可夫打趣说，德国人为了夺取"巴甫洛夫大楼"所蒙受的损失比夺取巴黎时的损失还要大。

"接近这个地方时，士兵们常说：'我们要进地狱了。'在这里待了一两天后，他们说：'不，这不是地狱，这里比地狱还要糟十倍。'"保卫斯大林格勒并在人造的沟壑、洞穴和峡谷间战斗的狙击手、坦克司机、士兵和平民中有许多女性，她们经历了一场最可怕的战争。苏联内务人民委员部（NKVD）分遣队封锁了城市的郊区，射杀从斯大林格勒的末日大战中逃跑的士兵。德国人挨家挨户地扫荡这座城市，直到11月中旬，斯大林格勒的大

---

1. 斯大林格勒，即今伏尔加格勒。——编者注

部分地区都还在他们手中，苏联红军只能进行零星的抵抗。然而就在此时，在德军即将彻底占领这座城市之际，苏联发起"天王星行动"，进行了大规模的反击，包围了斯大林格勒。[1]

德国第六集团军（27万人）被困在城里。早在9月间，希特勒就立誓决不从斯大林格勒撤退。保卢斯将军得到命令不许突围或投降。有段时间，食物还可以通过空运送到城里。但到12月底，德军开始从高加索和俄罗斯全面撤退，只留下第六集团军继续坚守。德国人不得不凭借日益减少的食品和弹药库存来面对新一轮的城市战。他们经历了列宁格勒和华沙犹太人居住区的市民在德国人手中所遭受的苦难：饥饿和四处肆虐的疾病。1943年1月31日，第六集团军的残余部队投降了。

希特勒自称是城市的毁灭者，却被城市所毁。在第二次世界大战期间，有1710座苏俄城镇和7万个村庄被夷为平地。1943年和1944年，当苏联红军击退德国人，迫使他们向西撤退时，更多的暴力降临到了城市和平民身上。在1944年俄军的大攻势"巴格拉季昂行动"中，一支庞大的苏联红军出其不意地击溃了在白俄罗斯的德国中央集团军群。首先遭到攻击和包围的是维捷布斯克。城里的德军部队想要撤退。希特勒反应激烈。维捷布斯克是几个"要塞城市"（Fester Platz）之一，为了拖延苏联的进攻，这些设了防的城市应不惜一切代价坚守，直到最后一个人。但这些城市非但没能延缓苏俄人的进攻，反而成了四面楚歌、寡不敌众的德国人的死亡陷阱。在苏联坦克和步兵的包围，以及飞机的轰炸之下，兵力较少的德国军队毫无机会。第三装甲集团军在维捷布斯克被击溃。在要塞城市奥尔沙和莫吉廖夫，成千上万的德军被俘或被杀。经过空袭和短暂、徒劳的巷战，7万德军在博布鲁伊斯克被俘，在明斯克——不久之前还被定为将来纳粹的"众神之城"——被攻占后，又有10万名德国人被俘。[2]

希特勒让他的士兵在设防城市里坚持战斗的疯狂想法，使德军在短短2周内付出了50万人伤亡、15万人被俘（其中包括12名将军）的代价。战役结束时，在全部或部分被毁的270个城镇中，有209个在白俄罗斯。随着苏联红

---

1. Anthony Beevor and Luba Vinogradova (eds. and trans.), *A Writer at War: Vasily Grossman with the Red Army, 1941-1945* (London, 2005), p. 151.
2. Georgii Zhukov, *The Memoirs of Marshal Zhukov* (London, 1971), p. 353.

军向立陶宛和波兰挺进,更多城市——比如维尔纽斯、比亚韦斯托克、卢布林和柯尼斯堡——遭受了同样的命运,被希特勒指定为"要塞";它们的平民和驻军被迫投入支离破碎的前线,面临着被屠杀、被监禁、无家可归、贫困和被强奸的命运。

苏联红军不断向柏林推进,纳粹德国的失败已不可避免,希特勒打算让欧洲城市全都蒙受大难,使每一座城市都成为战场。1944年的平安夜,布达佩斯被苏联红军包围,成为被希特勒牺牲和毁灭的城市之一。在斯大林格勒和柏林之间,有成千上万的城镇在静静地燃烧。

如何消灭一座城市,第四步:种族灭绝、驱逐、掠夺和破坏

据说,广岛那被原子弹烧焦的土地在75年之内都长不出植物来。但巨大的樟树和盛开的夹竹桃都象征着生命的延续。即使面对世界末日,人类的生活似乎也总是在彰显其顽强的一面。在斯大林格勒,德军刚投降,居民们就回到了废墟下的地下室里居住。

对于华沙市民来说,在战争期间的大部分时间里,他们所面对的不是炸弹,而是一台恐怖机器,它破坏了公民精神和相互支持的意愿,而正是这些使饱受战争和轰炸蹂躏的城市团结一心。纳粹已打算摧毁华沙,但那要等到华沙人口的所有精力都被榨干后才能进行,他们仍在为东部战线生产军火和物资。

然而,即使是在这种情况下,也有一个秘密的华沙与纳粹控制的华沙平行存在。当纳粹关闭大学时,在地下活动的西部地区大学(University of Western Lands)[1]成立了,250名教师冒着生命危险教出了2000名大学毕业生。中学教师们也违背法律,私自给数以千计的中学生上课;如果被抓到,成年人会被送到奥斯威辛集中营,孩子们会被送到德国的工厂。报纸被印制出来,广播电台从秘密地下室里进行广播。秘密剧院、诗歌朗诵、政治辩论和文学集会使波兰的文化和城市的灵魂得以延续。人们喜欢乘有轨电车出行,因为乘客们在车上可以压低声音开开玩笑,聊聊八卦。"有轨电车同情我们,"一位华沙人回忆道,"它分享了我们的仇恨和蔑视。"对一些勇敢

---

1. 波兹南密茨凯维奇大学1940—1944年间的曾用名。——编者注

的人来说，策划武装抵抗是一种慰藉。[1]

即使是在悲惨、肮脏的华沙犹太人居住区里，生活也在不断地重新焕发活力，连同它所有的优缺点一起。毕竟，这是一座有40万居民的城市。肮脏、侮辱和恐惧让许多被关在那里的人比以往任何时候都更坚定地要过有目的、有尊严的生活。市议会组织了废物处理、公共事业、邮政服务、医疗保障、劳动、贸易和治安，并征收税款来支付其花费。许多慈善机构为社区中最贫穷的成员提供食物和福利，大约2000个家政委员会组织起来进行儿童保育和卫生监督。除了非法学校外，还有诊所、孤儿院、图书馆、施粥所、日托中心、职业培训计划和体育馆。犹太人区一度有47份地下报纸。政治也幸存了下来，活跃的左翼犹太复国主义青年团体和工会在暗中运转。它们将演变成武装抵抗运动。[2]

企业家们做起了能够满足城市需要的生意。一个可以穿着泳衣享受日光浴的特制"沙滩"售价2兹罗提。有钱人可以在咖啡馆和餐馆饱餐一顿，并穿着由男裁缝和女装裁剪师量身定做的时髦衣服。艺术经纪人非常忙碌：犹太人区有一个完整的交响乐团，他们会在音乐厅演出，那里还有几个剧院，有300名专业演员、音乐家和歌手出场表演。正如一位犹太人区居民所说："每一场舞蹈都是对压迫者的抗议。"[3]

在种族隔离的巨大压力之下，城市生活中的鸿沟被这座城中之城放大了。据一位幸存者说，"世界上没有哪座城市的咖啡馆里美丽优雅的女侍者的人数会比这个短命的犹太人居住区更多，它有自己的艺术咖啡馆，如斯普莱迪德（Splendide）、内格雷斯科（Negresco）等等。但就在它们的橱窗前，会有成群可怜的乞丐经过，他们常常因为营养不良而昏倒"。犯罪和卖淫激增，不平等、投机倒把和剥削四处蔓延。议会和警察不得不与纳粹打交道，这使得社区关系更加紧张。虽然许多人竭力维持城市生活，但不断有人从欧洲各地被驱赶到这里，这加剧了饥饿，使贫民窟的状况日益恶化。[4]

在1941年12月7日至18日举行的会议上，希特勒明确表示，犹太人将

---

1. Fritzsche, *An Iron Wind*, pp. 18–19.
2. Cesarani, *Final Solution*, pp. 340ff.
3. Ibid., pp. 342, 345–346.
4. Ibid., pp. 342, 487.

因战争而受到惩罚。欧洲的犹太人问题会得到最终解决。1942年初,华沙犹太人区的情况迅速恶化,在上半年就有39 719人死于饥饿和疾病。7月21日颁布了一项法令,命令所有犹太人撤离,只有那些受雇于德国人或适合工作的人除外。第二天是"圣殿被毁日",7200名犹太人被带到转运中心(Umschlagplatz)的收容站。在接下来的8个星期里,德国人每天都会封锁犹太人区的指定区域,从这些街区里带走5000到10 000人。

"犹太人区变成了一个地狱,"1942年夏天,当这座巨大的监狱城市被系统地清理时,哈伊姆·卡普兰(Chaim Kaplan)在日记里写道,"人变成了野兽。"犹太人区的警察要负责完成德国人下达的疏散配额,他们不得不与自己的犹太同胞战斗,把他们从藏身之处揪出来,以便将其送到转运中心去。人们爬上屋顶和墙壁逃走,他们乞求、贿赂和讨价还价,妇女们献出自己的身体以求幸免。留下来的人洗劫了犹太人区。求生的意志演变为一场个人的斗争,社区、信仰、友谊和家庭的纽带都断裂了。有些警察对他们被迫去做的事情深恶痛绝,于是选择逃走或自杀。到9月中旬,已有25.4万人被移送到转运中心。在那里,每天都会有一批人被带到特雷布林卡集中营去处死。[1]

在驱逐居民的行动完成后,会有3.6万名犹太人留在华沙这座鬼城里充当奴隶劳工。他们当中有许多人的妻子、孩子、其他家庭成员和朋友都被赶到了特雷布林卡集中营。他们饱受内疚和羞耻的折磨。短短几周内,整座城市的人口就被一小撮德国人和被他们胁迫的犹太警察消灭殆尽了。唯一能做的就是反抗。幸存者开始囤积食物。犹太人战斗组织(Żydowska Organizacja Bojowa)和犹太人军事联盟(Żydowski Związek Wojskowy)建造了掩体和战斗哨所,配备了煤气、电力和厕所。他们走私武器并制造燃烧瓶。1943年1月,当新一轮也是最后一轮驱逐行动开始时,党卫军意外地发现自己正置身于一个游击战区中。他们撤退了。[2]

抵抗战士知道自己会死;然而,他们想选择自己的死亡方式,并捍卫犹太人的尊严。一些犹太人设法溜了出来,逃到波兰人居住的那部分城市里,尽其所能地寻求庇护。4月19日,大批党卫军回来了,他们装备了坦克、装甲车和轻型火炮。德国人用火焰喷射器逐个街区地扫荡犹太人区,炸毁地下

---

1. Cesarani, *Final Solution*, pp. 493ff.
2. Ibid., pp. 605ff.

室和下水道，向掩体中投掷烟幕弹，才终于把起义镇压下去。即便如此，犹太人在这场激烈的"碉堡战"中所进行的游击抵抗还是持续了一个月。

尘埃落定后，德国人带走了53 667名犹太人，绝大部分被送往马伊达内克和特雷布林卡集中营。整个犹太人区成了一片废墟。在废墟上建起了另一座集中营，从欧洲其他地方送来的新一批犹太人被迫清理数千万块砖块，直到那座城中之城的痕迹彻底消失。

犹太人奋起反抗德国人一年后，华沙其他地方也开始了起义。这次的情况完全不同。"巴格拉季昂行动"取得了惊人的成功，随着苏联红军逼近这座城市，波兰领导层认为，在波兰落入苏联之手前，他们必须做些什么来维护他们在国家的未来中所处的地位。

1944年8月1日下午5点，波兰抵抗战士们手持轻武器，挥舞着燃烧弹，发动了起义。"在不到15分钟的时间里，我们的城市里就有100万人加入了战斗，"波兰家乡军（Polish Home Army）的指挥官塔德乌什·博尔-科莫罗夫斯基（Tadeusz Bór-Komorowski）写道。将近5年来，华沙的大部分地区第一次落入波兰人手中。长时间以来，喇叭一直在用宣传、威胁和命令打击华沙人，而现在它在播放波兰国歌，人们自1939年以来就再也没有听到过这首歌。波兰国旗在欧洲第三高的摩天大楼——保诚大厦（Prudential Building）上高高飘扬。华沙人情绪高涨。男女老少都争先恐后地帮忙修建路障，制造燃烧弹，在建筑物之间挖地道。[1]

当希特勒得知起义的消息时，他愤怒地举起拳头，浑身发抖。"他几乎要尖叫了，眼睛鼓得似乎要从眼眶里跳出来，太阳穴上青筋暴起。"但希姆莱安抚了他：起义是一种"祝福"。"再过五六个星期，我们就要撤走了，"希姆莱说，"但到那时华沙……将不复存在。"起初，希特勒想撤出德军，包围该城，然后把它炸成灰烬。但这在军事上是不可行的。作为替代，希特勒和希姆莱在8月1日向华沙发出命令："杀死华沙的所有市民，不分男女老少。华沙必须被夷为平地，才能给欧洲其他地区树立一个可怕的榜样。"[2]

接下来发生的是对整座城市的系统性破坏。

---

1. Richie, *Warsaw 1944*, pp. 193–194.
2. Ibid., pp. 241ff.

夺回和摧毁华沙的行动由党卫军上将埃里克·冯·登·巴赫-热勒维斯基（Erich von dem Bach-Zelewski）负责指挥，他曾在"巴巴罗萨计划"中监督对犹太人的大规模屠杀和针对游击队的种族灭绝行动。希姆莱给他送来了一批从"第三帝国"各地搜罗来的最可怕、最血腥的党卫军部队。其中包括奥斯卡·迭勒汪格（Oscar Dirlewanger）率领的部队，这支部队由德国监狱释放的危险囚犯、被认为对正规军来说过于疯狂的士兵、苏联红军的逃兵、阿塞拜疆人和高加索地区的穆斯林战士组成。迭勒汪格旅在东欧一路烧杀、强奸、施虐，他们屠杀犹太人、可疑的游击队员和无辜的妇女及儿童，数量之多令人反胃。[1]

这些强奸犯和大屠杀犯于8月5日被投放在华沙的沃拉（Wola）区，他们接到的命令是杀死他们遇到的所有人，摧毁他们所经过的一切。他们包围了公寓楼，把手榴弹投进去，建筑物着火了。逃出来的人不分男女老少全都被机枪扫射。这种情形出现在每一栋楼前。但这样做花费的时间太多了。于是他们改变了战术，大批平民被带到设在工厂、电车站和铁路高架桥等地的刑场，在那里将其集体枪杀。

迭勒汪格旅一贯的做法是先奸后杀，他们对屠杀儿童毫不在意。当德国人占领沃尔瓦（Wolwa）[2]时，党卫军已经杀死了4万波兰人。与此同时，同样具有种族灭绝倾向的俄罗斯解放军（RONA），一支由反布尔什维克的俄罗斯人组成的杂牌部队，曾与德国人一起服役，也在奥乔塔（Ochota）区制造了类似的可怕场景。在玛丽·居里的镭研究所，醉醺醺的RONA暴徒强奸了工作人员和病人，包括癌症末期患者，然后把他们浇上汽油点燃。接着他们又转向其他医院。希特勒和希姆莱的命令正在被执行：先杀光华沙市民，再把他们的建筑摧毁。然而，不分青红皂白的屠杀最终停止了。纳粹领导人决定，要让全城的人都变成奴隶劳工。现在，成群的市民被赶出他们的街区，送进集中营。[3]

迭勒汪格旅和RONA撤走了。城市街道上部署了一些最具破坏性的武器装备。华沙老城狭窄的街道对于普通坦克来说太窄了。成千上万的波兰人躲

---

1. Richie, *Warsaw 1944*, pp. 44ff, 249–250, 252ff.
2. Wolwa，疑为Wola，即沃拉区之笔误。——译者注
3. Richie, *Warsaw 1944*, pp. 275ff, 305ff.

在那里，由建筑和小巷组成的堡垒似乎是坚不可摧的。希特勒一声令下，大批致命的武器从四面八方被送来，帮助消灭华沙。镇压华沙起义的军事价值很小。但希特勒正在进行一场弥赛亚式的十字军运动，要不惜一切代价将这座大都市夷为平地。他把最好的装备从前线撤走，派去实施大屠杀。

这些武器是在斯大林格勒战役之后专门为城市战而设计的。其中包括4门超大型的卡尔臼炮，它们是史上最大的攻城武器之一，它发射的1577千克炮弹能够摧毁整栋建筑。一列巨大的装甲列车驶来，对老城进行轰击。还有固定火箭发射器和一系列重型榴弹炮。最新的机动攻击武器也被紧急运到华沙：10辆装有近程榴弹炮的IV号突击坦克；2辆装有火箭发射器的巨型"强虎"自行突击炮；以及90辆遥控的歌利亚坦克，它们可以炸毁城墙。然而，最可怕的武器是"喷烟者"六膛火箭发射器，它能够快速连续发射大量燃烧弹。波兰人称它们为krowy，也就是"牛"，因为它们发射时的声音听上去就像牛群在痛苦地吼叫。这是纳粹攻城技术的全部精华，被用来摧毁华沙的一幢又一幢建筑。大炮和"斯图卡"俯冲轰炸机将老城夷为平地。接着，歌利亚开进来清除路障，拆除剩下的城墙。"强虎"自行突击炮跟在它们后面，步兵和火焰喷射器紧随其后。最后进来的是迭勒汪格旅和其他党卫军部队。

波兰人奋勇作战，似乎要把华沙变成另一个斯大林格勒。但没有人能抵抗德国的超级大炮。整个老城被毁，3万人被埋在数百万块砖下。许多波兰人从下水道逃走。但仍有数千人没逃出去，他们面对的是迭勒汪格旅里那些种族灭绝的强奸犯。

在那之后，"斯图卡"和超级大炮转向市中心，25万波兰人被迫躲进地下室。在外面，建筑物"从上到下，一大块一大块地"被摧毁，"或是直接一击就被炸成碎片"。但抵抗仍在继续，人们投身于整场战争中最激烈的一部分战斗。德国人花了63天的时间来努力夺回这座城市。最后，在10月2日，当大家都清楚苏联红军不会前来救援时，波兰人投降了。当他们从掩体里出来时，华沙人最后看了一眼他们的城市："那是个可怕的景象，被烧毁的巨大街区……在我面前的是一个难以置信的景象，一排又一排的人，无穷无尽，人们还带着行李和其他奇怪的东西，比如自行车和婴儿车。"[1]

---

1. Richie, *Warsaw 1944*, pp. 591–592.

起义之初，华沙还剩下70多万人。在起义中死亡的平民有15万人。幸存者中，5.5万人被转移到奥斯威辛和其他集中营；15万人作为奴隶被送往"第三帝国"；1.7万人当了战俘；还有35万人被遣往波兰其他地方。按照小说家佐非娅·纳乌科夫斯卡的说法，华沙成了"历史上众多死去的城市之一"，华沙的人民成了"新的无家可归者"。[1]

"这座城市必须从地球表面完全消失，"希姆莱命令道，"一块石头也不能竖立着。所有的建筑物都必须夷平。"所有能从城市里拿走的东西都被装上4万多节火车车厢运往德国。从珍宝、艺术品到绳子、纸张、蜡烛和金属废料，所有东西都被拿走了。然后，被称为毁灭突击队（Verbrennungskommandos）的专业拆除人员开进来。这座城市剩下的一切都被系统地摧毁了。工兵用火焰喷射器和炸药点燃建筑物，坦克向空置的建筑物开火。克拉辛斯基宫、扎乌斯基图书馆（Załuski Library）、国家档案馆、国家博物馆、华沙大学、王室城堡、宫殿、教堂、纪念碑、医院、公寓楼、学校——一切都被抹去了。到1945年1月时，该市93%的建筑已经不复存在。[2]

只有诉诸种族灭绝、大规模驱逐和彻底拆除才能摧毁一座城市。但即便如此，华沙真的死了吗？

当苏联军队于1945年1月17日抵达华沙时，他们进入了"一座幽灵之城"。"我见过许多被毁的城镇，"艾森豪威尔将军说，"但从未见过这种兽行所造成的如此大规模的破坏。"[3]

4月，对抗纳粹德国的战争达到最高潮，在有如"诸神的黄昏"一般的城市战中，苏联红军在已经被盟军的持续空袭和己方的大炮摧毁的柏林挨家挨户地战斗。4月30日，苏俄人占领了国会大厦。那天晚上，希特勒在地堡里自

---

1. Fritzsche, *An Iron Wind*, pp. 357–358.
2. Reid, *Leningrad*, pp. 617ff.
3. Stanislaw Jankowski, "Warsaw: destruction, secret town planning, 1939–44, and post-war reconstruction, " in Jeffry M. Diefendorf (ed.), *Rebuilding Europe's Bombed Cities* (NY, 1990), pp. 79–80.

杀。5月2日至3日，德国人投降。"一轮满月在万里无云的天空中闪耀，"一位红十字会代表写道，"所以你可以看清灾难的可怕程度。这座穴居人的鬼城就是原来那座世界级大都市残留下来的全部东西了。"

战前，人们认为城市是脆弱的，在现代武器面前不堪一击。1945年5月，任何一个在遍布欧洲大陆的城市中目睹了被烧毁的建筑和废墟的人，可能都禁不住要问：如何才能修复这样的破坏呢？柏林被埋在5500万立方米的瓦砾下，汉堡被埋在3500万立方米的瓦砾下。但我讲述第二次世界大战的故事，为的是说明城市有难以置信的恢复能力，即使是在这样极端的情况下。

没有哪座城市在现代战争中遭受过与华沙一样的命运。也许柏林看起来确实像是一座经历过世界末日的城市，但它所蒙受的损害与波兰首都根本不是一个量级的。华沙被埋在7亿立方米的瓦砾之下。柏林有大约81%的地区被毁；但其中只有11%的建筑物被摧毁，其余70%则是受损。相比之下，在华沙，超过80%的建筑已被夷为平地。[1]

然而，即使在彻底毁灭的过程中，生命的痕迹依然存在。就在毁灭突击队拆除城市建筑时，一小群犹太人和波兰人正深深地潜伏在废墟底下隐蔽的掩体和下水道中。他们被称为"鲁滨孙·克鲁索""穴居人"，追捕他们的德国人则称他们为"老鼠"。有个团体甚至制作了一本杂志，刊登了一则讽刺性的旅游广告："为什么要去埃及看金字塔？——华沙有那么多的废墟。"[2] "鲁滨孙"们居住的地方被幸存者海伦娜·米德勒（Helena Midler）称作"永夜之城"，它隐藏在城市废墟之下，必须冒着生命危险才能找到食物和水。许多人要么饿死，要么冻死，要么被德国人发现后开枪打死。苏俄人解放华沙之后，这些人才重见天日。

钢琴家瓦迪斯瓦夫·什皮尔曼描述了他走上曾经熙熙攘攘的街道时的情形。现在这里是砖的海洋，他不得不爬过碎石堆成的山，"碎石踩上去像泥浆一样。我的脚被一团乱七八糟的电话线、电车线和曾经装饰过公寓或穿在早已死去的人身上的碎布缠住了"。[3]

---

1. H. V. Lanchester, "Reconstruction of Warsaw," *The Builder* (1947): 296; Robert Bevan, *The Destruction of Memory: architecture at war* (London, 2006), p. 97.
2. Reid, *Leningrad*, p. 639.
3. Reid, *Leningrad*.

苏俄战地记者瓦西里·格罗斯曼于1月17日抵达华沙，由于城市受损过于严重，他不得不从一条临时开辟的便道爬进城去："这是我平生第一次用消防梯进入一座城市。"有人跟着他翻过碎石堆成的斜坡："一排老人和年轻人走着，戴着皱巴巴的帽子或无檐软帽，穿着秋大衣或雨衣，手里推着轮胎很厚的小推车，车上装满了包裹、袋子和行李箱。姑娘们和年轻的妇女边走边对着冻僵的手指呵气，她们看着废墟，眼中充满悲伤。像他们这样的人已经有成百上千了。"[1]

纳粹被赶出华沙后，华沙人在第一时间赶回了他们的城市。一开始，他们只能在废墟中扎营。但他们的出现表明，现代最极端的城市谋杀案例以失败告终。

大批返乡者向垂死的华沙注入了活力。他们靠自己的力量开始了城市的重建工作，在市中心建起了房屋。他们到达时，一场关于废墟未来的激烈辩论正在进行中。政府内部的意见有分歧。一些人想放弃华沙，把首都迁往克拉科夫或罗兹，保留它那满目疮痍的废墟，作为纳粹对波兰所犯罪行的永久纪念碑。另一些人则认为，应该把它重建成1939年9月以前的样子，这既是对纳粹的一种反抗，也能安慰那些从战争中幸存下来的、满身创伤的华沙人，帮他们找回他们所珍视和熟悉的东西。而对于少数城市规划者和建筑师——比如刚从集中营里逃出来的扬·赫迈莱夫新基（Jan Chmielewski）——来说，华沙被摧毁的景象并没有造成可怕的冲击，反而让他们觉得有些"宽慰"：既然旧大都市那非理性的混乱已经被抹去，那么不妨抓住这个黄金机会建设一座崭新的城市。[2]

从伦敦到东京，从明斯克到汉堡，从基辅到考文垂，华沙所面临的困境，与其他被毁或部分被毁的城市所面临的困境类似。华沙刚被解放还只有几天，首都重建办公室（Biuro Odbudowy Stolicy，BOS）就成立了。如果说华沙的毁灭在现代战争中是史无前例的，那么重建其历史遗迹的规模和速度也是空前的。考虑到它所遭受的彻底破坏，其战前人口的60%被杀害，以及这个国家的贫困，不得不说波兰人的毅力是非凡的。多个基金成立了，波兰全

---

1. Beevor and Vinogradova (eds. and trans.), *A Writer at War*, pp. 312–313.
2. Richard J. Evans, "Disorderly Cities," *London Review of Books*, December 5, 2013, 27–29.

国踊跃捐款，还有志愿服务的工人。到1952年，华沙历史悠久的老城几乎全部都被从无到有地复原了。

人们不遗余力地确保每一个细节都是真实的。18世纪的油画、素描、文件、明信片、照片——全世界的线索都被搜集起来，以帮助波兰历史的保护者们。还有另一个信息来源。令人难以置信的是，在华沙被占领期间，一些建筑师秘密整理了华沙历史建筑的文件并绘制了图纸，以防万一。这些人冒着生命危险，对这座城市的记忆进行了编码，这样它就永远不会被杀死了，他们还把这座城市的零碎记录和画有它本来面目的图纸偷运出去，藏在修道院和战俘营里。[1]

华沙老城是世界上最伟大的历史遗迹之一，它体现了城市的韧性和人们对其建成环境的崇敬：哪怕一座城市只存在于偷运出去的图纸碎片上和人类的记忆中，它也绝不会被真正摧毁。在整个欧洲都发生了类似的事情。在一座又一座城市里，市中心被重建为纪念暴行和种族灭绝之前那个时代的纪念碑。在数百座城市里，人们对旧日的、熟悉的和历史的东西的依恋显而易见。吕贝克在汉萨同盟时期的辉煌在城市的核心地带被缓慢而艰难地恢复了；在法兰克福，新建的砖木结构房屋取代了那些被炸毁的房屋。

"举国齐心，共建首都。"这是这项惊人的复原工程的口号。没有什么能与华沙的重建相提并论。但这项工程的重中之重是这座城市历史悠久的那些部分，即建于17、18世纪的巴洛克风格的老城，它们被认为是有纪念意义的。而在其他地方，那些开始重建家园并让市中心纵横交错的美丽小巷焕发生机的人们发现，他们的住处将再一次被毁。在这些房屋所在之处，将要建起雄伟的新建筑，让人一看就心生敬畏之情。这些建筑中最著名的是一座摩天大楼，原名为约瑟夫·斯大林文化科学宫（Joseph Stalin Palace of Culture and Science），是苏联赠送给波兰的礼物。它以莫斯科的"七姐妹"摩天大楼为原型，但融入了波兰的设计特色，它矗立在华沙的废墟之上，成了共产主义力量的视觉宣言。

共产主义力量的巨大象征矗立在华沙市中心，这使它看起来与其他几十

---

1. Jankowski, "Warsaw," pp. 79ff; Jerzy Elzanowski, "Manufacturing Ruins: architecture and representation in post-catastrophic Warsaw," *Journal of Architecture* 15 (2010): 76–79.

座斯大林式的城市没什么区别。但华沙想要与众不同。首都重建办公室的许多重要人物都是左翼现代主义者，他们在两次世界大战期间把华沙推向了前卫的建筑激进主义。在华沙被纳粹占领的漫漫长夜里，他们转入地下，偷偷培养大学生和博士生，并秘密计划在德国人被驱逐后，建设一座崭新的现代大都市。1945年后，他们希望华沙重新占据欧洲中心的地位，成为一座国际化的、先进的大都市。

而且，在这座亟待复兴的城市里，他们拥有巨大的力量——激进的建筑师在整个欧洲的城市里都取得了这样的力量。在他们看来，19世纪的城市（包括其公寓、小巷和林荫道）是丑恶和混乱的。他们激进的城市主义将催生一个全新的社会世界（social world），它会比以往任何社会世界更平等、更符合集体利益。华沙的规划者们想要建造开创性的大型住宅区，以取代老式的公寓和街道。

首都重建办公室的领导者相信，通过建筑，一种"新的共存形式"将会出现，那是一个基于集体主义原则，更加民主、平等的社会。拥有绿地、学校、医院、商店和各种结社手段的大型住宅区，将形成自给自足的工人阶级城市社区。对于波兰建筑师来说，"当今的生活、工作（和）娱乐，从摇篮到坟墓，都是在建筑中逐步展开的。好的建筑总是能教导人们进行有序的、合乎逻辑的和影响深远的思考，发展人们的想象力，没有想象力就不可能有任何成就"。这座现代城市将由集公园、办公楼和停车场于一体的混凝土高层住宅构成；市内高速公路纵横交错，周围还有环城公路。在战后初期为华沙设计了许多住宅区的现代主义建筑师希蒙和海伦娜·塞尔库斯（Szymon and Helena Syrkus）说，大都市新式的大型住宅为城市化的工人提供了基本的生活乐趣："阳光、绿色植物和空气。"[1]

在短短的几年里，欧洲城市的面貌就被战争的暴力和随之而来的理想主义浪潮彻底改变了。和在华沙一样，许多没有毁于冲突的地方都被推土机夷为平地。所谓的"贫民窟"或"衰败区"被清理干净，那里原有的社区被重新安置到高度现代化的住房中。在法国，城市郊区出现了成千上万的大型

---

1. Marian Nowicki, *Skarpa Warszawska* 1 (October 1945), cited in Magdalena Mostowska, "Post-War Planning and Housing Policy: a modernist architect's perspective," *European Spatial Research and Policy* 12:2 (2005): 98.

建筑群，它们都是由用预制钢筋混凝土建造的大型公寓楼组成的。在英国的城市里，人们对"丑陋、扭曲的人性之镜"（在工人阶级居住的市中心地区尤为明显），以及"19、20世纪的混乱和粗陋"发动了战争，旨在建设有秩序、有效率、宽敞和自给自足的城市社区，其具体体现就是新的多层混凝土大楼、大型住宅区和建在城外的"新城镇"。在经历过人类历史上最黑暗的时刻后，这一切给人的感觉就像一场革命，令人振奋，充满了可能性和乐观主义。在20世纪40年代末和50年代，城市正在进行快速的彻底改造，在这一过程中，就像华沙所做的一样，一些地区被保留下来作为遗产，而另一些地区，如熟悉的街区和有历史的街道，则以进步的名义被摧毁。比利时社会主义建筑师雷纳特·布雷姆（Renaat Braem）认为："这会是一场总体战，城市化将成为解放生活框架的武器。"对于布雷姆这样的规划者来说，1939至1945年的总体战将让位于作为按照理性、科学路线重组社会之手段的"总体建设"。[1]

华沙是浴火重生的凤凰，是一座从毁灭的灰烬中崛起的城市。然而，在华沙和所有欧洲城市的文化中都有一个巨大的缺口：曾经占华沙人口三分之一的犹太人全部消失了。战后，在近40万犹太市民中，只有不到5000人返回了这座城市。这种损失是无法弥补的。

华沙的历史也揭示了一些别的东西。如果说它能幸存要归功于什么的话，那就是其人民的精神，那些反抗者和那些归来重建城市的人的精神。世界各地的城市居民在不同的情况下都表现出了这种决心。在波兰，这一新的现实在城市景观上得到了体现。当华沙人表现出他们对古老而又熟悉的街道、小巷和公寓的偏爱时，他们得到的却是斯大林式的纪念碑和单调的灰色混凝土住宅区。

复原后的巴洛克风格老城那亲昵的街道与简朴严肃的新开发项目形成了鲜明的对比，从中可以看出波兰被夹在欧洲和苏联之间的困窘。这样的事情正在全世界发生，华沙只是一个表现得比较夸张的例子。在德国、英国和其他地方，人们渴望恢复熟悉的城市景观，这种愿望与当局对现代城市在战后的美丽新世界中应该是什么样子的构想之间的关系非常紧张。在历史的寒光中，现代主义建筑的统一性和普世性，以及它对彻底重塑社会的热切渴望，

---

1. Mostowska, "Post-War Planning and Housing Policy," p. 97.

恰巧是对城市理念和城市本身的一种攻击：对秩序的渴望与城市生活所固有的杂乱、混沌和个体性发生了激烈的冲突。

相比之下，东京拥有自力更生和街区组织的强大传统，它的重建工作在很大程度上交给了个人。大部分居民区的新开发是由业主自己进行的，他们使用了传统的建造方法和乡土化的建筑风格，聘用的是当地的建筑商。东京无规划的、渐进式的重建为这座城市从废墟中崛起为20世纪下半叶的世界性大都市奠定了基础。非正式的居住区和高密度的应急棚户区为城市的发展提供了平台，使东京拥有了令人兴奋的高密度和差异化的城市结构。这与其他地方的城市形成了鲜明的对比——尤其是（但并不只是）华沙，在那里，威权主义和家长作风拒绝让个人和城市里的微型社区在决定城市未来方面发挥作用。[1]

---

1. André Sorensen, *The Making of Urban Japan: cities and planning from Edo to the twenty-first century* (Abingdon, 2002), p. 149; C. Hein, J. Diefendorf and I. Yorifusa (eds.), *Rebuilding Japan after 1945* (NY, 2003); Matias Echanove, "The Tokyo Model: incremental urban development in the post-war city" (2015), http://www.urbanlab.org/TheTokyoModel-Echanove.02.2015.pdf.

第 13 章

郊区之声

洛杉矶
(1945—1999)

到处都是碎玻璃

人们在楼梯上小便,你知道他们根本不在意

臭得要死,吵得要命

没钱搬出去的我,只能认命

老鼠在前厅,蟑螂在后室

拿着棒球棍的瘾君子在巷子里边

《讯息》(The Message)是一首1982年的电子说唱单曲,由闪耀大师与愤怒五人组(Grandmaster Flash & the Furious Five)创作,这首单曲谴责了在市中心生活的压力,在嘻哈音乐从纽约的街区派对中脱颖而出并在全球主流音乐中占据一席之地时,它的发展方向改变了。

人们普遍认为,嘻哈音乐是1973年8月11日在纽约市布朗克斯区塞德维克街1520号诞生的,当时DJ(唱片节目主持人)库尔·赫克(Kool Herc)正在这座大楼的娱乐室里主持一场派对。这座不起眼的高楼建于1967年,它坐落在两条隆隆作响的高速公路(81号州际公路和跨布朗克斯区高速公路)之间的高层建筑群中。"当我从地铁站出来时,我看到了一个可怕的场景:一排漂亮的红砖公寓……变成了一大片废墟。外墙被烧黑,上层的一些墙壁已经脱落,窗户被砸碎,人行道上还散落着碎片。当我……向东走了半英里的下坡路时,我看到这座新出现的废墟那巨大的全景展现在我眼前。"这片满目疮痍的城市景观被它的30万居民遗弃了。[1]

这段话所描述的并不是1945年时一座被炸毁的城市。这是马歇尔·伯曼在描述1980年他拜访布朗克斯区时看到的情景,他就是在这里长大的。布朗克斯区已经成了"一座城市可能遭遇的每种灾难的象征"。跨布朗克斯区高速公路蛮横地穿过各个街区,把植根于此的社区打散,并在这个地区的各个部分之间建起了无法通行的沥青路障。与20世纪六七十年代世界上许多城市一样,最贫困的居民被安置到高层混凝土住宅项目中。尽管没有受到战争的影响,美国城市仍像其他地方一样,欣然接纳了二战后流行的那种将建筑推倒重建的冲动。1950年至1970年间,美国拆除了600万套住房。其中一半位于市中心,这对租户和有色人种造成了严重的影响。伯曼写的是布朗克斯区的人,但你也可以认为它写的是从巴黎到格拉斯哥、从伦敦东区到华沙的整个城市世界里的工人阶级:"他们做好了面对极度贫困的准备,但当他们所处的这个艰苦世界破裂和崩溃时,他们就不知所措了。"[2]

高层住宅和多车道的道路摧毁了对抗市中心贫困的最好屏障——以街道为基础的社区。像许多市中心地区一样,布朗克斯区的这些混凝土板房成了犯罪团伙和毒品交易的温床。20世纪70年代,本就饱受住房项目、贫困和失业之苦的布朗克斯又遭受了一系列纵火案的打击,当时许多业主为了索取保险金而烧毁了他们没多大价值的公寓。伯曼同情地看着那些和他一起长大的人,他们仍然忠于自己的社区。"这些遭殃的人属于世界上最大的影子社区之一,他们是一场无名大案的受害者。现在就让我们给它起个名字:谋杀城

---

1. Marshall Berman, "Among the Ruins," *New Internationalist*, December 5, 1987.
2. Ibid.; Francesca Russello Ammon, "Unearthing 'Benny the Bulldozer': the culture of clearance in postwar children's books," *Technology and Culture* 53:2 (Apr. 2012): 306–307.

市（urbicide），即杀害一座城市。"

一位自美国情报机关退休的上校在1968年撰文，把美国城市贫民区"高楼林立的水泥丛林"——以及它们的小巷和屋顶——与越南的丛林相比较，想知道美国军队在城市环境中是否会比在热带环境中表现得更好。他得出了否定的答案。但市中心的崩溃使得制定城市反叛乱战术成了军方的当务之急。1964年至1968年间，美国有257座城市爆发了大规模骚乱，52 629人被捕。1968年4月，马丁·路德·金遇刺，5月，美国联邦调查局秘密警告说，美国"要有充分的心理准备，在未来几个月，城市地区将面临实质性的叛乱"。[1]

嘻哈音乐是当今世界上占主导地位的文化形式之一，它起源于20世纪70年代布朗克斯区经历的城市噩梦。"别逼我/我已在崩溃的边缘"，《讯息》中愤怒而又短促有力的饶舌这样说，"我在努力/不让自己失去理智/有时这里就像丛林，我都不知道/我是怎么挺过来的"。

嘻哈音乐所体现的，是被困在饱受蹂躏的后工业时代城市中心的、被边缘化的黑人青年的心声。这是一种积极的声音，这个音乐流派，以及它富于创造性的抒情手法，在一定程度上是对城市环境的冷酷所做的热烈回应，同时也是对那些将这些年轻人视为罪犯和吸毒者之人的反击。嘻哈让他们有了除加入帮派之外的其他选择，也为他们提供了在暗淡无光的城市中心施展创造力的途径。

原本只是在邻里聚会上和夜总会里即兴表演的嘻哈和说唱，从1979年开始了商业化。在接下来的几十年里，它成了主流文化的一部分，还在这个过程中改变了流行音乐，并在时尚、设计和艺术中留下了自己的印记。《讯息》在嘻哈的历史上意义重大，标志着它走向了抗议和社会评论。这个流派在全球范围内的迅速成功不仅让贫民区找回了尊严，还把被忽视的城市禁区这一形象烙在了公众的意识里。

---

1. Conor Friedersdorf, "When the Army Planned for a Fight in US Cities," *The Atlantic*, January 16, 2018; William Rosenau, "'Our Ghettos, Too, Need a Lansdale': American counter-insurgency abroad and at home in the Vietnam era," in Celeste Ward Gventer, M. L. R. Smith and D. Jones (eds.), *The New Counter-Insurgency Era in Critical Perspective* (London, 2013), pp. 111ff.

到20世纪80年代，皇后区的皇后桥住宅区——在第11章里我提过这一创新的、著名的混凝土住宅区——已经成为一个贫困和堕落的城市地狱，是快克可卡因交易的中心。这里是帮派斗争之地，谋杀案件比纽约任何住宅区都多。但在马尔雷·马尔（Marley Marl）的指引下，它也成了嘻哈创新的温床之一。作为一名电台DJ，马尔彻底改变了嘻哈音乐。1983年，他还促成了果汁团（Juice Crew）的成立，这个艺术团体的成员都是在20世纪80年代崭露头角的天才，其中包括罗克珊·尚特（Roxanne Shanté）、比兹·马基（Biz Markie）、大老爹凯恩（Big Daddy Kane）。这个麻烦不断的住宅区所具有的创作活力鼓舞了辍学的青少年纳斯（Nas），这位"皇后桥住宅区的诗圣"成了20世纪90年代最成功的说唱艺术家之一。"在皇后桥住宅区长大，"1998年，纳斯回忆道，"是马尔雷·马尔和果汁团给了像我这样的说唱黑鬼希望，告诉我们在这个街区之外还有另一种生活……他让我们相信，虽然我们来自那些无法无天的街道，但我们仍然有机会改变自己的生活。"[1]

嘻哈植根于街头的声音和感觉，它深受特定地域的影响。但它也是包罗万象的，包含了文字游戏和俚语、夸张的自夸、抒情的奇思怪想、搞怪、社会行为主义和由自传构成的抗议。与地方文化的紧密联系加上它多到难以计数的形式，使嘻哈成了一种普遍的、全球的运动，表达了世界各地的人在荒废的市中心所感受到的挫折。纳斯20岁的时候发行了他的首张专辑《Illmatic》（1994），以第一人称叙述了一个青少年是如何在美国最臭名昭著的住宅区之一里成长起来的。"当我制作《Illmatic》时，我还是一个被困在皇后桥贫民区的小孩。"几年后他回忆道，"我的灵魂被困在皇后桥住宅区里了。"[2]

在他的意识洪流中，纳斯成了一个特定地域的编年史诗人。他的歌词与他的自传和皇后桥的物理存在纠缠在一起，里面提到了它的街道名称、它的

---

1. William Jelani Cobb, *To the Break of Dawn: a freestyle on the hip hop aesthetic* (NY, 2007), p. 142; https://web.archive.org/web/20110728100004/http://hiphop.sh/juice.
2. Michael Eric Dyson and Sohail Daulatzai, *Born to Use Mics: reading Nas's Illmatic* (NY, 2009).

帮派和他的朋友；他使用的俚语是纽约市的这个小角落所特有的。"我想让你知道我是谁：街道尝起来、摸起来、闻起来是什么样的，"他说，"警察是怎么说话、怎么走路、怎么思考的。瘾君子们会做些什么——我想让你闻到，感受到。对我来说，这样讲故事是很重要的，因为我认为如果我不讲，就没有人会讲这些。"[1]

《Illmatic》对乌托邦式的现代主义住房实验发出了致命且极具说服力的谴责。像其他嘻哈唱片一样，它不仅见证了城市在20世纪下半叶的衰落，也见证了城市理想本身的破灭。年轻的纳斯梦想着逃离，但他做不到。

纽约（20世纪大都市的最高典范）正在衰落。1964年的纽约世博会（其口号是莫名其妙的"人类在不断膨胀的宇宙中不断缩小的地球上取得的成就"）是一次尴尬且代价高昂的失败，是一座陷入困境的城市的象征。在20世纪70年代，纽约差点破产。它的建筑日益腐朽，街道上到处都是抢劫犯、毒贩和流浪汉。20世纪90年代，以纽约人为对象的一项调查显示，60%的人宁愿搬到其他地方去住。

在第二次世界大战之后的几年里，这座城市经历了猛烈的退潮，数百万人搁浅了，被困在废墟之中。维持城市生活的工业企业随之迁出。几百万人也跟着搬走了，他们曾经居住过的街区因而失去了活力。

他们离开这座城市到别处去了。搬到一种新型的大都市里去了。

❦

"今日的明日之城"，1950年，当洛杉矶县南部的莱克伍德市在3500英亩的青豆田中破土动工时，他们这么称呼它。每天都会有4000名工人在一条巨大的户外装配线上建起至少50栋房屋。大约每10分钟就有一间住宅完工。工人们被分成30个不同的小组，每个小组负责一项特定的任务。在这栋楼房上，工人们浇注混凝土，而在那栋楼房上，木匠们则搭建预制的墙壁和椽

---

1. NPR interview, "Nas on Marvin Gaye's Marriage, Parenting and Rap Genius," July 20, 2012, https://www.npr.org/2012/07/22/157043285/nas-on-marvin-gayes-marriage-parenting-ad-rapgenius.

第13章 郊区之声　317

子。等油漆工把室内粉刷完毕后，木瓦会被钉在屋顶上。[1]

到1953年，1.75万座牧场风格的简朴灰泥平房和140英里的公路已经建好，莱克伍德的居民——大部分是年轻家庭，共有7万人——住了进去。在它的中心处有莱克伍德中心，那是一个被1万个停车位环绕的大型购物中心。

这里确实是明日之城。年轻夫妻们购买了这些带花园的独立家庭住宅，就是买到了一种现代的生活方式，这种生活方式围绕着他们的住宅提供的隐私，围绕着娱乐和消费主义展开。这里阳光明媚，气候宜人，气氛轻松，靠近海滩、乡村和山区，有出色的学校、美味的食物和高薪的工作，简直是能用钱买到的伊甸园，人们热切地接受了它。

加利福尼亚的魅力把美国各地的家庭吸引到了莱克伍德，还有少数家庭来自加拿大、德国和英国等地。当时的一部纪录片说，"他们喜欢这些房子和街道在高度现代化的购物中心周围排列得整整齐齐的样子，还有大片免费的停车场。他们的生活、工作和购物模式整个转变成了现代郊区的模式。对很多人来说，莱克伍德就是天堂"。

围绕着大型购物中心大规模建造房屋的莱克伍德模式，被复制到了全洛杉矶县、全美国乃至全世界。自1950年莱克伍德破土动工起的20年间，美国各主要城市新增了1000万居民，而郊区则增加了8500万居民。城市人口的外流仍在继续：第二次世界大战期间，只有13%的美国人被郊区化，但到20世纪90年代，超过一半的人口迁移到了郊区。同样重要的是这种生活的地理现实。当美国的城市和郊区人口增长了75%的时候，城市和郊区的建筑面积却增长了300%。以汽车为基础的城市生活创造了一种新型的城市，并在此过程中彻底改变了人们的生活方式。美国的文明是围绕着个体家庭的私人领域而不是城市的公共生活形成的。[2]

但具有开创性的不仅仅是莱克伍德的物理布局、生活方式和社会抱负。1953年，附近的长滩市打算把这一新开发区据为己有。由于担心长滩会给他们的乌托邦带来他们不喜欢的工业和住房负担，莱克伍德的居民决定将他们

---

1. D. J. Waldie, *Holy Land: a suburban memoir* (NY, 2005).
2. United States Census Bureau, *Patterns of Metropolitan and Micropolitan Population Change: 2000 to 2010* (2012).

像保鲜盒似的住宅区合并为一个自治市。

根据这一安排，莱克伍德把道路维护、教育、卫生和治安服务外包给洛杉矶县，但它会从购物中心获得部分销售税，并保留对这一分区的控制权。换句话说，莱克伍德成了一个自治的城市，能够将他们不喜欢的东西拒之门外，比如工业和廉价住房，以及随之而来的不受欢迎的人。通过保留未来的住房开发权，莱克伍德可以把那些想做房东的人拒之门外，因为这些人更有可能依赖福利；通过对新住宅的地块大小和设计加以规定，莱克伍德可以间接地把房价维持在足够高的水平，以保持其排他性。

这种对物质环境的支配力以及它的生活方式，成为莱克伍德的主要吸引力之一。作为一座城中之城，它的世界里本来就充斥着志趣相投者：白人、中产阶级下层和高薪蓝领。全美国都对这里进行了仔细的考察，莱克伍德计划成了数百个其他社区的模板。洛杉矶盆地出现了几十个自发合并而成的自治市，它们极力捍卫划定的边界，它们的市域覆盖了数百平方英里的前乡村地区，有数不清的大片房屋和购物中心。[1]

莱克伍德和以它为榜样的城市，都渴望保持原样。最初在这片处女地定居的拓荒者们是在逃往一个新世界，它有着崭新的开端和令人羡慕的生活方式。不过他们也是在逃离其他一些东西——破旧的老城区，那里工业污染严重、肮脏、犯罪率高、道德败坏、过度拥挤、种族混杂。来自纽约、芝加哥、休斯敦、圣路易斯等拥挤地区的欧洲裔工人阶级和中产阶级家庭，想要在阳光明媚、棕榈树环绕的加利福尼亚过上悠闲的生活，不希望充满罪恶的市中心紧跟着他们来到他们新发现的香格里拉；他们闩上身后的门，上了三道锁。

如今距莱克伍德建成已经有将近70年了，它已经用一句新的标语取代了20世纪50年代的未来主义口号。8月的一个早晨，当我开车沿着德尔·阿莫大道（Del Amo Boulevard）驶入这座城市时，人行天桥上的一块牌子映入我的眼帘，上面写着："莱克伍德。时代变了。价值不变。"当我驱车穿过21世纪莱克伍德的住宅区街道时，这个口号变得真实起来。它很美：绿树成荫

---

1. Martin J. Schiesl, "The Politics of Contracting: Los Angeles County and the Lakewood Plan, 1954-1962," *Huntington Library Quarterly* 45:3 (Summer 1982): 227-243.

的大道上，整整齐齐的平房一座接一座，大多数都有尖桩篱栅、干净的草坪和得到精心照料的繁茂植物；许多房屋上飘扬着星条旗，运动型多用途轿车（SUV）和大型皮卡车随处可见。自起初的乌托邦梦想诞生以来，几十年过去了，这里似乎仍是典型的蓝领和中产阶级聚居的美国郊区，一直忠实于它的创始精神。

※

现在我们谈论的是人类如何在一个城市世界里生活。但现实是，对我们大多数人来说，这是一个城郊世界，一个不断蔓延的世界。

自第二次世界大战结束以来，人们与之共存数千年之久的城市经历了迅速而彻底的变化。20世纪末，有人预言传统的城市将会融入不断扩展的特大城市之中。大洛杉矶地区庞大的城市群如今覆盖着南加州33 954平方英里的土地，在许多方面都堪称一座迅猛成长的大都市，或者说是"母城"。

从空中俯瞰洛杉矶盆地，可以看到地球上最壮丽的景色之一：人山人海，川流不息，精力充沛。它比爱尔兰共和国还大，人口多达1900万，这不是城市，而是一个"城市宇宙"（Metroverse）：一大群城市、超大型住宅区、工业区、商场、办公园区、配送中心，通过绵延许多英里，似乎没有尽头也没有界限的高速公路连接在一起。对于二战后的许多游客来说，这个超大的城市区域是一个可怕的、令人反感的东西，他们习惯了传统的、紧凑的、有明确中心的城市，觉得这个地方是难以理解的。

但在21世纪，这种类型的城市和这种规模的城市地区，在所有有人居住的大陆上都很常见。全球经济的动力不再是城市，而是由多座大都市组成的29个特大城市地区；这些城市地区加起来创造了世界一半以上的财富。例如，波士顿—纽约—华盛顿走廊［波士华地区（BosWash）］，有4760万人口，产值3.6万亿美元；东京大都市圈，人口4000万，产值1.8万亿美元；港深都市圈（香港与深圳），人口1950万，产值1万亿美元。港深都市圈是珠江三角洲的一部分，这个三角洲拥有一个密集的城市网络，人口超过1亿。中国正在建设高速铁路网，将更多的城市群连接成一个巨大的超级城市区域。2014年，中国政府宣布创建京津冀城市群，即一个占地13.2万平方英里的特大都市圈，包括北京、河北和天津，拥有1.12亿人口。欢迎来到无尽的城市。

大都市去中心化这种现象首先出现在南加州。如果说这场历史性的革命在洛杉矶汹涌的住房海洋中有一个精神家园的话，那就是莱克伍德市，它坐落在洛杉矶市中心以南20英里左右的地方。

据说，多萝西·帕克曾打趣说，洛杉矶是"72个寻找城市的郊区"。对洛杉矶的这一评论被众多批评者以各种形式重复过。但只有当洛杉矶还是一座传统的城市，拥有一个商业/工业核心区域，以及随着城市的发展向外辐射的环形城郊居住区时，这一评论才是正确的。早在莱克伍德建成之前，洛杉矶就被有意发展为20世纪的一种新型城市：一座去中心化的城市。

19世纪70年代，洛杉矶的人口还不到1万，在技术（特别是移动技术）重塑城市世界的时候，它迅速成长为一座全球性大都市。到20世纪20年代，大洛杉矶地区拥有了世界上最发达的市内铁路系统，长达1100英里的铁路线把数百个城市、小镇和村庄连接成一个区域性的城市网络。它还将触角伸向了未开发地区，那巨大的蜘蛛网是未来城市的骨架，还没有长出肉来。到它长成时，洛杉矶人拥有汽车的可能性将是其他地区美国人的4倍。这是一座基于流动性而建立的城市，不像传统城市那样集中。支撑这座大都市的工业——石油、橡胶、汽车制造、娱乐和飞机制造——都需要相当大的空间。

这些巨大的工厂因其渴求空间的天性而分散开来。洛杉矶的众多城市看起来和感觉上确实都像郊区。但它们可没有在寻找一座中心城市。这里的工作岗位并没有集中在一个地区，而是分散开来的。大洛杉矶地区并不是一个郊区的集合体，而是由相互关联的城市拼凑而成的，这些城市正开始融合在一起。南盖特市位于洛杉矶市中心以南7英里处，是蓝领聚居的郊区，有一座美国通用汽车公司的汽车工厂和一个住宅区。南盖特有一股乡土气息，那里有粗制滥造的住宅，有养了鸡、种着菜的花园。依靠不断扩张的交通线路和大都市的道路系统，工人阶级居民能够前往这个地区任何一个制造业岗位上班。[1]

洛杉矶的急速扩大并不是无序扩张或僵尸般的郊区不断增加的结果。它的扩张是由支持着它的工业决定的，但也是由一个乌托邦式的现代城市概念决定的。

---

1. Becky M. Nicolaides, *My Blue Heaven: life and politics in the working-class suburbs of Los Angeles, 1920-1965* (Chicago, 2002).

1896年来到洛杉矶的公理会牧师达纳·W.巴特利特（Dana W.Bartlett）说：" 气候有现金价值。" 它之所以有价值，是因为它吸引了富有的游客来到这个 "国家游乐场"。"但气候对工人的现金价值是最大的，" 巴特利特在他的著作《更好的城市》中写道。生活在南加州的气候下将使工人阶级受益：这将给他们带来健康，节省过冬的燃料费，还能让他们建造自己的廉价房屋，种植蔬菜和花卉，以及养鸡。"在这里就连穷光蛋也能过得像个国王。"

巴特利特这些话写于1907年，当时的洛杉矶还很小，在他的想象中，未来的工人阶级家庭可以在山上或海边度过他们的闲暇时光。他们将拥有带花园的房子，并在分散于该地区各处的工厂中工作。巴特利特称之为 "高尚的生活"，在这样的生活中，美观和健康并存于一座不会因过度拥挤而令人难以忍受的城市里。巴特利特阐述的是一种关于洛杉矶应该如何发展的观点，这样的观点广为流传。他借鉴了英国人埃比尼泽·霍华德所设想的城市未来，霍华德1902年出版的《明日的田园城市》是城市规划领域最具影响力的著作之一。按照这种设想，规模适中的花园城市将会建在乡村地区，周围环绕着田野和森林，它们能够消除现代工业城市的有害影响。为20世纪设计的分散的、半乡村化的大都市，是对19世纪那些邪恶、致命的巴比伦——芝加哥、曼彻斯特、纽约和许多其他城市——的直接回应。

在总工程师威廉·穆赫兰（William Mulholland）的指挥下，洛杉矶修建了世界上最长的引水渠，跨越233英里的距离把水从欧文斯谷（Owens Valley）输送到了城里。丰沛的水源使大片地区成为肥沃的农田；它还被用来发电；最重要的是，它输送的水量超过了城市的需求。洛杉矶通过提供价格便宜的水吞并了邻近的社区，从而实现了扩张。1909年，洛杉矶获得了威尔明顿（Wilmington）和圣佩德罗（San Pedro），开辟了一条从城市到海洋的陆地走廊，给自己弄到了一个港口。它在1910年吞并了好莱坞，1915年吞并了圣费尔南多谷，20世纪二三十年代又吞并了索代尔（Sawtelle）、海德公园（Hyde Park）、伊格尔罗克（Eagle Rock）、威尼斯（Venice）、瓦茨（Watts）和图洪加（Tujunga）。在19世纪90年代，洛杉矶市占地28平方英里，人口不足10万；到1932年，它的面积已经膨胀到469平方英里（增长了1575%，使它的面积与纽约市相当），拥有130万居民（相比之下，面积与其相当的纽约市有700万人口）。它的面积如此之大，人口密度却如此之低的原因是，三分之二的洛杉矶人住在独立式住宅里，这一比例对于具有如此规模的城市来说是非常高的——在纽约,这一比例为20%,在费城则是15%。与此同时,在洛杉矶县,郊区平房的草坪所覆盖的面积达到了95平方英里,有曼哈顿的4倍大。这还不包括大量的乡村俱乐部、高尔夫俱乐部和停车场。理想的生活方式需要很大的空间。因此,郊区化是城市扩张的一个原因;而扩张又会导致郊区化,因为人们总是希望离理想的城乡边缘地带更近一点。[1]

20世纪早期,洛杉矶树立了未来城市的形象,即一座自然和人类活动共存的城市,拥挤的工业城市所面临的问题在这里得到了解决。以公共交通、汽车、高速公路、分散的工业和独栋住宅为基础的大洛杉矶地区,似乎预示着所有大都市的未来。这与同时代人对未来城市生活的想象背道而驰。明日之城不应该是垂直的吗,它不是由一排闪闪发光的摩天大楼组成的吗?显然不是。城市似乎正在沿水平方向发展。

洛杉矶的雷蒙德·钱德勒嘲讽道:"这座城市拥有纸杯的所有个性。"随着人们寻找工作和住房的范围越来越广阔,市中心变得越来越破败。一些人认为这是极为糟糕、乏味透顶的扩张,但在另一些人看来,这是从衰败的城市中解脱出来的一种方式,人们对此求之不得。即使在它变大以后,洛杉矶的大部分地区似乎仍忠实于其支持者们的神话——这座城市是个世外桃源。第二次世界大战前,拥有一套环境宜人的独立式住宅的诱惑把200多万人吸引到了洛杉矶县,在该市蓬勃发展的飞机、橡胶、汽车和石油产业中工作。

得益于穆赫兰修建的大引水渠,巨大的圣费尔南多谷(自1913年以来一直是洛杉矶的一部分)从干旱地区变成了一个翠绿的天堂,它由郊区城市、灌溉农田、牧场、小树林、果园和高尔夫球场拼凑而成,通过铁路与洛杉矶的其余部分相连。这里的乡村风光、峭壁和岩层,为20世纪二三十年代众多美国西部影片提供了背景;它的牧场被好莱坞明星抢购一空。历史学家凯瑟琳·穆赫兰(Catherine Mulholland)在回忆她的童年时说:"当我想起20世纪30年代我在圣费尔南多谷长大时,记忆里全是孤单:火车寂寞的汽笛声和郊狼的嚎叫声打破了乡间的寂静,当我骑车沿着崎岖不平的土路去上学时,

---

1. Christopher C. Sellers, *Crabgrass Crucible: suburban nature and the rise of environmentalism in twentieth-century America* (Chapel Hill, 2012), p. 156.

孤独的长耳大野兔从我面前飞奔而过,并且一直在我前头大步奔跑。"[1]

乡村风光无法一直保持下去。从20世纪40年代开始,开发郊区的浪潮席卷了圣费尔南多谷,成千上万幢牧场式的房屋荡涤了真正的牧场、土路和长耳大野兔。这里变成了"美国郊区",一个令人向往的梦幻世界,有闪闪发光的游泳池、柑橘树、小型购物中心、汽车影院,作为加州梦的终极体现和以汽车为基础的青年文化中心而享誉全球。这个特大的城郊地区还制造了一种刻板印象,那就是物质主义、头脑空空的"山谷女孩",她们说话时喜欢在句尾用升调,就好像整个世界都被她们征服了一样。

圣费尔南多谷是美国发展最快的地区,其人口在20世纪40年代翻了一番,50年代又翻了一番,到了60年代,随着千篇一律的郊区房屋布满整个山谷,它的人口超过了100万。

英国人和美国人从来不像亚洲人和欧洲大陆人那样喜欢城市。他们总是倾向于尽快逃离城市,本能地趋向城乡边缘地带。能不能这样做取决于财富。只有那些负担得起通勤费用的人才能逃离市中心的拥挤、疾病、污染和犯罪。19世纪,铁路和有轨电车为富人在城市边缘创造了风景如画、价格昂贵的郊区。

人们迅速地向郊区聚集这一现象始于19世纪的英国,这种趋势在20世纪进一步加速,从而改变了城市的本质。第一次世界大战后,为了建造"英雄之家"(Homes for Heroes)和清理贫民窟,英国在大城市的边缘地带建起了巨大的市建住宅群。曼彻斯特建造了一座附属的"田园城市"——威森肖(Wythenshawe),计划为10万人提供2.5万套住房。伦敦市议会在20世纪20年代开发了8处"农舍住宅区",大量居住在市中心"贫民窟"里的

---

1. Laura R. Barraclough, "Rural Urbanism: producing western heritage and the racial geography of post-war Los Angeles," *Western Historical Quarterly*, 39:2 (Summer 2008), 177–180; Catherine Mulholland, "Recollections of a Valley Past," in Gary Soto (ed.), *California Childhood: recollections and stories of the Golden State* (Berkeley, CA, 1988), p. 181.

市民可以被重新安置到这些地方。位于伦敦东部达格纳姆的贝肯翠住宅区（Becontree Estate）成了世界上最大的住宅开发项目，拥有25 769套半独立式住宅，1939年人口为11.6万。在伦敦西部，大都会铁路公司（Metropolitan Railway Company）为沿线的中产阶级建造了一系列田园式的通勤住宅区。这些住宅都是都铎复兴风格的半独立式住宅，这片从伦敦辐射出来的广阔郊区被称为"地铁郊区"（Metroland）。不可阻挡的城市在追寻田园梦的过程中不断渗透，贪婪地吞噬着田野和村庄，在两次世界大战之间不断扩大的伦敦地铁郊区就是最明显的例子。虽然伦敦的人口在1921年到1931年间只增长了10%，但它的面积却增长了200%。洛杉矶的圣费尔南多谷也显示出了同样的进程——但这一次，这只郊区怪兽在贪婪地吞噬它最喜欢的东西时，给自己打了激素。

生活在郊区——住在半乡村环境下的独立式住宅里——的梦想在英国和美国是共通的。整个工业世界都存在着一种根深蒂固的欲望，想要逃离现代大都市这头臃肿的利维坦。但是二战后郊区发展所采取的形式是由强大的，而且往往是由无形的力量决定的。

南加州正致力于制造梦想，编织自己的神话。它是全球休闲价值观、另类生活方式和无忧无虑的海滩文化之都。但现代的洛杉矶却是战争的产物。住在莱克伍德的大部分人都在位于长滩及其附近的道格拉斯飞行器公司工作。他们组装军用喷气飞机，其中包括"空中骑士"（Skyknight），在莱克伍德社区中心的一个公园里，一根混凝土尖桩上就放着一架"空中骑士"。同样，在圣费尔南多谷也聚集了大量国防工业企业。第二次世界大战期间，洛克希德公司成为圣费尔南多谷最大的雇主，生产了数千架"空中堡垒"轰炸机和战斗机。战后，它转而生产先进的喷气式飞机，包括U2侦察机等。

虽然看起来不像，但现身于莱克伍德的郊区乌托邦其实是冷战的产物，是一个收纳成千上万具躯体的集体宿舍，工厂需要这些躯体来制造现代的战争工具。莱克伍德郊区的先驱者们不仅拥有理想的住房，他们的收入也远超全国平均水平。[1]

---

1. Wade Graham, "The Urban Environmental Legacies of the Air Industry," in Peter J. Westwick, *Blue Sky Metropolis: the aerospace century in Southern California* (Los Angeles, 2012); Martin J. Schiesl, "City Planning and the Federal Government in World War II: the Los Angeles experience," *California History* 59:2 (Summer 1980): 126-143.

他们受益于冷战，但在冷战中也首当其冲。作为高科技军事制造和研究中心，洛杉矶是苏联核导弹的主要目标。圣费尔南多谷的郊区城市可能代表了20世纪50年代的抱负和社会变革，但就在孩子们骑着自行车穿过郊区，青少年们去汽车电影院看电影时，宁静常常会被音爆打断，那是洛克希德公司在天空中测试超先进的飞机。当时，这个绿意葱茏的伊甸园被搭载了核弹头的"奈基"地空导弹保护着。它们是环绕着大洛杉矶地区的众多导弹基地之一，这些基地被称为"超音速钢铁之环"，它们使洛杉矶成了世界上防御最严密的城市之一。[1]

郊区的扩张与原子时代有着密切的联系。20世纪50年代的末日题材的文学和电影让城市生活显得非常可怕，给近郊、远郊和通勤城镇赋予了一种心理上的安全感，这些地方距离大城市里任何可能成为爆心投影点的区域都很远。但人口外流的过程也是由联邦政府推动的。军事战略家和城市规划者逐渐相信，将人口和工业从脆弱的密集型城市里疏散出去的政策是预防核打击的方法之一。在一个民主国家，强制性地使城市分散是不可能的。但这可以间接实现。税收激励决定了产业的位置。20世纪50年代的大规模筑路计划，使得以前被认为过于偏远的地方出现了定居点。然后是联邦政府对房地产市场的控制。[2]

找房子的夫妇可能会认为他们是在自由选择，但指引他们走向郊区的道路早就在最高层次上被预先决定了。有着独特的外观和感觉的美国郊区，并不是民族品位或个人选择的体现，它们在很大程度上是由国家创造出来的。大萧条之后成立的美国联邦住房管理局（Federal Housing Authority，FHA）为按揭贷款市场提供了数十亿美元的保险。在20世纪30年代以前，如果你想

---

1. Mark L. Morgan and Mark A. Berhow, *Rings of Supersonic Steel: air defenses of the United States Army, 1950–1979, an introductory history and site guide* (Bodega Bay, 2002), pp. 105ff.
2. Robert Kargon and Arthur Molella, "The City as Communications Net: Norbert Wiener, the atomic bomb, and urban dispersal," *Technology and Culture* 45:4 (Oct. 2004): 764–777; Kathleen A. Tobin, "The Reduction of Urban Vulnerability: revisiting the 1950s American suburbanization as civil defence," *Cold War History* 2:2 (Jan. 2002): 1–32; Jennifer S. Light, *From Warfare to Welfare: defense intellectuals and urban problems in Cold War America* (Baltimore, 2003).

要贷款买房，首付比例必须在50%左右，而且按揭贷款必须在10年内还清。联邦住房管理局为投资者提供的巨大安全网改变了一切。它意味着首付比例可以很低，甚至为零；贷款利率也降低了；按揭期限可以延长到30年。按揭贷款市场出现了爆炸式增长，让每个收入达到1950年的中位数（4000美元）的家庭都能轻松拥有住房。[1]

但联邦住房管理局不会为旧房子提供保险。它会优先担保在宽阔街道上和死胡同中新建的独立式住宅。它要求房屋必须离马路至少15英尺远，并且完全被花园包围。联邦住房管理局喜欢同质的住宅开发项目，不喜欢有商店或商务区的混合用途住宅区。它倾向于分散而非集中，不喜欢租赁住房或二手房的存在，认为这些东西会"加速较低阶层入住的趋势"。它喜欢靠近主干道而不是公共交通线路的地方。毕竟，这些都是在全国市场上交易的标准化可互换住房贷款，因此，需要标准化的、可互换的住房。[2]

换句话说，你可以拥有任何你喜欢的住宅，只要它是郊区的一间全新的平房就行。你可能想住在城里，但你很难为市中心的住宅申请到按揭贷款。购房者并不清楚这些；房地产中介和按揭贷款经纪人会引导他们选择理想的联邦住房管理局房屋，这样的房屋通常都位于一个新的郊区开发项目中。20世纪50年代郊区人口激增的原因是政府希望如此，为此它提供了数十亿美元的补贴。建造莱克伍德的公司之所以这么做，是因为他们知道，他们必须为中等收入者提供负担得起的住房。这里的三居室牧场风格平房售价为8255美元。只要能申请到30年期、无首付、月供50美元的按揭贷款，谁都可以买到这些房子。在这些限制条件下建造房屋，并拿到利润丰厚的按揭贷款市场上去参与竞争，这意味着开发商要快速地大规模生产预制房屋。一个开发项目内的住房形式完全统一——具有相同的装修、电器、材料和硬件——意味着开发商可以利用规模经济；例如，莱克伍德得到了20万扇相同的室内门。如

---

1. Kenneth Jackson, *Crabgrass Frontier: the suburbanization of the United States* (NY, 1985), chapter 11; Tom Hanchett, "The Other 'Subsidized Housing': Federal aid to suburbanization, 1940s-1960s," in John Bauman, Roger Biles and Kristin Szylvian (eds.), *From Tenements to Taylor Homes: in search of urban housing policy in twentieth-century America* (University Park, 2000), pp. 163-179.
2. Jackson, *Crabgrass Frontier*, p. 207.

第 13 章 郊区之声 327

果你开车在莱克伍德或圣费尔南多谷转一转,你会发现那里的住房有着惊人的一致性。这并不是因为人们想要这样,而是因为这是联邦补贴住房,只是购房者沉浸在自由选择的幻想之中,并不知道这一事实罢了。

无数电视节目和电影都在颂扬健康的郊区生活,这使人们变得非常向往它,甚至把它理想化了。但实际上郊区的美学是由联邦住房管理局的投资政策和"防御性分散"的国家安全考虑决定的。1954年的住房法规定,包括联邦住房管理局在内的联邦机构应帮助减轻城市在面对敌人攻击时的脆弱性。实际上,这就意味着通过郊区化把城市分散开来。法律还规定,贷款只能发放给"符合城市防御标准"的住房。在内华达沙漠进行的"茶壶行动"(Operation Cue)[1]中,当各种类型的房屋暴露在原子弹爆炸试验中时,人们发现牧场式的平房最不容易倒塌。此外,那些带百叶窗的房子内部受到的损害最小。毫不奇怪,20世纪50年代,南加州每10栋新建房屋中就有9栋是牧场式平房。[2]

在南盖特,工人阶级曾从无到有地建起他们的住宅,从而形成了杂乱无章的郊区,现在,这样的郊区让位给了联邦住房管理局资助的、像曲奇饼干一样整整齐齐的莱克伍德式草坪。郊区意味着千篇一律。但这种一致性是由房地产市场和政治优先事项决定的,并不一定是个人选择。而且这是不容置疑的。在郊区买一套牧场式的三居室平房只需每月支付50美元的按揭贷款,比在市中心租一套破旧的公寓便宜得多。成为一个有房者也会让你的财务状况更安全。

政府的政策非常明确,就是要引导人们从城市中心迁往外围郊区。二战后,美国投入了大量财富,试图通过开发汽车郊区来改善人们的生活。20世纪50年代经常被描述为一个"白人大迁徙"的时期,他们从混乱的、种族混杂的市中心逃向了种族隔离的中产阶级郊区这个香格里拉。但事情没有这么简单。在这背后有一项故意把人口从城市分散到郊区的政策。人们真切地希望在自己的房子里成家立业,远离据说时刻笼罩在核战争的阴云和"城市衰败"的普遍威胁下的城市,政府的政策正好与这种心理产生了共鸣。

---

1. 1955年上半年,美国为了了解核爆炸的影响,在内华达试验场进行了一系列核试验,总称为"茶壶行动"。——译者注
2. Tobin, "The Reduction of Urban Vulnerability," p. 25.

联邦政府的住房政策加快了大都市向外扩张，以及将人口从城市核心地带吸走的速度。说到20世纪50年代美国的富足，你会自然而然地想到绿树成荫的郊区街道和健康的郊区家庭价值观。出现在这种印象中的人绝大多数是白人和中产阶级。这种刻板印象是符合现实的。种族隔离的壁垒在洛杉矶纵横交错，就像在其他沿水平方向扩张的美国城市里一样。直到1948年，新郊区地段的房主都可以拒绝向黑人家庭出售房屋；而在这一年，美国联邦最高法院在谢利诉克雷默案（*Shelley v. Kraemer*）中做出裁决，宣布禁止房主向少数族裔出售或出租房产的限制性条款为非法。但是还有其他方法可以让郊区只属于白人。房地产经纪人能让潜在的少数族裔买家远离他们的开发项目。联邦住房管理局利用其权力，支持为同一种族和社会阶层的家庭开发的住房项目，创造了收入水平和种族肤色基本一致的郊区。哪怕只有几个非欧洲血统的家庭出现在郊区，也足以压低该处的房价，因为联邦住房管理局拒绝为种族混合社区的按揭贷款提供担保。鉴于这一直截了当的经济事实，再加上本来就很猖獗的种族主义，在洛杉矶的许多郊区，想要入住的黑人或拉丁裔居民会受到许多持械的业主恐吓也就不足为奇了。

田园牧歌式的郊区白得像百合一样，而且按照社会阶层做了严格的区分：它们在种族和阶级上都是单调的，就像那里的房子一样千篇一律。1960年，莱克伍德的7万居民中只有7名非裔美国人。虽然圣费尔南多谷的人口在20世纪50年代从30万猛增到70万，但非裔美国人的数量却从1100人下降到了900人。这并不奇怪，因为尽管到1960年，联邦政府已经为价值1200亿美元的新住房做了担保，但其中只有2%给了非白人。法院可以宣布种族隔离为非法，但房地产市场可以让它仍像以往一样可怕。[1]

随着有欧洲背景的中下层家庭离开城市，他们留下的位置被新移民占据了。在第二次大迁徙（Second Great Migration）期间，500多万非裔美国人从南部农村迁移到东北部、中西部和西部的城市里。随着美国白人彻底郊区化，美国黑人有80%走向了城市化。他们迁入的城市已濒临危机。为了兴建

---

1. Waldie, *Holy Land*, p. 162; William Fulton, *The Reluctant Metropolis: the politics of urban growth in Los Angeles* (Baltimore, 1997), p. 10; David Kushner, *Levittown: two families, one tycoon, and the fight for civil rights in America's legendary suburb* (NY, 2009), p. 190.

高层建筑和高速公路,许多旧房都面临着被拆除的命运。公共住房项目被塞进了以前的贫民区。在这些地区很难获得按揭贷款和担保。随着人们迁出城市,工业企业也随之迁走,工作机会十分稀少。在英国、法国、荷兰和其他地方,情况也很相似:随着中产阶级和工人阶级的社区向更健康的郊区、卫星城和规划中的新城镇搬迁,破败的市中心成了移民社区的家园。

像在其他美国城市一样,在洛杉矶,非裔美国人移民被限制在市中心一个小小的区域里,例如中南区、南区和瓦茨,那里有老旧的建筑和不符合标准的大型住房项目,而与此同时,大都市地区作为一个整体正在迅速发展郊区住房。市中心的衰败——住房质量差、失业率高、暴力和犯罪事件多——在一定程度上是由快速郊区化所造成的,而它反过来又刺激了郊区的无限制发展,因为越来越多的人想逃离城市这个陷阱,永不回头。城市噩梦也让莱克伍德等社区的居民比以往任何时候都更加坚定地捍卫自己创造的天堂,通过竖起虚拟和真实的栅栏来阻挡不受欢迎的人,以抵御市中心的有害影响。

"郊区"这个词本身就有诸多含义。在文学、音乐和电影中,郊区是一种反城市的空间,与城市的刺激性、自由性和复杂性截然对立:一个拼凑起来的荒野,具有极度平淡、乏味的一致性,空洞的异化,强迫性的消费主义,完全属于中产阶级白人。郊区的无聊和单调是它最吸引人的地方之一:一个远离混乱的城市及其喧嚣的安全空间;在一个充满核武器的危险世界里,它是一处被抽干了历史的无名之地。"你知道我住的那条路——西布勒切利的埃尔斯米尔路吗?"在乔治·奥威尔的小说《上来透口气》(1939)中,主人公问道。"就算你不知道这条路,你也知道五十条和这一模一样的马路。你知道这些马路就像不远不近的郊区的溃疡,情况总是差不多。一长排一长排半独立的房屋……涂着灰泥的前庭、用木馏油处理过的大门、水蜡树的树篱、绿色的前门,种着月桂树、桃金娘树、山楂树,这就是我的家,我的栖身之所,'良宅美景'。"

在文学当中有个历史悠久的传统,即喜欢描写郊区百无聊赖的氛围、中产阶级知识分子的抱负和平淡无奇的价值观:从乔治·格罗史密斯和威登·格罗史密斯的《小人物日记》(1892)到理查德·耶茨的《革命之路》(1961)和约翰·厄普代克的《夫妇们》(1968),从哈尼夫·库雷西的

《郊区佛爷》（1990）到乔纳森·弗兰岑的《修正》（2001），莫不如此。郊区总是能激发电影人的灵感，他们被隐藏在表面上的单调和乏味背后的黑暗吸引住了。大卫·林奇的《蓝丝绒》（1986）、萨姆·门德斯的《美国丽人》（1999）和布莱恩·福布斯的《复制娇妻》（1975）无疑都是这一流派无可争议的经典之作。而恐怖片则总喜欢拿郊区做僵尸类电影的背景，例如《猛鬼街》（1984）和《活死人黎明》（1978）。这是一个会把家庭斗争、神秘事件和犯罪掩盖起来的地方——参见《绝望主妇》《黑道家族》。与城市生活不同，郊区生活发生在紧闭的门后，这为无数叙事提供了空间，但同时也让它们令人沮丧地不为人知。在被修剪得整整齐齐的草坪那头，究竟发生了什么？

一次又一次，郊区被描绘为一个变成地狱的天堂。它们受到批评，尤其是当丈夫们通勤上班，妻子们却被囚禁在繁重枯燥的家务中之时。对艺术家来说，这可是个生动有趣的景象：在整洁的住宅、严格的家庭等级制度和一致性背后，肯定隐藏着终日酗酒、嗑药、滥交派对以及更糟糕的东西，不是吗？

在流行音乐中，郊区遭受了最为持久和毫不掩饰的攻击。在玛尔维娜·雷诺兹（Malvina Reynolds）1962年的一首歌中，郊区是由"劣质建材做的小盒子"组成的。而且，被"装进"这些盒子里的人就像他们的家一样，全都有着相似的出身、教育背景、工作和爱好。

郊区的乏味、自我满足、同质化和虚伪是流行音乐最好的靶子。凭什么不攻击它？毕竟，流行音乐的受众是青少年，它讲述了他们在一个经过有目的的净化、安全，以及对儿童友好的环境中苦闷度日的经历，给了他们一种宣泄的感觉。在绿日乐队（Green Day）的杰作《郊区的耶稣》（Jesus of Suburbia，2005）中，郊区是一个预示着灾难的空洞的人造物；它位于一条荒凉公路的尽头，一个无名之地。这是一个充满伪君子、治疗和抗抑郁药的地方，世界的中心是7-11便利店。

宠物店男孩乐队（Pet Shop Boys）的《郊区》（Suburbia，1986）讲述了郊区生活的无聊：你所能做的就是沉迷于毫无意义的涂鸦，以此宣泄情绪。在视频中，洛杉矶沉闷的牧场式房屋与伦敦沉闷的仿都铎式半独立式住宅被并排放在一起：在全世界的郊区中，人们的体验都是一样的。同样，在《郊区梦》（Suburban Dreams，1980）中，玛莎和松饼乐队（Martha and the Muffins）也捕捉到了现代生活的普遍体验：漫无目的地在灯火通明的商场里

第 13 章 郊区之声 331

闲逛，喝着合成奶昔，避开高中男生笨拙的追求。在郊区成年人的生活中，尽是些关于天气、谁买了新游泳池或最新款的汽车等无聊透顶的对话，而青少年则百无聊赖地听着重金属音乐，在购物中心里游荡。

所有青少年都想逃离家庭到外面的世界去，而成年人却正好相反。郊区自然而然地标志着青少年和父母在价值观和愿望上的冲突。唯一的选择就是逃跑。但是该逃到哪里去呢？在拱廊之火乐队（Arcade Fire）的专辑《郊外》（The Suburbs，2010）中，有首令人难以忘怀的歌《蔓延Ⅱ》（Sprawl Ⅱ），歌中唱道：郊区已经蔓延得如此彻底，以致它征服了世界；你想逃就逃吧，但到处都是一样的。摇滚和朋克不就是对循规蹈矩和消费主义的愤怒咆哮吗？青少年所做的事情就是惊掉中产阶级价值观的下巴，并在郊区（它是传统生活方式的化身）的屁股上踹上一脚，这是在流行音乐中反复出现的主题。

然而，尽管人们对郊区的普遍看法根深蒂固，但在过去的70年里，郊区本身一直处于动态的变化之中。在市中心保持不变的时候，郊区却经历了迅速而重大的演变。自二战以来，历史大都是发生在郊区的。如果说驾车穿过莱克伍德时，你所看到的景象和20世纪50年代没什么差别，那其实是一种精心营造的幻觉。历史的潮流席卷了这样的地方，重塑了一切。要了解现代城市主义，了解大都市是如何发展的，你必须离开博物馆或旅游景点所在的市中心，冒险进入神秘的边缘地带。

※

虽然从莱克伍德到康普顿只有10分钟的车程，但就在这10分钟里，你就会进入另一个世界。这里的住宅看起来与莱克伍德差不多——不过康普顿的平房更有牧场风格——但这是世界上最臭名昭著的地方之一。它响彻全球的恶名来自洛杉矶嘻哈团体N.W.A.（Niggaz Wit Attitudes，名字意为"有态度的黑人"）的首张专辑《冲出康普顿》（Straight Outta Compton，1988），这是一张影响深远的匪帮说唱（gangsta rap）专辑，它聚焦于洛杉矶最危险街区里的帮派暴力和野蛮行径。即使没有一个电台播放这张专辑，它也没有在MTV上出现过，这张专辑仍然很快就成了白金唱片。

《冲出康普顿》在商业上取得了难以置信的成功，这在很大程度上是因为N.W.A.声称自己是洛杉矶野蛮帮派斗争的参与者，而不仅仅是报道者。白人中产阶级郊区的青少年非常喜欢这张专辑（据唱片公司称，在这张专辑的粉丝中，他们占到了80%），它以及它里面的枪声、警笛声和直率的歌词震惊了全美国。N.W.A.吹嘘他们漂亮的轿车和AK-47。在单曲《去他妈的警察》（Fuck Tha Police）中，乐团成员艾斯·库伯怒斥了洛杉矶警察局的野蛮和种族偏见。艾斯·库伯对警察因为他有昂贵的首饰和寻呼机而误把他当作毒贩逮捕深感愤怒，在歌中以复仇的幻想加以还击。副歌部分重复了单曲那直白的标题。

《冲出康普顿》能有如此影响，一方面是因为它让各地的郊区青少年窥见了贫民窟的情形，另一方面是因为它表达了对洛杉矶部分地区在20世纪80年代所发生之事的愤怒。它也使康普顿作为城市崩溃和虚无主义的象征而闻名于世。媒体称康普顿为"贫民窟"；在《冲出康普顿》发行之后，这里成了禁入区。

这是场游击战般的帮派斗争，它并没有发生在皇后桥等地那阴森的现代主义塔楼里，而是发生在曾经的郊区。在二战期间和战后不久，第二次大迁徙把成千上万的非裔美国人带到了南加州。他们被困在中南区和瓦茨的劣质住房里，就像其他人一样，他们也渴望在郊区有一个舒适的家。

实现这一梦想的障碍对非裔美国人来说是如此巨大，而中南区的生活又是如此难以忍受，以致他们愿意花比白人工人阶级更多的钱在康普顿和克伦肖（Crenshaw）等地买房。康普顿在20世纪40年代末和50年代时与大多数郊区一样，是属于白人的。[1949年，乔治·赫伯特·沃克·布什及其家人曾在这里住过一段时间，当时这位未来的总统正在德莱赛工业公司（Dresser Industries）担任石油物资销售员。]一些白人房主曾因把房产挂到会跟黑人买家做生意的房地产经纪人那里而遭到白人邻居的殴打。1953年5月，当阿尔弗雷德和卢奎拉·杰克逊（Alfred and Luquella Jackson）搬到康普顿，正从卡车上往下搬东西时，遭到了一伙白人暴徒的袭击。他们不得不用两把点45口径的柯尔特手枪和一把12号霰弹枪自卫。在其他地方，白人治安维持会的成员们会在草坪上焚烧十字架，破坏房屋，殴打想来购房的非裔美国人。[1]

当非裔美国人搬进洛杉矶的某个街区时，一种特殊的动态就出现了。

---

1. Josh Sides, "Straight into Compton: American dreams, urban nightmares, and the metamorphosis of a black suburb," *American Quarterly* 56:3 (Sep. 2004): 583ff.

白人居民开始恐慌地抛售房产，非裔美国人购房者压低房价的想法成了一种自我实现的预言。这反过来又为更多渴望逃离市中心的黑人家庭提供了购房机会。到1960年，非裔美国人占了康普顿人口的40%。惊恐的观察人士认为，随着市中心向白人聚居的飞地渗透，这样的郊区正在经历"贫民区的扩张"。但事实恰恰相反：康普顿为非裔美国人提供了逃离市中心的机会，就像它为属于工人阶级的白人所做的一样。他们是专业人员、文员、工匠、护士和工厂操作员。他们的孩子上的是综合高中，后来又上了加州大学洛杉矶分校和伯克利分校等大学。他们的家很宽敞，有精心照料的花园；他们和他们的白人邻居一样拥有摩托艇或露营车。令许多白人居民和游客大吃一惊的是，郊区黑人的行为举止和其他郊区居民没什么两样。20世纪60年代，在美国郊区95%的居民都是欧洲裔的情况下，康普顿向世人展示了一个种族混合的郊区会是什么样子。"这一次，"康普顿的一位非裔美国人说，"黑人没有搬进贫民窟；这一次他住上了好房子。"[1]

N.W.A.创始者们的背景非常引人注目。阿拉伯王子（Arabian Prince）的父亲是一位作家，母亲是一位钢琴老师。伊基-E（Eazy-E）的母亲是一所小学的行政人员，父亲是一名邮局职员。MC伦（MC Ren）的父亲开了一家理发店。艾斯·库伯的母亲是一名医院职员，在成为一名说唱歌手之前，他在大学里学建筑学。他们出身于一个成功的非裔美国人郊区，当时的康普顿被称为"黑人的比弗利山庄"，但就在不到30年之后，他们却用自己的歌记录了那里的帮派斗争和社会崩溃。到底出了什么问题？[2]

1965年，康普顿种族混杂的特点突然消失了。在附近的瓦茨，警察对一名非裔美国人的虐待使人们对严厉的治安和贫民窟状况的不满情绪达到了顶点。随后爆发的瓦茨骚乱（Watts Riots）导致34人死亡，造成价值4000万美元的损失，977栋建筑物被烧毁或毁坏。暴力事件使白人居民和富裕的非裔美国人逃离了该地。他们带走了自己的生意，把康普顿的商业区变成了一座鬼城。这场灾难发生时，当地的工业企业正在迁往更偏远的地方。到20世纪

---

1. Richard Elman, *Ill at Ease in Compton* (NY, 1967), pp. 23–24; Sides, "Straight into Compton," 588.
2. Emily E. Straus, *Death of a Suburban Dream: race and schools in Compton, California* (Philadelphia, 2014), p. 107.

80年代初，大多数大型制造企业都搬走了，留下了大量的失业人口和一个税基侵蚀的局面。[1]

伊基-E、艾斯·库伯、MC伦和阿拉伯王子都是20世纪60年代的孩子。他们出生的时候，康普顿超过一半的人口都未满18岁。他们眼睁睁地看着自己所在的城市和学校破败不堪，他们的父母失业，依靠社会福利过活。公共交通的崩溃意味着人们无法去别处寻找工作。乌托邦式的郊区很快就变成了灾区，在那里不可能找到好工作；商店关了门，公共服务每况愈下。由于未来遭到剥夺，年轻的非裔美国人加入了街头帮派。1969年，瘸子帮（Crips）在中南区的弗里蒙特高中（Freemont High School）成立；他们的死敌血帮（Bloods）发源于康普顿，其成员都穿着红色衣服，一眼就能看出他们与当地高中生的不同。隶属于瘸子帮和血帮的团伙数量激增，成员总数达到7万至9万人，他们都是些毒贩和其他罪犯。20世纪80年代，快克可卡因的泛滥给这两个帮派带来了巨额财富，受到这桩生意的刺激，两帮的地盘之争愈演愈烈。

20世纪60年代，康普顿是黑人的比弗利山庄，而到了80年代，它已经成为洛杉矶县恶性帮派斗争的中心，在那里，飞车射击和街头枪战都是司空见惯的事，发生频率之高叫人心惊。对说唱歌手艾斯提（Ice-T）来说，在20世纪80年代的洛杉矶，可卡因和金钱让生活变得毫无意义。嘻哈音乐展现了帮派的亲和力、街头生活的所谓魅力，以及帮派成员与洛杉矶警察局的冲突，但也表现出了生活的危险和惨淡无望。西海岸嘻哈那带有威胁意味的节奏和强硬、挑衅的歌词反映了康普顿严酷的现实生活，即使歌中的故事情节是虚构的。它讲述的是自20世纪60年代以来，在充斥着随意性暴力的环境中成长起来的一代人的故事，他们的生活以每天都在为生存而进行野蛮的斗争为特征。在《颜色》（Colors，1988）中，艾斯提生动地谴责了洛杉矶街头有如战争一般的暴行，以及大多数美国人无法理解的生存斗争。毒品和暴力的影响是残酷的：除了虚无主义的暴力冲动，还有什么？

像《去他妈的警察》这样的歌曲是焦虑和痛苦的呼喊，是对郊区被城

---

[1] Edward Soja, Rebecca Morales and Goetz Wolff, "Urban Restructuring: an analysis of social and spatial change in Los Angeles," *Economic Geography* 59:2 (1983): 195-230; Sides, "Straight into Compton," pp. 590ff.

市化变成贫民窟时所发生事情的警告。它们是在攻击洛杉矶警察局的高压手段和军事化的扫黑行动。4年后，当被指控在圣费尔南多谷郊区殴打罗德尼·金的洛杉矶警察被判无罪后，洛杉矶再次爆发了骚乱。

笼罩在康普顿身上的黑暗之光凸显了一个在20世纪80年代很少被讨论的问题。1980年，有8.2%的美国郊区居民（740万人）生活在贫困线以下；在接下来的20年里，这一数字翻了一番，意味着郊区的贫困居民数量超过了市中心。美国城市的凶杀案发生率下降了16.7%，但郊区的却上升了16.9%。像康普顿一样（但程度较轻），许多郊区也被在城市里常见的问题所困扰。它们并不是城市的对立面，它们现在已经融入了不断扩张的大都市：犯罪、毒品和失业向郊区蔓延清楚地表明了这一点。它们的种族越来越多元化，这正是传统城市的发展轨迹。城市和郊区的差别开始消失。这意味着一种新型大都市的诞生。[1]

在《黑道家族》的开头，托尼·瑟普拉诺驾车驶出林肯隧道。他的后视镜映出了曼哈顿的天际线。当托尼沿着泽西收费公路继续前行时，这座城市消失不见了。就像所有走同一条老路的通勤者一样，他闷闷不乐地从收费站一把抓过通行票。与其他通勤者一样，他现在可能已经忘记了旅途中的风景：城外的商业区、衰落的工业园、螺旋形的高速公路、机场、郊区城镇的购物街，以及逐渐褪色的20世纪50年代郊区住宅。托尼一路驶来，老建筑逐渐让位于一排排更现代的郊区住宅，最后，他停在他家那宽敞的90年代伪豪宅（McMansion）前，它看起来就像是刚刚被安放在乡村地区的一样。

《黑道家族》开头这一幕正是城市地理学家所说的样带，即从城市中心到外围选取的一个带状区域，显示了一系列社会性的和自然的栖息地。托尼在穿越这一区域时也穿越了它的历史。每座城市都可以这样解读，这样的景

---

[1] Judith Fernandez and John Pincus, *Troubled Suburbs: an exploratory study* (Santa Monica, 1982); Elizabeth Kneebone and Alan Berube, *Confronting Suburban Poverty in America* (Washington DC, 2013), pp. 8ff; "Crime Migrates to the Suburbs," *Wall Street Journal*, December 30, 2012.

观展现了近来的历史变迁，以及我们的城市处于持续、剧烈的流变状态中的方式。

8月的一天，我参观了莱克伍德和康普顿，开车穿过了这片在动荡的20世纪后期建成和重建的城市景观。莱克伍德曾经是典型的白人蓝领社区，现在是美国种族最均衡的郊区之一：41%的美国白人；8.7%的非裔美国人，16%的亚裔和30%的拉丁裔。

莱克伍德的历史是由20世纪下半叶的地缘政治决定的。20世纪50年代的经济繁荣给它带来了活力，冷战期间美国联邦政府在国防上的高额支出维持了这一势头，然而柏林墙的倒塌意味着国防工业里的高薪岗位一去不复返了。由于苏联的解体，失业的幽灵笼罩着整个大洛杉矶地区；在莱克伍德，人们强烈地感受到了这一点。20世纪50年代，这座城市曾作为郊区乌托邦的代表闻名于世。1993年，它再次出了名，但这一次是作为郊区反乌托邦的代表，这里有一个名为马刺团（Spur Posse）的高中男生团伙因多次性犯罪和强奸被捕。涉案的男孩们反复出现在危言耸听的电视脱口秀中，转瞬间，莱克伍德就成了郊区社会崩溃——家庭功能失调、野蛮的青少年和性关系混乱——的象征。[1]

莱克伍德反映了美国自二战以来好似过山车一般的经历：繁荣、萧条、去工业化、多样性和日渐破碎的郊区理想主义。洛杉矶的城市地形就像一个不断进化的有机体，适应着地缘政治和全球化的外部刺激。或者说，它就像一个巨大的海滩，潮涨潮落不断改变着它的海岸线，创造出了千变万化的社区。这些潮汐的强大力量在郊区景观中是显而易见的。透过车窗，可以清楚地看到整个西方去工业化、苏联解体和亚洲崛起的后果。

康普顿被认为是一个典型的非裔美国人聚居区，但在20世纪80年代，那里的拉丁裔人口大量增加；到90年代后期，拉丁裔成为其人口主体。驱车再向北走，就能来到亨廷顿公园，那里的标志牌上写的都是西班牙语，反映了自1975年到1985年间，郊区人口从几乎全部是工人阶级白人到97%为拉丁裔的戏剧性转变。许多搬进亨廷顿公园的人来自洛杉矶东部的贫民区和市中心的公共住房，他们希望作为郊区的房主过上更好的生活。为了满足该市拉丁

---

1. Joan Didion, "Trouble in Lakewood," *New Yorker*, July 19, 1993; Graham, "The Urban Environmental Legacies of the Air Industry," pp. 263ff.

裔社区的需求而产生了一系列企业，这体现出了令人吃惊的创业精神。

这是一种模式：人们不断地从衰落的郊区流向新的郊区，以改善他们的社会经济地位，提高他们的生活水平。非裔美国人从康普顿等地搬到了种族多元化的郊区，如圣费尔南多谷、圣贝纳迪诺或里弗赛德等地，那里有更好的机会。而二战后他们在近郊所占据的位置又被20世纪60年代之后到来的移民所占据，这些新移民追随着前人的脚步，从墨西哥、中美洲和南美洲被吸引到了洛杉矶。

所有这一切都是由全球经济形势的急剧变化引起的。洛杉矶成了亚太经济中心，全球的金融公司都在这里设立了总部。虽然它的制造业衰落了，但服务业和高科技产业充满了活力，洛杉矶和长滩的港口成了从中国（包括香港和台湾）、日本、越南、韩国进口汽车、电子部件和塑料制品的门户。在后工业经济时代，这座城市的社会结构呈沙漏状：在顶端有大量富人，中产阶级较少，而底层则由大量低收入的移民组成。新经济需要低工资、低技能、没有加入工会的劳动力：园丁、清洁工、司机、保姆和服装厂的工人。2010年的人口普查显示，洛杉矶县47.7%的人口是拉美裔；非拉美裔白人仅占27.8%。[1]

重塑洛杉矶人口构成的变化并非只对这座城市起作用。在整个美国，郊区正变得越来越多样化。20世纪末，在美国的郊区人口中，增长最快的是拉美裔、非裔和亚裔。此外，有50%的移民是直接在郊区落脚的。换句话说，郊区的特性越来越接近于城市，这反映了全球化大都市的多样性。

大都市的景观是由各种各样的人塑造的，他们占据了它，在其中生活，然后又迁往别处。20世纪后期，这种渐进的过程变得疯狂起来。从亨廷顿公园到圣加布里埃尔的蒙特雷帕克市只有一小段车程。这个安静、人口密度低的地方具有许多美国郊区小镇的魅力；但不要被它平平无奇的外表欺骗了，

---

1. Edward Soja, *Postmodern Geographics: the reassertion of space in critical theory* (London, 1989), pp. 197ff; Edward W. Soja, *Thirdspace: journeys to Los Angeles and other real and imagined places* (Cambridge, MA, 1996); Mike Davies, *City of Quartz: excavating the future in Los Angeles* (NY, 1990); Roger Waldinger, "Not the Promised Land: Los Angeles and its immigrants," *Pacific Historical Review* 68:2 (May 1999): 253-272; Michael Nevin Willard, "Nuestra Los Angeles," *American Quarterly* 56:3 (Sep. 2004): 811.

它对于理解城市如何经历快速变化有着关键的作用。蒙特雷帕克——以及圣加布里埃尔的大部分地区——不仅是当代城市革命的缩影，也是现代全球化的缩影。

与许多郊区一样，在二战刚结束的那些年头里，住在这里的绝大多数都是白人。但在20世纪60年代，白人的比例从85%下降到50%，而拉丁裔占34%，亚裔占15%。许多新亚裔居民都是正向上层社会流动的家庭，他们离开传统的市中心飞地——洛杉矶的小东京和唐人街——到郊区来寻求更好的生活。在接下来的20年里，年轻的房地产商谢叔纲（Frederic Hsieh）利用他谦和的亚洲气质，向想要买房的亚裔移民推介这个郊区，称其为"中国人的比弗利山庄"。[1]

谢叔纲看到了蒙特雷帕克的潜力。它靠近洛杉矶市中心，在洛杉矶重新确定自己在亚太经济中的地位之际，住在这里可以很方便地前往金融中心。谢叔纲把圣加布里埃尔起伏的丘陵比作中国台湾省省会台北；他在亚洲的报纸上推销这片郊区，并发表演说，把居住在蒙特雷帕克称为在美国取得成功的标志。就连这座城市当时的区号818也起了些作用，因为在中国的命理学（numerology）中，8被认为能带来财富。他的做法奏效了：20世纪七八十年代，成千上万来自中国和越南的富裕且受过良好教育的移民开始在这里购买房产。到1990年，它成了美国唯一一座以亚裔为主的城市，或者像有些人所说的，"第一个郊区唐人街"。[2]

然而这个绰号有误导性。蒙特雷帕克不同于世界各地那些由单一种族构成的市区唐人街。虽然当前亚裔人口在此地是主体，并且来自中国大陆及港台地区的华裔人口又占亚裔人口的63%，但他们是与来自日本、越南、韩国、菲律宾以及东南亚其他国家的家庭生活在一起的；拉美裔也占了很大比例（30%），而白人占12%。很少有郊区的变化如此之快，或者说如此之明

---

1. Timothy Fong, *The First Suburban Chinatown: the remaking of Monterey Park, California* (Philadelphia, 1994); John Horton (ed.), *The Politics of Diversity: immigration, resistance, and change in Monterey Park, California* (Philadelphia, 1995); Leland T. Saito, *Race and Politics: Asian Americans, Latinos, and whites in a Los Angeles suburb* (Chicago, 1998), p. 23; Wei Li, "Building Ethnoburbia: the emergence and manifestation of the Chinese ethnoburb in Los Angeles's San Gabriel Valley," *Journal of Asian American Studies* 2:1 (Feb. 1999): 1–28.
2. Fong, *The First Suburban Chinatown*, passim; Saito, *Race and Politics*, pp. 23ff.

显。新来的华裔郊区居民大多是受过高等教育的工程师、程序员、律师和其他专业人士，他们有能力用现金买房。[1]

就像之前的几代美国白人专业人士一样，美籍华人被蒙特雷帕克所吸引，是因为这里有诱人的生活方式、价格实惠的住房和商业机会，南加州主要的高速公路全都与这个郊区相连通。值得注意的是，这些创业者绕过了市中心，径直前往郊区，这与移民社区在异国的港口或大城市中立足的历史趋势是相反的。

在20世纪七八十年代的美国，郊区是创业和房地产投资的最佳场所。由于人流和现金流的涌入，蒙特雷帕克迅速发生了变化，这令之前的居民深感不安。当地的一家甜甜圈店和一家轮胎店变成了中国的银行；人们熟悉的连锁店和购物中心被亚洲商店和超市所取代。老式的美国餐馆换了东家，开始在美国销售中国广东、四川、山西、上海和台湾的各种美食。到20世纪90年代初，在这座面积7.7平方英里的城市里已经有60多家中餐馆；郊区的购物中心成了美食家的圣地。在城市的商业中心加维大道（Garvey Avenue）上出现了大量的中文标识牌，告诉人们这里有中国的会计师、律师、房地产经纪人，有美发沙龙、医疗机构、超市、旅行社，当然还有中餐馆。诚然，这些商家服务于当地的社区，并在去工业化时期使这座城市重新焕发出生机。但它的意义远不止于此。

在信息技术彻底改变个人生活和商业生活的时代，美国大约65%的个人电脑产品是通过洛杉矶进口的。大多数组装和分销电脑的中国公司都在圣加布里埃尔。20世纪末，随着国际人口、资本和产品流动的加速，圣加布里埃尔的郊区城市焕发出了炽热的光芒。从表面上看，圣加布里埃尔是一个不起眼的、典型的郊区，但它处在全球化的中心，不仅有高科技产业，还有金融、法律和保险服务业，管理着亚洲和美国之间的资本和消费品流。蓬勃发展的环太平洋经济的焦点就在这几英亩的木制平房里。我们对世界城市有所认识，但对世界郊区关注得却不够。[2]

---

1. Saito, *Race and Politics*, p. 23.
2. Wei Li, *Ethnoburb: the new ethnic community in urban America* (Honolulu, 2009), pp. 103ff, 118, 153; Yu Zhou, "Beyond Ethnic Enclaves: location strategies of Chinese producer service firms in Los Angeles," *Economic Geography* 74:3 (Jul. 1998): 228–251.

圣加布里埃尔在20世纪八九十年代成了计算机技术的中心,它的经济活力是整个大都市地区正在发生的事情的缩影。直到20世纪最后25年,大多数城市一直都像巨大的旋涡一样,每天吸引着通勤者、资金、生意和购物者。但随着各地的城市模仿洛杉矶的离心趋势,情况突然发生了逆转。

到20世纪80年代,超过50%的美国公司迁往城市周边地区,超过80%的工作岗位都不在旧的中央商务区。二战后的几十年,城市发生了翻天覆地的变化。就像计算机产业聚集到圣加布里埃尔一样,别处的郊区也从那些在市中心上班的通勤者的住宅区变成了商业场所,郊区与城市再也无法简单地被区分开来。一些郊区已经演变成所谓"技术郊区",之所以这样命名,是因为现代技术——比如汽车、电话和电脑——使身为卫星城的郊区不再依赖于它的母城。这些郊区越来越像城市;反过来,它们也让那些在整个历史上使密集的城市中心变得如此重要的东西失去了作用:面对面的接触,提供独特的专业功能,以及将这些东西集中在步行可达之处的需求。以佐治亚州亚特兰大市为例。1960年,它90%的办公空间都集中在市中心。到1980年,随着将近100个工业园区出现在其周边,这一比例下降到了42%。今天,亚特兰大是世界上人口密度最低的大城市,每平方英里只有630人(人口密度最大的城市达卡,每平方英里有11.5万人;世界城市人口密度的中位数为1.4万人)。世界各地的城市都变得越来越像洛杉矶,没有固定的形状,有多个而不是一个中心,商业和城市功能分散在这些中心里。后工业社会、全球化经济中的各类企业——高科技、研究和服务业——本质上更喜欢位于郊区的商业园区,而不是城市中心。

当然,最著名的例子是位于北加州圣何塞和旧金山之间,以斯坦福大学为中心的城镇群。过去几十年来,世界上没有哪个地区对我们的生活产生过如此大的影响。这一连串的郊区、研究园区和商业园区是谷歌、苹果、推特、脸书、奈飞、雅虎、优步、爱彼迎、甲骨文、易贝和领英等公司的所在地。硅谷既不是城市,也不是郊区。它具有前所未有的全球影响力,是现代不定型的、分散的城市的缩影。

再把话题转回洛杉矶。圣加布里埃尔的故事不仅仅是成功的中国台湾等国际商人建立跨太平洋贸易联系的故事。来到蒙特雷帕克的移民既有富人和有技术的人,也有穷人和没有技术的人。这仍然是那个我们熟悉的白人抵抗外人入侵郊区的故事。当地一些居民团体曾试图禁止使用中文标识牌,并宣布英语为该市的官方语言。但战斗的前线却是简陋的加州平房。新来的有钱的亚裔购房者想把为小型核心家庭设计的旧木屋改造成更大、更豪华的住宅，以彰显他们的财富、地位和家庭规模。而为了容纳单身的、低收入的移民，投机者也开始在郊区建造公寓楼。他们遭到了当地奉行地方保护主义的团体的抵制，这些团体想要从亚洲的"豪宅化"和城市化中拯救他们眼中的郊区遗产，这是他们保留地方原始特征的最后努力。[1]

驾车向东穿过圣加布里埃尔，二战前的郊区让位给了折中、朴素的战前的平房，这些平房又让位给了战后修建的形式更统一的郊区。随着20世纪一点点过去，洛杉矶成了美国人口密度最高的城市地区，每平方英里有6000人（这样的密度还不算很高：大伦敦和上海的人口密度都是1.45万人，巴黎市中心的人口密度超过5.2万人）。虽然美国东部的郊区以空旷著称，但洛杉矶的大部分地区都被开发利用了，没有留下多少公园或乡村。随着富裕程度的提高，圣加布里埃尔中的亚裔家庭不断向东发展，就像白人和非裔美国人家庭从一个郊区跳到另一个郊区一样，老郊区变得越来越拥挤、越来越破旧，而在周边那些神话般的、标志着令人向往的城市边缘的半乡村理想地带，新房子却越来越多，他们当然要继续朝着大都市的边缘前进，去追逐自己的梦想。

向东，朝着更加富裕的郊区发展，这也反映了全球经济向亚洲再平衡的趋势。中国购房者开始搬进洛杉矶最富有、最高档的几个郊区，比如圣马力诺和阿卡迪亚，这两个绿树掩映的美丽小镇坐落在圣盖博山下。以前，它们备受美国白人首席执行官和行政主管的青睐，但自21世纪初以来，它们的居民大部分都变成了亚洲人。亚裔移民通常不是在洛杉矶发家致富，然后随着收入增加而迁出的向上层社会流动的商人。这些人大多是新近成为千万富翁和亿万富翁的中国首席执行官，他们直接从上海和北京搬到了阿卡迪亚。

他们和之前迁往城郊的美国人一样，都在追逐同样的梦想：既宽敞又能彰显身份的住宅，周边环境宜人，有优质的学校，购物中心里满是奢侈品。阿卡迪亚是典型的美国中上层阶级聚居的小镇，橡树荫下的每条街道都透出富足的气息，它已不仅仅是洛杉矶或帕萨迪纳的郊区，而是全球化世界

---

1. Denise Lawrence-Zúñiga, "Bungalows and Mansions: white suburbs, immigrant aspirations, and aesthetic governmentality," *Anthropological Quarterly* 87:3 (Summer 2014): 819-854.

的郊区。许多20世纪40年代的错层式、带有大花园的牧场风格旧屋被买下，拆除后重建为巨大、奢华的中式豪宅，它们配有水晶吊灯、大理石内饰、大酒窖、中式小厨房、环形车道，以及一个极为富有的外籍华人家庭想要的一切。[1]

在21世纪的头10年里，每年都会有150到250栋2000平方英尺的20世纪40年代老屋变成12 000平方英尺的21世纪巨型豪宅。这些高大且闪闪发光的庞然大物遮蔽了其余的传统住宅，象征着中国人的品位和金钱在现代世界里的影响力。这也显示出了美国郊区的力量：在加州郊区生活方式的诱惑下，连续好几个世代都有数百万背景不同、收入不同的人来到南加州。

阿卡迪亚的百万富翁豪宅讲述了一个全球化的故事。我继续驱车向东，去讲另一个故事。这次的车程有40分钟，要穿过邻近的郊区，来到朱鲁帕谷（Jurupa Valley）中一座叫作伊斯特韦尔（Eastvale）的新城市，那里有令人沮丧的伪豪宅。几年前，这片平坦、尘土飞扬、半沙漠化的土地上到处都是养牛场和葡萄园。现在它是一个广阔的城郊规划区。这里不再是洛杉矶了，那座城市在这里以西46英里处；这里是内陆帝国（Inland Empire）[2]。然而，它仍是无限蔓延的大洛杉矶地区或南加州特大城市地区的一部分。

这个毫无生气的特大郊区是21世纪版的莱克伍德——近年来，在箱式购物中心周围建起了数以千计的预制郊区房屋。伊斯特韦尔和20世纪50年代的莱克伍德一样，是千年之交美国和世界其他地区在激素刺激下过度郊区化的产物。房子越来越大，越来越深入乡村；住宅小区沿着高速公路和十字路口不断蔓延；100%的按揭贷款让更多的人能够买得起这些房子。和其他许多郊区一样，伊斯特韦尔的大小与城市相差无几，但缺乏那些使城市生活丰富起来的东西——一个有商店、咖啡馆和餐馆的市中心，适于步行、热闹的街道，多样化的建筑，夜生活。

城市化和郊区化的传统概念已经被打破。我们有"边缘城市"或"隐形城市"——提供住房和就业但不是城市的定居点。20世纪末，美国出现了

---

1. Christopher Hawthorne, "How Arcadia is Remaking Itself as a Magnet for Chinese Money," *Los Angeles Times*, December 3, 2014.
2. 内陆帝国指的是南加州的一个都市区，由里弗赛德和圣贝纳迪诺等地区组成，位于洛杉矶以东。——译者注

"繁荣郊区"，即人口超过10万的广阔郊区，其人口增长率长期保持在两位数。它们的人口增长和经济活力超过了城市。例如，亚利桑那州菲尼克斯市有个名叫梅萨的郊区，人口超过了50万，比迈阿密、圣路易斯和明尼阿波利斯等城市都要多。它有商业和工业，但没有明确的中心。伊斯特韦尔也有相同的基本特征：它是一座不想成为城市的城市。[1]

在新千纪的头10年，伊斯特韦尔的人口从6000增加到了53 668，乡间的山谷都被大片的房屋淹没了。话虽如此，这个无名之地背后却颇有历史渊源。它形成于美国一场新的住房开发风潮之中：仅在2003年至2006年，美国就建造了630万套低密度住房（相当于整个洛杉矶都市区的面积）。之所以会有这一轮大规模爆发，是因为有大量投资流入美国房地产市场，购买了抵押贷款支持证券。在这段信贷宽松的时期，那些一般情况下买不起郊区豪宅的人也能买得起了。（阿卡迪亚的中式豪宅与伊斯特韦尔的伪豪宅之间有不止一条道路相连。）伊斯特韦尔的新居民居住的房子是靠次贷市场的资金建造起来的，因此他们在2008年美国房地产泡沫破裂时受到了特别严重的打击，他们那些估值过高的房产价值缩水了一半。尽管建成还没有几年，但伊斯特韦尔已经从一个崭新的郊区变成了一个半废弃的鬼城，大量断供的房屋荒废于此。金融危机之后的几年里，黑帮搬了进来，把这些伪豪宅变成了冰毒实验室和室内大麻农场。

20世纪50年代，人们来到莱克伍德，在当时最现代、最受政治驱动的行业里工作——制造飞机和导弹以满足冷战的需求。伊斯特韦尔的人同样从事着尖端产业的工作。他们住在世界上一些最令人吃惊的建筑附近。

这些毫无特色的巨型盒子——其中有些有一座小镇那么大，就算说得保守些也有一个村庄那么大——在这块你仍能看到葡萄藤破土而出的大地上绵延数英里。全世界都听说过它们的名字：联合包裹运送服务公司、联邦快

---

1. Robert Fishman, *Bourgeois Utopias: the rise and fall of suburbia* (NY, 1987); Joel Garreau, *Edge City: life on the new urban frontier* (NY, 1991); William Sharpe and Leonard Wallock, "Bold New City or Built-Up' Burb? Redefining contemporary suburbia," *American Quarterly* 46:1 (Mar. 1994): 1–30; Robert E. Lang and Jennifer Lefurgy, *Boomburbs: the rise of America's accidental cities* (Washington DC, 2009).

递、开市客、沃尔玛、亚马逊。这些占地100万平方英尺的巨型仓储配送中心，坐落在残存的养牛场、牛奶场和荒废的酿酒厂中间，位于由高速公路、机场、铁路和郊区组成的复杂网络的中心。在21世纪的最初10年间，加州这一地区的仓储面积以每年2000万平方英尺的速度递增。这是一个巨大的现代化内陆港口，数百万吨来自亚洲的廉价进口货物被存放在这里，然后配送到美国各地去，以履行次日送达的重要承诺。数以百万计点击鼠标或手指敲击智能手机屏幕的动作，使这台机器得以持续运转。这个地区弥漫着一种郊区的朴实感，倒是把这个内陆港口的重要性掩盖住了。[1]

像伊斯特韦尔这样的郊区之所以存在，是因为它与全球市场紧密相连。把数以百万计的墨西哥人、中美洲人和南美洲人带到洛杉矶，把成千上万中国台湾的企业家带到圣加布里埃尔，把数百名新晋中国百万富翁和亿万富翁带到阿卡迪亚的力量，吸引着人们来到伊斯特韦尔，奏响郊区梦的新乐章。他们生活在21世纪经济的十字路口，就像冷清的莱克伍德的居民生活在冷战的"震中"一样。与住在莱克伍德和康普顿等郊区的前辈一样，他们也容易受到地缘政治变化、全球经济动荡和技术革新的影响；如果到达这个内陆港口的货物洪流枯竭，或是自动化技术取代人工时，工作岗位就会消失。[2]

高速公路上，一辆又一辆卡车装载着在1.2万英里外生产的智能手机、塑料玩具、内衣、汽车零件、煎锅、工具和各种小配件，涌向这个巨大的仓库区。我与它们相向而行，往它们来的方向，也就是西南方驶去，走了62英里的路程，经过了更多四处蔓延的定居点，见到了许多一模一样、难以区分的房屋，途经莱克伍德和康普顿，回到了长滩港，这里是亚洲通往美国市场的主要门户之一。我走了160英里（不包括改道），绕着一片富于历史和意义的景观兜了个圈子，这篇行车叙事始于20世纪50年代的原子时代，终于21世纪全球化的爆心投影点。郊区那单调的、抹杀历史的千篇一律，固然掩盖了这个故事的宏大性，但也使其戏剧化了。有时候，历史就是会发生在无聊之地。而到头来，这些地方往往也并不那么无聊。

---

1. Jim Steinberg, "2015 a Big Year for Warehouse Development in the Inland Empire," *San Bernardino Sun*, June 6, 2015.
2. Robert Gotttleib and Simon Ng, *Global Cities: urban environments in Los Angeles, Hong Kong, and China* (Cambridge, MA, 2017).

在长滩，巨大的集装箱船正在卸货。正是它们将洛杉矶和南加州的特大城市地区与全球经济的其他主要节点连接起来，这些节点都是自20世纪70年代以来蓬勃发展的巨型商业城市——拥有5500万人口的粤港澳大湾区；拥有8800万人口的长江三角洲城市群（包括上海、南京、杭州、苏州、镇江、无锡等）；[1]拥有2500万人口的首尔-仁川；拥有4100万人口的巨型马尼拉（Mega Manila）。[2]站在长滩的水边，置身于商品和资本的洪流之中，你不禁会花上些时间来思考，是什么力量令全世界如此之多的土地城市化——和郊区化。

※

定义我们这个时代的，是一群庞大的城市巨人。虽然本章的重点是洛杉矶及其毗邻的城市地区，但对世界各地那些已经演变为大规模、多中心的特大城市的城市来说，这个故事同样是成立的。洛杉矶的历史不是郊区化的历史，而是郊区和城市之间的尖锐分歧如何消失的历史。它所讲述的是城市如何呈现出一种新的形态，而且仍将处于持续的蜕变过程中。

随着郊区变得越来越复杂，在经济上越来越重要，它们蔓延得越来越远、越来越快。1982年至2012年间，郊区吞噬了美国乡村4300万英亩的土地（相当于华盛顿州的面积），简直叫人难以置信。到2002年，在房地产繁荣时期，美国每分钟都会因为郊区扩张而失去两英亩的农田、森林和空地。[3]

从洛杉矶到亚特兰大，从菲尼克斯到堪萨斯城，依赖汽车、人口密度低

---

1. 据我国第七次人口普查数据，粤港澳大湾区常住人口已超过7800万，长三角常住人口已达2.35亿。——编者注
2. 巨型马尼拉是菲律宾媒体常用的一个词语，并非官方称谓，它指的是马尼拉大都会（Metro Manila）以及与其有较密切联系的周边省份，所指范围比"大马尼拉地区"（Greater Manila Area）更大。——译者注
3. Elizabeth Becker, "2 Farm Acres Lost per Minute, Study Says," *New York Times*, October 4, 2002; A. Ann Sorensen, Julia Freedgood, Jennifer Dempsey and David M. Theobald, *Farms under Threat: the state of America's farmland* (Washington DC, 2018); Farmland Information Centre: National Statistics, http://www.farmlandinfo.org/statistics.

的城市失序蔓延的景象随处可见，在这方面美国已经成了经典范例。汽车的广泛使用、高速公路的快速发展、低息贷款、丰富的化石燃料、大量的土地、市中心的衰落、企业的分散和人口的增加，在这些因素的推动下，人们对低人口密度的、远离城市的家庭住宅的渴望能够得到满足。也许更为重要的是，中央政府花费了巨额资金，通过税收优惠、抵押贷款和建设6.8万英里的高速公路来资助城市的无序扩张。以汽车为基础，四处蔓延的郊区是20世纪美国城市化的标志性特征，这为其他正在经历快速城市化的社会提供了指引。20世纪80年代，在曼谷、雅加达、马尼拉和吉隆坡等亚洲城市，日益壮大的中产阶级对洛杉矶式郊区开发项目的渴望显而易见。在东京，自1975年到1995年间，不断上涨的房价迫使1000万人从城市中心迁往远郊。

然而，在20世纪80年代的中国，还没有几个家庭拥有汽车；步行、骑自行车和搭乘公共汽车是当时主要的交通方式，城市仍然是紧凑的。人们很容易将中国的快速城市化与其引人注目的摩天大楼联系起来。但随着中国的城市与乡村逐渐融合，真正的变化出现在了水平方向而不是垂直方向上。20世纪90年代，随着汽车保有量的增加，中国城市的郊区化正式启动。自1978年以来，大型城市中心区域的占地面积平均扩大了450平方千米。而大约60%的新中产阶级住房建在远郊，70%的廉价住房建在近郊。中国似乎也走上了美国的老路，而且这个过程是由许多相同的力量推动的。

大规模的郊区化发生在两个方面。北京和上海原本有着密集的人口，他们生活在纵横交错、生机勃勃的胡同和弄堂中，现在，这些人口被迁移到郊区那些单调的大型街区里去了。中国经济面向出口市场的重新定位，要求中国城市进行结构上的调整，而这种调整曾将洛杉矶和世界各地的城市彻底颠覆。高科技商业园区和出口导向型制造业分散到了郊区的开发区中，购物中心和商业园区也在这些地方如雨后春笋般出现。全球化和郊区化之间的关联是很明显的。另一方面，中国迅速壮大的中产阶级纷纷迁往豪华的低密度郊区住宅区。部分住宅区的名字证明了促使它们诞生的灵感来自何方：橘郡（Orange County）、泉园（Park Springs）、温榆河别墅区（Longbeach，在北京郊外）或万科兰乔圣菲（在上海）的房屋与南加州的郊区住宅相差无几。美国郊区（就像美国的摩天大楼一样）所提供的梦幻般的生活方式一直都有巨大的影响力，它就像洛杉矶最伟大的制造业之一的电影和电视工业一样，

第13章 郊区之声 347

传遍了全世界。[1]

不停吞噬土地、渴求空间的郊区生活流行于世界各地,这是一目了然的。在英国,尽管人口增长缓慢,但建成环境在上个千纪的最后20年扩大了一倍。那些年份的特点是各种各样的扩张。1980年到1990年间,发展中国家的城市人口从9.72亿增加到13.85亿。1950年,只有伦敦和纽约是拥有超过800万人口的特大城市,而人口在100万以上的城市有83座。到1990年,特大城市变成了20座,人口超过100万的城市有198座。许多亚洲、非洲和南美洲城市的快速发展迫使数以百万计的贫穷农村移民拥向郊区的棚户区。与那些更为富裕的城市一样,这种扩张是向外的,而不是向上的。拉各斯是发展最快的城市之一,人口从1960年的762 418人增长到了20世纪末的1300多万人。与此同时,它的城区面积也从124平方英里增加到了708平方英里。

在人类历史上,城市和城市生活从未经历过如此重大的变化。这种多中心的、无序蔓延的全球特大城市区域自20世纪50年代出现在洛杉矶以来,已经风靡了全世界。在二战后资本主义的推动下,郊区大都市将城市的概念和人类与自然世界的关系推向了极限。

郊区是资本主义和全球化获胜的一座恰如其分的纪念碑。其肆无忌惮的扩张反映了我们凶猛的消费文化,这种文化承诺会满足我们所有的欲望,而这种满足会遵循无限增长的原则。它将自然环境转变成可控的人工环境。二战后,在郊区成长的黄金时代,洛杉矶走在了世界前列。其表现之一是园艺业的惊人发展。原产于亚马孙地区的蓝花楹因其美丽的花朵而在莱克伍德大受欢迎。莱克伍德人还在草坪上种植马蹄金来代替草,因为它不需要太多的修剪。这不过是从地球上各个角落大量进口的花、草、树、木和水果中的两种,洛杉矶大量种植这些植物,把郊区完全变成了人造景观,由数百万台洒水器和数百万加仑[2]的杀虫剂来维护。[3]

在第3千纪的开端,还有什么能比郊区花园更能代表这个世界呢?它是

---

1. Thomas J. Campanella, *The Concrete Dragon: China's urban revolution* (NY, 2008), chapter 7.
2. 加仑,英美计量体积或容积的单位。1英加仑≈4.546升;1美加仑≈3.785升。——编者注
3. Sellers, *Crabgrass Crucible*, pp. 139f.

我们统治地球方式的缩影。但是，城市扩张的真正危险并不是对我们当前环境的重新排序。我们这个物种拒绝紧凑的城市，喜欢宽阔的生活空间，这导致大都市无止境地渴求更多的电力、天然气、石油、水、混凝土以及道路系统。毫无疑问，无序扩张消耗了乡村，也浪费了大量的资源。以汽车为基础的现代城市化把生活从城市街头剥离出来，鼓励了吞噬自然的低人口密度扩张。汽车是城市的大敌。它需要的空间比其他任何东西都多，占去了大多数城市用地的50%以上，在洛杉矶更是如此。我们围绕汽车的需求重塑了我们的城市。

在分散的大都市里，不开车几乎哪里也去不了；结果导致了更加严重的拥堵和污染。随着大都市像成熟的卡蒙贝尔奶酪一样向外延伸，美国人平均每年的驾车里程增加到了1.2万英里，通勤时间从20世纪60年代到20世纪末增加了两倍。与此同时，用在汽车上的开销在家庭收入中所占比例翻了一番，达到了20%。在加速郊区化和城市快速扩张的时代，人们发现，仅在1990年到1995年间，有年幼子女的母亲花在开车上的时间就增加了11%；花在开车上的时间已经比花在给婴儿穿衣、洗澡和喂食上的时间加起来还要多了。大约87%的旅行是自驾游，在一个汽车主宰着城市的国家里，这没有什么可惊讶的。为此付出的代价是每年有4万人死于交通事故。另一个代价则是美国人的体形——在20世纪70年代，过度肥胖者只占人口的10%，现在已经达到了三分之一。自20世纪90年代以来，死于哮喘的人数增加了两倍。在其他地方，拉各斯的交通每天都会堵塞，通勤者平均每周要花30个小时在拥堵的道路上缓慢行驶；在墨西哥城，每年有20万辆新车上路。拉各斯和墨西哥城都生活在灾难性环境崩溃的威胁之下。自20世纪90年代以来，随着城市的扩张和郊区化，中国的汽车拥有率也不断提高，这个问题已经成了一个全球性的问题。

低人口密度的扩张、以汽车为中心的城市以及与之相应的日常生活方式都是廉价石油的产物，而且完全依赖于它。因此，这样的大都市形式自有其终结之日。但与此同时，对汽车的依赖已使现代城市成了有毒烟雾、环境碎片化和气候变化的"引擎"。

第 14 章

特大城市

拉各斯

(1999—2020)

城市里到处都是捕食者。这是一个适合强者的环境，他们能够适应这里并获得成功。他们在城市里茁壮成长——远比在农村好得多。但与此同时，城市生活也消磨了他们的野性，为弱者提供了一个庇护所，让后者也能在大都市中生存。

人类可能确实是这样，但这种现象在整个城市生态系统中也显而易见。郊狼、狐狸、浣熊、喜鹊和苍鹰等动物在城市中的密度和数量比它们在自然栖息地里的密度和数量更高。城市似乎对它们很友好。红鸢在25年前才被重新引入英国，如今在英格兰东南部的城市里已经常常能看见它们了。游隼习惯栖息在悬崖上，利用其高度俯冲捕食，纽约陡峭的城市景观是它们的理想选择。1983年，一对游隼搬到了那里；现在纽约已经成为游隼密度最高的地方。游隼遍布世界各地的城市，它已经改头换面，成了一种城市鸟类。

然而，尽管肉食性哺乳动物和猛禽的数量增加了，被捕食的小型动物和鸟类的数量仍在增加。这就是众所周知的城市"捕食悖论"。捕食者享受着人类留下的大量食物，其注意力从小型哺乳动物和鸟类的巢穴上转移到了野餐地点、垃圾箱和路上被撞死的动物身上。被捕食者（例如鸣禽）则受益于人类环境中新的食物来源，还摆脱了被捕食的压力。在城市里，就连猫也很少去捕猎。城市的热岛效应和捕食悖论像磁铁一样，吸引着寻求温暖和安全的燕子和乌鸫。自20世纪80年代以来，城市和郊区居民在鸟食上的投入——英国每年花费超过2亿英镑，美国则为40亿美元——使鸟类数量大大增加，并把新物种吸引到了城市这个大熔炉里。欧亚黑顶林莺改变了从中欧到西班牙和北非的习惯性迁徙路线，向西飞往英国去享受郊区花园里的丰盛食物。城市鸟类数量增加，种类也日益多样化。难怪游隼会栖息在悬崖般的摩天大楼上观察下面的混凝土峡谷，它喜欢这个新环境。[1]

　　动物在城市里的行为有很大的差异。那些能够适应这种完全不同环境的物种会"开枝散叶"。这样的物种被称为伴人物种（synanthropic species），它们能从与人类群体的联系中获益。芝加哥市内的浣熊在垃圾箱里找到了极为丰富的食物来源，这减少了它们的漫游范围，使其能繁衍更多的后代。在洛杉矶，美洲狮将自己的活动范围限制在了25平方英里以内，而在荒野里，它们通常需要370平方英里的活动范围。芝加哥的郊狼学会了如何安全地过马路。它们与游隼一样，在城市里找到了庇护所，无须再受在野外游荡狩猎之苦。在美国乡村地区，郊狼的平均寿命是两年半；而在城市地区，它们可以活到12或13岁，还能生养更多幼崽。开普敦的豚尾狒狒、焦特布尔的赫克托尔灰叶猴、麦德林的白足狨和吉隆坡的猕猴，都在众多能够接受城市生活方式的猿猴种类之列，城市的屋顶住起来颇为舒适，挥霍无度的人类扔掉了大量食物，再加上没有捕食者，这样的环境对它们来说很是惬意。20世纪80年代，孟买的污水使得蓝绿色藻类大面积爆发，火烈鸟受此吸引，开始向孟

---

1. Jason D. Fischer et al., "Urbanisation and the Predation Paradox: the role of trophic dynamics in structuring vertebrate communities," *BioScience* 62:9 (Sep. 2012): 809–818; Amanda D. Rodewald et al., "Anthropogenic Resource Subsidies Decouple Predator-Prey Relationships," *Ecological Applications* 12:3 (Apr. 2011): 936–943; Alberto Sorace, "High Density of Bird and Pest Species in Urban Habitats and the Role of Predator Abundance," *Ornis Fennica* 76 (2002): 60–71.

买迁徙；到2019年，火烈鸟的数量达到了12万只，在高楼大厦之间形成了一片片粉色的斑块。在孟买周边的非正式定居点，行踪不定的豹子会在寂静的深夜出没于密集的城市丛林之中，捕猎野狗果腹。[1]

在人造环境中生活这一挑战迫使动物去学习新的行为来解决遇到的问题。它们变得越来越适应街头生活。20世纪80年代的某个时候，日本仙台市的一只乌鸦觉察到，借助缓慢行驶的汽车的车轮，可以轻松地弄碎核桃的壳。之后整座城市的乌鸦都学会了这样做。在维也纳，蜘蛛克服了对黑暗的偏好，在有荧光灯照明的桥梁上结网，捕获的猎物比以往多4倍以上。北美城市里的浣熊解决问题——比如打开门窗——的速度远比它们在乡下的同类更快。实验证明，在城市捕获的雀类比在农村捕获的雀类更擅长打开盖子或拉开抽屉获取食物。在城市里长大的动物明显更大胆，更好奇。由于生活在物种分布密度更高的环境中，许多动物的攻击性降低了。生活在嘈杂、热闹之处的动物——比如在地铁路线旁生活的老鼠——会抑制它们的应激反应。一项针对鼩鼱、田鼠、蝙蝠和松鼠等小型都市化哺乳动物的研究发现，它们的大脑体积更大，结构上与伦敦出租车司机的大脑相似，而这些司机由于多年来一直在复杂的城市迷宫中穿梭，他们的海马体后侧部分中的灰质

---

1. Suzanne Prange, Stanley D. Gehrt and Ernie P. Wiggers, "Demographic Factors Contributing to High Raccoon Densities in Urban Landscapes, " *Journal of Wildlife Management* 67:2 (Apr. 2003): 324-333; Christine Dell' Amore, "How Wild Animals Are Hacking Life in the City, " *National Geographic*, April 18, 2016; Christine Dell' Amore, "Downtown Coyotes: inside the secret lives of Chicago's predator, " *National Geographic*, November 21, 2014; Payal Mohta, " 'A Double-Edged Sword' : Mumbai pollution 'perfect' for flamingos, " *Guardian*, March 26, 2019; Alexander R. Braczkowski et al., "Leopards Provide Public Health Benefits in Mumbai, India, " *Frontiers in Ecology and the Environment* 16:3 (Apr. 2018): 176-182.

体积较大。[1]

城市以惊人而迅速的方式控制了它的动物居民的进化。众所周知，由于生活在因工业革命而受到污染的环境中，桦尺蠖变成了黑色。伦敦地铁中的蚊子是一个全新的物种，它是最近才在富含人类血液的地下区域进化出来的。它还在继续进化：皮卡迪利线上的蚊子与贝克鲁线上的蚊子在基因上是有差异的。城市热岛效应使乌鸫由候鸟变成了留鸟。它们正在成为独立于森林乌鸫的一个物种，交配期更早；由于城市提供了大量容易获取的食物，它们的喙变短了；为了让同类在繁忙的交通中听到自己的声音，它们开始用更高的音调鸣叫。自然选择倾向于那些翅膀较短、可以避开车流的鸟类，较小的哺乳动物，较胖的鱼类，以及体形较大的、能够为了四处寻找食物来源而走更多路的昆虫。在亚利桑那州的图森市，家雀正在进化出更长、更厚的喙，因为它们现在的主要食物来源是花园里的喂鸟器。在波多黎各的城市里，蜥蜴的脚趾已经进化到能够抓住砖块和混凝土了。[2]

进化本该以极为缓慢的速度进行，花上几百万年。这些令人难以置信的故事讲述了动物们如何去适应这种发生了彻底改变的环境，这是近几十年来

---

1. Menno Schilthuizen, *Darwin Comes to Town: how the urban jungle drives evolution* (London, 2018); Jean-Nicolas Audet, Simon Ducatez and Louis Lefebvre, "The Town Bird and the Country Bird: problem solving and immunocompetence vary with urbanisation," *Behavioral Ecology* 27:2 (Mar.-Apr. 2016): 637–644; Jackson Evans, Kyle Boudreau and Jeremy Hyman, "Behavioural Syndromes in Urban and Rural Populations of Song Sparrows," *Ethology* 116:7 (Jul. 2010): 588–595; Emile C. Snell-Rood and Naomi Wick, "Anthropogenic Environments Exert Variable Selection on Cranial Capacity in Mammals," *Proceedings of the Royal Society B* 280:1769 (Oct. 2013); E. A. Maguire, K. Woollett and H. J. Spiers, "London Taxi Drivers and Bus Drivers: a structural MRI and neuropsychological analysis," *Hippocampus* 16:12 (2006): 1091–1101.
2. Schilthuizen, Thomas Merckx et al., "Body-Size Shifts in Aquatic and Terrestrial Urban Communities," *Nature* 558 (May 7, 2018): 113–118.

飞速发展的城市化给地球带来的众多后果之一。全球的城市人口从1960年的10亿激增到2020年的40多亿。在低人口密度扩张成为一个普遍问题的时代，城市土地面积的增长速度比人口增长速度更快。从1970年到2000年，城市吞噬了地球上5.8万平方千米的土地；到2030年，它们将再吞噬120万平方千米的土地，使城市面积增加两倍，而城市人口增加一倍。这意味着每天都要在地球表面新建一个比曼哈顿还大的城区。到2030年，全世界建成环境的65%将会是在2000年之后建起的。全球在这30年间建成的新城市如果合在一起，其面积有南非那么大。这颗行星正在发生剧变，我们就生活在这样一个时代。[1]城市向野生栖息地和以前未受破坏的生态系统推进，使得动物把传染病传播给人类的可能性增大了。新的人畜共患疾病从不断扩大的城市边缘被带入人口密集的大都市，并通过全球网络传播到其他城市，在那里造成严重破坏。

尽管城市面积占地球表面积的比例仍将保持在一个较低的水平（大约3%），但关键是我们在哪里推进城市化。我们往往会把城市建在动植物喜欢的地方——那些靠近海岸、三角洲、河流、草原和森林，郁郁葱葱、水源充足的地方。正在进行和将要进行的城市的扩张集中在世界上36个生物多样性热点地区，这些地区拥有最丰富的生态系统，如西非几内亚森林、东非高山地区、印度的西高止山脉、中国的沿海地区、苏门答腊岛和南美洲大西洋沿岸的森林。大约423座快速发展的城市正在这些热点地区蔓延，对3000多种濒危物种的栖息地造成了严重的威胁。[2]

特大城市和特大城市地区也在侵蚀着世界上最肥沃的农田。从本质上来说，城市化就是通过砍伐森林和减少植被生物量来释放大量的碳，尤其是在具有重要生态意义的生物多样性热点地区和土地肥沃的农业区。城市会改变

---

1. Karen C. Seto, Burak Güneralp and Lucy R. Hutyra, "Global Forecasts of Urban Expansion to 2030 and Direct Impacts on Biodiversity and Carbon Pools," *PNAS* 109:40 (Oct. 2012): 16083–16088; "Hot Spot Cities," http://atlas-for-the-end-of-the-world.com/hotspot_cities_main.html; B. Güneralp and K. C. Seto, "Futures of Global Urban Expansion: uncertainties and implications for biodiversity conservation," *Environmental Research Letters* 8:1 (2013).
2. Seto et al., "Global Forecasts of Urban Expansion to 2030 and Direct Impacts on Biodiversity and Carbon Pools".

这些地区附近的天气模式和气候,从它们当中延伸出来的道路系统会割裂当地的物种和景观。此外,一座城市的生态足迹比城市本身大得多,因为它需要电力、食物、水和燃料。维持伦敦所需的土地数量——它的生态足迹——是这座大都市面积的125倍。[1]

像浣熊、花园鸟类和游隼这样成功地适应了城市生活的开拓者终究是少数。在美国,每年有1亿到6亿只候鸟因撞上摩天大楼而死亡。它们的命运是城市所造成的生态破坏的一个缩影。城市肆无忌惮地扩张导致了气候变化、物种灭绝,还对生物多样性造成了不可挽回的破坏。城市虽然容纳了50%的人类,但也产生了全球75%的碳排放。洛杉矶声如雷鸣的高速公路阻止了文图拉高速公路两旁的短尾猫和美洲狮种群之间的基因流动。现在,高速公路两侧的短尾猫在基因上已经有了区别,这是因为在被城市扩张困住的种群中,近亲繁殖变普遍了。随着城市向地球上最珍贵的那些生物多样性热点地区蔓延,更多的濒危物种将遭受与洛杉矶短尾猫一样的命运,其活动范围和基因库将因世界上最危险的入侵物种——城市人(*Homo urbanus*)而缩小。[2]

要看清楚我们突飞猛进的城市化进程造成了怎样的冲击,最好的例子莫过于一些动物为适应新世界而发生的形体变化,以及它们的基因构成因栖息地被破坏而受损了。

我们以喜悦和惊奇的心情欢迎我们的新邻居——活跃的游隼、潜行的豹子、成群的火烈鸟、新品种的鸟类、移居城市的獾。在这里,大自然克服了

---

1. Christopher Bren d'Amour et al., "Future Urban Land Expansion and Implications for Global Croplands," *PNAS* 114:34 (Aug. 2017): 8939–8944; Mathis Wackernagel et al., "The Ecological Footprint of Cities and Regions: comparing resource availability with resource demand," *Environment and Urbanizaion* 18:1 (2006): 103–112.
2. Scott R. Loss, Tom Will, Sara S. Loss and Peter M. Marra, "Bird-Building Collisions in the United States: estimates of annual mortality and species vulnerability," *The Condor* 116:1 (Feb. 2014): 8–23; Kyle G. Horton et al., "Bright Lights in the Big Cities: migratory birds' exposure to artificial light," *Frontiers in Ecology and the Environment* 17:4 (May 2019): 209–214; Laurel E. K. Serieys, Amanda Lea, John P. Pollinger, Seth P. D. Riley and Robert K. Wayne, "Disease and Freeways Drive Genetic Change in Urban Bobcat Populations," *Evolutionary Applications* 8:1 (Jan. 2015): 75–92.

重重困难，分享着人造的城市；这里有开放在混凝土原野上的生命之花。在新闻里我们能看到不断进化的乌鸦、狡猾的郊狼和在街头活得风生水起的狐狸，这告诉我们，城市是生态系统的一部分，绝不是独立于它的东西。最重要的是，这些新闻提醒我们，如果我们对我们的建成环境进行修改，是可以与大自然共享城市的，尽管破坏已经造成了。

直到最近，我们还认为城市和乡村是两种截然不同、互不相容的东西。毕竟乡村亲近大自然，而城市却并非如此。在历史上，城市一直被视为自然的敌人，是种吞噬乡村的毁灭性力量。大规模城市化的冲击以及由此引发的气候变化改变了这种心理认知，现在城市正在成为主导自然的力量。这改变了我们对大都市的看法。令人吃惊的是，伦敦有47%的空间是绿地，其中有世界上最大的城市森林——树木的数量与人口一样多（超过800万棵），它们覆盖了城市21%的面积。此外，伦敦至少有1.4万种动物、植物和真菌，1500个具有重要生态意义的地点，还有10%的地区被指定为自然保护区。布鲁塞尔拥有比利时50%的花卉物种，而开普敦保存着南非50%的极度濒危植被类型。高度城市化的城市国家新加坡是地球上生物多样性最丰富的地方之一，其近720平方千米的土地有一半是森林、自然保护区和连接生物栖息地的绿色走廊网络。它还渴求更多的绿叶，因此就有了成百上千个郁郁葱葱的绿色屋顶和遍布摩天大楼表面的垂直花园。[1]

我们才刚刚开始意识到，城市可以维持丰富的生物多样性，而这种生态对我们的生存至关重要。正如新加坡所示，位于地球生物多样性热点地区的热带城市，如果其居民有相应的规划，就有能力维持动植物物种的生存。实际上，城市中动植物最近的进化史可能不仅预示着地球生物多样性的未来，也预示着城市本身的未来。

首尔是世界上最大的大都市之一，在它的中心地带，每天都有6万人在一条绿意盎然的城市河流边散步。21世纪初，这里还是一条丑陋的高架高速

---

1. Greenspace Information for Greater London, "Key London Figures, " https://www.gigl.org.uk/keyfigures/; London gov.uk, "Biodiversity, " https://www.london.gov.uk/what-we-do/environment/parks-green-spaces-and-biodiversity/biodiversity; Secretariat of the Convention on Biological Diversity, *Cities and Biological Diversity Outlook* (Montreal, 2012), pp. 9, 24.

公路，它横穿首尔；路上有汽车呼啸而过，下面有犯罪分子出没，还有很多人把垃圾倒在这里。2002年到2005年间，清溪川高速公路被拆毁，一条长期被埋在混凝土下的小河恢复了生机。没有了高速公路之后，开车去首尔市区更难了。但这并不是坏事——公路的减少鼓励了对公共交通的使用和投资。今天，清溪川是市中心广受欢迎的一片绿洲，绿树成荫，水声潺潺。它降低了空气污染水平，缓解了热岛效应，气温比这座大都市里的其他地方低5.9℃。更重要的是，它两旁的植物物种多样性更丰富了，城市居民的生活质量也有了相应的提高。[1]

清溪川项目耗资高达数亿美元，引发了不少争议。尽管如此，它仍然是重建绿色城市的一个国际象征。现代城市生活的一个重要方面是试图以一种前所未有的方式在城市和自然之间取得平衡。这在一定程度上是因为野生动物对人类的身心健康有益。当然，多个世纪以来，城市一直是有公园、树木和开放空间的。但在今天，许多城市开始认识到，不必专门为大自然划出一些区域来，它可以融到整个城市的结构当中去。并非所有的项目都要像清溪川大型项目那样奢华。在微观层面上采取措施对当地的生物多样性来说甚至更为重要。打造连接铁路侧旁、道路边缘、袖珍公园、空地、私人花园和开放空间的绿色走廊，已成为世界各地城市规划的一部分。随着人们越来越重视城市生态系统，鼓励传粉者的繁育和饲养蜜蜂也已成为城市的优先事项。

与游隼一样，蜜蜂发现21世纪大都市的环境相当宜人，因为与集中耕种、栽培作物单一的农田相比，那里的植物多样性使觅食变得非常容易。对蜂蜜的分析表明，马萨诸塞州波士顿市内的一只蜜蜂采集了411种不同植物的花粉，而邻近乡村里的蜜蜂只采集了82种。在不断变化的城市环境下，还有哪些物种能够茁壮成长？它们将如何进化？一座大城市可以成为由无数个几乎难以察觉的微生境拼凑而成的地方，它们与大型公共公园并存，可以把

---

1. Lucy Wang, "How the Cheonggyecheon River Urban Design Restored the Green Heart of Seoul," https://inhabitat.com/how-the-cheonggyecheon-river-urban-design-restored-the-green-heart-of-seoul/.

开拓者吸引到城市里来。[1]

自2008年以来，墨西哥城已经新建了超过22.6万平方英尺的屋顶花园。巴塞罗那是欧洲人口最密集的城市之一，它正在打造贯穿整个城市的绿色走廊，这是一个由公园、花园、屋顶花园、树木、绿墙和爬山虎组成的网络，将为城市增加400英亩的绿色空间。地窄人稠的新加坡在空中、屋顶上、墙壁上和阳台上创造了面积与伦敦摄政公园（占地400英亩）相当的绿地。墨西哥城、巴塞罗那和新加坡的努力就是城市如何在不破坏自身结构、不占用城市空间的情况下增加绿化面积的例子。城市绿化最显著的成果或许是巴西阿雷格里港的贡萨洛·德·卡瓦略大道。街道上满是高大的蔷薇木，它们的树冠遮天蔽日，在城市环境中开辟出了一片绿色地带。这条街道是贯穿城市的70条绿色隧道之一。[2]

贡萨洛·德·卡瓦略大道的景色很可能是未来大都市中常见的一景。我们最好希望情况的确如此。在世界各地的城市里，人们种植数以百万计的树木，并不仅仅是为了满足大众的审美，或者为了造福蜜蜂和蝴蝶。人类似乎总喜欢给事物标上价格，以此来评判它们的价值。在这个例子当中，就有被称为"树经济学"（treeconomics）的东西在起作用。树木的存在可以使一处房产的价格上涨20%。开普敦认为自己的生态价值在51.3亿美元到97.8亿美元之间。据估计，兰州2789公顷的城市森林每年为城市带来的经济效益为1400万美元，纽约的树木每年带来的收益高达1.2亿美元。城市树木曾经被单纯视为观赏植物，现在却被认为是必不可少的。一棵大树可以从大气中吸收150千克的碳。它们还能过滤空气中的污染物（颗粒物浓度的20%到

---

1. Claire Cameron, "The Rise of the City Bee," https://daily.jstor.org/rise-city-bee-urbanites-built-21st-century-apiculture/.
2. Sam Jones, "Can Mexico City's Roof Gardens Help the Metropolis Shrug Off Its Smog?," *Guardian*, 24/4/2014; Ajuntament de Barcelona, "Barcelona Green Infrastructure and Biodiversity Plan 2020," https://ajuntament.barcelona.cat/ecologiaurbana/sites/default/files/Barcelona%20green%20infrastructure%20and%20biodiversity%20plan%202020.pdf; Grace Chua, "How Singapore Makes Biodiversity an Important Part of Urban Life," Citylab, https://www.citylab.com/environment/2015/01/how-singapore-makes-biodiversity-an-important-part-of-urban-life/384799/.

50%），并将过热的城市降温2℃至8℃，减少30%的空调使用。既然树木能起到这种作用，那么与其说它们能帮助我们阻止气候变化，不如说它们能帮助我们在气候变化的影响下生存下来。自2000年以来，随着城市气温飙升，空调的使用量已经增加了一倍，到2050年还将增加两倍。使我们保持凉爽所需的电力将等于美国和德国电力需求的总和——占全球电力总消耗量的10%。如果墨西哥城的屋顶花园和开罗的绿墙能给建筑物降温，那么除了自我毁灭式地依赖空调之外，我们就有了另外一种选择。[1]

我们把自然货币化之后，就开始懂得了它的价值。否则，我们只能通过教训来理解城市对生态的依赖。新奥尔良在2005年遭受了灾难性的洪水，为湿地的减少付出了代价。同年，孟买也为毁掉40平方千米的红树林而后悔不迭，它们是大自然分隔陆地和海洋的屏障，失去它们之后，孟买遭遇了泛滥的洪水。在班加罗尔快速城市化的过程中，它的气温上升了2.5℃，并频繁出现洪涝灾害，其原因是88%的植被和79%的湿地遭到了破坏。肯塔基州的路易斯维尔是美国最炎热的城市之一，市中心的温度可以比郊区高出10℃，这在很大程度上是因为市中心的植被覆盖率低得可怜，只有8%左右。这座城市需要每年种植数十万棵树来控制急速上升的气温；而到目前为止，该市的私营企业仍不愿对此采取任何行动。

城市在未来或许会受到超级风暴的袭击，而现代城市和郊区巨大的不透水混凝土层将使它们无法吸收多余的水。芝加哥、柏林和上海正在学习（或重新学习）如何模仿自然水文，以此作为紧急防洪策略。树木是至关重要的，因为它们能够吸收大量的水。但是，就像中国（上海）自由贸易试验区临港新片区一样，城市也在利用屋顶花园、城市湿地、多孔路面、生态沼泽和雨水花园作为巨大的海绵，吸收多余的雨水并逐渐释放出来。这些水被过滤到地下含水层和河流中，或者最终蒸发到大气中，从而使城市降温。

做这些事的目的是消除水患，但这也带来了更多的树木和花圃、水景和城市湿地，这些都有利于人类福祉和生物多样性。在全世界许多发展中地

---

1. *Cities and Biological Diversity*, pp. 26, 28; Amy Fleming, "The Importance of Urban Forests: why money really does grow on trees," *Guardian*, October 12, 2016; International Energy Agency, *The Future of Cooling: opportunities for energy-efficient air conditioning* (Paris, 2018).

区，生物多样性在某种程度上是通过与城市发展同步的城市农业扩张来维持的，特别是在农村粮食生产没能跟上变化步伐的地方。在哈瓦那，90%的水果和蔬菜种植在200个城市农园（organopónicos）里，它们都是在1991年苏联解体后建立的，标志着当时古巴食品和化肥进口贸易体系的崩溃。城市农园占据了这座大都市12%的面积，通常设置在人口稠密地区丑陋的塔楼之间。[1]

全球有1000万到2亿城市农民，其中65%是女性，从后花园、废弃的地块、屋顶到成熟的城市农园，她们耕种的土地五花八门。据联合国估计，现在有15%到20%的粮食产自大都市地区。在肯尼亚的城市中，29%的家庭从事农业生产；在越南和尼加拉瓜的城市中，70%的家庭会通过粮食生产获得部分收入。[2]

自千纪之交以来，在非洲、拉丁美洲和亚洲那些飞速发展的特大城市中，城市农业已成为人们谋生手段的一部分。数以百万计的人种植水果和蔬菜，仅仅是为了挣几个钱糊口。城市农园永远满足不了城市的需要。但它们对地方经济很重要，更重要的是，它们可以改善城市环境并提高其生物多样性，为各种节肢动物、微生物、鸟类和小型哺乳动物提供栖息地。

绿色城市听起来像是乌托邦。但它正在世界各地以各种各样的方式产生，有时候我们并没有真正注意到这一点。在西雅图，入侵物种正被本地常绿植物所取代，因为后者更善于储存雨水。2007年到2015年间，纽约市又种植了100万棵树。上海的树木覆盖率从1990年的3%增加到2009年的13%，到2020年达到了23%；在其最新的城市规划中，到21世纪中叶，这一数字将会提高到50%。在巴西的萨尔瓦多市，人们正利用经城市污水系统处理过的污泥做肥料，将一个大型垃圾场改造成一片广阔的城市森林。由于每年减少1500个停车位，阿姆斯特丹往日光秃秃的、停满了车的街道正被树木、花园、玫瑰丛、堆肥和游乐设施所改变。自2011年以来，洛杉矶这座缺少公园

---

1. Andrew J. Hamilton et al., "Give Peas a Chance? Urban agriculture in developing countries. A review," *Agronomy* 34:1 (Jan. 2014): 54ff.
2. Food and Agriculture Organisation of the United Nations, *FAO Statistical Yearbook 2012* (Rome, 2012), p. 214; Francesco Orsini et al., "Urban Agriculture in the Developing World: a review," *Agronomy for Sustainable Development* 33:4 (2013): 700.

的城市不断把废弃的土地和丧失抵押品赎回权的建筑工地改建为小公园。它还新建了一批"路边公园",即从人行道延伸到街道上的小型绿地,停车位也被改造成了可供行人驻足的空间。

洛杉矶的路边公园代表着一个小小的象征性的胜利,要知道这座城市曾被人称作"车托邦"(autopia),是座围绕汽车建起来的大都市。汽车不会成为我们城市的永久特征:历史确定无疑地告诉我们,一种技术总是要被另一种技术所取代。城市已经在与汽车做斗争,要限制它们的使用,或者对它们的使用者征税。就像在阿姆斯特丹一样,树木等植物可能会取代渴求土地的汽车。金奈将高达60%的交通预算用于步行和骑自行车。美国曾计划将几条巨大的多车道城市高速公路改造成绿树成荫的林荫大道,中间有公园,而早在20世纪60年代,这些公路就像怪物一样,粗暴地从社区中间穿过去,把社区孤立起来,迫使它们走向灭亡。有个生动的例子可以说明城市是如何从重视汽车向重视植被转变的,"首尔路7017"曾经是座繁忙的都市立交桥,但从2015年开始,它不再通车,被改建成了一个由1000米长的步行街串联起来的空中花园,其中有24 000多株各式花木。

城市是复杂的适应性系统。历史证明,它们非常善于确保自己的生存。21世纪城市的绿化是古老的自我保护、防御和未雨绸缪之本能的一种表现,就像过去的城墙、瞭望塔、城堡和防空洞一样。与民族国家相比,城市才是应对气候变化的主要角色。海平面只要上升1.5米,上海、大阪、拉各斯、胡志明市、达卡和迈阿密等城市都将被淹没。今天,人口超过500万的大都市中,有三分之二位于海拔不超过10米的地区。如果说城市是对抗气候变化的核心力量,那是因为它们处在最前线。

2017年,全球在绿色科技上的投资有3940亿美元,在可再生能源上的投资有将近2万亿美元。旧金山、法兰克福、温哥华、圣迭戈正朝着完全使用可再生能源发电的方向发展。纽瓦克(Newark)和新加坡等城市的公司正在试验由计算机控制的水培农业。这些摩天农场的用水量仅为传统农业的10%,几乎不使用硝酸盐肥料和杀虫剂。

21世纪的城市建设者们都是闻名遐迩的:谷歌、思科、苹果、微软、松下、IBM、西门子、华为。这些公司从自身的背景出发,把21世纪的大都市视为一个系统，通过使用大数据和人工智能，让它变得更高效，从而更可持续。正如城市适应了工业革命和内燃机等技术变革一样，它们也将围绕计算机重塑自身。

在这个未来城市的设想中，传感器无处不在，智能手机将更多的数据传回中央计算机，使城市能够实时监控交通状况和公共交通流量、能源使用和污染水平并及时做出反应，还能发现犯罪和事故。在里约热内卢，有一支由400名员工组成的队伍，他们在一个跟美国国家航空和航天局有些像的运营控制中心里工作，对从拥堵和污染到闭路电视监控系统和当地社交媒体上使用的关键词等所有的东西进行监测。

桑坦德是欧洲最智能的城市，这里已经安装了2万个传感器，随时监视着人类蜂巢里的活动。垃圾桶内的传感器会在需要清空时向垃圾车报告；公园里的传感器会监测土壤中的水分，并根据需要开关洒水器；路灯会根据行人和车辆的数量而调整亮度。以这种方式使用人工智能可以减少50%的能源和水成本。它还可以在其他方面提高城市的效率。声音传感器如果探测到有救护车的警报声正在接近，它就会连接交通信号灯，为应对紧急情况开路。据估算，有30%的开车时间都花在找地方停车上；无线传感器可以探测到闲置空间，并引导司机直接去那里。

这种由数据驱动的模式被称为"IoT城镇"（"IoT"指"物联网"）、"无处不在的城市"和"有智慧的城市"，而最常见的名字是"智能城市"，人工智能不断吞噬信息，进行预测建模和实时响应。例如，对智能手机的使用情况做元分析，可以了解市民如何以及何时在城市中移动，并据此调整公交路线。它还可以被用来对整个城市人口进行强制性的数字监测，以跟踪传染病的传播。以效率和危机管理的名义对大都市内的行为进行监控，必将成为21世纪城市生活的显著特征之一。

智能城市所隐含的威权主义以及对致命流行病的恐惧，让人深感不安。尽管如此，城市仍在将数字技术融入其基础设施。21世纪城市生活最引人注目和最重要的一个方面是我们如何将城市视为生态系统的一部分，而不是把它与自然界分离开。我们能够欣赏树木和开放空间、红树林和湿地、蜜蜂和鸟类如何与城市环境互动，使其更健康，更有弹性。我们正在慢慢地看清，我们的城市既是自然环境，也是人造环境，它所有的方面——交通、废物管理、住房、水、食物、生物多样性、动物栖息地、昆虫的生活、湿地、燃料需求等——都是复杂的、相互依赖的生态系统的一部分。

在一个不稳定的世界里,其他城市,特别是位于生物多样性热点地区的发展中地区,越来越迫切地需要避免重复更成熟的城市在其城市化的历史中曾犯过的那些错误。巴西巴拉那州的库里蒂巴市给我们提供了灵感。这座贫穷、发展迅速、易受洪水侵袭的巴西城市就位于一个生物多样性热点地区内,自20世纪70年代以来,它已经增加了150万棵树、154平方英里的公园、几个人工湖,并在巴里固河(Barigui)沿岸建造了一条生态走廊。虽然它的人口只增加了两倍,但人均绿地面积从0.5平方米增至50平方米,这一数字是惊人的。库里蒂巴并不只是在种树;它制订了一项计划,将可持续发展政策几乎纳入到了城市规划的方方面面。

20世纪六七十年代,许多城市都在拆除市中心的大片区域并修建道路,而库里蒂巴却恰恰相反,它在保存其核心老城的同时,于街道上设置了许多步行道。尽管该市的人均汽车保有量高于巴西的其他城市,但它还是建起了一个庞大而新颖的快速公交(BRT)网络,供70%的人口使用。全世界有150座城市效仿它的做法,建起了自己的BRT系统,使交通量减少了30%,明显降低了城市的空气污染水平。库里蒂巴还率先采用了"绿色交换"的办法,人们可以用可回收垃圾换公交车票和食物;如今,它有70%的垃圾被回收利用。城市规划和环保主义的融合产生了经济影响:与全国平均4.2%的经济增长率相比,库里蒂巴30年来的平均经济增长率是7.1%,人均收入比全国平均水平高出66%。的确,这里还有很大一部分人口生活在未经规划的法维拉中,而且他们的人数还在不断增加。但至少,它的成功表明,即使是在预算非常有限的情况下,富有创造性地将人工生态系统和自然生态系统连接起来的政策仍能改变一座城市。

"智能城市"不仅仅是拥有数以千计的传感器和数字基础设施的城市。它的设计目的是为人类和自然提供一个有弹性的栖息地。提高城市生物多样性的努力主要不是为了善待野生动物,而是一种生存策略。想象未来的城市会是什么样子不过是白费力气。但从目前的趋势来看,它大概不会像《银翼杀手》中的洛杉矶,而会更像今天的新加坡,有从摩天大楼上蜿蜒而下的墙壁花园、城市森林、空中花园、农场、绿色街道、生物多样性走廊、城市内部自然保护区、动物的生活和树冠。这看起来不错,但这是我们努力适应人为气候变化的直接结果。

解决目前危机的办法显然是把大自然带回城市。但听起来可能有点自相矛盾的是,与此同时我们也必须进一步提高世界城市化水平。

说到城市化的程度,大概没有哪里会比拉各斯,以及其他拥有大量拥挤的非正式定居点的特大城市——孟买、马尼拉、墨西哥城、圣保罗、达卡——更高了。可以肯定的是,它们是复杂的人类生态系统,也许还是我们人类创造的最复杂的社会之一。对许多人来说,它们是现代世界最具代表性的灾难发生之地。它们展示了一个犯有严重错误的世界。

然而,对另一些人来说,它们证明了我们人类有着难以置信的能力,能够适应城市环境并将其改造为我们的家园,无论它看起来有多么不宜居和令人生畏。它们揭示了人类在极端无序的情况下自我组织、自力更生和自我生存的能力。

拉各斯的人口几乎是伦敦的3倍,这么多人却挤在只有伦敦三分之二大的地方。据预测,到21世纪中叶,它将成为世界上最大的城市,到2040年,它的人口将翻一番,超过4000万,然后继续以惊人的速度增长。2018年,尼日利亚的城市人口超过了农村人口。到2030年,城市人口将在非洲成为主体,在所有可以住人的大陆中,非洲是最后一个跨过这个关口的——这是人类历史上一个意义重大、影响深远的时刻。

庞大、难以理解、嘈杂、肮脏、混乱、拥挤、活力充沛、危险,现代城市化最坏的特征全都在拉各斯身上体现出来了。但它也表现出了一些最好的特征。

无论如何,在拉各斯和其他发展中国家的特大城市中所发生的事情是至关重要的,因为那里有空前集中的人类的家园。它们把一切都推向了极限——不论是人类的忍耐力还是它们自身在气候不稳定的时代所具有的可持续性。

这座巨型的非洲特大城市因其不断扩张的贫民窟、腐败和犯罪、糟糕的基础设施和世界上最严重的交通堵塞而臭名昭著。一辆接一辆的卡车在城市坑坑洼洼的道路上排队数周,等待驶入港口运送和接收集装箱,这是一幅令人难以置信的景象。而更令人震惊的是,油轮和集装箱船在海上排队等待进入阿帕帕港。许多船只在等到一个泊位之前很久就撑不下去了,海岸线上到处都是废弃的货船和沉船。在陆地上,拉各斯最典型的声音是夜间私人柴油发电机不断发出的尖叫。这座城市不断向湿地、红树林和洪泛区扩张,严重破坏了自然水文,使城市贫民容易受到日益严重的降雨和风暴潮的影响。这座城市无法保证市民的电力供应，不能为他们提供足够的水，也处理不了每天产生的1万吨垃圾。

在这座人口高度集中的城市里，几乎每辆汽车都有凹陷和刮痕。拉各斯的车流量是纽约的10倍。拖着伤痕累累的身躯，拉各斯的汽车在杂乱无章的道路上奋力争夺空间，这是一场永无休止的战斗，它们是可移动的（虽说在大多数时间里移动得很慢）象征物，象征着在大都市里生活的压力，以及植根于拉各斯日常生活中的适者生存这一恶性原则。有一天，我在拉各斯的朋友一边在野蛮的道路上奋战，一边愤怒地向我道歉。他说，如果把这群骂骂咧咧的司机送到一个英国小镇上去，所有的愤怒都会烟消云散，他们也会变得文明起来。他用苦涩和沮丧的声音说，是这座城市让他们变得如此愤怒和咄咄逼人。

他说得有道理。拉各斯刚刚被宣布为"世界第二差城市"，仅次于饱受战争蹂躏的大马士革。于是我问车里的人——他们都在国外（如美国和欧洲等地）工作过很长时间——为什么他们要住在拉各斯，为什么他们喜欢这里。大家立刻给出了明确的回答："这是世界上最有趣的城市！"

那是一个周六的夜晚，在这种时候出言反驳他们可不是件容易的事。夜幕降临，交通堵塞加剧，音乐声逐渐响起，食物在每条街道上滋滋作响，数百万人拥进城市这个蜂巢，开始把拉各斯变成地球上最大的派对城市。

毫无疑问，这种对生活的渴望是对城市的严酷及其狂躁能量的需求做出的反应，人们也需要借此稍做喘息。有三分之二的人口居住在200多个非正式定居点里。来到拉各斯的游客一眼就能看到马科科，这是一个巨大的"漂浮的"贫民窟，位于臭气熏天的潟湖上，由大片用木桩支撑起来的木制棚屋构成，人口在10万到30万之间。自封为"拉各斯市长"的托尼·坎（Toni Kan）在他的小说《食肉的城市》（*The Carnivorous City*，2016）中写道："拉各斯是一头龇着獠牙、对人肉胃口极大的野兽。从封闭式的伊科伊（Ikoyi）、维多利亚岛（Victoria Island）到莱基（Lekki），再到大陆上熙熙攘攘的大街小巷，你会发现这是一座食肉的城市。生命不仅是野蛮的，它还很短暂……然而，就像疯狂的飞蛾蔑视火焰的狂暴一样，我们也被同一种蔑视理性和意志的离心力所驱使，不断奔向拉各斯。"[1]

把这些文字中的地名换一换，也可以说它们写的是公元前3000年的乌鲁

---

1. Toni Kan, *The Carnivorous City* (Abuja, 2016), p. 34.

克，或公元10世纪的巴格达，或曼彻斯特、芝加哥，或历史上成千上万的城市。庞大、严酷、危险的城市总有神奇的吸引力，即便它们对为自己提供动力的人类漠不关心。尼日利亚人之所以想住在拉各斯，有很多令人信服的理由。它是一个石油资源丰富的城市，是银行、金融和商业中心，是尼日利亚主要的制造业中心，它还是一个交通枢纽——拥有3个港口和非洲主要的国际机场之一，尼日利亚70%以上的外贸要从这座拥挤的城市里缓缓流转。如果拉各斯是一个国家，它将是非洲第五富裕的国家。

单单这一座城市就创造了尼日利亚国内生产总值的三分之一以上，这里的人均收入是全国平均水平的两倍；理所当然，每天都会有成千上万的人来到这里。2020年的拉各斯与2000年的拉各斯大不相同，当时的拉各斯似乎正在走向灾难。今天，它的经济正在蓬勃发展，它的音乐、时尚、电影制作、文学艺术也是如此。位于拉各斯的诺莱坞（Nollywood）是全世界产量第二高的电影产业，仅次于印度的宝莱坞。在21世纪的最初10年，高度创新的科技创业企业也在这座城市里站稳了脚跟。外资涌入了"亚瓦肯谷"［Yabacon Valley，它因位于拉各斯亚瓦（Yaba）地区的创业中心而得名］，因为谷歌和脸书等公司把这座城市视为通向"下一个10亿"的门户，而"下一个10亿"指的是生活在贫穷国家，尚未接触过移动互联网的年轻人。拉各斯是一座由年轻人主导的城市（60%的人口在30岁以下），它的青年文化和创业精神为音乐、娱乐、时尚和科技创造了一个巨大的市场。不管从哪种意义上来说，拉各斯都充满了疯狂的能量，它的活力令人陶醉。用一名尼日利亚记者的话来说，乘坐拉各斯最主要的交通工具，即颇具标志性的、破旧的黄色丹孚小巴（danfo minibus）出行，能让人体会到拉各斯本身是个什么样的地方："疯狂而有趣，惊险又迷人，当然，还有风险，有的风险也可能危及生命。"[1]

---

1. David Pilling, "Nigerian Economy: why Lagos works," *Financial Times*, March 24, 2018; Robert Draper, "How Lagos Has Become Africa's Boom Town," *National Geographic* (Jan. 2015); "Lagos Shows How a City Can Recover from a Deep, Deep Pit: Rem Koolhaas talks to Kunlé Adeyemi," *Guardian*, Februarg 26, 2016; "Lagos: the next Silicon Valley," *Business Year*, https://www.thebusinessyear.com/nigeria-2018/nurturing-entrepreneurs/interview; Oladeinde Olawoyin, "Surviving the Inner Recesses of a Lagos Danfo Bus," *Premium Times*, February 17, 2018.

当你站在拉各斯维多利亚岛南端的艾哈迈杜·贝洛路（Ahmadu Bello Way）旁，透过铁丝网，越过眼前一片宽阔的沙砾向外望时，你会感受到2500万人的重量和能量向你压来。这是最近才通过填埋大西洋得来的陆地；它位于"拉各斯长城"后方，那是10万个5吨重的混凝土块，保护着它免受翻腾的大海侵袭。已经有几座摩天大楼从沙地上拔地而起，这是一座未来主义的智能可持续城市所踏出的第一步，它的名字叫大西洋新城。它被宣传为拉各斯版的上海浦东或迪拜——它会成为非洲的曼哈顿，将使这座尼日利亚的特大城市一跃成为非洲的金融之都和重要的全球中心。

想象一下吧，在一座可跻身全球最大、最贫穷、功能最不健全的城市之列的城市的一角，会出现闪闪发光的摩天大楼、豪华的度假胜地和停满了超级游艇的码头，而这座城市里的大多数人都要靠在非正规经济部门里每天挣一美元来糊口，这幅景象实在有些离奇。如果想坐下来思考一下最近几年来重塑人类大都市的力量，这里可能是最适合的场所。大西洋新城以更为夸张的形式诉说着世界各地正在发生的事情。

在20世纪末，人们大都认为，这座城市已经死亡，或至少是处于一种彻底衰败的状态下。郊区化把它翻了个底朝天；而互联网将完成这一进程，使人们不再需要面对面的接触。然而相反的情况发生了。在全球范围内同步展开的金融和知识经济革命并未鼓励分散，而是把财富、思想、人才和权力聚集到了一小群高速发展的全球大都市中。[1]

当然，所有这些都只是把城市中早已存在的东西推到了新的高度。作为人类的第一座城市，乌鲁克能发展得如此之快，并不只是因为家庭手工业者聚集在它的街区里，彼此分享知识、专长和工具，而是因为他们聚在一起时可以形成规模经济和信息网络，这是前所未见的。都市生活的复杂性令人困惑，人们只好通过文字对知识进行编码。18世纪伦敦的咖啡馆文化为商人、工匠、科学家、探险家、银行家、投资者和作家提供了非正式的聚会和交流知识的场所，他们通过不稳定的联系共同打造了最早的、伟大的资本主义经济。在20世纪的纽约，大银行、小投资公司、律师、保险公司和广告商都集中在步行可达的范围内，这促进了市场的激烈竞争和快速创新。在所有这些案例（包括世界历史上已经发生或正在发生的更多案例）中，城市凭借其活

---

1. Saskia Sassen, *The Global City: New York, London, Tokyo* (Princeton, 2001).

力和复杂、紧密结合的网络，承担了大型公司或大学的组织职能，为劳动、知识共享、网络和规模经济的非正式分工（包括细分）确立了框架。

21世纪的知识经济同样是城市经济。为现代世界提供动力的公司和行业——初创企业、科技公司、研发、媒体、时尚、金融科技、广告——更加紧密地聚集在了一起，尽情享受着只有城市才能提供的地理上的接近，哪怕现在是个超高速数字连接的时代。创造力在很大程度上要么是因自发性而产生的，要么是偶然得之，它与工作和社交中的互动密切相关。

如果说影响城市化的力量在20世纪是离心力——它们迫使铁屑从磁铁上分散开来，那么在21世纪，这种力量则变成了强烈的向心力，把这些铁屑又吸回到磁铁上。分布在世界各地的一小部分城市地区（它们的人口仅占全世界人口的20%以下）创造了全球75%的经济产出。这些城市垄断了全新的技术、数字和医药专利、软件创新、娱乐、金融、保险和研究。随着全球如此之多的财富聚集在少数几个城市地区，城市再次成为全球繁荣的引擎。

过去的城市之所以能繁荣，是因为它们以一己之力控制了贸易路线，像里斯本、吕贝克、巴格达或阿姆斯特丹都是如此；而今天，它们要再次取得惊人的成功，就必须能吸引并不断吸引无形的资产：人才、科技初创企业、金融服务、数据流和房地产投资者。硅谷是全球影响力最大的地方之一，它是靠思想而不是实物繁荣起来的。而使它获得成功的是从面对面接触和人际网络中产生的创业精神。尽管硅谷从事的是创造远程虚拟通信技术的产业，但网络空间并没有取代城市空间。

对人才的争夺要求城市建立一个专门适应知识经济的城市生态系统。它们既需要有超高速光纤和高效的机场，也需要有咖啡馆和世界级的餐厅。它们需要精品店、街头小吃、文化活力、农贸市场、备受瞩目的体育赛事、不间断的娱乐和令人陶醉的夜生活；它们必须提供时尚的社区、经过美化的城市景观、出色的学校、高效的交通、洁净的空气和充满活力的大学。城市必须积极地把自己包装成理想的、令人兴奋的生活和工作场所，用光鲜亮丽的照片、宣传视频和电影来炫耀自己的资产，以便挖走所有商品中最重要的东西——人力资本。

与其他时代一样，今天，壮观的城市复兴也要书写在天际线上。中国以城市为主导的惊人增长速度，通过一系列标志性的摩天大楼城市展示在全世界面前，这些城市从视觉上明确地呈现出了中国城市的成功故事。这些闪闪发光的塔楼告诉世界，它们所在的城市是全球强权精英俱乐部的一员。它们是吸引财富、投资和人力资源的磁铁。这是中国城市从东京、吉隆坡和迪拜等地借鉴来的品牌战略，并已将其推广到了伦敦和拉各斯。

大西洋新城脚下的那片海滩，曾经是拉各斯最受欢迎的地方。如今人们的这一公共空间已被夺走，以便建造一座能容纳25万人的城中之城。这将是一座私人城市，是银行、金融公司、律师事务所和其他跨国公司的总部所在地，还有供超级富豪居住的摩天大楼公寓，以及服务于精英游客的豪华酒店：它是一座非洲特大城市中的迷你迪拜。

大西洋新城鲜明地表达了人们的愿望，即从混乱无序的城市逃往一个防守严密的私人堡垒，即使这意味着向海洋索要土地，把未来赌在海平面不会上升上。富人和中产阶级迫切希望把拉各斯改造成"非洲特大城市的典范和全球经济与金融中心（之一）"。当务之急似乎是将城市的各个部分塑造成他们想象中的样子。2017年，政府声称，出于环境和安全方面的考虑，潟湖上的几个水上非正式定居点——30万人的家园——已经或即将被拆除。当这些古老村庄的遗址变成豪华的水边公寓时，真正的原因就显而易见了。同样，以喧闹著称的奥绍迪（Oshodi）市场也被拆除，取而代之的是一条多车道的高速公路和一个交通枢纽。站在机场附近就能看到这个市场，它的无序蔓延似乎代表了一种自发形成的城市混乱，与官方对秩序的渴望相冲突。对拉各斯正在打造的新形象来说，穷人似乎是种侮辱。

这不是在批评大西洋新城或拉各斯，我只是要说明这里正在发生的事情是城市在21世纪初所发生变化的一部分，是大环境的一部分。非洲和亚洲（尤其是中国）的城市化进程导致了中产阶级的迅速扩张。但无论是在收入上还是在地理上，人们都没能平等地分享城市复兴带来的好处。城市的天际线反映了贯穿当代大都市的分化，那些有钱人占据了专属的住宅飞地，或者隐居在天空中的岛屿上。

拉各斯还证明了现代城市生活的另一个特征：特大城市惊人的成功。拉各斯的人口从1950年的28.8万增加到2020年的2000多万，无论从哪个角度来看，都是非同寻常的。这座大都市是由席卷世界的城市革命塑造而成的。拉各斯表明，个人和国家的财富与大规模城市化密切相关。这座城市的成功改变了尼日利亚，也让数以百万计的人摆脱了贫苦的农村生活。但就像其他许多城市一样，这令人眩晕的增长速度远远超过了它建设必要的基础设施或为新来者提供住房的能力。它是在摆脱大英帝国的控制和随之而来的内乱、军事独裁、腐败和政治不稳定之后突然发展起来的。拉各斯今天的阶层分化在很大程度上是被殖民时期种族隔离的遗产。

阶层分化无疑是发展中国家特大城市的祸根。它阻断了大都市动脉中血液的流动，各种流动性都受到了阻碍。在拉各斯，每天上下班的过程被称为"慢行"。这个过程从早上4点开始，因为就算上班的路程相对较短，也要花上3个小时在交通堵塞中慢慢挪动。据估计，在2010年，全年因交通堵塞而浪费的工作时间高达30亿个小时，而且在未来的10年里，这一数字可能还会更高。排队消耗的能量太大了。试图以轻轨和快速公交连通城市各处的努力全都归于失败。交通拥堵是一个更大的问题最明显的症状，这个问题让这座城市感到窒息。由于基础设施、学校教育、医疗保健和警力不足，以及缺乏基本服务和社会保障，这座大都市的发展速度不得不放缓。城市循环系统中的栓塞——这可不仅仅是个比喻——抵消了这座特大城市最大的一个优势：其巨大的规模和密度。[1]

拉各斯是一座拥有数百万名创业者和数千个微型经济体的城市，它们在夹缝中蓬勃发展。在城市的每一个角落，人们都在不停地做生意，过日子，求生存；他们越过正规经济的控制和监督，形成了复杂的网络。在拉各斯，50%至70%的人靠非正规部门谋生，这些部门满足了这个地球上增长最快的大都市的各种需求。拉各斯估计有1100万个"微型企业"。最常见的是小贩。只要交通一放缓，他们就会从各个角落冒出来，兜售五花八门的商品，从马上就能用得上的冷饮、花生、山药、阿格格面包、烤玉米、电话卡和充电器，到莫名其妙和稀奇古怪的帽子架、充气玩具、气垫床、熨衣板、扫帚和棋盘游戏，什么都有。拉各斯的"慢行"对许多人来说是一场噩梦，但对其他人来说却是一个巨大的商机，他们中的许多人都是新来的移民，想在城市里赚点钱落脚。拉各斯的街道就像一个得来速购物中心，到处都是小贩和无穷无尽的路边市场、棚屋、带遮阳伞的摊位、售货亭和烧烤店。

随着城市吸纳了数十亿新居民，全球有61%的工人（20亿人）现在在微型企业中工作或自主创业，靠自己的智慧在特大城市里谋生。据科尔尼管理咨询公司估计，全球每年的不入账收入为10.7万亿美元，占全球总GDP的

---

1. Economic Intelligence Unit, Ministry of Economic Planning and Budget, "The Socio-Economic Costs of Traffic Congestion in Lagos," *Working Paper Series* 2 (Jul. 2013): 7.

第14章 特大城市　371

23%。影子经济对城市世界至关重要，它为新迁入的移民提供了收入（尽管并不稳定）。即使是生活在城市底层的人，也能获得比生活在农村贫困地区的人更好的机会。DIY[1]行业满足了非洲城市75%的需求。它为拉各斯提供了食物和运输。数千辆破旧、危险的黄色丹孚小巴在城市的道路上弯来扭去，以复杂的模式运送乘客，这是正规的、集中调派的公共汽车做不到的。一名司机告诉尼日利亚的一家报纸说，丹孚"深入拉各斯腹地，把人们拉出来"，再把他们送到他们想去的地方。[2]

自古以来，一直有人往城市里搬迁，在非官方的、未被承认的"灰色地带"勉强维持生计；今天的不同之处在于它的规模和强度。当数以百万计的人聚集在一起时，活动和创新的规模就会呈指数级增长。拉各斯、孟买、马尼拉、达卡、里约热内卢等地的贫民窟是地球上最具创新性和创造力的人类生态系统。生存取决于这样一个事实：没有人会帮助他们。

马科科是拉各斯贫民窟的象征，它位于污染严重的潟湖之上，由用木桩支撑起来的棚屋组成，看起来很可怕，在许多把城市视为反乌托邦的文章中都提到过它。但鲜为人知的是，这里有利润丰厚的木材转运市场和众多锯木厂。马科科建在水上是有原因的：这里有个商机，人们想抓住它。一位木匠告诉尼日利亚《卫报》："我们中有许多人盖了房子，送孩子上了大学，开上了吉普车。"当然，住在这里的大多是穷得叮当响的人和刚刚来到这座城市的新移民，但马科科的锯木厂至少为他们提供了一条进入城市的通道和一个他们能勉强度日的地方。[3]

要了解非正规部门的活力，最好的例子是神奇的奥蒂巴电脑村。它位于伊凯贾（Ikeja）拉各斯人区（Lagosian district）的一条街道上，靠近穆尔塔拉·穆罕默德国际机场，面积仅1平方千米，小得能让人患上幽闭恐惧症，那里挤满了推销员、贸易商、骗子、技术人员、软件工程师、自由IT专家、汽车、丹孚、卖食物或其他东西的小摊贩，以及成堆的键盘、成卷的电缆、

---

1. DIY，英语do it yourself的缩写，意为"自己动手做"。——编者注
2. A. T. Kearney, *Digital Payments and the Global Informal Economy* (2018), pp. 6, 7; Ifeoluwa Adediran, "Mixed Feelings for Lagos Danfo Drivers as Phase-Out Date Approaches," *Premium Times*, September 15, 2018.
3. *Guardian* (Nigeria), July 16, 2017.

堆积如山的电脑显示屏。乍一看,它与非洲其他活跃的非正规商品市场没什么两样。但事情并没有看上去这么简单。

这个熙熙攘攘、不受监管的科技村是西非最大的电子产品市场,有超过8000家大小企业和个体工商户,以及24 000名商贩和极客在这里销售最新的智能手机、笔记本电脑和配件,还有经过维修和重新调整用途的设备。这里可以修理屏幕、升级软件、恢复数据和修复主板。竞争异常激烈:大型科技公司与个体商贩和技工一起竞争,以提供最优惠的价格,这个市场的年营业额达到20亿美元,令人瞠目结舌,大家都想从中分一杯羹。商业活动从办公室和棚户区延伸到街头,以富有创意的销售模式招揽顾客。这里有最先进的智能展厅,旁边有小商店、伞架,还有能在汽车引擎盖上替你修理设备的技术人员。顾客来自整座城市、尼日利亚乃至全非洲;当有人想买最新款的苹果手机或老旧的鼠标时,就会传来激烈的讨价还价声。[1]

没有人对奥蒂巴电脑村进行过规划,当然也没有人能预料到它的日营业额会达到惊人的500万美元。它最初是一个住宅区,在20世纪90年代吸引了打字机修理工。这些技术人员在20世纪末投身于IT行业。在千纪之交,当人们去那里购买小配件、软件和交换想法时,集聚效应迅速地发挥了作用。随着个人电脑销量的增长和2001年全球移动通信系统(GSM)在尼日利亚落地生根,这个市场出现了爆炸式的增长。

GSM行业中的跨国公司无法与伊凯贾的掮客或本地的维修和升级行业竞争,从事这些行业的都是年轻的企业家,他们掌握了一些工具,在移动通信热潮到来时嗅到了巨大的商机。奥蒂巴市场采购的材料比技术行业便宜得多,这确保了高科技仍然是街头和市场的东西,不会被公司垄断。奥蒂巴的另一招撒手锏是来自发达国家的大量电子垃圾。如果你想知道你的旧笔记本电脑或手机去了哪里,那很可能就是拉各斯的电脑村。西方的挥霍无度和一次性文化就是拉各斯电子垃圾代理商的大好商机,他们进口废弃设备。我们很少谈论此事,但我们那些光鲜亮丽、看起来既清洁又无害的设备,却产生了世界上增长最快、污染最严重的一种废物。

每个月都有大约50万件旧电子设备和零部件从美国、欧洲和亚洲运至尼

---

1. Victor Asemota, "Otigba: the experiment that grew into a tech market," *Guardian* (Nigeria), March 15, 2017.

第 14 章 特大城市 373

日利亚，其中大部分是走私的。自学成才的自由修理工会对它们进行修理，利用他们的技能在市场上把它们销售出去。当然，大多数废弃电子产品已经无法再利用了。但被抛弃的电子产品又推动了其他行业的繁荣。拾荒者购买一车车坏了的设备，拆解它们，把零件和材料卖给制造商。剩下的东西被运到奥鲁索孙垃圾场（Olusosun dump，世界上最大的垃圾场之一）一类的地方，那里有更多的拾荒者在堆积如山的垃圾里挖矿，焚烧电缆来获取铜线，从电脑里把值钱的材料弄出来。在这个过程中，大量的铅和汞被释放到了土壤和水系统中。[1]

奥蒂巴电脑村缺乏监管，但它有自己的行业协会、内部政府和司法体系。它致力于推动协作。最有价值的是，经验更丰富的商贩和技术人员——他们中许多人在移动互联网时代刚刚到来之际就在街头从事这一行业，后来又有了自己的商铺和展厅——会雇用学徒。当他们"毕业"后，这些年轻男女会继续在奥蒂巴或尼日利亚其他城镇与自己的学徒一起创业。在巨大的阿拉巴国际市场（Alaba International Market）里也有类似的情况，在这里，成千上万名企业家每天向来自尼日利亚、加纳、贝宁、多哥和其他地方的上百万名客户销售（含分销）来自世界各地的进口商品。这个拥挤的非正规市场年营业额达到了40亿美元，经常被描述为尼日利亚最大的就业场所和非洲最大的商业中心之一；它有自己的行政机构、民选委员会、卫生检查员、安全人员、交通管理系统、投诉小组、法院、公关部门和学徒制度。围绕着它形成了一个由合作银行和保险服务、小额信贷公司、会计师、工匠和技术人员组成的生态系统。在奥鲁索孙垃圾场的拾荒者和废品回收商中也有同样的原则。4000名个体工商户建立了自己的社区，有电影院、理发店和餐馆，有通过选举产生的主席来监督他们遵守其自行商定的规则和彼此之间的信任。[2]

让拉各斯持续发展的DIY城市主义表明，人类非常善于从头开始建设城市，看似混乱的事物往往会以复杂而无形的方式自我组织起来。非正规部门

---

1. Jack Sullivan, "Trash or Treasure: global trade and the accumulation of e-waste in Lagos, Nigeria, " *Africa Today* 61:1 (Fall 2014): 89–112.
2. T. C. Nzeadibe and H. C. Iwuoha, "Informal waste recycling in Lagos, Nigeria, " *Communications in Waste & Resource Management* 9:1 (2008): 24–30.

填补了国家留下的鸿沟。每周日，拉各斯人都会穿上不论跟哪座城市里的人相比都不逊色的漂亮服饰，沿着崎岖不平的街道，绕过水坑，走向一座座巨大的教堂（有的可以同时容纳数万人）和清真寺。许多五旬节派的教堂都是创业型企业，它们赚了大钱，把自己的明星牧师变成了千万富翁。当人们只能自生自灭时，会有各种各样的企业站出来填补空白，这一点也不奇怪。牧师们的确从政府的缺席中获益。但与此同时，在一座缺乏公民凝聚力的城市，是教堂提供了社区意识。通过创造信仰和自由市场，它们提供了宗教和在别处找不到的东西——团结、政治评论、领导力培训、商业建议和社交网络。

当人类聚集在一起时，他们总有能力以某种方式组织起能够发挥功能的社会。但在像拉各斯这样雄心勃勃的城市，非正式定居点和非正规经济往往被视为可耻和落后的证据，需要被清除。官方城市与躲在阴影中的非官方城市之间正在展开一场永恒的战争。一家报纸抨击了困扰这座城市的"肆无忌惮的无政府状态"。数以百万计的拉各斯街头小贩将因他们的创业精神而面临数月的监禁。临时市场和非正式的"技工村"（技工和工匠聚集的地方）被破坏和拆除了。数以万计的拉各斯人以在垃圾堆中寻找可回收材料为生，当这门生意被私营公司接管后，他们失去了生计。拉各斯的非官方标志——市民出行的好帮手，气味熏人的丹孚小巴——正在被逐步淘汰，政府承诺要用一个"世界级的公共交通系统"来取代它。对拉各斯州州长阿金文米·安博德（Akinwunmi Ambode）来说，丹孚代表着他对这座混乱的城市及其向世界展现的形象的憎恨："我的梦想是确保拉各斯成为一个真正的特大城市，但只要这些黄色巴士还在拉各斯的道路上出现，这个梦想就无法实现。"[1]

就连极具创新精神的奥蒂巴电脑村也面临被关闭的风险，州政府希望将其功能转移到高速公路附近一个乏味的市外商业园区去，这样做对一座世界城市来说更合适。非洲打击乐巨星、拉各斯的英雄费拉·库蒂（Fela Kuti）唱出了他对尼日利亚精英们深刻的不信任之情："他们破坏了，是的，他们偷窃了，是的，他们抢劫了，是的。"时至今日，人们仍怀有这样的感情，

---

1. "Lapido Market and Audacity of Anarchy," *Guardian* (Nigeria), May 24, 2019; Tope Templer Olaiya, "Fear Grips Danfo Drivers Ahead of Proposed Ban," *Guardian* (Nigeria), February 20, 2017.

尤其是在政府对待普通拉各斯人创业精神的态度上。当政府不能有效地提供电力和水的时候，为什么要相信政府会提供公交车呢？正如一位丹孚小巴司机所说："我自己做自己的CEO，干了10年；让我在别人手下干活儿，尤其是在政府手底下干活儿，可不是件舒心的事。"或者像电脑村的一个电话配件销售商抱怨的那样："你想让我说什么？政府几乎不给我们想要的东西，反而还把他们的意志和利益强加给我们。"[1]

纵观历史，那些想要自上而下建立秩序的人对自下而上建造城市的人一直有着深刻的不信任感。人们似乎担心，如果不严加控制，城市就会分崩离析。而拉各斯非正规经济的活力表明了另一种情况。它展示了在大规模城市化时代，世界各地的特大城市是如何发展的。在非正式定居点和非正规经济不被视为问题，而被视为人才和创意宝库的情况下，这种情况就有可能发生。

拉各斯的活力和创造力在很大程度上来自它表面上的混乱，以及它的人民通过创新来摆脱城市陷阱时的聪明才智。拉各斯有这样一句谚语："I no come Lagos com count bridge！"意思是："我来拉各斯不是为了数桥的！"它指的是一个"刚来的愣头青"（Johnny Just Come，JJC），或者说一个刚下公交车的农村移民，可能会情不自禁地盯着拉各斯的大量桥梁发呆。它真正的含义是："我来拉各斯不是为了浪费时间，而是为了赚钱。"社会各阶层对财富的不懈追求，有助于创造一个鼓励创新的城市生态系统。激发尼日利亚技术革命的，是奥蒂巴街道和市场摊位上的竞争环境，而不是政府或风险投资。这座城市充满活力的创业文化，在很大程度上源于早期的新技术应用者，21世纪初，这些技术和软件一上市，他们就抓住了机会。同样，诺莱坞的商业成功来自拉各斯的苏鲁里尔（Surulere）街头，靠的是基本的技术和丰沛的创造力。拉各斯的市场和家庭裁缝为其非常成功的全球时尚产业提供了动力。在这座特大都市的大陆地区，嘻哈和舞蹈从街头文化中汲取了独特的拉各斯风格和不羁的活力，进而形成了一种全球性的力量，影响着世界

---

1. Adediran, "Mixed Feelings for Lagos Danfo Drivers as Phase-Out Date Approaches, "; Ifeanyi Ndiomewese, "Ethnic Bias and Power Tussle Surround Appointment of New Leadership in Computer Village, Ikeja, " *Techpoint Africa*, May 13, 2019, https://techpoint.africa/2019/05/13/computer-village-Iyaloja/.

各地（包括美国）说唱音乐的面貌和风格。

非正规经济和正规经济之间，以及分散在城市各处的不同类型的活动集群之间的相互作用，共同产生了这种创造力。主要问题之一是阻碍这种情况发生的障碍。交通障碍当然是其中之一，但还有其他不太明显的障碍，比如腐败和公共服务缺失，在阻碍着城市内部的流动性和连通性。在所有的障碍中，最难以逾越的是不安全感和缺乏所有权。对街道上的资源加以利用不能被简化为夺走最好的，丢弃其余的；它必须是双向的。

在世界各地，例如中国、印度尼西亚、印度、南美和其他地方，特大城市和大都市都在努力应对超高速大规模城市化带来的问题。过去的30年里，在城市的主导下，中国的经济增长速度达到了9.5%，近10亿人口（到目前为止）摆脱了贫困，发展中的特大城市对这一奇迹羡慕不已。中国资本正在涌入非洲的基础设施建设项目。在非洲这块人类历史上城市化速度最快的大陆上，中国的蓝图正在成为最重要的典范，统治者们梦想着把自己混乱的特大城市改造成非洲的上海。非洲大陆上到处都是房地产开发项目，看起来就像是直接从中国城市的郊区搬来的一样。还有一些经济特区，如拉各斯的莱基深水港和大西洋新城这样的高科技园区，是中国的建筑师用来自中国的投资建造的。

我们有充分的理由期待这个新的世界超级大国给我们带来灵感。中国城市拥有庞大的基础设施建设项目，并由强大的中央政府管理，避免了许多发展过快的弊端。它还有严厉的户籍制度，对人们的居住地进行了严格的规定。调控政策规定，上海的人口上限为2500万，北京的人口上限为2300万，并将城市增长重新分配到城市群和特大区域去。强大的中央政府造就了整洁的城市，商业区有着引人注目的天际线，而商业区周边环绕着整齐划一的住宅区。

中国爆发式的经济转型和城市化在世界历史上是独一无二的，这样说不仅是因为其规模巨大，还因为其制度设计。但是，以西式民主制度、私有财产和西方法治为基础的国家根本无法像中国那样，对大规模城市化进行阶段性管理。无论在哪个案例中，中央权力薄弱和腐败的国家在进行系统性城市化的尝试中都碰了钉子。

拉丁美洲在20世纪下半叶也经历了戏剧性的城市化，这为非洲提供了另一种模式和许多教训。众所周知，哥伦比亚第二大城市麦德林是20世纪80年代世界上暴力犯罪最多的城市，也是全球可卡因贸易之都。毒枭巴勃罗·埃斯科瓦尔的力量之源是这座城市的公社（comuna），即位于陡峭山坡上的贫民窟。埃斯科瓦尔向那些被排斥和蔑视的人承诺，要将他们从他们生活的"垃圾地狱"中拯救出来，给他们一个"没有贫民窟的麦德林"。麦德林这个噩梦是最臭名昭著的例子，说明了当城市的社会结构被撕裂时会发生什么。对许多城市贫民来说，统治城市大部分地区的贩毒集团是唯一能够提供就业、保护和希望的组织。埃斯科瓦尔在城市内部的一场恶性内战中让非正式的城市与正式的城市对立起来；1993年，他被击毙在麦德林的屋顶上，但战争仍在继续，它持续了很长时间。

经过多年的军事镇压，政府终于推翻了贩毒集团的铁腕统治，到今天，这座城市已成为城市复兴的典范。2004年，塞尔希奥·法哈多当选为该市市长，在他的领导下，麦德林开始打破正式城市和非正式城市之间鲜明的分界线。市民必须将较贫穷的邻居视为与自己平等之人，当局必须获得边缘群体的信任。公社的居民被赋予一定程度的控制权来规划和组织他们的街区。随着城市对公共空间的彻底反思，人们不仅拆除了有形的障碍，也放下了心理上的障碍。有着重大意义的公共建筑，如图书馆和社区服务中心，被建造在公社里，它们强有力地表明，这里也是这座平等的城市的一部分。这些边缘居民点通过公交线路和缆车融入城市。在这座世界上最危险的城市里，13号公社曾是最危险的地方，现在它通过自动扶梯与城市其他地区相连。它的年轻居民得到了油漆，并被鼓励用涂鸦和街头艺术来装饰他们的社区。麦德林没有解决所有的问题。但其激进的"社会都市主义"（social urbanism）与生态都市主义相结合，使其变得更加繁荣、更加和平，并在全球享有盛名。

麦德林的成功依赖于人们改变了对待城市贫民的态度，这一点与建设新的基础设施同样重要。它还依赖于人们对自己的生活和街区的自主权。这给非洲城市上了非常重要的一课，因为它们正试图在未来30年内与失控的增长做斗争。未来几年，非洲将成为一个城市人口占多数的大陆（与其他有人居住的大陆相比，它已经落在最后了），这意味着它的特大城市不得不比中国少得多的资源投入来解决很多问题。如果非洲城市缺乏投资和基础设施，那么当它的加速增长失控时，其人口的巨大活力和创造力可能是它最宝贵的资产。

中国自上而下的城市化范例让决策者们目瞪口呆。但简单地把非正式定居点夷为平地，把人们迁往超级街区，这种方法无疑会抹杀城市生态系统中蓬勃发展的宝贵社会资本和活力，历史已经证明了这一点。特大城市如何发展和保持弹性，还有另一种模式。不到三代人之前，东京还是一片被炸毁的废墟。今天，它是世界上最大的大都市地区，拥有近4000万人口，是有史以来最成功的特大城市。在很大程度上，东京的繁荣是因为它的市民在二战后重建了被摧毁的城市，他们以自我组织取代了盛行于欧洲、美国和后来中国的自上而下的规划。

在战争刚结束的那几年里，东京看起来就像一个巨大的棚户区，只有临时搭建的住房和很少的公共服务。如今，东京的市中心人口稠密，低层建筑林立，既有商业办公建筑，也有住宅，它们在迷宫般的狭窄街道上争夺空间，这与孟买的贫民窟颇有几分相似，虽然这里的居民比孟买贫民窟的居民富裕很多倍。对大多数西方人——以及近年来中国等地的人——来说，现在的城市非常有序、清洁，工业、商业（包括零售行业）、休闲场所和住宅被规划者划分为不同的、分散的区域。从某种意义上说，野生的城市生态系统变成了一个受管理的动物园，失去了无序带来的活力。东京（与拉各斯或孟买一样）在西方人眼中看来混乱不堪。但这是"非正式"或有机城市化最成功和最重要的阶段。[1]

我的意思是，住宅、办公、工业、商业（包括零售业和餐饮业）空间之间界限的模糊，使街道感觉上像是活的、会进化的东西。东京非正式的、未经规划的街区仍然处在其居民而不是奥运会总规划师的控制之下。这座城市给人的感觉就像是一个相互联系但自给自足的村庄的集合，它们兼具经济、社交和居住功能。小企业、家庭经营的餐馆、洗衣店、小居酒屋、工匠作坊、汽车修理厂和街头市场与闪闪发光的银行和办公室并肩而立，简陋的房屋与摩天大楼并存。随着建筑物的逐步重建、升级和再利用，城市发展——从建在战争废墟上的巨大棚户区转变为超现代特大城市——在一步步推进。独立的、自治的街区逐渐融入更广阔的城市，同时又没有失去它们自身的特

---

1. Manish Chalana and Jeffrey Hou (eds.), *Messy Urbanism: understanding the "other" cities of Asia* (Hong Kong, 2016); Rahul Srivastava and Matias Echanove, "What Tokyo Can Teach Us about Local Development," *The Hindu*, February 16, 2019.

色和街头活动的多样性。[1]

不过，东京并不是一座无政府的、完全没有规划的城市，只是它的发展从未像新加坡或上海那样依赖总体规划罢了。世界上覆盖面积最大、最密集的市内交通系统，以及其他重要的基础设施，都是围绕现有的城市建设的，而不是相反。工人阶级居住区与其他地区一样，得到了世界级的城市服务和便利设施。换句话说，市政府提供并维护了循环系统——大都市的动脉、静脉和神经，使结缔组织得以独立发展。

西方人总把城市视为能够长久存在下去的地方，但在日本，建筑物的寿命很短。这种效应通常被称为高速率的城市新陈代谢，即一个持续存在的全市性的蜕变过程。因此，大都市可以被重新定义为临时性的存在，或是一个可以反复书写的本子，即使经过不断擦除和重写，原始的文字仍然清晰可见。或者它可以被看作一个不断进化的有机体，永远不会达到它的最终形态，而是会在外部环境的刺激下不断增长、收缩、变形。

隐喻的重要性不仅体现在它能表明我们是如何看待城市的，还体现在它能表明我们是如何规划城市、管理城市并在城市里生活的。城市处于不断变化之中这一观念很重要。最具活力的城市就像二战后几十年的东京一样，处于不安定的蜕变状态。这种内在的灵活性和适应性使城市能够应对不断变化的经济状况和外部冲击。在其爆炸式增长的时期，乌鲁克不断地拆除和重建，更大更好的建筑就建在旧建筑的瓦砾堆上。像罗马和伦敦这样的城市也是如此，在不断发展的过程中保存着历史记忆的层次，这让它们变得生动有趣。东京像其他亚洲城市一样是至关重要的，因为它以不合情理的速度走过了这一进程，从1945年那接近毁灭和极端贫困的状态中恢复过来了，当时它只有349万人口，而如今它是一个未来主义的特大城市地区，在经济上有着莫大的影响力。它极快的代谢速率使它能够适应所有这些变化，同时保持基本不变。建筑家黑川纪章认为：

---

1. Matias Echanove, "The Tokyo Model: incremental urban development in the post-war city" (2015), http://www.urbanlab.org/TheTokyoModel-Echanove.02.2015.pdf; Ken Tadashi Oshima, "Shinjuku: messy urbanism at the metabolic crossroads," in Chalana and Hou (eds.), pp. 101ff.

（东京）是一个由300座城市组成的城市群……起初似乎没有秩序，但它有活力、自由和来自各个部分的多样性。新层次的建立是一个利用自发力量的过程。因此，最准确的说法或许是，今天的东京……发现自己正处于真正的混乱和新的隐藏秩序之间。[1]

在一个城市规划已经变得至关重要的时代，东京在二战后40年的发展既是对过去7000年漫长的城市化历史的重演，也是给其他特大城市上的一堂课。无论是17世纪的阿姆斯特丹、18世纪的伦敦，还是20世纪的纽约，只有在未经规划的、非正式的城市和有规划的、官方的城市之间存在着动态的相互作用时，城市才会繁荣起来——在这种情况下，自发性和尝试才能发挥作用。将城市比喻为一个新陈代谢系统或不断进化的有机体，并不是因为这样更生动，而是因为这能提醒我们：城市是会随着经济的起伏、新技术的出现、战争的爆发和气候变化而迅速变化的地方。允许各个地区自行组织起来给城市一定的空间，让它能够以严格的规划无法做到的方式对剧烈变化做出反应。东京非正式街区的活力为经济腾飞提供了先决条件。[2]

在拉各斯，非正式城市的混乱常常被视为贫穷和羞耻的标志。但容忍混乱是有价值的，尤其是对一座快速发展的城市来说：它是城市发展的一个动态特征。试图将其规范化、正式化，可能会抑制创造力。麦德林和东京都为最贫穷的人建设自己的社区提供了条件和基础设施，它们将非正式居住区融入更广阔的城市，并对其社会资本进行投资，从而取得了成功。这意味着它们不再把非正规经济和非正式定居点视为问题的一部分，而是将其视为解决过度城市化问题的关键。提供基本服务以及保障土地的使用权，是将功能失

---

1. Kisho Kurokawa, *New Wave in Japanese Architecture* (London, 1993), p. 11.
2. Oshima, "Shinjuku,"; Jan Vranovský, *Collective Face of the City: application of information theory to urban behaviour of Tokyo* (Tokyo, 2016); Zhongjie Lin, *Kenzo Tange and the Metabolist Movement: urban utopias of modern Japan* (Abingdon, 2010).

调和边缘化的地方转变为有用资产的关键。[1]

东京位于世界上最危险的地方之一。在整个历史上，摧毁过它的不仅有炮火和炸弹，还有猛烈的地震。自力更生和自我组织早已根植于它的DNA中。从街道往上建造城市，而不是从上到下建造城市，这带来了巨大的好处。东京市民能够承受每一次灾难，并从灾难中恢复过来。在21世纪，南半球许多新兴的特大城市可能会经历类似的灾难。来自街区的恢复力是抵御灾难最可靠的手段之一。

✥

我们非常擅长生活在城市里，哪怕是在濒临毁灭或人满为患的极端情况下。历史提供了许多证据。简单来说，将人的大脑与其他大脑集中在一起是激发思想、艺术和社会变革的最佳方式。我们有非凡的能力，可以创造极其复杂的定居点，这意味着我们正在成为一个完全城市化的物种。

《大城市的兴衰：人类文明的乌托邦与反乌托邦》开始于城市给我们带来的感官享受，即社交和亲密的乐趣，它们使城市富有生气，并赋予了城市凝聚力。性、食物、购物、看、嗅、沐浴、散步和庆祝活动使城市生活变得愉快。城市生活的仪式发生在城市广场、市场（包括露天市场和集市）、街角、浴场、咖啡馆、酒吧、公园和体育场中。之后的章节描述了权力是如何集中起来的，这使得相对较小的城市能够从根本上改变周围的世界。18世纪以来的城市史表明，人类已经学会了如何适应现代城市生活的压力。

从乌鲁克开始，城市生态系统一直处于不断演化的状态中。我们建设我们的环境来满足我们的需求，但随后它就开始在我们、我们的建筑和我们的历史层次之间的互动中塑造我们，这个过程会持续多个世代。乌鲁克是一个极好的例子。它是人类的第一座城市，也是存在时间最长的城市之一，它的形态和市民的生活在长达数千年里一直受到气候变化的影响。随着沼泽消

---

1. Echanove, "The Tokyo Model, "; Matias Echanove and Rahul Srivastava, "When Tokyo Was a Slum, " Nextcity.org, August 1, 2013, https://nextcity.org/informalcity/entry/when-tokyo-was-a-slum; Matias Echanove and Rahul Srivastava, *The Slum Outside: elusive Dharavi* (Moscow, 2013).

退、降雨模式改变、气温上升，河流系统变得不可预测，乌鲁克适应了环境。它的持久性和适应性，以及它所创造的城市文化，实在非同凡响。

在第3千纪，不断上升的气温和不可预测的风暴已开始改变城市。很明显，城市的绿意更浓了，生物多样性也增强了。在过去几十年中，"新城市运动"（New Urban movement）主张，我们需要让城市和郊区变得更紧凑、更适合步行和自行车通行，经济上也要多样化，以抵抗依赖汽车的城市扩张。近来，绿色运动也开始把城市视为应对气候变化的解决方案，而不是把它视为敌人。以街头生活而不是汽车为中心，拥有先进交通系统的城市，可以减少机动车的使用量。分散在郊区的家庭，其碳足迹是居住在人口密集的市中心的家庭的2到4倍。生活在城市街区里的人们——可以步行或乘坐公共交通工具出行，并且不住在豪华的房子里——排放的碳更少，消耗的水和燃料等资源更少，产生的废物更少，更节能。当世界人口达到100亿时，把人们聚集在一起以减轻自然界的压力，这会是一种更合理的做法。

围绕人而不是汽车建造的紧凑型小城市，已经被证明对人类和环境都更好。住得离市中心越近的人，肥胖程度就越低，心情也越愉快。科学研究表明，住在密集的联排住宅和公寓里的人，会在住处附近散步和进行社交活动，他们的身心健康状况甚至比住在郊区的富人更好。当工业化和去工业化将城市世界推向崩溃的边缘时，汽车让我们得以逃离城市；但是现在，汽车——连同它的个人、社会和环境成本——正在影响郊区的生活质量。与其说这是新都市主义，不如说这是非常非常古老的都市主义。5000年前，人类迁居到城市里是有充分理由的，因为这里拉近了我们的距离，提供了机会、社交和感官享受，这个过程持续了数千年。[1]

城市将会改变。但这不是因为理想主义，而是因为有必要。城市不仅有弹性，而且还是具有适应性的系统。如果我们面临资源短缺或生态灾难，迫使能源价格上涨，城市将像以往那样发生变化。随着小型汽车、面包车和卡

---

1. Chinmoy Sarkar, Chris Webster and John Gallacher, "Association between Adiposity Outcomes and Residential Density: a full-data, cross sectional analysis of 419562 UK Biobank adult participants," *Lancet Planetary Health* 1:7 (Oct. 2017): e277–e288; "Inner-City Living Makes for Healthier, Happier People, Study Finds," *Guardian*, October 6, 2017.

车的减少，城市区域的人口密度可能会再度增高，街道也会更加繁忙——也就是说，回归到历史上大部分时间的状态。

这并不意味着我们会突然回过头来拥入城市，或住进节省空间的高层建筑里。我们也不会匆忙建造新的城市。不会的。这意味着让郊区变得更加城市化，提供散步、社交、购物和工作的场所。这不是寻求建立完美街区的乌托邦梦想；它描述的是人和处所对变化的环境做出反应的方式。如果你不能开车去城市、购物中心或休闲中心，那你就得把它们带到你家门口来。在美国，已经出现了一种向"城市郊区"发展的趋势：在郊区，紧凑的街区为千禧一代提供了更加接近于大都市的生活方式，有街头生活、咖啡馆、餐馆、酒吧、公园和学校，这些全都在步行可达的范围内。我们是一个城市物种：我们想要生活在一起的愿望将不断进化，不断采取新的形式。[1]

新的大都市会有许多个地方城市中心，而不是少数几个——它会变成由自给自足的村庄组成的城市。具有讽刺意味的是，洛杉矶是最能证明这一点的城市之一。洛杉矶发展成了20世纪最典型的大都市。它不仅密度低，以汽车为基础，便于开车出行，而且它的复杂性是有组织的。也就是说，它被当作工业革命时期混乱无序的大都市的解毒剂，为此，住宅、工业、商业（包括零售业）和休闲场所将被划分为不同的、整齐的、单一的区域。这座大都市是围绕着高速公路和私人住宅形成的。批评家发现它毫无个性，这正是通过清理混乱来净化城市所造成的结果——这绝不局限于洛杉矶一地。

但洛杉矶正以一种奇怪的方式，从20世纪城市化的旗手转变为21世纪城市变革的先驱。它的许多郊区已经变得越来越城市化和密集。这不是上层的规划者做出的决策，而是在街道和街区一级展开的非正式活动的结果。

21世纪的第二个10年，拉丁裔在洛杉矶人口中占据了主体地位。关于应该怎样生活在一座城市中，数以百万计的新洛杉矶人带来了一种完全不同的观念。拉丁裔移民及其后代的汽车保有率明显低于其他人口。他们也更重

---

1. Devajyoti Deka, "Are Millennials Moving to More Urbanized and Transit-Oriented Counties?," *Journal of Transport and Land Use* 11:1 (2018): 443-461; Leigh Gallagher, *The End of the Suburbs: where the American dream is moving* (NY, 2013); Ellen Dunham-Jones and June Williamson, *Retrofitting Suburbia: urban design solutions for redesigning suburbs* (Hoboken, 2009).

视街头的公共生活和社交。他们做出了改变以适应洛杉矶，但也对这里的街区进行了改造以适应他们的需求。人们将之称为拉丁式城市生活（Latino Urbanism），它已经使洛杉矶的部分地区具有了一种户外的、面对面的公共空间的味道，人们可以在那里散步、交谈和聚集。它通过前院来体现自己（那里已经成为街头社交生活的一部分），将内向的加州平房变成了外向的拉丁化住宅，可以当作公共或私人互动的场所。它还体现在街道两旁五颜六色的折扣店、涂鸦艺术、卖塔可的摊子、隆切诺卡车和公园里的派对上。洛杉矶有5万名非正式的摊贩，他们把街道和公园变成了临时的公共市场和事实上的广场，人们会在这里逗留，而不是匆匆走过。[1]

拉丁式城市生活打破了人们对洛杉矶应该是什么样子的固有观念，人们抵制它，认为它是杂乱无章的。但它带来的活力迫使市政府对城市规划进行反思，更重视行人专用区和非正规零售业。它让人们意识到，街道并不只是用来通行的，它们既是车辆穿行的通道，也是人们居住和玩耍之处。它们是城市的灵魂。拉丁裔居民以他们自己的方式回应城市生活，而且常常无视官方的反对，这使得新都市主义的理论原则——提倡紧凑型城市，高密度、多

---

1. Vanit Mukhija and Anastasia Loukaitou-Sideris (eds.), *The Informal American City: from taco trucks to day labor* (Cambridge, MA, 2014); Jake Wegmann, "The Hidden Cityscapes of Informal Housing in Suburban Los Angeles and the Paradox of Horizontal Density," *Building's Landscapes: journal of the Vernacular Architecture Forum* 22:2 (Fall 2015): 89–110; Michael Mendez, "Latino New Urbanism: building on cultural preferences," *Opolis: an international journal of suburban and metropolitan studies* (Winter 2005), 33–48; Christopher Hawthorne, "'Latino Urbanism' Influences a Los Angeles in Flux," *Los Angeles Times*, December 6, 2014; Henry Grabar, "Los Angeles Renaissance: why the rise of street vending reveals a city transformed," Salon.com, January 18, 2015, https://www.salon.com/2015/01/18/los_angeles_food_truck_renaissance_why_the_rise_of_street_vending_reveals_a_city_transformed/; Clara Irazábal, "Beyond 'Latino New Urbanism': advocating ethnurbanisms," *Journal of Urbanism* 5:2–3 (2012): 241–268; James Rojas, "Latino Urbanism in Los Angeles: a model for urban improvisation and reinvention," in Jeffrey Hou (ed.), *Insurgent Public Space: guerrilla urbanism and the remaking of contemporary cities* (Abingdon, 2010), pp. 36ff.

功能的街区，以及活跃的街头生活——在不知不觉间于洛杉矶和其他一系列美国城市的街道上被付诸实践了。它是如此成功，以至许多富人被部分街区那城市的（以及城市化的）特性所吸引，搬到这里来居住，从而使得这些街区绅士化。

所谓"杂乱无章的城市生活"指的是什么，我们可以从拉丁式城市生活中看出来，它提醒了人们城市曾经是怎样的。它还表明，南半球特大城市那种非正式的特性能够在（而且正在）全球范围内发挥作用。在城市和郊区重建微型社区是让城市在这个世纪变得更具弹性和可持续性最重要的途径之一。

在2020年的全球lockdown期间，人们只能在家中或家周围的小范围内活动，因此在自家附近有可靠的食物、药品和日常必需品来源变得至关重要；娱乐场所和新鲜空气也是如此。不管从哪个方面来说，四邻的健康都有了新的意义。在世界各地的城市，社区里都出现了自发组织的互助社团，人们重新拾起了他们对人际关系和邻里社交的重视，即使在遵守着严格的社交距离限制的情况下也是如此。

从只有几千名开拓者的乌鲁克到人口超过2000万的拉各斯，城市生活的基本原则并没有改变多少。在整部城市史中，人们一直怀有建立城市乌托邦的梦想。很多时候，这些完美城市的愿景会导致人们进行悲剧性的试验，在这个过程中，原有的社区被撕裂了。但是，正如拉各斯奥蒂巴电脑村的企业家或洛杉矶的拉丁裔美国人所展示的那样，人类非常善于构建自己的社区和临时构建秩序。历史证明，那些在混乱的人类城市中如鱼得水的人与那些想要将某种人为的连贯性强加于城市之上的人之间，存在着持续的紧张关系。

作为一个物种，我们的生存取决于我们城市旅程的下一章。这个故事不会在金碧辉煌的世界城市中上演。不论是通过计算来为我们的问题寻找答案的技术官员，还是站在奥林匹斯山巅指挥城市重建的总规划师，都无法决定它的形态。能够创造它、体验它的是生活在发展中国家的特大城市和快速发展的大都市中的数十亿人。大多数人将生活在非正式定居点里，在DIY经济中工作，过去5000年来，无数城市居民就是这样做的。他们是建造城市并使城市持续发展的人，他们依靠自己的聪明才智生存，并对大环境的变化做出反应。当能源消耗殆尽，城市变得更热，环境变得更恶劣时，只要给他们机会，他们将成为找到临时解决方案的人。

如果说历史给我们提供了什么指引的话，那就是，他们会成功的。

致 谢

我要感谢以下这些人的慷慨、见解和无私帮助：克莱尔·阿什沃思（Claire Ashworth）、克莱尔·康维尔（Clare Conville）、苏珊娜·迪恩（Suzanne Dean）、奇乔凯·多齐（Chijioke Dozie）、杰夫·费希尔（Jeff Fisher）、韦德·格雷厄姆（Wade Graham）、贝亚·赫明（Bea Hemming）、桑杰夫·卡诺里亚（Sanjeev Kanoria）、马克·洛贝尔（Mark Lobel）、大卫·马克斯韦尔（David Maxwell）、大卫·米尔纳（David Milner）、娜塔莎·莫雷诺-罗伯茨（Natasha Moreno-Roberts）、比吉塔·拉贝（Birgitta Rabe）、鲁瓦森·罗伯森-琼斯（Roisin Robothan-Jones）、尼古拉斯·罗斯（Nicholas Rose）、查梅因·罗伊（Charmaine Roy）、尼希·塞加尔（Nishi Sehgal）、黛西·瓦特（Daisy Watt）、马尼和克里斯·威尔逊（Marney and Chris Wilson）。

Copyright © Ben Wilson 2020

First published as Metropolis by Jonathan Cape, an imprint of Vintage.
Vintage is a part of the Penguin Random House group of companies.

© 中南博集天卷文化传媒有限公司。本书版权受法律保护。未经权利人许可，任何人不得以任何方式使用本书包括正文、插图、封面、版式等任何部分内容，违者将受到法律制裁。

著作权合同登记号：图字18-2023-072

图书在版编目（CIP）数据

大城市的兴衰：人类文明的乌托邦与反乌托邦 /（英）本·威尔逊（Ben Wilson）著；龚昊，乌媛译 . -- 长沙：湖南文艺出版社，2023.6
书名原文：Metropolis: A History of the City, Humankind's Greatest Invention
ISBN 978-7-5726-0254-2

Ⅰ. ①大… Ⅱ. ①本… ②龚… ③乌… Ⅲ. ①城市史—世界 Ⅳ. ① K915

中国国家版本馆 CIP 数据核字（2023）第 026785 号

上架建议：畅销·历史

DACHENGSHI DE XINGSHUAI: RENLEI WENMING DE WUTUOBANG YU FANWUTUOBANG
大城市的兴衰：人类文明的乌托邦与反乌托邦

著　　者：［英］本·威尔逊（Ben Wilson）
译　　者：龚昊　乌媛
出 版 人：陈新文
责任编辑：刘雪琳
监　　制：秦青
策划编辑：曹煜
文案编辑：王争　王心悦
版权支持：辛艳　张雪珂
封面设计：利锐
出　　版：湖南文艺出版社
　　　　　（长沙市雨花区东二环一段 508 号　邮编：410014）
网　　址：www.hnwy.net
印　　刷：三河市天润建兴印务有限公司
经　　销：新华书店
开　　本：680 mm × 955 mm　1/16
字　　数：471 千字
印　　张：24.5
版　　次：2023 年 6 月第 1 版
印　　次：2023 年 6 月第 1 次印刷
书　　号：ISBN 978-7-5726-0254-2
定　　价：89.00 元

若有质量问题，请致电质量监督电话：010-59096394
团购电话：010-59320018